R 10093

Londres
1743

Saint-Hyacinthe, Thémiseul de

Recherches philosophiques sur la nécessité de s'assurer par soi-même de la vérité, sur la certitude de nos connaissances

janvier

ROBERT 1972

R 1905.
C.

RECHERCHES PHILOSOPHIQUES,

SUR LA NÉCESSITÉ

DE S'ASSURER PAR SOI-MEME DE LA VERITÉ ; SUR LA CERTITUDE DE NOS CONNOISSANCES ; ET SUR LA NATURE DES ETRES.

Par un Membre de la Société Royale de LONDRES.

Frustra magnum expectatur augmentum in Scientiis ex superinductione & insitione novorum super vetera: Sed instauratio facienda est ab imis fundamentis, nisi libeat perpetuo circumvolvi in orbem cum exili & quasi contemnendo progressu.
BACON. *Nov. Org. Aphor.* XXXI.

A LONDRES,
Chez JEAN NOURSE.
M. D. CC. XLIII.

A
SA MAJESTÉ
FREDERIC III.

ROI DE PRUSSE, ELECTEUR DE BRANDEBOURG, DUC DE SILESIE &c. &c. &c.

IRE,

De Votre Nom en tous lieux respecté,
Je ne pare point cet Ouvrage,
Pour le mettre à l'abri de la sévérité
Du critique Lecteur, qui ne doit son suffrage
Qu'à la Justesse & qu'à la Verité.

Je ne prens la liberté de dédier ces Recherches à Votre Majesté que pour lui rendre

EPITRE

dre un homage plein du plus parfait devoument, & du plus profond respect; & me procurer le plaisir qu'il y a à contribuer aux Eloges qui sont dus à la Vertu. Une Epitre Dédicatoire me donne le droit de le faire. Que Votre Majesté, SIRE, permette que j'en jouisse ! S'il falloit avoir recours à ces expressions fines, recherchées, à ces tours ingenieux, delicats, brillans, que la Flaterie a épuisés, je n'aurois pas osé l'entreprendre. Mais il n'y a rien de si facile à faire que Votre Eloge, SIRE. Vous l'avez fait le premier ; Vos Vertus l'ont préparé; Vos Actions en fournissent la matiere : Je n'ai qu'à repeter ce que Vous avez fait.

Je n'ai qu'à dire, Que le premier soin de Votre Majesté en montant sur le Trone a été de remedier aux besoins de ceux de vos Sujets qui pouvoient être dans l'indigence; non, en leur donnant comme on fait en d'autres Etats, de quoi languir, mais en leur faisant fournir tout le necessaire au depens même des magazins & des déniers Royaux:

Que superieure par Ses Lumieres & par

Sa

ÉPITRE

Sa Justice, à l'indigne Politique qui ne cherche qu'à dégrader les Hommes en leur interdisant la liberté si justement due à l'usage de la Raison, Votre Majesté, qui sait que la Vérité perfectionne tout, que ce n'est que par Sa Recherche qu'on peut confirmer ce qui est bon & reformer ce qui ne l'est pas, autorise cette Liberté nécessaire, prévient de Sa Protection Royale ceux qu'Elle sait qu'ils recherchent sincerement la Vérité, & les encourage par des Etablissemens que le tumulte des armes ne Lui a pas fait perdre de vue.

Votre Majesté, SIRE, aime la Vérité parce qu'Elle la connoit, & qu'Elle la connoit si bien, qu'Elle la distingue toujours sous quelque forme qu'Elle se présente. Si elle Lui plait sous les agrémens des Muses & des Graces, Votre Majesté ne l'aime pas moins lorsqu'elle paroit la Sphere, le Compas ou l'Equerre à la main; & Vous la préferez à tout, lorsqu'avec les Attributs de Themis, elle vient chasser la Fraude & l'Injustice.

C'est à la Tyranie à craindre de commander

EPITRE

der à des Hommes, ce n'est pas à la Royauté. Un Grand Roi, n'oubliant pas qu'il est Homme, en respecte le caractere, & loin de chercher à l'avilir dans ses Sujets pour n'en faire que des Bêtes de charge, selon l'expression de l'Ecriture, il voudroit y relever la dignité de l'Homme quand ils l'oublient. C'est pourquoi Votre Majesté accorde à ses Sujets le droit d'être raisonables. Il est en effet plus Glorieux & plus Sûr de commander à des Hommes, que de gouverner des Esclaves.

Sous le maintien de la Dévotion,
 Monstre hideux, qui dès la tendre enfance
Vient nous bercer; Foiblesse, Passion,
 Mere d'Horreurs, & fille d'Ignorance.
Fui loin d'ici, fui, Superstition,
Et pour toujours loin de ces lieux bannie,
Cours, vole, fui chez l'Inquisition
Tu la verras, avec la Tyranie
Sa Sœur ainée. Informe les du sort
Qui les menace, & leur troupe perfide
De crimes noirs. Di leur que vers le Nord
Re-

EPITRE

Regne un HEROS que vont prendre pour Guide
Les autres Rois ; que Juste & qu'Intrepide,
Par son exemple il va les engager
A renverser votre Empire homicide,
Et dans l'abime enfin vous replonger.

A ce que la Bonté & la Sagesse de Votre Majesté lui ont fait ordonner pour le Gouvernement interieur de ses Etats, j'ajouterai, SIRE, ce que l'Honneur lui a fait faire pour les Droits de sa Maison Royale. Je dirai, que vous les avez d'abord répétés avec toute la Moderation & les instances d'un Prince qui ne veut que la Paix ; & que Votre Majesté n'a pris le parti de se faire justice par la Force de Ses Armes, qu'après avoir tout tenté pour éviter la necessité de l'employer.

Alors on a vu Votre Majesté, malgré la rigueur d'un tems affreux, quitter les charmes de la Cour pour marcher à la tête de ses Troupes s'assurer la Victoire par sa Presence. On L'a vu par Sa Prudence, prevoir tout ; prévenir tout par Sa Vigilance ; surmonter tout par Son Courage ; triompher de tout par Sa Valeur, donner à ses fideles sol-

dats

EPITRE

dats l'exemple de l'Ardeur & de l'Intrépidité qui rendent une armée invincible. Toujours Magnanime, Bienfaisant au milieu de vos Conquetes, Protecteur plutôt que Vainqueur des Peuples que Votre Majesté soumettoit à son Pouvoir: Ceux que Vous avez vaincus se félicitoient d'être devenus Vos Sujets; & ceux qui ne l'étoient pas, souhaitoient de le devenir. Né pour le Trone; au-dessus du Trone par Vos Vertus.

Que dire de ce Desinteressement si rare, de cette Générosité avec laquelle Votre Majesté a refusé les sommes considerables que l'Amour de ses Sujets venoit lui offrir! Que dire de ces Liberalités vraiment Royales envers Vos braves soldats, de cette Clemence qui pour tous les supplices dûs aux Traitres, s'est contentée de leur faire connoitre l'énormité de leur Crime! Que dire enfin de cette Prudence & de cette Moderation qui viennent de Vous faire terminer la Guerre, où, sans vouloir un plus grand amas de Lauriers, Votre Majesté conserve la fraicheur de ceux qu'Elle a ceuillis, sous les faisceaux d'Oliviers qu'Elle vient d'y joindre!

Je

EPITRE

*Je ne crains point les reproches que meritent ordinairement les faiseurs d'Epitres Dedicatoires. Cet Eloge est fondé sur des Faits. Il est d'autant plus Vrai & d'autant plus Glorieux pour Votre Majesté, qu'il n'est propre qu'à Elle. Mais si c'est l'ouvrage de Deux Ans, & dans un age où il est ordinaire d'abuser de son Pouvoir, quelle idée ne doit-on pas avoir de la Sagesse de Votre Majesté! Que ne doit-on pas esperer de la suite de son Regne! Fasse le Ciel qu'il soit d'une longue durée, afin qu'on voye longtems en Vous, S*IRE*, le Model d'un Roi qui pouvant tout ce qu'il veut, ne veut que ce qu'il doit: D'un Souverain, Aimable par Sa Bonté, Admirable par sa Justice, Redoutable par sa Valeur: L'Amour de ses Sujets, l'Admiration des Etrangers, la Gloire de la Royauté.*

Ah! si j'avois & l'Art & le Genie
De bien choisir & de bien ajuster
Des mots nombreux, dont la belle harmonie
Formât des Vers tels qu'il faut pour chanter

EPITRE

Tant de Vertus & de Faits Héroïques;
D'un ton brillant, en termes énergiques
Je chanterois, en élevant ma voix,
Un JUSTE ROI, qui par la Sœur d'ASTRÉE,
Dessus son Trone avec Lui reverée,
D'un Regne heureux fait anoncer les Loix:
Un ROI VAILLANT, qui dans ses Camps essuye
Comme un soldat, la peine & les hazards;
Qui d'une ville approche les ramparts,
Sans craindre plus les boulets que la pluye;
Qui de THEMIS prenant l'épée en main,
Sur l'ennemi fond comme un trait rapide;
Et des Guerriers & l'exemple & le Guide
A la Victoire indique le chemin:
Un JEUNE ROI, qui fait par excellence
Joindre le Gout à la Magnificence,
Dans ses Palais réunir les Plaisirs,
En s'y livrant les rendre plus aimables;
Mais si bien repousser leurs traits Inévitables,
Dès qu'il s'agit sur les plus doux Désirs
A ses Devoirs d'assurer la Victoire,

Que

EPITRE

Que les Plaisirs jamais ne nuisent à sa Gloire.

J'ajouterois que la Gloire chez Lui,
N'est pas l'éclat que la Vanité donne,
Fantome vain, chimere fanfaronne,
Qui n'ayant pas la Vertu pour appui,
Tombe aussitot que la Vérité pure
Du faux brillant éclaire l'imposture.
Sa Gloire c'est que le titre de Roi
Est pris de Lui pour le nom d'un emploi
Dont chaqu'instant Le sollicite & presse
De s'acquiter, qu'Il en fait son devoir,
Qu'en cela seul, Il met tout son Pouvoir :
Voilà la Gloire où Son cœur s'interesse.
Mais à quoi bon le dirois-je ! En effet,
On le voit bien par tout ce qu'Il a fait.
Je me tais donc sur sa Grandeur Royale ;
Faché pourtant que ma verve n'égale
Le vif transport dont je suis animé
Pour un Héros si Valeureux, si Sage.

EPITRE

Que les Vertus qui L'ont formé
Admirent en Lui leur Ouvrage.

Je suis avec le zele le plus vif & le plus profond respect

SIRE

De VOTRE MAJESTE'

Le très-humble & très-obeissant Serviteur
SAINT HYACINTHE.

PRÉFACE.

UN Aveugle timide ne va pas vîte. Non seulement il sonde avec son bâton l'endroit où il doit mettre son pied, mais il sonde aussi les environs pour s'assûrer d'autant mieux de la solidité & de la sûreté du Terrain. On s'appercevra aisément que j'ai fait comme cet Aveugle, & que, conformément au Titre de cet Ouvrage, je n'ai été qu'un *Chercheur*. Si dans le Sixième Livre on trouve un Système sur la Nature des Etres, ce n'est pas moi qui l'ai fait. Il s'est fait de soi-même & nécessairement, c'est la seule manière d'avoir le Système de la Nature.

On verra que, par la crainte de me tromper, je suis entré scrupuleusement dans les moindres détails, que je suis revenu souvent & peut-être trop souvent à des Définitions & à des Principes qu'il suffit d'exposer pour en convenir ; que j'ai discuté des idées attachées à des mots si communs, que ces discussions pourront déplaire à beaucoup de Lecteurs qui n'en sentiront point alors l'utilité : Mais ayant remarqué, que la moindre idée accessoire faussement unie à un terme, est la cause d'une longue erreur ; que les Définitions des mots les plus communs & l'attention qu'on y fait servent à resoudre les Ques-

PRÉFACE

Questions les plus composées, à affermir les Verités les plus importantes, & que cependant ces Définitions & ces Principes sont précisément ce qu'on néglige au point qu'il paroit qu'on les ignore, ou qu'on les oublie; j'ai mieux aimé y revenir, peut-être plus qu'il n'étoit nécessaire, que de négliger de me les rendre si présens que je ne les perdisse jamais de vûë. Au fonds lorsque je les repéte, c'est ne dire que ce que les Lecteurs doivent se rappeller.

Négliger la connoissance des mots, & raisonner, c'est faire ce que feroit un homme qui ne sauroit pas la valeur exacte des chiffres & qui en feroit la somme; & c'est ce que font presque tous les hommes, sans en excepter ceux qu'on appelle Philosophes. Si on n'a pas négligé cette connoissance & qu'on n'y fasse pas attention, cela revient au même.

J'en citerai un exemple pris d'un Auteur qui n'est pas du commun. C'est d'un homme celebre, c'est du Rival de NEWTON dans l'Invention du Calcul Differentiel.

Ce savant homme savoit bien sans doute, que le *Possible* étoit *ce qui peut être ou n'être pas effectué*; & qu'*opposé à l'Impossible* il signifie *ce qui n'implique pas contradiction*. Il savoit de même, que le *nécessaire absolu* est *ce qui ne peut pas ne point être*. Quoiqu'il n'eut peut-être pas assez reflechi sur la nature des idées, on ne doit pas le soupçonner d'avoir ignoré qu'*on ne peut avoir l'idée d'une chose impossible*. Cependant voilà ce qu'il dit dans un Ecrit envoyé au Journal de *Trévoux*. On suppose *tacitement que* DIEU *ou bien l'Etre parfait est possible, si ce point étoit encore démontré comme il faut*

PRÉFACE.

faut, on pourroit dire que l'*Existence de Dieu seroit démontrée géometriquement* à priori, & *cela montre*, continue-t-il, *ce que j'ai dit, qu'on ne peut raisonner parfaitement sur des idées qu'en connoissant leur possibilité.*

Si cet habile homme eut fait attention qu'on ne peut avoir d'idée de ce qui est *possible* ou *nécessaire*, puisqu'on n'en peut avoir d'*une chose impossible*, que l'*Erreur* n'est qu'*une opération de l'esprit qui joint des choses qui ne se supposent pas nécessairement, ou qui en separe qui se supposent*; il auroit vû clairement que l'Existence de Dieu n'implique point de contradiction & qu'*en ce sens elle est possible.* Il auroit vû de plus que dans l'autre sens ou le *possible est pris pour ce qui peut être effectué*, l'existence de Dieu *n'étoit pas possible*, parce qu'il étoit contradictoire qu'il y eut quelque Puissance capable de le produire, & que, par conséquent, cette Existence étoit *nécessaire d'une nécessité absolue*, & il en auroit conclu qu'on en avoit la preuve Geometriquement *à priori*.

Voilà ce que fait l'inattention à la nature de nos idées & à la signification des Termes les plus communs. Ce n'est donc pas un assujettissement frivole que d'examiner avec une extrême recherche & les idées les plus simples & les termes les plus familiers. Il n'y a rien de frivole dans ce qu'on veut faire avec exactitude. C'est cette negligence des termes ou cette inattention à leur signification qui a produit & qui conserve toutes les erreurs, non seulement dans la Philosophie, mais encore dans les Religions & les diverses Economies Politiques. Bien discuter les termes qu'on employe, c'est éclaircir les idées sur les-
quel-

PRÉFACE.

quelles on doit raisonner; mais il ne faut pas croire qu'on puisse parvenir à l'intelligence de certains termes, si on n'en a pas auparavant discuté d'autres très-communs & très-simples, qu'on croit entendre & qu'on n'entend cependant pas exactement.

Combien ne voit-on pas de gens de beaucoup d'Esprit ignorer ce que signifie le mot d'*Idée* dont ils se servent à tout moment. Ils prennent ce mot pour *représentation*, ils croient qu'une idée est une *Image*, sans cela ils disent qu'ils n'ont point d'idée, lors même qu'ils employent ce terme pour exprimer des choses qui n'ont ni couleur ni figure, ne faisant pas attention que presque toutes les idées, celles même qu'ils croyent n'avoir que par le moyen des sens, ne sont que des idées metaphysiques dont les sens ne servent qu'à exciter les sentimens, & qu'ainsi quoiqu'il nous paroisse que nous sommes en quelque manière plus sûrs de l'existence des choses que nous voyons & que nous touchons, que de celles que nous ne voyons ni ne touchons pas, nous ne les connoissons cependant que de la même manière. Ce qui suppose beaucoup d'idées qui ne se représentent, ni par des figures, ni par des couleurs. Or la signification équivoque ou confuse du mot d'*Idée* ne vient que de la négligence qu'on a eu d'en bien examiner la signification, & ainsi la nature des idées mêmes, ce qui se voit dans les disputes que les Philosophes ont sur ce que c'est qu'Idée, par les définitions qu'ils en donnent, & par celles qu'ils ont données de l'Être Spirituel.

Si d'ailleurs j'ai démontré des Propositions dé-

PRÉFACE

j'ai reçues, cela ne s'est fait que parce que, voulant commencer *ab imis fundamentis*, tout devoit alors être égal pour moi, c'est-à-dire, douteux. Je ne devois rien admettre que par la nécessité de la Méthode que je me proposois de suivre, & alors la verité des choses disputées, si j'étois assez heureux pour la découvrir, devoit se rencontrer & se trouver liée avec la verité de celles qui étoient démontrées. Ainsi j'ai dû ne m'embarrasser ni de ce qu'on croyoit, ni de ce qu'on ne croyoit pas; je n'ai dû être ni du parti des Anciens, ni de celui des Modernes. Je n'ai point dû chercher à me distinguer par du *neuf*. Je n'ai dû chercher qu'à m'éclairer par le *vrai*, & soit qu'il fût connu, soit qu'il ne le fût pas, il n'étoit vrai pour moi, que lorsqu'il m'étoit démontré : Ainsi tout devoit être traité d'une manière uniforme.

Au reste, si j'ai quelque grace à demander à ceux qui ne dédaigneront pas de lire ces Recherches, c'est ce que LUCRECE exigeoit de MEMMIUS :

Nec mea dona tibi studio disposta fideli,
Intellecta priusquam sint, neglecta relinquas.

" Ne rejettez point ce que je vous présente sans
" l'avoir auparavant examiné.

Je supplie même qu'on examine ces Recherches à la rigueur, qu'on les corrige, & qu'on me redresse, afin de concourir avec moi au but qui me les a fait entreprendre avec l'intention la plus pure.

PRÉFACE.

Corrigenda si qua sine visa vobis hic erunt,
Non ero stulte repugnans, quæ amans prave mea,
Quin statim, culpanda delens, præbeam rectis locum.
TERENTIANUS MAURUS.

   Ces Recherches sont le Fondement d'un autre Ouvrage dont elles seront bientôt suivies. Ce sont aussi des Recherches qui ont pour objet, les Propriétés, les Droits, & les Devoirs des Etres Moraux; les Attributs, les Droits & les Devoirs de Dieu; & en particulier, la Nature, les Droits, & les Devoirs de l'Homme.

RECHERCHES PHILOSOPHIQUES,

LIVRE PREMIER:

Obſervations & Remarques preliminaires.

Reflexions qui ont fait entreprendre ces Recherches, & comment on ſe propoſe de les faire.

I.

IL me ſemble que je ſai beaucoup de choſes, mais que mon ſavoir eſt confus; je ne vois pas trop ni la ſource, ni les liaiſons de ce que je ſai; eſt-ce là veritablement ſavoir? Il eſt vrai qu'il y a pluſieurs de ces choſes ſi peu importantes qu'il n'y a pas grand mal à ne les pas bien connoitre, puiſqu'il n'y en auroit pas même à les ignorer. Mais il y a d'autres choſes que je crois & d'autres que je ne crois pas, qui peuvent être pour moi d'une grande conſequence. Elles ſont la regle & le motif de mes actions, & de là depend mon bonheur. Ce bonheur après lequel j'aſpire ſans ceſſe, qui eſt l'objet de tous les mouvemens que je me donne, & dont toutefois je joüis ſi peu, que ma vie n'eſt qu'incertitude, inquietude, ennui, dans une miſerable circulation de plaiſirs, de vanités, & de peines: Eſt-ce l'état d'une Créature raiſonnable? Ne ſuis-je fait que pour avoir un vif déſir d'être heureux, avec l'impuiſſance de le devenir? J'aime à ſavoir, ſuis-je dans l'impoſſibilité de m'aſſurer de quelque choſe? ou mon ignorance & mon malheur ne ſont-ils point l'effet du mauvais uſage que je fais de ma raiſon?

II.

II.

JE veux être heureux, je veux croire, je veux raisonner. Je n'agis que conformement aux idées que je me fais, ou que conformement aux impressions que je reçois. Ces impressions varient selon les circonstances & l'etat où je me trouve. Si les idées sont fausses, je suis dans l'erreur, & l'erreur peut rendre très-malheureux. Si je crois des choses vaines ou superstitieuses, je suis un sot ou une dupe; si j'en neglige d'importantes & de necessaires, je ne suis pas seulement imprudent, je suis fou. Erreur, sotise, imprudence, folie, ignorance, malheur, tout cela pourroit bien n'être qu'un abus de la raison; ce sont diverses especes d'extravagances dont la principale est la negligence de s'en guerir.

III.

DE s'en guerir? Mais le peut-on? Depend-il de moi d'être plus heureux & plus eclairé? J'avoüe qu'il me semble qu'oüi. Je sens que je puis m'eclairer d'avantage sur plusieurs choses que j'ignore ou que je ne connois que confusement & qui pourroient servir à mon bonheur: & je le sens si bien, que c'est de ce sentiment que naissent les reproches que je me fais en tant d'occasions où je commets des fautes si nuisibles à mon bonheur, soit en ne faisant pas ce que je devrois faire, ou en faisant ce que je ne devrois pas. Car puisque je me fais des reproches, il faut qu'il soit en mon pouvoir de ne pas meriter de m'en faire. Je ne puis être coupable que par ma faute. S'il ne dependoit pas de moi de faire autrement, je n'aurois point à me plaindre de moi-même. Il n'y auroit point lieu ni aux reproches ni aux remords.

IV.

MAis mon extravagance paroit-elle plus en quelque chose qu'à l'egard du bonheur même qui est l'objet de tous mes desirs & de toutes mes actions? Je veux être heureux; sai-je ce qu'il me faut pour l'être, sai-je ce que je dois faire pour le devenir?
Je

Je fai en general, qu'il faut que je fois non feulement exempt de peine & d'ennui, mais qu'il me faut encore des fentimens agréables. J'en ai fouvent éprouvé de tels dans ce qu'on appelle *les plaifirs de la Vie*, & même dans des deffeins & des occupations où mon imagination me flatoit de l'efpoir de tant de plaifir, que cet efpoir même etoit un plaifir. Mais helas! j'ai trouvé que la poffeffion de beaucoup de chofes fouhaitées avec paffion, pourfuivies avec inquietude, obtenües avec peine, non feulement ne me rendoit pas plus heureux, mais me devenoit même infipide & facheufe.

A l'egard de ce qu'on appelle *les plaifirs de la vie*, il eft vrai que j'y ai trouvé des fenfations agréables, qui me rendoient heureux pour le tems qu'elles duroient, mais leur durée etoit courte. Ce font des fenfations qu'on peut avoir dans un mélange de peines, & que peut eprouver une ame diftraite d'ailleurs & cruellement agitée.

Le bonheur ne feroit-il donc point different du plaifir? Ne feroit-ce point un etat permanent de joïe & de férénité, que les traits de la fortune, ni la violence des paffions ne font qu'effleurer & ne troublent jamais? Et le plaifir ne feroit-il point une fenfation paffagere qui n'exclut ni l'ennui, ni l'inquietude & qui eft fouvent fuivie & des regrets & des remords?

Si cela etoit, ce qu'on appelle *les plaifirs de la vie* ne pourroient jamais faire un etat heureux; & l'empreffement à fe les procurer marqueroit en ceux-mêmes qui en joüiroient moins de bonheur que de mifere.

V.

IL n'y a gueres d'homme qui ne croye qu'il feroit très-heureux, s'il pouvoit ajouter à ce qu'il a, quelque chofe qui lui manque & qu'il fouhaite. Si donc on difoit à un homme, choififfez pour être heureux celui de tous les biens de la vie que vous voudrez & vous l'aurez. Voulez-vous la fanté, la force, la beauté, les graces, aimez-vous mieux les richeffes, la faveur, voulez-vous la réputation, ou prefererez-vous les charmes de l'amour ? Choiſiſſez, voyez celui de tous ces biens que vous croyez le plus propre à votre bonheur. Cet homme choiſiroit ſans doute ſelon l'état de ſouffrance & de privation où il ſe trouveroit. Malade & foible, il ne demanderoit que la ſanté & la force ; Pauvre ou avare, il demanderoit les richeſſes ; Delaiſſé ou ambitieux, il voudroit la faveur ; Vain ou difforme, il ſouhaiteroit la beauté & les graces. S'il étoit deshonnoré ou orgueilleux, il envieroit la gloire d'une belle réputation ; & s'il etoit paſſionnément amoureux, il croiroit que rien ne manqueroit à ſon bonheur, lorſqu'il ſeroit paſſionnément aimé de ce qu'il aime.

Mais il ne faudroit pas beaucoup de tems, ni beaucoup de reflexion pour ſe convaincre qu'aucun de ces biens en particulier ne rend l'homme heureux. La ſanté quoique le plus grand de tous, paroit moins un bien à ceux qui en joüiſſent qu'elle ne leur paroit la privation d'un mal : c'eſt plutot un etat propre au bonheur, qu'un bonheur même. Ajoutons-y les richeſſes qui ſemblent le plus grand des biens après la ſanté. Mais quel nombre de gens ne voit-on pas malheureux & très-malheureux avec la ſanté & les richeſſes. Faiſons donc plus, donnons à cet homme tous ces biens & y ajoutons même celui qui paroit ſeul les valoir tous. Donnons-lui la ſanté, la force, la beauté, les graces, la réputation, les douceurs de l'amour, & de plus la Souveraine Puiſſance : faiſons-le Roi d'un vaſte & floriſſant Royaume. Faiſons-le Roi de toute la terre, qu'il voye des quatre parties du monde les peuples empreſſés apporter leurs hommages & leurs dons au pié de ſon throne ; voila un beau coup d'oeil. Sera-t-il heureux ? Non. A moins qu'il ne ſache uſer de toutes ces choſes, ſelon leurs convenances avec le but auquel il voudroit les rapporter. De ſorte qu'il faudroit encore à cet homme le ſecret de faire de toutes ces choſes l'uſage convenable à ſon vrai bonheur, ſans quoi elles ne ſeroient pas des biens pour lui. Le bonheur de l'homme n'eſt donc pas dans les choſes exterieures, & ſi elles y contribuent ce n'eſt que par l'uſage que la raiſon en ſait faire pour leur veritable but.

V I.

VI.

JE suis donc bien coupable de négliger cette raison & bien fou de pretendre à être heureux, si j'ignore ce que je suis, ce que je puis & ce que je dois être pour le devenir. Je n'aspire qu'à être heureux, & pour me le rendre j'agis en aveugle; je me laisse aller à des impressions fortuites, à des préjugés inspirés par des passions dereglées, par l'education, par l'exemple. L'opinion des autres est ma regle, je les méprise & je les crains. Je me rends malheureux pour passer pour heureux dans leur esprit. Je m'abandonne au train ordinaire des choses que j'entends condamner par ceux-mêmes qui le suivent, & je m'y abandonne sans avoir examiné si le bien que je perdrois en ne m'y conformant pas, n'est pas un mal & souvent un très-grand mal en comparaison du bien que je me procurerois en agissant autrement. Pour travailler veritablement à mon bonheur ne dois-je pas voir avec certitude le terme, la nature & le degré de bonheur que je puis esperer des choses qui sont l'objet de mes désirs ou qui doivent l'être. Ne puis-je avoir une idée du vrai bonheur & de ce qui peut me le procurer? Ou ne m'arrivera-t-il dans l'espoir de la félicité que ce que les Poëtes ont feint d'IXION amoureux qui n'embrassa qu'une nuée au lieu d'une Déesse.

VII.

LA Verité par laquelle je veux aller au bonheur & sans laquelle je ne puis en effet m'assurer d'un bonheur veritable, est-elle si aisée à trouver? Puis-je la connoître par moi-même? Mais par qui donc la connoîtrois-je? Un autre peut-il la connoître pour moi? Il a beau la connoître, s'il la connoit & que je ne la connoisse pas, il est certain que je ne la connois pas. Un autre peut m'assurer que ce qu'il me dira est vrai, & je puis le croire. Mais *ce sera croire que ce qu'on me dit est vrai & non pas connoître qu'on me dit vrai*. Pour que je me fie à un autre il faut que j'aye raison de m'y fier, autrement j'agis comme un imprudent ou comme un imbecille. Or pour que j'aye raison de m'y fier, il faut que je sois sûr qu'il a lui-même raison, c'est-à-dire, qu'il a la verité de son coté.

Comment puis-je juger qu'il a la verité de son coté, si je ne connois pas quels sont les caracteres de la verité, & par conséquent si je ne suis pas en etat de connoitre la verité par moi-même? Pour que je sois sûr qu'un homme pense juste, il faut que je sache ce qu'il pense & que ce qu'il pense est vrai. Il faut donc que je connoisse que ce qu'il dit est vrai, avant que je juge qu'il pense juste & que je decide que je dois m'en fier à lui. Or quand je connois que quelque chose est vrai, qu'un autre le croye ou ne le croye pas, cela ne fait rien, la chose n'en est pas moins vraye pour moi, ni moins vraye en soi si je ne me suis pas trompé. Et si d'autres se sont trompés dans ce qu'ils me disent, fussent-ils cent mille hommes & l'eussent-ils crû de pere en fils depuis le commencement du monde & même de toute eternité, si cela etoit possible, la chose n'en sera pas plus vraye, & je n'en serai pas moins dans l'erreur, ni moins malheureux de la croire, si cette erreur est nuisible à mon bonheur.

Il me paroit en effet ou qu'on peut s'assurer de la verité ou qu'on ne peut s'en assurer. Si on ne le peut, je ne dois rien croire & pur Automate me laisser aller aux impressions des objets qui m'environnent, joüet perpetuel des circonstances où je me trouverai, ou de la circulation des humeurs qui me feront mouvoir; le parler chez moi ne doit plus être regardé que comme un ramage qui n'exprime que des sons, & dès lors je ne suis plus un Etre actif, je ne suis plus qu'un Etre passif, incapable de raisonner, de vouloir & d'agir. Mais je ne puis changer la nature de mon être, par laquelle il me semble que voulant necessairement mon bien-être, je puis choisir librement les moyens de me le procurer, & que je veux & que j'agis par moi-même, parce que je suis un Etre actif. Se laisser aller est même un action, c'est un effet de la volonté. De sorte que c'est agir que de se laisser aller aux impressions des objets, aux circonstances, aux passions.

Si l'on peut s'assurer de la Verité, pourquoi ne le pourrois-je pas comme un autre? N'a-t-elle pas des marques qui nous assurent d'elle? Il faut bien qu'elle en ait, car à quoi la connoitroit-on, & alors qui m'empechera de la connoitre dès que j'aurai appris à la distinguer?

VIII.

VIII.

DESCARTES commence sa methode par cette proposition, *le Bon-sens est la chose du monde la mieux partagée.* Cela paroit d'abord un paradoxe, mais ce que DESCARTES ajoute pourroit bien faire croire que ce n'en est pas un. *Le Bon-sens est la chose du monde la mieux partagée, dit-il, car chacun pense en être si bien pourvû, que ceux-mêmes qui sont les plus difficiles à contenter en toute autre chose, n'ont point coutume d'en desirer plus qu'ils n'en ont. En quoi il n'est pas vraisemblable que tous se trompent, mais plutot cela temoigne, que la puissance de bien juger & distinguer le vrai d'avec le faux, qui est proprement ce qu'on nomme le Bon-sens, ou la Raison, est naturellement égale en tous les hommes; & ainsi, que la diversité de nos opinions ne vient pas de ce que les uns sont plus raisonables que les autres, mais seulement de ce que nous conduisons nos pensées par diverses voyes, & ne considerons pas les mêmes choses.* Un autre peut avoir l'esprit plus vif, plus pénétrant, plus attentif, il pourra avoir moins de préjugés & plus d'ardeur: mais tout cela ce n'est que des dispositions avantageuses pour connoitre la Verité, cela ne suffit pas. *Ce n'est pas assez d'avoir l'esprit bon, ajoute* DESCARTES, *mais le principal est de l'appliquer bien. Les plus grandes ames sont capables des plus grands vices aussi bien que des plus grandes vertus: & ceux qui ne marchent que fort lentement peuvent avancer beaucoup davantage, s'ils suivent toujours le droit chemin, que ne font ceux qui courent & qui s'en éloignent.*

Pour m'inspirer de l'ardeur dans la recherche de la Verité, je n'ai qu'à me bien convaincre que *la sureté de mon bonheur dépend de la certitude de mes lumieres.* Cela n'est pas difficile. Un peu d'attention sur moi-même m'en persuadera aisément; & si je reconnois de bonne-foi mon ignorance & mes miseres, l'envie que j'ai d'être heureux me fera sans doute chercher avec ardeur les moyens de m'éclairer.

A l'égard des préjugés, il ne tient qu'à moi de les écarter, il ne faut être pour cela ni SAMSON ni HERCULE. Je ne veux pas même les combattre ces préjugés avec lesquels je vis depuis si longtems.

Je veux les quitter fans peine, ou qu'ils fe diffipent d'eux-mêmes. Je vivrai avec eux comme j'ai vecu jufqu'à prefent. Il fuffit que je me fouvienne, qu'ils ne m'ont rendu heureux tout au plus que par intervalle, qu'ils ne m'ont fouvent donné que des efperances vaines & de veritables regrets, & qu'ils me laiffent effectivement dans un état d'ennui, d'inquietude & de befoin. Je les quitterai comme de faux amis qu'on ne voit que pour la néceffité du commerce & qu'on abandonne toujours dès qu'on a quelque chofe de mieux à faire que de les voir, qu'on reconnoit leur perfidie ou qu'on en trouve de veritables dont la probité répond de la conftance. Je n'ai donc qu'à regarder mes prejugés pour ce qu'ils font, & qu'à *prendre la ferme refolution de ne me rendre qu'à l'Evidence.* Ce fera le moyen de les diffiper ou de les quitter fans peine.

Maintenant tout eft prejugé pour moi, faute d'avoir employé une méthode qui m'affurât, par l'Evidence, de la certitude de ce que je crois favoir & connoitre. Mon favoir n'eft que confufion d'idées, melange peut-être d'erreur & de verité, mais d'où je ne puis diftinguer la verité de l'erreur; ainfi la verité même fi j'en crois quelqu'une, n'eft pour moi que prejugé. Mais je m'affranchirai fans doute de la tyrannie & des pieges de l'erreur, fi je prends la ferme refolution *de ne me rendre qu'à l'Evidence, fans m'embaraffer des confequences, fans m'inquieter fi ce qu'elle exigera que j'admette eft contraire ou non à ce que je prends pour mes interêts, ou aux chofes que je crois, ou que je ne crois pas.* Mon interêt veritable eft fans doute de connoitre la valeur des chofes & les avantages que je puis en tirer. Mes opinions non plus que celles des autres ne font point une regle de verité. C'eft au contraire par l'évidence de la verité que je dois rectifier mes opinions & me preferver de la fauffeté de celles des autres.

Pour les avantages de l'efprit, ils ne prouvent point que je ne pourrai pas m'affurer de la verité auffi furement qu'un autre. Ils prouvent feulement que cet autre y pourra faire & plus facilement & plus rapidement de plus grands progrès que moi.

J'ai la vuë foible, je dois me mettre à portée de bien

bien voir les objets & n'en juger qu'après les avoir bien examinés ; mais parce que j'ai la vuë foible dois-je ne point me servir de mes yeux ou m'en priver entierement pour me faire conduire par un autre ? Il n'y a personne qui ne me jugeât digne des petites maisons : En prenant les précautions necessaires je serai toujours plus sûr de ce que je verrai par moi-même que de ce que je ne verrois que par les yeux d'autrui. Je ne pourrois même juger que j'ai raison de me confier à ceux à qui je croirois de meilleurs yeux qu'à moi, si je n'avois verifié que les objets qu'ils m'auroient dit être tels lorsque je ne les voyois que confusément, etoient tels en effet qu'ils me le disoient. De sorte que je me serois ainsi assuré que leurs yeux sont bien meilleurs que les miens. Mais quand j'aurois fait cette experience, quand je leur aurois trouvé de si bons yeux en cent occasions, qui m'assurera qu'ils ne pourront pas se tromper dans la cent & unieme ? Je n'aurois que des probabilités & non la certitude du contraire : Tel qu'un aveugle s'assure avec son bâton de l'endroit où il doit marcher pour aller surement, & qu'à force d'avoir battu les mêmes sentiers, il y va d'un pas si ferme qu'il ne tombe point ni ne s'égare jamais ; tel un homme qui cherche la verité doit toujours la chercher avec le secours de l'evidence. Ne rien admettre pour verité que ce que l'evidence l'obligera d'admettre, & se la rendre si familiere par tant d'Actes réiterés qu'elle lui soit toujours presente.

C'est ainsi qu'un homme d'un esprit médiocre ira plus loin & plus surement, qu'un autre qui comptant sur ses propres forces & suivant les lumieres d'autrui, pretendra faire beaucoup de chemin.

Je me souviens d'un brouillard qui s'étendit sur Paris en 1732. Il etoit si épais qu'un homme qui avoit de fort bons yeux ne reconnut point l'endroit où il etoit. Il le demanda à un homme que le hazard lui fit rencontrer parce qu'il pensa se heurter contre lui. Vous êtes, lui dit cet homme, auprès de Saint Victor. Je me suis donc bien égaré, reprit le premier, je croyois aller au quartier de Richelieu où je demeure, & je ne sai comment je ferai pour m'y rendre, ne distinguant point les ruës tant le brouillard est épais. Dites-moi où vous voulez aller, lui dit l'autre, je vous y conduirai. L'homme égaré nomma sa ruë & indiqua sa maison, son guide l'y mena directement, & ce Guide etoit un Aveugle.

Non, non, il se pourroit bien faire que ce ne seroit pas tant l'esprit que la methode qui nous feroit surement connoitre la Verité. L'esprit est pour l'embelissement ; il lui faut de l'imagination & des fleurs, & souvent ce qui n'est que plausible lui paroit juste. La methode est pour la découverte du vrai, il n'y faut que de l'attention, peut-être même de la lenteur, beaucoup de mefiance jusqu'à ce qu'on soit bien assuré de la verité, & ensuite beaucoup de courage pour la suivre.

IX.

Tout le monde convient que les Mathematiques sont des sciences certaines ; pourquoi les sciences qui ne sont pas historiques n'auroient-elles pas le même avantage ? Je conçois qu'il peut y avoir differens degrés de probabilité, mais peut-il y avoir differens degrés d'evidence ? Ce qui est vrai en Mathematique est-il plus vrai, que ce qui est vrai en Morale, en Ontologie, en Logique & en Metaphysique ? Pourquoi les verités de ces sciences ne pourroient-elles être aussi evidemment demontrées, puisqu'en effet la Mathematique n'est au fonds qu'une classe de vérités Metaphysiques dont celles de l'Ontologie font une autre classe. En general les verités fondamentales de toutes les sciences, ont-elles d'autres fondemens que celles de la Metaphysique dont plusieurs arts même tirent les raisons de leur perfection.

L'Evidence est le propre de la Mathematique, je le veux. Mais est-ce le propre de la seule Mathematique ? Le commun des hommes & même des Mathematiciens le croyent ; mais c'est une opinion sans fondement, desavoüée d'excellens Mathematiciens qui n'ont pas borné leur esprit à la seule contemplation de l'Etenduë.

Pretendre que l'Evidence n'est le propre que de l'Arithmetique, de la Géometrie ou de l'Algebre, n'est-ce pas attribuer à ces sciences ce qui ne doit l'être l'être qu'à la maniere dont on les etudie & qu'à la methode qu'on y employe ? Les Mathematiciens joüissent du privilege si justement & si necessairement dû à l'amour de la verité, ils la cherchent sans aucun motif plus pressant que celui de la bien connoître, & nul inconvenient ne les engage à la taire ou à l'abandonner. Loin de vouloir persuader par l'art dangereux que la Rhétorique enseigne, ils ont cru que la verité, belle par elle-même, n'avoit besoin que de paroitre telle qu'elle est, & qu'elle perdoit toujours plus qu'elle ne gagnoit par les ornemens dont on vouloit l'embellir : ils n'ont donc cherché qu'à démontrer, c'est-à-dire, à parler à l'esprit & non à l'imagination. Asservis aux regles austeres d'une exacte Logique, ils commencent par s'assurer de l'idée precisément attachée à un terme, de ce terme ils deduisent une proposition, ils tirent des consequences aussi certaines que la proposition même: parce qu'elles y sont si necessairement contenuës qu'elles deviennent elles-mêmes de nouvelles propositions pour de nouvelles consequences. Et comme s'ils craignoient que l'Erreur se cachât sous l'assemblage des phrases, ils separent par des titres les definitions d'avec les propositions, les propositions d'avec les consequences ou corollaires; ainsi du reste. Mais qui m'empeche de me mettre dans un etat où la seule verité soit determinement mon objet, & de chercher à la decouvrir avec toutes les précautions des Géometres. Ne puis-je pas définir mes termes ainsi que les Mathematiciens définissent les leurs? Etablir mes principes sur les définitions, & déduire les consequences qui sont renfermées dans ces principes, pour les faire servir elles-mêmes de principes à de nouvelles consequences? En un mot, ne puis-je pas m'appliquer à une pure récherche de la Verité, sans me proposer ni d'hypothese à établir, ni de these à prouver, & sans vouloir autre chose, si non, que par la seule necessité, par la seule force de l'évidence, toutes les propositions naissent les unes des autres, par des consequences qui n'ayent d'autres sources que des *principes d'Identité*, c'est-à-dire, *des principes tirés de la definition des choses ou des noms, tellement que le contraire implique contradiction* ?

Si je suis cette methode & qu'il soit possible de connoitre les verités de l'Ontologie & de la Morale qui en resulte & d'où dépend principalement mon bonheur; il me semble que je pourrai m'assurer de beaucoup de verités importantes avec autant de certitude qu'on peut s'assurer de quelque verité mathematique que ce soit & que je le suis de ma propre existence, puisque les principes qui m'assurent de la vérité de ma propre existence, lorsque je l'examine par le raisonnement, ne sont que des principes tels, que le contraire implique contradiction, & que les consequences qu'on en tire sont telles, que le contraire seroit contradictoire & par consequent absurde.

Un avantage que j'aurai d'ailleurs dans cette recherche, c'est, que j'eviterai l'illusion qu'on se fait ordinairement lorsqu'on cherche à prouver quelque chose qu'on croit vrai, ou du moins qu'on a envie de croire & de trouver tel. Ici je ne chercherai rien qu'à voir ce qui est, sans savoir ce que je trouverai; en un mot je ne serai qu'un *chercheur*. Heureux si je trouve & que je puisse faire une collection de verités utiles. Mais plus heureux, si après en avoir trouvé de telles je m'y conforme si exactement, que me les rendant toujours présentes, elles soient la regle immuable de ma conduite. En effet si quelque folie est au dessus de celle de négliger la connoissance de ce qui me convient, c'est celle de savoir que je néglige cette connoissance, & de ne pas faire ce que je dois pour me la procurer. La connoissance n'est que le moyen d'être heureux. *Savoir ce que je dois faire & ne le pas faire, ne seroit que me rendre plus coupable, & par consequent plus malheureux.* Ce ne seroit qu'augmenter mes remords & les reproches que j'aurois à me faire & que je me ferois malgré moi.

X.

JE ne puis pas dire que je ferois donc mieux de ne point m'appliquer à connoitre ce que je dois faire. Que le parti le plus sage est de m'abandonner au hazard. Ce seroit abandonner l'objet, en abandonnant

nant le moyen. Ce feroit le parti d'un imbecille ou d'un défefperé.

Que diroit-on d'un homme qui expofé aux fatigues & aux perils d'une dangereufe navigation briferoit fa Bouffole & fon Gouvernail pour s'épargner la peine de trouver le port & les rafraichiffemens dont il auroit befoin? C'eft l'image d'un homme qui ne veut point fe fervir de la raifon.

Si l'Erreur pouvoit me rendre heureux, il feroit inutile de chercher la Verité; mais fi l'Erreur peut me rendre heureux, ce n'eft que quelquefois & pour peu de tems. Or je voudrois bien un bonheur durable, un etat où l'inquietude ne vint point troubler ma tranquillité, & où la raifon ne vint point condamner mes plaifirs; fi même dans l'impuiffance d'affurer mon bonheur par la connoiffance de la Verité, je ne pouvois être heureux que par l'illufion, encore faudroit-il chercher quelle forte d'illufion feroit la plus propre à mon bonheur. Ainfi je ne ferois conduit au choix de l'Erreur même que par le moyen de la Verité. Mais fi la Verité peut me faire diftinguer quelle forte d'illufion eft préférable à une autre, ne me fera-t-elle pas connoître elle-même, combien fes fecours font préférables à ceux de l'illufion? Il ne faut fans doute que la chercher avec foin & s'y conformer avec courage. Et pour cet effet il faut non feulement que je n'admette pour vrai que ce que l'évidence me forcera d'admettre; mais dans la crainte que l'habitude des préjugés ou la force des paffions n'affoibliffent l'impreffion de la verité la plus evidente, il faut après m'en être bien perfuadé y reflechir fi fouvent qu'elle me devienne familiere, & qu'elle foit ainfi toujours prête à vaincre la paffion ou le prejugé qui voudroient l'obfcurcir. Je me flate peut-être trop, il n'importe, il faut l'effayer, illufion pour illufion, celle-ci, fi c'en eft une, ne me paroit ni la plus mauvaife, ni la plus dangereufe. Si l'homme doit être raifonnable, on peut dire que la nature ne nous fait qu'enfans, l'age vieillards, la Philofophie feule raifonnables.

XI.

D'Ailleurs, je ne dois pas croire que ce soit une application mélancholique. Quand on confidere combien de gens s'attachent à l'etude, quand on reflechit que ceux-mêmes qui évitent toute forte d'application d'efprit font cependant très-aifé d'apprendre quelque chofe, on ne peut s'empecher de croire qu'il n'y ait beaucoup de plaifir à s'inftruire, & vraifemblablement ce plaifir eft d'autant plus grand que les chofes font plus importantes. En prennant donc le parti de m'appliquer fincerement à la recherche de la Verité, fi je puis parvenir au moyen de la connoitre, je m'affure d'une infinité de plaifirs, car il me femble que dans l'eclairciffement de mes idées j'ai de quoi m'occuper non feulement toute ma vie mais toute une eternité, & je m'affure d'un plaifir très-grand fans doute, fi la connoiffance de la Verité eft un plaifir fi vif & fi conftant que ceux qui s'attachent à la recherche des verités mêmes qui paffent pour inutiles au bonheur de l'homme en oublient jufques aux befoins de la Vie.

On dit que les domestiques de NEWTON etoient fouvent obligés à la fin du jour de l'avertir qu'il n'avoit ni bû ni mangé de toute la journée, quoiqu'on eut apporté dès midy fon diner dans fa chambre où fes domeftiques n'ofoient entrer que lorfqu'ils y étoient appellés; & on rapporte qu'au fac de Syracufe ARCHIMEDE fut tué fans s'en appercevoir, tant il etoit appliqué à tracer quelques figures de Géometrie. Il ne vit ni n'entendit le foldat qui lui parloit & qui le tua.

Ces exemples auxquels on en pourroit ajouter, font des preuves que les plaifirs qui naiffent de la connoiffance de la Verité font bien fuperieurs à d'autres dans lefquels on fe diffipe vainement tous les jours & qui ne laiffent fouvent que des regrets & des rémords. Les plaifirs qu'on trouve dans la recherche de la Verité ont cet avantage, qu'ils font toujours prêts, conftans, intariffables, & que fans retours fâcheux ils fatisfont les defirs fans les éteindre.

PHILOSOPHIQUES.

REFLEXIONS

Sur l'Instinct Physique & Moral. Sur les causes générales de l'Erreur. Objections contre le dessein de s'assurer par soi-même de la Verité. Reponse à ces objections. Que rien ne doit s'opposer à la recherche impartiale de la Verité. Que tout homme en est capable.

XII.

L'Ordre de la nature fait voir, qu'il y a dans les animaux des dispositions qui sont telles qu'on pourroit les regarder comme des gouts prevenans pour les choses qui concernent leur conservation ou leur bien-être. C'est ce qu'on nomme *Instinct*, terme qui a causé de grandes disputes en Philosophie & des discussions particulierement interessantes en Morale.

Instinct

A peine *le Perdreau* est éclos, qu'il cherche de quoi se nourrir & qu'il distingue le grain qui lui convient d'avec celui qui ne lui convient pas. Il préfere même de certaines choses à d'autres, les oeufs de fourmi par exemple à toute autre nourriture. De petits *Canards* sortants de la coque où ils auront été couvés par une Poule, courent se jetter dans l'eau, malgré tout ce que fait leur mere adoptive pour les en empecher & qui n'ose les y suivre.

L'Enfant est a peine né, qu'il sait tourner la tête vers le sein de sa nourrice & s'en saisir avec les mains & avec les levres, *tenero sugens ore papillas*. S'il en est privé, non seulement il crie pour exprimer ses besoins, mais il succe perpetuellement quelqu'un de ses doits, comme pour faire connoître par de nouveaux signes ce qu'il desire. Lorsque la raison est plus formée par l'experience, cette même disposition qui la prévient subsiste toujours. Le sentiment des besoins n'est point l'effet de la reflexion, ce n'en est que la cause. La soif, la faim nous portent à boire & à manger. Une situation qui nous lasse nous en fait prendre une autre sans y penser, du moins sans y reflechir, cela se fait même en dormant. Dans un faux pas, le corps se porte aussi prompt qu'un eclair

eclair à contrebalancer sa chute, & une frayeur violente & subite qui s'empare de toute la capacité de l'ame fait faire des choses auxquelles on ne se seroit jamais porté par la raison, ou qu'on n'auroit pas si bien executées par la reflexion que par le transport vehement qui les fait faire. Ce n'est pas que l'Ame ne sente ce qui se passe & que la volonté n'agisse, mais on peut dire qu'elle est uniquement déterminée par le sentiment, sans que le raisonnement y ait part d'une maniere bien distincte, ce qui doit être. Le raisonnement reflechi est lent & les besoins sont pressans.

Ceci ne regarde que le bien-être ou la conservation de l'Etre Physique, c'est-à-dire, du Corps. L'Etre Spirituel, c'est-à-dire, ce qui pense dans l'homme, ce qui a ses plaisirs, ses besoins particuliers, & ce qui doit même perfectionner l'Instinct, n'auroit-il pas aussi des sentimens prevenans pour la connoissance de la Verité & des actions morales d'où dependent sa satisfaction, son bien-être, & souvent le bonheur des créatures qui l'environnent ? L'ordre de la nature qui a si bien pourvu aux besoins du Corps, auroit-il manqué de pourvoir aux besoins de ce qui paroit dans l'homme si superieur à tout ce qui ne pense pas, que ce qui ne pense pas n'interesse que par rapport à ce qui pense. N'y auroit-il pas un sentiment prévenant, un Instinct pour ce qui regarde le bien Moral si superieur au bien Physique. Cet Instinct ne seroit-il pas plus utile, puis qu'outre qu'il contribueroit au bien-être de celui qui s'y livreroit & reciproquement à celui des autres, c'est qu'il est même vrai de dire, sur tout à l'égard de l'homme, que si l'Instinct Moral n'aidoit & ne perfectionoit l'Instinct Physique, ce dernier deviendroit assez inutile & ne repondroit que très-imparfaitement au but même de la conservation de l'espece. Il seroit donc bien avantageux qu'à ces gouts prevenans qui portent l'homme, pour ainsi dire machinalement, à se procurer ce qui peut contribuer à sa conservation & à son bien-être Physique, la nature eut joint des dispositions prevenantes qui par l'attrait du plaisir même le portassent à la perfection de l'Etre Moral par la connoissance de la verité, afin que de même

même que l'inſtinct phyſique prévient la lenteur du raiſonnement qui ſouvent n'auroit pas rémédié au mal, de même dans une infinité de cas qui regardent & le bien-être phyſique & les devoirs moraux, un inſtinct pour la verité prévint la lenteur du raiſonnement ou le ſophiſme des paſſions.

C'eſt auſſi ce qui paroit établi dans l'ordre de la nature. L'enfant ne parle pas encore, qu'il veut voir & connoitre. Il montre par ſon inquietude & par ſon attention, qu'il trouve du plaiſir à acquerir des idées. Il ne ſait pas ce que c'eſt que la Verité, mais il la cherche comme il fait le lait qu'il veut boire & qu'il ne connoit pas. Cette inquietude, cette envie d'acquerir de nouvelles idées dure toute la vie de l'homme. Il eſt ſi naturellement porté à connoitre, qu'il ſent du plaiſir à examiner des choſes même qui paroiſſent tout à fait inutiles à ſon etat.

Mais ſi un Etre ſenſible eſt capable de ſentimens qui le determinent pour ainſi dire aveuglément, il ne peut rien connoitre que par les differences qui diſtinguent les choſes les uns des autres, ce qui ſuppoſe une comparaiſon d'idées, de la reflexion, & une regle pour juger de la verité. Cette regle ne peut être que l'évidence qu'on ſuit encore comme par inſtinct, puiſqu'on la ſuit ſouvent ſans avoir préciſément examiné en quoi elle conſiſte. C'eſt ce qu'on voit dans les jeux des enfans mêmes ainſi que dans leurs diſcours. Ils comparent, ils cherchent, ſoit par l'expérience, ſoit par le raiſonnement; mais ils ſont toujours déterminés par l'évidence. Dès qu'elle ſe préſente à leur portée, ils la ſuivent ſans ſavoir ſon nom. Cela ſe voit encore dans l'hiſtoire de preſque toutes les inventions qui regardent les Arts. On y apprend, que les Inventeurs ont été des gens ſans étude, ignorans dans la théorie des mechaniques, mais qui conduits par l'inſtinct qu'exciteroit l'experience ou le hazard, ont trouvé ce que la Théorie des Mathematiciens n'a fait qu'expliquer ou tout au plus que perfectionner dans quelques arts. Auſſi PLATON aſſure conformément à une obſervation de SOCRATE, que ſi on interroge ſur les principales verités de la Morale & de la Géometrie un jeune homme qu'aucune education n'ait inſtruit, ni gâté, ce jeune homme répondra précisément ce qui est conforme à la verité.

XIII.

Mais si le sentiment & l'experience nous assurent qu'il y a dans l'homme un Instinct Moral, si je puis me servir de cette expression, plus fort encore & plus avantageux sans comparaison que l'Instinct Physique, le sentiment & l'experience nous apprennent aussi par malheur, que ce qui auroit dû perfectionner les bonnes dispositions de la nature a servi à les corrompre. Que ces bonnes dispositions accompagnées de passions qui auroient dû les animer pour les elever au point de leur perfection, en ont été detournées par ces passions mêmes, & que la puissance active de l'homme qui n'auroit dû employer la faculté de distinguer le vrai d'avec le faux que pour assurer son bonheur, s'en est au contraire servi pour le séduire & l'écarter loin du but de la nature, qui selon l'expression d'un Ancien, ne parle que le langage de la sagesse,

Nunquam aliud natura, aliud sapientia dicit.

JUVENAL.

Ainsi l'erreur, l'excès, & l'injustice se sont établies dans le monde. L'amour de la verité s'est bornée aux vraisemblances, loin de l'écouter dans le langage de la nature, on n'a plus écouté que l'erreur dans le langage des passions. On a seulement donné le nom de la verité à son ennemie, & l'homme imbecille s'en est contenté. Revetuë de ce nom, on embrasse l'erreur des autres, ou si on la rejette & qu'on le lui refuse, ce n'est que pour en revêtir la sienne propre. Ainsi corrompant jusqu'aux plaisirs auxquels l'instinct physique le porte, l'homme outre tout & se fait de nouveaux besoins pour se procurer de nouveaux plaisirs, quoique l'experience lui apprenne que les plaisirs du corps suivent la mesure de ses besoins naturels, & que quand on les excite, c'est epuiser ses forces, alterer la santé & se procurer souvent de très-grands maux. Ainsi s'entêtant du probable qui peut être faux, ou même de l'absurde qu'il croit vrai, l'homme s'eloigne d'autant plus de la verité qu'il a plus de talens pour la connoître, parce qu'il em-

employe ces talens à soutenir le parti qu'il a pris & que diverses passions s'interessent souvent à maintenir. L'imagination est une des principales causes de ces égaremens. Cette faculté si capable de contribuer au bonheur de l'homme ou d'en faire le malheur, cette faculté qui releve ou qui diminüe les biens présens, qui du passé & de l'avenir se fait des plaisirs ou des peines, s'occupe ordinairement à détourner l'esprit de la verité qu'il cherche, en lui presentant un faux merveilleux dont il est ébloüi. L'esprit méconnoît alors le vrai merveilleux & ne trouve plus rien de beau que ce qui n'est pas naturel. C'est ainsi que les mets les plus sains deviennent insipides pour un palais gâté par le pernicieux assaisonnement des ragoûts; c'est ainsi que l'imagination fait perdre à l'homme le gout du vrai bonheur par le faux qu'elle y substitue & que, d'accord avec les passions qu'elle excite & l'erreur qu'elle entretient, les bonnes dispositions de la nature se pervertissent.

XIV.

Tout ceci suppose, que l'homme ne soit pas un pur Automate qui n'a pas plus de pouvoir sur ses pensées ou sur ses actions qu'un horloge pour avancer ou retarder ou pour marquer exactement les heures, mais que l'homme est veritablement un *Etre moral*, c'est-à-dire, un *Etre actif*, cause efficiente de ses determinations & maitre de refuser ou de prendre un parti dans tous les cas où il n'y a point d'impossibilité de prendre un parti contraire. Mais dans cette supposition, il faut convenir que malgré les avantages qu'il a reçus de la nature, il a bien des obstacles à surmonter, puisqu'il n'est pas seulement sujet à l'erreur en tant qu'homme, mais qu'il y est doublement exposé en tant que tel homme. Sa formation, sa naissance, son éducation, son âge, son païs, ses parens, ses connoissances, ses etudes, ses emplois tout peut lui être une cause d'erreur, tout est communément un piege à ses passions & à sa crédulité, au lieu de lui être un secours pour la connoissance de la verité & pour la pratique de la vertu ainsi que cela pourroit être. Il n'a pas seulement à sur-

surmonter l'impulsion du temperament, les préjugés de l'enfance & de l'education, l'erreur des sens, les passions des differens âges, les traces profondes que font l'imitation & la coûtume, & à s'elever au dessus de la fortune, de la crainte, de la fausse honte, de l'injustice des hommes ; les qualités mêmes qui sont aussi aimables qu'estimables, telles que l'amour de la patrie, la soumission à ceux qui gouvernent, la tendresse & le respect pour ses peres & meres, la docilité pour ses maitres, l'estime pour la vertu, l'esprit & les talens, la reconnoissance pour les bienfaits, la compassion pour ceux qui sont persecutés, l'amitié, la modestie, la pieté même, toutes ces choses peuvent être des entraves qui empêchent d'aller à la verité, & pour les personnes bien nées qui n'ont pas fait assez d'attention au respect qu'ils lui doivent & à l'intérêt particulier qu'ils ont de s'assurer d'elle independamment de toute autre consideration, ces entraves sont aussi fortes & aussi préjudiciables, que la paresse, la presomption & l'aveuglement volontaire le sont pour d'autres personnes.

XV.

EN effet quelle difference y a-t-il entre *fermer les yeux à la verité, ou s'en rapporter aux autres ?* Quelle difference y a-t-il entre *ne pas vouloir prendre la peine de la chercher, & recevoir pour vrai ce que les autres disent ?* Quelle difference entre *décider sans evidence qu'on connoit la verité par ses propres lumieres, ou decider sans evidence que d'autres la connoissent & qu'il faut être de leur sentiment ?*

Je suis né sous un tel climat, donc ce qu'on y dit est vrai.

Je dois aimer & honorer mon pere, donc il connoit la verité.

Mon maitre etoit un Docteur & son sentiment etoit tel, donc tous les Docteurs qui n'en sont pas se trompent.

Je crains de m'égarer en cherchant la verité, donc je l'ai trouvée.

Il ne faut pas être très-habile, ni avoir beaucoup etudié la Dialectique, pour s'appercevoir que ces argumens là ne sont pas concluans. Leur simple exposition

position en fait sentir le ridicule. C'est pourtant ainsi que raisonnent interieurement tous les jours des personnes qui passent pour avoir beaucoup d'esprit & de sagesse, & sur quoi elles se determinent.

XVI.

L'Objection la plus plausible & par conséquent le Sophisme le plus dangereux est celui qui vient de la modestie, si bienséante à tous les hommes & qui porte sur tout à la défiance de soi-même. Quand on jette les yeux sur toutes les sectes qui ont divisé tant de gens habiles & qui faisoient profession de la recherche de la Verité, *Puis-je présumer que tant de gens ayent cherché la verité sans la trouver, que mes peres & mes maitres l'ayent ignorée & que je la découvre?*

Qui suis-je en comparaison de tous ceux qui ont examiné & qui ont cru les choses qu'on m'a enseignées? Ai-je plus d'esprit que toute une Secte ou que toute une Nation? Quand j'aurois plus d'esprit & de savoir que le plus habile de tous les hommes, ce qu'on ne peut penser sans une presomption que le plus vain de tous les hommes ne pourroit avouer sans rougir, j'aurai toujours la pluralité contre moi. Faut-il donc que je croye, que non seulement j'ai plus d'esprit, mais que j'ai encore mieux trouvé que personne? Cela seroit aussi presomptueux que ridicule & qu'insoutenable.

Je ferai donc mieux sans doute de penser de mes maitres plus avantageusement que de moi, d'adopter leurs sentimens & d'employer ma raison à m'en convaincre plutôt que chercher à les examiner.

Ceci peut être le langage de la modestie, mais c'est aussi celui de la paresse, du prejugé & même de l'injustice à l'egard de soi-même, comme c'est ordinairement un langage de récrimination, de malignité & de défaut d'evidence dans ceux qui le tiennent contre les autres; & dont la conclusion si elle étoit juste ne tendroit qu'à la conservation des erreurs les plus monstrueuses. Car quelles erreurs, quelques monstrueuses qu'elles ayent été, n'ont pas été adoptées par des sectes de Philosophes & quelques unes par des Nations entieres. On approuve la recherche de la verité, on la loüe. Peut-on faire autrement? On s'en pique soi-même & on sent bien que l'homme est fait pour elle. Mais tel est notre orgueil & notre injustice qu'on ne l'approuve dans les autres qu'à condition qu'ils trouveront que nous avons raison, & s'il arrive que leurs recherches les écartent de nos sentimens, plus ils auront d'avantages contre nous, plus nous les accuserons de présomption & de témérité. C'est la moindre vengeance que notre orgueil s'en prepare.

XVII.

POur sentir le danger de cette pretenduë modestie & la fausseté du raisonnement qu'elle fait faire, on peut remarquer, que si ce raisonnement est bon, il n'y a que le premier homme ou les premiers hommes, s'il y en a eu plusieurs premiers à la fois, ainsi que quelques uns le prétendent, qui ayent été en droit de rechercher la verité, & de décider en quoi elle consistoit; encore faut-il qu'ils l'ayent fait de concert entre eux, ou chacun d'eux separément de concert avec sa femme. Car dans la supposition que le genre-humain ait commencé par plusieurs premiers hommes, comme ils etoient également premiers, l'un n'avoit aucun droit sur l'autre, il n'y avoit donc aucune subordination, ainsi chacun avoit un droit égal de raisonner & de faire ce qui lui plaisoit, & la femme en tant que créature raisonnable, avoit autant de droit de raisonner à sa maniere que l'homme à la sienne. Or selon l'argument que nous examinons, quelques opinions que chacun de ces peres ait debité à ses enfans, quelques opposées qu'elles ayent été à celles des autres, & quelques douteuses même qu' elles parussent à la raison de leurs enfans, ou contraires à leur experience, chaque enfant a dû recevoir pour vrayes celles de son pere, puisqu'il n'eut pû sans présomption se croire plus raisonnable.

Que si la Mere eut pensé autrement que le Pere, on demande ce que les enfans auroient dû faire ? Auroient-ils pû sans présomption s'eriger en juges de leur Pere & Mere, condamner l'un, donner gain de cause à l'autre, ou peut-être les condamner tous deux ? Quel parti prendre ? Auroit-il fallu que les Filles eussent embrassé les sentimens de la Mere & les fils

fils ceux du Pere, ainsi qu'on l'a vû autre fois stipuler en France & qu'on le stipule encore en d'autres païs au sujet même de la Religion? Mais en bonne-foi, n'est-ce pas se moquer de la verité, que de décider de ce qu'on doit croire en consultant le sexe dont on est? Et la methode de ce Juge dont parle RABELAIS, qui decidoit par le hazard des dez du bon droit des parties, n'étoit-elle pas aussi bonne pour rendre justice, que celle de juger de la verité par la difference du sexe? Deux personnes de sentimens opposés qui veulent s'unir & persister cependant chacun dans les sentimens de ce qu'ils appellent la verité, pourront convenir, pour lever un obstacle à leur union, que les fils suivront les sentimens du Pere & les filles ceux de la Mere; mais qui ne voit que cette convention n'est l'effet que de la passion & de l'esprit de parti, puisqu'elle n'est propre qu'à satisfaire à l'amour de parti & non à l'amour de la Verité. On a vû en Angleterre des personnes de differens partis connus sous les noms de WHIGS & de TORIES stipuler la même chose avant leur mariage. Or on demande si en pareil cas les enfans peuvent sans presomption ne se pas croire obligés de regler leurs sentimens selon la convention de leur Pere & Mere, & si les Pere & Mere sont en droit de les obliger à s'y conformer? Le fils d'un Anglois par exemple, qui par la convention faite entre son Pere & sa Mere a été élevé dans le parti des WHIGS, manque-t-il à la modestie si bienséante à tout homme, à l'amour & au respect qu'un enfant doit à ses Pere & Mere, est-il enfin un presomptueux, lorsque deputé au Parlement, il s'applique à examiner si ce que les TORIES y veulent faire passer est plus juste que ce que les WHIGS y prétendent, & que trouvant que le parti des derniers a tort, il fortifie de sa voix le parti des TORIES; ou fait-il mieux si, crainte de trop présumer de soi & de manquer à ce qu'il doit à ses Pere & Mere, à ses precepteurs qu'on a choisis exprès, & au parti où il a été élevé, il appuie sans examen toutes les prétentions des WHIGS?

XVIII.

SI le Pere & la Mere ne font point de fentimens oppofés, ils éleveront tous leurs enfans dans les mêmes fentimens, c'eſt-à-dire, qu'ils feront conjointement ce que dans le cas précédent chacun d'eux n'auroit fait que féparément, le Pere à l'égard des fils, la Mere à l'égard des Filles. Ainſi les enfans feront tous élevés dans le même parti; & ſi ces enfans plein de reſpect & de déférence pour leurs parens ont reçu leurs fentimens pour vrais, parce qu'ils ne pouvoient fans préfomption, fe croire capables de decouvrir ce que leur Pere & Mere n'auroient pas découvert, il n'eſt pas plus ſûr qu'ils ont pris le parti de la verité, qu'il n'eſt ſûr dans le cas précédent, que les filles ont raifon de fuivre le parti de la Mere & les fils celui du Pere. Dans lequel cas il eſt pourtant certain, que les uns ou les autres font dans l'erreur.

Que cette famille multiplie ſi fort qu'elle foit contrainte de fe divifer en pluſieurs colonies, & que chaqu'enfant, pour éviter la préfomption, ait adopté avec la même déférence le fentiment de fes Peres, il eſt évident que, quoiqu'un million d'hommes eut adopté ce fentiment, ce ne feroit cependant point le fentiment *d'un million d'hommes*, mais feulement *le fentiment d'un feul adopté par un million*. Ainſi le nombre de ceux qui l'auroient reçu ne feroit d'aucun poids pour le faire préferer à celui d'un autre homme qui feroit feul de fon fentiment. De même ſi tous les hommes etoient venus de quatre, huit ou dix chefs de famille, qui auroient eu chacun des fentimens différens de ceux des autres, & que ces fentimens euſſent été ainſi adoptés par chacun de leurs enfans, ces dix fentimens qui diviferoient tous les hommes, ne vaudroient pas plus que le fentiment d'un feul, puifque chaqu'un de ces dix fentimens ne feroient en effet que le fentiment d'un feul homme, & qu'entre le fentiment d'un feul homme & le fentiment d'un feul homme l'adoption fans examen ne met aucune différence. D'ailleurs ſi les fentimens où mes peres m'ont élevé ne font pas

venus

venus jufqu' à moi fans alteration depuis le premier de mes peres, c'eft-à-dire, depuis le commencement du monde, quelqu'un de mes grand peres a donc ofé changer les fentimens de fes peres, ainfi les fentimens qu'on m'a fait adopter font les fentimens d'un préfomptueux qui manquant au refpect dû à fes peres, à fes maitres, s'eft cru plus habile que toute fa nation, plus eclairé que tant de milliers d'hommes qui avoient cru & qui croyoient encore les fentimens qu'il ofoit rejetter & auxquels il a été affez témeraire pour en fubftituer d'autres qui ont eté reçus. Sans pouffer plus loin ces fuppofitions qui ne fervent qu'à faire voir que les fentimens des Pere & Mere ne font point une regle de verité & qu'ainfi fans préfomption, fans manquer au refpect qui leur eft dû, on peut & on doit même examiner ce qu'ils nous difent, on fait que la diverfité des fentimens qui partage les hommes ne s'eft pas établie ainfi.

XIX.

Quelques uns prétendent qu'un feul premier homme, Pere de tout le Genre-humain, a communiqué à fes premiers enfans la connoiffance de la verité; aucune corruption n'avoit encore obfcurci fa raifon; il voyoit les chofes telles qu'elles font. Mais, foit que nos premiers peres ayent eté ainfi inftruits par leur Pere commun, ou que dans le premier âge du monde, ce *fiecle d'or* fi vanté par les Poëtes, l'erreur des paffions, l'education, l'exemple, & furtout les faux Docteurs n'euffent pas corrompu dans l'homme cet inftinct moral, qui n'attend pas le fecours du raifonnement pour s'affurer de la verité, ce fentiment prévénant qui fait par exemple qu'un païfan voyant un Tableau juge qu'il a été fait par un Peintre; il faut convenir que fi la verité a regné parmi les hommes fans melange d'erreur, fon regne a été de peu de durée.

XX.

Quand & comment la diverfité des opinions s'eft répandue dans le monde, & quelles font les pre-

premieres qui ont commencé à s'y repandre, il me semble qu'il est aussi difficile de le dire qu'il est difficile d'en marquer exactement le nombre. On sait bien de quelques unes, quand elles ont paru avec éclat dans de certains païs, où ceux qui les ont illustrées en ont passé pour les Auteurs. Mais quand on examine de près les Systemes qui paroissent les plus nouveaux, s'ils le sont en effet, on trouve, que ce n'est guères que par l'assortiment des parties & non par la nouveauté des opinions. Or si la diversité des opinions est si ancienne qu'on ne peut en decouvrir l'origine, l'erreur & la fausseté sont si anciennes qu'on ne peut pas dire si elles n'ont pas été reçuës aussi-tot que la verité même. Et on apprend en effet dans le Livre le plus ancien & le plus réveré, où se trouve l'histoire de la Création du Monde, que le premier homme fut à peine en etat de se servir de sa raison qu'il en fit un mauvais usage.

XXI.

Quoiqu'il en soit, qu'une opinion soit ancienne ou nouvelle, ni son antiquité, ni sa nouveauté ne la rendent pas vraye, si elle ne l'est pas. Toute opinion devient ancienne avec le tems, toute opinion a été nouvelle lorsqu'elle a commencé à s'établir, excepté celle du premier Pere du genre-humain qui est incontestablement la plus ancienne. Il y en a plusieurs qui se maintiennent encore, dont on ne peut marquer l'origine, quelqu' avant qu'on pénetre dans l'antiquité des tems. Les sentimens mêmes du premier Pere, s'ils ont été vrais, ne l'ont pas été *parce que c'étoient ses sentimens*, mais *parce qu'ils étoient conformes à la nature des choses*, laquelle ne dépend pas du jugement de l'homme, puisqu'au contraire c'est ce qui doit en être la regle. Ainsi donc sans chercher à savoir ce que le premier homme a pensé, ni quels ont été les sentimens de mes Peres en descendant depuis lui jusqu'à moi, (& de combien de sentimens n'ont-ils pas changé?) si par le moyen de l'évidence ou peut s'assurer de la verité & que le premier homme l'ait connuë, dès qu'on aura ainsi trouvé la verité

verité, on fera auſſi ſûr qu'on penſe comme le premier homme a penſé, qu'on eſt ſûr qu'un JAPONOIS ſans communiquer avec un FRANÇOIS conclurra également que deux fois huit font ſeize & que deux fois ſeize font trente deux.

XXII.

DIverſes cauſes ont pû contribuer à faire naitre la diverſité des opinions & le hazard même peut y avoir donné lieu, mais il ſemble qu'on peut toutes les rapporter à ces trois-ci. A l'amour de la Verité & à la curioſité à laquelle elle porte l'homme. A l'amour de la Réputation & à l'envie qu'elle excite contre celle des autres. A l'amour de la Domination & de l'intérêt qui porte à ſeduire les autres hommes par ce qu'on appelle dans les Princes *Politique*, & *impoſture* dans ceux qui s'erigent en Docteurs.

Dès les premiers tems l'amour de la verité & la curioſité naturelle auront pû engager quelques hommes à étendre leurs connoiſſances. La vûe de mille objets qu'ils ne pouvoient conſiderer ſans admiration, les aura excités à en rechercher la nature, la cauſe, & les effets. Leur propre exiſtence aura dû être pour eux un ſujet bien merveilleux & bien intereſſant, l'oiſiveté d'une vie qui ne connoiſſoit des paſſions que les ſimples beſoins de la nature toujours faciles à contenter, leur laiſſoit tout le tems de raiſonner à leur aiſe & il eſt impoſſible qu'ils ne l'ayent fait. Mais s'il eſt poſſible que plus propres à decouvrir la verité parce qu'ils avoient moins de préjugés, ils l'ayent en effet découverte, il eſt très-poſſible auſſi qu'ayant jugé avec trop de précipitation & que n'ayant pas remonté juſqu' aux principes de l'évidence pour aſſurer la demarche de leurs recherches, ils ayent méconnu la verité, ou ne l'ayent connuë qu'en partie. Trop livrés à leur imagination, ou trop crédules ſur le raport de leurs ſens, ils ſe ſeront peut-être bornés aux vraiſemblances au lieu d'aller juſqu'à la verité même. Loüables dans leur deſſein, quoique peu heureux dans le ſuccès.

Mais qu'ils ſe ſoient ainſi trompés ou qu'ils ayent raiſonné juſte, il y a lieu de croire, que les premiers

miers raisonneurs se sont fait écouter avec une grande admiration & que cette admiration a produit trois effets differens. Ou elle les aura fait regarder comme des hommes d'un esprit superieur auxquels les autres auront cru devoir se soumettre; ou elle aura excité l'envie de quelques uns qui se seront appliqués à combattre ces premiers Philosophes & à se faire aussi des admirateurs par de nouvelles doctrines qui n'auront pas manqué dans un tems ou dans un autre de se faire des partisans; ou cette admiration aura excité les plus raisonables à faire aussi usage de leur raison, & selon la route qu'ils auront prise, ils auront fortifié l'opinion des autres ou en auront répandu de nouvelles. Mais personne n'a plus contribué à la multiplicité des opinions que les Poëtes qui, à ce qu'on dit, ont été en même tems les premiers Théologiens, & rien n'a plus contribué à étendre ou à conserver l'erreur, que la Tyrannie de ceux qu'un esprit de domination a porté à se rendre les maitres des Nations. Les uns & les autres, d'accord pour assujettir les hommes, n'ont songé qu'à leur faire oublier qu'ils l'étoient, ou qu'à entretenir dans une si basse erreur ceux qui y etoient tombés d'eux-mêmes. *Homo, cum in honore esset, non intellexit: comparatus est jumentis insipientibus, & similis factus est illis* [*]. Les fictions des Poëtes, leurs expressions toujours figurées, la pompe ou l'agrément de leurs descriptions, l'art & l'harmonie des Vers, auront fait perdre le goût de la simple verité & courir à un faux merveilleux que le vulgaire aura d'autant plus admiré qu'il le trouvoit moins comprehensible.

Omnia enim stolidi magis admirantur, amantque
Inversis quæ sub verbis latitantia cernunt;
Veraque constituunt, quæ belle tangere possunt
Aures, & lepido quæ sunt fucata sonore.

LUCRET. Lib. I.

La grandeur de ceux qui s'assujetissoient les autres hommes faisant tout craindre & tout esperer de leur puissance, aura fait recevoir comme justes les Loix qu'il

* Pseaume 48.

qu'il leur aura plû d'établir, & reverer comme vrayes les Doctrines qu'il leur aura plû d'approuver, quoique pour l'établissement des unes & l'approbation des autres on ait moins consulté la justice & la verité que des vûës politiques. Ainsi loin de chercher à élever l'homme par la connoissance de la verité, on n'a souvent cherché qu'à profiter de ses passions & de ses dispositions à l'erreur. On a gouverné les hommes précisément comme les nourrices font les petits enfans, moins en leur inspirant l'amour de leur devoir par la perfection de la raison, qu'en flatant leurs passions favorites par l'esperance de les satisfaire, & qu'en les intimidant non seulement par la crainte du chatiment, mais par celle de divers phantomes & par le recit de divers contes dont on effraye leur imagination. C'est ce qui a fourni à LUCRECE le sujet d'une comparaison qui lui a plû si fort qu'il l'a repeté dans trois livres des six que nous avons de lui: ,, *Ainsi que dans l'obscurité*, dit ce Poëte, ,, *les Enfans ont peur & s'effrayent de tout, ainsi nous crai-* ,, *gnons souvent en plein jour des choses qui ne sont pas plus* ,, *à craindre que celles que les enfans s'imaginent & dont ils* ,, *s'épouvantent.* Sur quoi il ajoute, *que ce n'est ni la* ,, *lumiere du Soleil ni la clarté du jour qui doivent chasser* ,, *de nostre ame la crainte & les ténèbres, mais la raison &* ,, *la nature des choses mêmes.*

Nam veluti pueri trepidant, atque omnia cæcis
In tenebris metuunt; sic nos in luce timemus
Interdum nihilo quæ sunt metuenda magis quam
Quæ pueri in tenebris pavitant, finguntque futura.
Hunc igitur terrorem animi, tenebrasque necesse est,
Non radii solis, nec lucida tela diei
Discutiant, sed naturæ species, ratioque.

LUCRET Lib. 2. 3. & 6.

C'est ainsi que la diversité d'opinions s'est répandue, qu'elles ont obscurci la verité, qu'elles se sont maintenuës malgré le sentiment interieur qui fait ressort contre elles, & qu'après s'être parées du nom de la verité elles se sont fait passer pour elle & l'ont fait elle-même passer pour l'erreur. C'est du moins ce qui

qui paroit assez fondé sur la nature de l'homme & sur le raport de l'Histoire. Ainsi c'est faute d'oser s'elever jusqu'à la verité par l'évidence, que *l'opinion dispose de tout, qu'elle fait la beauté, la justice & le bonheur qui est le tout du monde, qu'on ne voit presque rien de juste ou d'injuste qui ne change de qualité en changeant de climat*; trois degrez d'elevation du Pole, ajoute PASCAL * *renversent toute la Jurisprudence; un Meridien decide de la verité, ou peu d'années de possession; les Loix fondamentales changent, le Droit a ses Epoques, plaisante justice qu'une Riviere ou une Montagne borne ! Verité au deçà des Pyrenées, Erreur au delà.*

XXIII.

ENfin c'est une chose de fait, qu'il y a un grand nombre d'erreurs qui ont cours, puisqu'il y a un grand nombre de sentimens tous differens, non seulement à l'egard des questions plus curieuses qu'importantes de la Physique, mais encore, à l'egard des verités de la Metaphysique & de l'Ontologie, d'où dependent les principes de la Morale & même la certitude des raisonnemens qu'on peut faire en Physique.

Que chacun de ces sentimens a des Sectateurs qui le regardent comme vrai : que quelques uns même ont des Nations entieres qui les soutiennent.

Qu'il n'y a point de Secte qui n'ait ses Docteurs, ses Professeurs, ses Defenseurs & même des transfuges qui en quittant d'autres Sectes peuvent être regardés comme des gens qui ont aimé la verité, qui l'ont cherchée, qui ont surmonté les prejugés, & qui n'ont changé de parti qu'avec connoissance de cause.

Que chaque parti imagine, que ses Docteurs sont plus eclairés, plus amis de la verité, & du moins aussi honnêtes-gens que ceux des Sectes opposées : Que les nations les plus polies, celles où les sciences & les Arts sont les plus cultivés, ne sont pourtant point quelquefois celles où la verité & la vertu sont le plus sincerement aimées. Les Physiciens en sont les Philosophes. On y cultive principalement les sciences vaines & souvent dangereuses, telles que l'Eloquence

* Pensées de M. Pascal, art. xxv. p. 156.

quence & la Poësie. Et si on s'attache à quelques autres plus solides, l'ostentation de l'esprit, que la vanité cherche à faire briller souvent même aux depens de la verité, fait assez voir qu'on cherche plus à paroitre savant qu'à l'être en effet, & que le but de plaire l'emporte sur celui de s'instruire. Sans parler des *Indiens* & des *Egyptiens* qu'on regarde avec assez de fondement comme les premiers maitres des Arts & des Sciences, & d'où cependant les erreurs les plus grossieres, à ce qu'on pretend, se sont repandües par tout le monde. Y a-t-il eu des Nations plus polies que les *Grecs* & les *Romains*, & chez qui les Sciences & les Arts ayent été plus cultivés? Cependant quelle confusion d'idées? quelle varieté de sentimens? par conséquent, que d'erreurs n'ont pas regné chez ces peuples si savans & si policés. La *Grece* avoit presqu'autant de Legislateurs que de Villes, & les Loix de ces Villes etoient presqu'aussi differentes que leur situation. Ces peuples avoient-ils bien determiné la regle du juste & de l'injuste? Que d'erreurs dans leur Religion, & dans leur Morale, aussi bien que dans leur Physique. *Les Romains* ont-ils fait un meilleur usage de leur raison? Echos des *Grecs*, ils n'ont fait que les imiter, & plus puissans qu'eux, ils n'ont fait peut-être que pousser plus loin la corruption. Le tems vertueux de la Republique Romaine n'a pas été celui des *Cæsars* où les Sciences & les Arts fleurissoient & où l'on se piquoit de cette urbanité si vantée, de cette fleur de discours, *urbanitas, sermonis festivitas.* S'il y a eu quelques vraies vertus parmi les Romains, c'est dans le tems que leurs Consuls, ne se faisoient pas une honte d'avoir des durillons aux mains.

Et caperet fasces a curvo Consul aratro,
Nec crimen duras esset habere manus.

OVID. Fast. lib. 3.

Ils n'étoient pas savans, ils ne faisoient point de Livres, peut-être même n'en avoient-ils point à lire, mais ils ecoutoient plus la voix interieure de la verité, l'instinct moral qui les portoit à ce qui etoit juste

juste; & les Romains devenus plus savans & plus polis écoutoient d'avantage leurs passions & les sophismes de leur pretendu bel esprit.

XXIV.

OR on demande, si un *Romain* ou un *Grec*, non un CICERON ni un DEMOSTHENE, mais un homme de l'esprit le plus commun, auroit mal fait de s'appliquer à une recherche impartiale de la verité, & s'il auroit merité qu'on lui eût dit, vous êtes un téméraire & un presomptueux: Croyez-vous donc avoir plus d'esprit que tant de grands hommes dont la reputation illustre *Rome* ou *Athenes* ? Croyez-vous avoir plus de sagesse & de prudence que vos Peres, plus de savoir & d'habileté que vos Maitres? Pouvez-vous sans un orgueil ridicule & une presomption insoutenable examiner les sentimens, que toute votre Nation approuve? Avez-vous plus d'esprit vous seul que tout le Senat & l'Aréopage, & si l'on n'a pas encore trouvé la verité, vous flatez-vous d'avoir une pénétration à laquelle elle n'échapera pas?

Des gens dont la réputation n'est pas mediocre diroient, que ceci n'auroit eté qu'une vaine déclamation, propre à conserver l'erreur & à détourner l'homme du dessein le plus loüable de la vie. Dessein si conforme à la nature d'un être intelligent, que l'exécution en est pour lui d'un devoir indispensable. Ils diroient, que ce *Grec* ou ce *Romain* ainsi accusé d'une témérité & d'une presomption insoutenable auroit refuté ce beau raisonnement en disant; Qu'il ne pretendoit rien si non être homme, & faire en cette qualité ce que tout homme pouvoit & devoit faire. Le P. MALBRANCHE diroit, (1) *Qu'il n'y a point d'esprit, si petit qu'il soit, qui ne puisse en meditant decouvrir plus de verités que l'homme du monde le plus eloquent n'en pourroit deduire.* Et DESCARTES pretendroit (2), *Que la verité expliquée par un esprit mediocre devroit être plus forte que le mensonge fut-il maintenu par les*

---

(1) De la Recherche de la Verité, liv. 2. chap. 8.
(2) Lettres de Des Cartes, l. 2. lett. 13.

les plus habiles gens qui fussent au monde! (1) Que rien ne nous éloigne plus du chemin de la verité que d'établir certaines choses comme véritables ; qu'aucune raison positive mais notre volonté seule nous persuade. Si je m'abstiens, diroit-il, de donner mon jugement sur une chose, lorsque je ne la connois pas avec assez de clarté & de distinction, il est évident que j'en use fort bien, & que je ne suis point trompé ; mais si je me détermine à la nier, ou assurer, alors je ne me sers pas comme je devrois de mon Libre Arbitre, & si j'assure ce qui n'est pas vrai, il est évident que je me trompe ; même aussi, encore que je juge selon la verité, cela n'arrive que par hazard, & je ne laisse pas de faillir, & d'user mal de mon Libre Arbitre: Car la Lumiere naturelle nous enseigne, que la connoissance de l'Entendement doit toujours préceder la détermination de la volonté. NICOLE (2) remarqueroit, que les hommes se remplissent la mémoire d'une infinité de choses fausses, obscures & non entendues, & raisonnent ensuite sur les Principes sans presque considerer ni ce qu'ils disent, ni ce qu'ils pensent ; que cela vient de ce que le peu d'amour qu'ils ont pour la verité, fait qu'ils ne se mettent pas en peine, la plupart du tems, de distinguer ce qui est vrai de ce qui est faux: qu'ils laissent entrer dans leur ame toute sorte de discours & de maximes: Qu'ils aiment mieux les suposer pour véritables, que de les examiner: que s'ils ne les entendent pas, ils veulent croire que d'autres les entendent bien. Il ajouteroit, qu'on croit qu'il y a de la honte à douter & à ignorer ; & qu'on aime mieux parler & decider au hazard, que de reconnoître qu'on n'est pas assez informé des choses, pour en porter jugement, & c'est là ce qu'il regarderoit comme des effets de la *vanité* & de la *présomption*, & ce qu'il appelleroit un jugement *témeraire*, c'est-à-dire, un jugement qui fait admettre pour véritable *une chose vraie en soi*, lorsqu'on n'a pas néanmoins eu assez de raison de

───────

(1) Lettres de Des Cartes, T. II. dans une Reponse pour More.

(2) *La Logique, ou l'Art de Penser*, contenant, outre les Regles communes, plusieurs Observations nouvelles propres à former le Jugement. Cinquième Edition, revûe & de nouveau augmentée, à Paris chez G. des Prez, 1683. In 12. p. 471.

C

de la croire veritable. LOCKE (1) diroit, qu'il ne se faut point faire une affaire d'abandonner ou de suivre l'autorité de qui que ce soit ; que la Verité doit être l'unique but, qu'il faut la suivre sans aucune prevention & sans se mettre en peine si quelqu'autre a suivi ou non le même chemin, *& j'espere, continueroit-il, qu'on ne me taxera pas de vanité, si je dis que nous ferions peut-être de plus grands progrès dans la connoissance des choses, si nous allions à la source, je veux dire, à l'examen des choses mêmes, & que nous nous fissions une affaire de chercher la verité en suivant nos propres pensées, plutôt que celles des autres hommes, car je crois que nous pouvons esperer avec autant de fondement de voir par les yeux d'autrui, que de connoitre les choses par l'entendement d'autrui.* DESCARTES pretendroit même, que ce *Grec* ou ce *Romain*, tel qu'on l'a supposé, auroit été d'autant plus raisonnable en cherchant par sa propre raison à s'assurer de ce qui est vrai, que (2) *la perception est la seule regle de ce qu'on doit affirmer ou nier. Parce qu'on peut prendre pour regle générale, que les choses que nous concevons fort clairement & fort distinctement, sont toutes vraies, mais qu'il y a seulement quelque difficulté à bien remarquer quelles sont celles que nous concevons distinctement.* (3) Et le P. MALBRANCHE, conformément au sentiment de *Saint* AUGUSTIN, assureroit, que si cet homme n'avoit jugé des choses que par les idées pures de l'*Esprit*, qu'il eut évité avec soin *le bruit confus des Créatures, & que rentrant en lui-même il eut écouté son Souverain Maitre dans le silence de ses sens & de ses passions*, il eut été *impossible qu'il fût tombé dans l'erreur.* ,, La veri-
,, té, dit *Saint* AUGUSTIN, parle interieurement
,, dans

---

(1) *Essai Philosophique concernant l'Entendement humain,* où l'on montre quelle est l'étendüe de nos connoissances certaines, & la maniere dont nous y parvenons, par M. *Locke*. traduit de l'Anglois par M. Coste. 2. Edition reviie, corrigée, & augmentée de quelques additions importantes de l'Auteur, qui n'ont paru qu'après sa mort, & de quelques Remarques du Traducteur. A Amsterdam, chez P. Mortier, 1729 in 4. pp. 505.

(2) Des Cartes Lettres, T. Lett. derniere.

(3) Discours de la Methode.

,, dans le fond de nos penſées à la raiſon qui
,, la conſulte; elle eſt de tous les païs, elle parle
,, un langage qui n'eſt pas compoſé de ſons ni de
,, ſyllabes, qui n'eſt ni Hebreu, ni Grec, ni La-
,, tin, ni de quelqu'autre païs que ce ſoit, mais
,, qui eſt également intelligible à tous les hommes
,, qui veulent l'écouter ": *Intus in domicilio cogitationis, nec Hebræa, nec Græca, nec Latina, nec barbara veritas, ſine oris & linguæ organis, ſine ſtrepitu ſyllabarum* (1).

XXV.

ON pourroit penſer que les raiſonnemens qui ſerviroient dans la ſuppoſition précédente à diſculper le *Grec* ou le *Romain* de preſomption, ne ſerviroient de rien pour nous qui avons des lumieres plus epurées ſur la Religion, & ſur la Morale, & plus perfectionnées à l'egard des Sciences Phyſiques. On avoüe, que nos avantages ſont ſans comparaiſon au deſſus de ceux des *Grecs* & des *Romains*. Mais n'y a-t-il point d'yvroïe parmi notre bon grain, la verité chez nous eſt-elle toujours libre de toute idée acceſſoire d'Erreur ? La voyons-nous ſi clairement que nulle paſſion, nul doute ne l'obſcurciſſe ? A en juger par nos guerres, nos procès, par nos diſputes & nos mœurs, la difference de nos *Loix* & de nos *Coutumes*, on a lieu de croire qu'elle ne fait pas plus d'effet chez nous qu'elle en faiſoit chez les peuples que nous reconnoiſſons en avoir eté privés. Sommes-nous plus gens de bien ? Sommes-nous plus heureux ? Ce doit être là l'effet de la connoiſſance de la Verité, ſans quoi il eſt moins utile de l'avoir que de la chercher, puiſque ſa poſſeſſion ſeroit inutile & que ſa recherche pourroit être un amuſement. Mais autant qu'il eſt vrai, que nous ſommes heureux quand nous ſommes heureux, autant eſt-il vrai que nous ne pouvons être heureux que par ce qui peut cauſer notre bonheur, & que notre bonheur dépendant de la nature de notre

Etre

(1) *Confeſſ.* Lib. I. Ch. 3.

Etre, & de celle de tout ce qui s'y rapporte, nous ne pouvons favoir ce qui peut nous rendre heureux, ni par confequent travailler à notre bonheur ou à diminuer nos miferes, qu'autant que nous favons ce que nous fommes, & que nous conoiffons ce qui nous convient. Il refulte de là que la connoiffance de la verité eft neceffaire à notre bonheur, & que comme nous n'agiffons jamais que pour être heureux nous le ferons toujours à proportion que nous connoitrons la verité. Pourquoi donc ne l'eft-on pas plus dans les païs où on pretend qu'elle eft fi connuë, qu'on l'a été dans ceux où elle a été ignorée? C'eft, ou que nous fommes des hommes plus foibles qu'eux, & fur lefquels les paffions ont plus d'empire, puifqu'elles nous égarent malgré le fecours de la verité que nous avons & qu'ils n'avoient pas; ou que notre façon de connoitre les chofes vrayes que nous croyons, fait qu'elles ne font pour nous que ce qu'étoient les chofes fauffes qu'ils croyoient. Il n'y a nulle raifon de dire, que nos paffions font plus fortes que celles qui ont regné chez les *Grecs* & chez les *Romains* où elles ont caufé tant d'injuftices & de violences; mais il y en a beaucoup à croire, que nous abufons du mot de *connoitre*, quand nous nous vantons de connoitre la Verité. Il ne faut pas s'y meprendre. On peut croire une chofe vraie fans la connoitre, comme on croit une chofe fauffe fans la connoitre, & c'eft ne croire alors la verité que comme on croit l'erreur. Il y a feulement cette difference, qu'on ne croiroit pas l'erreur fi on la connoiffoit, au lieu qu'on croiroit bien plus parfaitement & plus vivement la verité, puifqu'alors la croïance iroit à la conviction fondée fur l'evidence. *Connoitre* fuppofe *une idée claire & diftincte de la chofe connue*; *Croire* fignifie feulement *juger qu'une chofe eft vraye fans la connoitre*. Ainfi *connoitre* c'eft *voir & juger*; & *croire* c'eft *juger fans voir*. Si donc on n'a pas examiné les verités que nos Peres ou nos Maîtres nous ont enfeignées, & que nous ne les croyons que parce qu'ils nous ont dit fans aucune demonftration que telles & telles chofes étoient vrayes, nous ne croyons alors la verité que comme nous croirions l'erreur s'ils nous l'avoient enfeignée.

C'eft

C'est ne croire la verité que par préjugé, ce qui est une maniere de la croire aussi indigne de l'amour qu'on lui doit, qu'infructueuse pour ceux qui la croyent ainsi; puisque c'est ne la croire que comme on croit l'erreur. Or juger qu'une chose est vraye, le fut-elle effectivement, mais n'en juger que sur les mêmes fondemens qu'on jugeroit qu'une chose effectivement fausse seroit vraye, il est manifeste que c'est se mettre non seulement au hazard de se tromper, & de croire également l'un & l'autre, mais que c'est encore priver la verité des avantages qu'elle doit avoir au dessus de l'erreur, & lui faire perdre la force qui doit la faire triompher. Si donc on ne connoit pas la verité quand on ne fait que la croire, & si la croire simplement fait qu'elle n'a pas plus de force que l'erreur qu'on croit vraie, il est aisé de voir pourquoi des Nations assez heureuses pour croire des choses vraies, seroient en même tems assez malheureuses pour n'en tirer aucun avantage.

XVI.

L'Homme tend sans cesse à se rendre heureux & se détermine toujours selon l'impression de l'objet qui lui presente un plus grand bien. L'homme en tant qu'homme, est par tout sujet à des passions qui le portent à aimer des objets, ou à se complaire dans des sentimens qu'elles lui representent comme des causes de bonheur. Elles ont inventé la Rhétorique pour toucher, & le Sophisme pour seduire, & plus elles sont vives, plus elles sont éloquentes. On ne peut leur resister sans une force supérieure, & cette force ne peut venir que du même principe qui les met en mouvement, c'est-à-dire, que de l'idée d'un bonheur qu'elles nous feroient perdre lequel est superieur à celui qu'elles nous présentent, & en faveur duquel elles nous sollicitent. Ainsi on ne peut combattre une passion que par une autre, ou que par une raison qui nous fasse juger que le bonheur dont une passion nous flatte n'est qu'un égarement, toujours d'autant plus opposé à notre vrai bonheur, que l'amorce en est plus douce. Quand on triomphe d'une paſſion par une autre, à moins que cette autre ne ſoit évidemment fondée ſur une raiſon qui la juſtifie, on peut dire, qu'on n'eſt vainqueur qu'en perdant le champ de bataille, & qu'on n'évite un mal, que pour tomber dans un plus grand. Quand une paſſion qui n'eſt pas fondée ſur la raiſon eſt ſi grande qu'elle détruit ou qu'elle entraine toutes les autres, on commence à lui donner par excellence le nom de *Folie* qu'on ne donne pas aux paſſions communes quoique déreglées & que chaqu'unes d'elles meritent par conſequent plus ou moins. On appelle ordinairement *Fureur* cette ſorte de folie, qui regarde principalement l'action, & *Fanatiſme*, celle qui regarde principalement la Croyance, & cette derniere folie ſe réunit ſouvent par malheur avec l'autre, par la liaiſon néceſſaire, qu'il y a entre les ſentimens & les actions des hommes. De même que la Fureur peut avoir pour but la juſtice qu'elle excede ou l'injuſtice qu'elle ſe perſuade être juſtice; de même le Fanatiſme peut avoir pour objet la verité qu'il outre, ou l'erreur qu'il prend pour elle, & qu'il communique aiſément. Car le fanatiſme ſuppoſe une imagination dominante & forte, dont les impreſſions violentes ſont extrêmement contagieuſes. Or ni la ſageſſe, ni la vertu, ni le bonheur d'une Nation, non plus que d'un homme, ne dépendent pas de la réunion des autres paſſions à une paſſion furieuſe, ou fanatique, ni ce n'eſt pas ce qu'on prétend ici. Tous ces biens ne viennent que de la ſoumiſſion des paſſions à la raiſon, qui les dirige conformément aux regles que la verité preſcrit. Si cette raiſon ne croit la verité que par préjugé, ainſi qu'elle croiroit l'erreur ſi on la lui avoit donnée pour la verité, & qu'ainſi la verité n'ait pas plus de force que l'erreur qu'on croiroit vraïe, comment ſe défendre de la ſéduction des paſſions? On ne connoit point avec évidence les verités qu'on croit, tout ce qui n'eſt point évident n'eſt que probable, du moins par raport à celui qui ne le croit que ſur des probabilités; ce qui n'eſt que probable, peut être faux: Or dès qu'il y aura un *peut-être*, la paſſion pour peu qu'elle ſoit vive triomphera ſans doute, les probabilités dont elle ſe ſert auſſi pour com-

combattre les autres, étant soutenuës par l'attrait du plaisir, emporteront la balance. Ce qui fait voir, qu'il ne suffit pas de croire la verité pour être gens de bien & pour être heureux, mais qu'il faut s'en être convaincu par l'évidence, & s'être même rendu cette evidence si familiere qu'elle ne nous manque jamais au besoin. Si donc nous sommes d'un païs où la verité soit si connuë que nous ayons été élevés à ne croire que des choses vrayes, ne rendons pas inutile un si precieux avantage en négligeant de nous convaincre par l'évidence de ce que nous ne croyons autrement que par prejugé. Nous aurons d'autant moins de peine à y réüssir que nous n'aurons point à combattre les préjugés de l'éducation, puisqu'au contraire ils nous y portent. Cependant quelques favorables que soient ces préjugés, regardons-les néanmoins comme des prejugés, puisqu'ils en sont en effet pour nous tant que nous n'en avons pas aprofondi la verité, & ne nous y laissons pas conduire, crainte qu'ils ne nous fissent contenter de preuves qui n'auroient que l'apparence de l'évidence & qui n'iroient pourtant pas jusqu'à elle. Car amoins que d'être extremement attentif au caractere de l'évidence on prend aisément pour évident ce qu'on croit servir de preuve au sentiment dont on est prevenu.

XXVII.

Ainsi sans s'écarter de la modestie si bienséante à tous les hommes, sans cesser d'être dans la défiance de soi-même où toutes nos foiblesses doivent au contraire nous confirmer, sans presumer que tant d'hommes ayent vainement cherché la verité & qu'elle ne nous échapera pas, sans croire que nos peres & nos maitres l'ont ignorée & qu'on a plus d'esprit & de savoir que toute une nation ou que tout un parti, ce qui seroit en effet une presomption aussi ridicule qu'insoutenable, on doit conclure que puisque quand les choses qu'on nous a enseignées seroient vrayes elles ne contribueroient en rien à nous rendre ni plus honnêtes gens, ni plus eclairés, ni plus heureux, si nous n'étions pas convaincus de leur certitude par l'évidence dont elles tirent toute leur force & fans laquelle elles n'en auroient pas plus que l'erreur même, nous devons nous appliquer à les examiner avec soin, non, en les prenant les unes après les autres & en pefant les raifons du pour & du contre pour juger de celles qui doivent être preferées, (cette methode n'eft propre qu'aux fciences hiftoriques ou conjecturales, c'eft la methode des Critiques, elle ne mène qu'à la probabilité), mais en remontant jufqu'aux premiers principes de nos connoiffances & en fuivant le fil de l'evidence qui nous mène du labyrinte obfcur des vraifemblances à la lumiere de la verité. Adopter ou fe faire autrement un fyftême quelques belles que paroiffent les opinions qu'on y aura ajuftées, quelque beau qu'en paroiffe l'arrangement, c'eft bâtir fur le fable, où fut-on logé dans un palais il ne feroit pas fûr d'habiter. *Et defcendit pluvia, & venerunt flumina, & flaverunt venti, & irruerunt in domum illam, & cecidit, & fuit ruina ejus magna* (1).

XXVIII.

S'appliquer à la recherche de la Verité n'eft donc pas chercher à renverfer ce qu'on nous auroit appris de vrai, c'eft au contraire chercher à nous y confirmer & à nous en pénetrer d'avantage. C'eft felon l'Auteur de la *Logique* ou l'*Art de penfer* (2), ne pas vouloir abufer de fon jugement en admettant pour véritable *une chofe vraie en foi, mais qu'on n'auroit pas eu affez de raifon de croire véritable*, ce qui feroit un jugement *temeraire*. C'eft felon DESCARTES, ne pas vouloir *ufer mal de fon libre arbitre* (3), en ne voulant pas s'expofer à juger de la verité au hazard. C'eft felon MALBRANCHE, faire un bon ufage de *la liberté* qui *nous eft donnée de* DIEU afin que *nous nous empechions de tomber dans l'erreur & dans tous les maux qui fuivent de nos erreurs, en ne nous repofant jamais pleinement dans les vraifemblances mais feulement dans la verité* (4). C'eft felon St. AUGUSTIN écouter cette voix intel-

(1) *Evang. fec. Matthæum Cap.* 7.
(2) *Difcours* I.
(3) *Difcours de la Methode.*
(4) *Recherche de la Verité*, L. 1. ch. 2.

telligible à tous les hommes, qui se fait entendre du fonds de la pensée & qui instruit tous ceux qui veulent l'ecouter, *intus in domicilio cogitationis* (1). C'est faire ce que tous les Philosophes de tous les tems & de tous les païs, & ce que le sens commun, dont les Nations les plus barbares ne sont pas privées, assurent que doivent faire tous ceux qui ne veulent pas s'exposer à être la dupe & les victimes de l'Erreur & de l'Imposture, des pieges desquelles il est impossible de se dégager que par le moyen de l'évidence. C'est apprendre en quoi consiste, selon PASCAL (2), l'usage de la raison *savoir douter où il faut, assurer où il faut, se soumettre où il faut*, en un mot c'est ne faire que ce qu'on doit pour son propre bonheur & pour sa propre sureté en s'instruisant de ce que c'est que savoir & ne pas savoir, d'où vient la distinction du vrai & du faux & ce qui fait que le certain n'est pas douteux.

Unde sciat, quid sit, scire, & nescire vicissim;
Notitiam veri quæ res falsique crearit,
Et dubium certo quæ res differre probarit.

LUCRET. Lib. IV.

XXIX.

Il est vrai qu'on a de la peine à ne pas s'accuser soi-même de présomption & qu'il faut bien du courage pour se flater de l'esperance de trouver la vérité, quand on considere la diversité des opinions qui partagent les hommes. Non seulement chaque nation croit que toutes celles qui n'admettent pas la Doctrine qu'elle a reçuë, est dans l'erreur; dans chaque nation il y a beaucoup de gens qui ne pensent pas comme les autres, & souvent ce sont ceux qui ont le plus d'esprit ou qui passent du moins pour en avoir, & qui quelquefois pour cette raison là même affectent de s'ecarter des sentimens communs. *Les auteurs de la Philosophie*, dit HUET ce Savant Eveque d'*Avranches*, *qui après avoir rappellé leur esprit & lui avoir jetté, comme un frein, l'ont degagé de ses prejugés,*

(1) *Confess.* l. 11. ch. 3.
(2) *Pensées de M. Pascal*, Art. 5. p. 4.

gés, *& ont examiné foigneufement la nature de leurs Corps & de leur entendement, & des chofes du dehors, obfervant tout, eprouvant tout; ont enfin experimenté que le feul moyen d'éviter l'erreur, c'eft de fufpendre leur créance*(1), ils en font prefque tous demeurés là, fi l'on en croit ce favant Evêque, & ces *excellens perfonnages* ainfi qu'il les appelle, prefque tous *Pyrrhoniens* ou *Athées*, ont douté de tout & n'ont donné fur l'Ontologie, la Phyfique & la Morale que des opinions peut-être mêlées de vrai, mais toujours des Syftemes oppofés les uns aux autres. Peut-on fe flâter de ne pas faire naufrage fi tant *d'excellens Perfonnages* ont echoüé.

XXX.

CEpendant fi l'on confidere bien les difficultés que cette objection préfente, on trouvera que l'imagination peut bien en être effrayée, mais non la raifon. Ces *perfonnages* qu'HUET traite *d'excellens* l'étoient-ils en effet? Suivoient-ils une bonne methode, & ce titre d'*excellens* qu'il leur donne doit-il leur être donné par un homme de bon fens, & fur tout par un Evêque? Pour juger de tant de diverfes opinions il faut les favoir, puifqu'on ne peut juger de ce qu'on ignore. Mais pour être fûr de ce qu'on doit croire il n'eft pas neceffaire de s'inftruire de ce que croyent ou de ce qu'ont cru les autres hommes, il fuffit de connoître ce qui eft vrai. Dès que l'évidence m'affure de la vérité de mon Sentiment, tout ce qui y eft oppofé, foit que je le fache, foit que je l'ignore, eft certainement faux. Ainfi la diverfité des opinions n'eft qu'une étude de curiofité qui peut avoir fon utilité fans doute & qui peut même dans la recherche de la verité faire penfer à des chofes auxquelles on n'auroit peut-être jamais penfé, mais qui pourtant n'eft qu'une etude utile & non neceffaire. On ne pourroit pas même juger de la verité des diverfes opinions qu'on examineroit, fi on n'avoit pas auparavant une règle fure pour determiner ce qui eft vrai & le diftinguer furement de ce qui eft faux, ce qui pré-

---

(3) *Traité Philofoph. de la Foibleffe de l'Efprit humain* liv. I. ch. 14. pag. 98, 89.

préfupofe une étude impartiale de la verité independemment de quelque opinion que ce foit. S'inftruire autrement des diverfes opinions des hommes, ce ne feroit devenir que plus favant, mais non pas plus Philofophe.

XXXI.

SI la Philofophie dependoit de la connoiffance des divers fentimens des hommes fur ce qui regarde la Metaphyfique, l'Ontologie, la Morale & la Phyfique, il feroit presqu'impoffible, pour ne pas dire abfolument impoffible, d'être Philofophe; puifqu'il faudroit un grand nombre d'années & de livres, beaucoup de fanté & de travail & peut-être l'intelligence de diverfes langues pour bien juger du fens des expreffions, & qu'après de longues études, & de grandes recherches, on n'auroit pas même la certitude de ne s'être pas mepris; mais que les hommes croyent ou qu'ils ayent cru ce qu'on voudra, cela ne fait rien, à celui qui recherche la verité par l'évidence, à l'egard du grand nombre de Philofophes, ou qui fe font declarés pour le Pyrrhonifme, ou dont les fentimens fe contredifent fi fort qu'il eft impoffible que prefque tous ne foient pas tombés dans l'erreur. Peut-être que tous n'ont pas été d'auffi excellens perfonnages qu'on le dit, peut-être que leur antiquité & leurs noms impofent. Il y a même lieu de croire que la doctrine de la plûpart n'eft pas affez connuë pour pouvoir pofitivement dire quelle elle étoit Sait-on précifément l'idée qu'ils attachoient aux termes qu'on rapporte d'eux, & ne prend-on point dans le propre ce qu'ils n'ont dit que dans le figuré. Croirai-je par exemple que XENOPHANES eft un Athée lorfqu'après avoir dit, en fe moquant des Dieux d'HOMERE, que DIEU *n'eft point femblable aux hommes, mais toujours femblable à lui-même, impaffible & incapable de changement, tout & en toutes fes parties intelligent & efprit*, ce Philofophe a dit auffi, que DIEU *étoit un Corps Spherique, immuable & impaffible* (1). Que fai-je fi cette

---

(1) Sextus Empiricus, *Inft. Pyrrh.* liv. 1. ch. 33. liv. 3. ch. 23. liv. 3. ch. 4.

te expression un *Corps Spherique* n'est pas une expression figurée, comme celle dont se servent des gens qui ne sont assurément point Athées & qui pour marquer l'immensité de DIEU, disent, que c'est *un Cercle dont le centre est par tout & la circonference nulle part* (1). Ou XENOPHANES ne s'exprimoit-il point ainsi pour faire allusion à la preuve qu'OCELLUS LUCANUS apportoit de l'Éternité du monde qui doit être, disoit-il, sans commencement & sans fin; parce qu'il est d'une figure spherique & que son mouvement est circulaire. Croirai-je que XENOPHANES reduise tout à une nature unique & semblable par tout à elle-même, à une seule & même chose, lorsqu'on dit d'ailleurs qu'il pretendoit que les principes materiels *étoient la Terre & l'Eau.*

Il n'y a point de Philosophes dont les expressions ne soient sujettes à des interpretations très-differentes & dont on ne puisse déduire des choses peut-être fort éloignées de leurs sentimens. Mais comme la verité doit dépendre de la nature des choses & non point des jugemens que les hommes en portent, leurs pensées ne sont point des regles de verité.

On a beaucoup écrit pour savoir si ARISTOTE a cru l'ame mortelle ou immortelle. Le temoignage de THEOPHRASTE disciple favori d'ARISTOTE & qui devoit mieux que personne en avoir pénétré les sentimens, n'avoit pas paru à ceux qui prétendoient qu'ARISTOTE avoit cru l'ame mortelle, une autorité suffisante pour s'y soumettre. Le P. MALEBRANCHE dans le sixième Chapitre du second livre de la *Recherche de la Verité*, raporte les peines que tant de Savans se sont données pour examiner cette question, comme un exemple que *les personnes d'étude s'entêtent ordinairement de quelque Auteur, de sorte que leur but principal est de savoir ce qu'il a cru, sans se soucier de ce qu'il faut croire.* Ce Pere en traitant ce sujet ne modere ni son indignation ni ne ménage la vivacité et son stile contre ceux qui se font une affaire de ces sortes de discussions. *Ces questions vaines & impertinentes,* dit-il, *ces généalogies ridicules d'opinions inutiles, sont des sujets importans de critique aux Savans.*
Ils

---

(1) CICERON, de la Nature des Dieux. Quæst: Acad. lib. 4.

*Ils croyent avoir droit de méprifer ceux qui méprifent ces fotifes, & de traiter d'ignorans ceux qui font gloire de les ignorer..... Que ces chofes font bien voir la foibleffe & la vanité de l'éfprit de l'homme, & que lorfque ce n'eft pas la raifon qui regle les études, non feulement les études ne perfectionnent point la raifon, mais qu'elles l'obfcurciffent, la corrompent & la pervertiffent entierement.... La queftion de l'immortalité de l'Ame eft fans doute une queftion très-importante: on ne peut trouver à redire que des Philofophes faffent tous leurs efforts pour la refoudre, & quoiqu'ils compofent de gros volumes pour prouver d'une manière affez foible une verité qu'on peut démontrer en peu de mots ou en peu de pages, cependant ils font excufables. Mais ils font bien plaifans de fe mettre fort en peine pour décider ce qu'*ARISTOTE *a cru. Il eft ce me femble affez inutile à ceux qui vivent préfentement de favoir, s'il y a jamais eu un homme qui s'appellat Ariftote; fi cet homme a ecrit des livres qui portent fon nom; s'il entend une telle chofe ou une autre dans un tel endroit de fes ouvrages: Cela ne peut faire un homme ni plus fage, ni plus heureux, mais il eft très-important de fçavoir fi ce qu'il dit eft vrai ou faux en foi.* ARISTOTE *difoit de même au fujet de* SOCRATE, *peu nous importe de favoir ce qu'a dit* SOCRATE, *beaucoup nous importe de connoitre ce qui eft vrai* (1).

XXXII.

Mais ceci eft un écart à notre queftion, revenons y & difons confequemment à ce qui précede que quelle que foit la réputation de tant de Philofophes, qu'elles que foient les erreurs où ils ont donné; puifque les verités, qu'ils auroient découvertes ne feroient point des verités pour nous, fi nous ne nous en étions pas convaincus à la lumiere de l'evidence, ni leur réputation, ni leurs erreurs ne doivent point nous decourager. Ce qu'on peut dire, c'eft que puifqu'ils fe font prefque tous trompés, & peut-être tous, ou il faut que ces *excellens perfonnages* avec tout leur favoir & tout leur efprit ayent pris une mauvaife methode, qu'ils ayent meconnu le Caractere
de

(1) Diogene Laërce, *Vie d'Ariftote.*

de l'evidence, ou il faut dire qu'il eſt impoſſible à l'homme de trouver la verité. Or y a-t-il moins de preſomption & de témérité à dire que tous les hommes du monde qui croyent avoir la verité ou qui croyent du moins qu'on peut la trouver ſont dans l'erreur, que de croire qu'en faiſant un bon uſage de ſa raiſon, on pourra parvenir à s'aſſurer de ce qui eſt vrai. On dira qu'un bon *Pyrrhonien* ne décidera pas ſi ceux qui croyent avoir la verité l'ont effectivement, ou s'il y a ou s'il n'y a point quelque moyen de s'en aſſurer, qu'il laiſſe tout indecis & que ſe bornant aux apparences, il n'a pas la preſomption de décider même qu'il a raiſon de s'y tenir; qu'ainſi un *Pyrrhonien* a moins de préſomption & de témérité que perſonne. Mais alors la queſtion ſe réduira toujours à ſavoir *ſi on a raiſon d'être Pyrrhonien*, & cette queſtion ne peut ſe reſoudre ſans examiner s'il eſt poſſible ou non de trouver la verité, ce qui rejette dans la neceſſité de l'examen. Que ſi un homme ajoute qu'il ſe deſie ſi fort de ſa propre raiſon qu'il ne veut pas même examiner s'il a raiſon d'être *Pyrrhonien*, la queſtion ſe réduit alors à ſavoir *ſi un tel homme n'eſt pas fou*. Et remarquez que la queſtion ne change point, ſi par la même défiance, un autre qui croit beaucoup de choſes & qui en ignore peut-être pluſieurs autres qui intereſſent ſon bonheur, dit qu'il veut *croire tout ce qu'il croit ſans l'examiner.*

XXXIII.

Mais ce qui termine la queſtion touchant la préſomption ou la témérité de l'examen, c'eſt, ſi je ne me trompe, que quelque choſe qu'un homme faſſe, il faut pourtant qu'il ſe détermine à ſuivre un parti, fut-ce celui de n'en prendre aucun. Or prendre un parti quel qu'il ſoit, c'eſt décider que c'eſt le meilleur, & que par conſéquent tous les autres ſont mauvais. Or puiſque quelque parti qu'on prenne dans les ſentimens qui partagent les hommes, on a toujours la pluralité contre ſoi, on demande s'il y a plus de modeſtie & de défiance de ſoi-même, & par conſequent, moins de témérité & de préſomption, à décider ſans avoir examiné autant qu'il eſt poſſible de quel coté eſt l'evidence, afin de ne croire déterminénément que ce qui eſt evident, & probablement ſeulement ce qui n'eſt que probable, qu'il n'y a de témérité & de preſomption à ſuſpendre ſon jugement, & à s'appliquer ſans aucun égard que pour la verité à s'aſſurer de l'evidence. Il eſt ſi clair que toute la préſomption & la témérité ſont du coté de celui qui décide ſans un examen ſuffiſant, qu'il n'y a que la force des préjugés de l'education, l'indifference où jette la pareſſe, l'intérêt des autres paſſions, le peu d'amour pour la verité & par conſequent pour notre vrai bonheur, qui puiſſe nous empêcher de faire tout l'uſage que nous pouvons de notre raiſon dans la recherche de la verité.

XXXIV.

UN Ecolier qui adopte les ſentimens d'un maitre qu'il entend ou qu'il n'entend pas, juge par cela même que les plus grands hommes de l'antiquité, de quelque nation qu'ils ayent été, dans quelque ſiecle qu'ils ayent vecu, quelque réputation qu'ils ayent d'eſprit & de ſavoir, ont cependant été tous dans l'erreur s'ils n'ont pas penſé comme ſon maitre. Cet Ecolier condamne de même les plus grands hommes de ſon ſiecle. Le Cuiſtre d'un College dans lequel on profeſſe la Philoſophie *Carteſienne*, ou le Portier de ce College inſtruit par les entretiens de ce Cuiſtre, de quelques ſentimens de cette Philoſophie, & qui prévenu ſur la ſupériorité de l'eſprit des Profeſſeurs penſe que la Philoſophie de DESCARTES eſt bonne, juge donc avec le Cuiſtre que tous les hommes du monde qui n'ont pas penſé comme DESCARTES ſe ſont aſſurément trompés. Ainſi voilà un Cuiſtre & un portier de College juges de PYTHAGORE, de PLATON, de ZENON, de STRATON, de PYRRHON, d'EPICURE, d'ARISTOTE, & de tous leurs Sectateurs auſſi bien que de tant d'autres Philoſophes dont aucune Secte ne porte le nom, celà paroit d'abord ridicule, mais pourquoi celà le paroit-il ? c'eſt qu'on ne ſuppoſe pas que ce Cuiſtre & ce Portier ayent les lumieres ſuffiſantes pour juger des ſentimens qui ont partagé les hommes les plus célèbres. Car ſi ce Cuiſtre & ce Portier avoient par devers eux l'evidence, ils ne paroîtroient ridicules qu'à ceux qui vou-

voudroient la méconnoître & qui par obstination s'opposeroient à la Philosophie de Descartes. Ils paroitroient estimables & loüables à tous les autres hommes, & ce portier & ce Cuistre pourroient prononcer sans devoir être accusés d'aucune présomption ridicule, parce que ce n'est pas eux qui jugeroient, mais l'evidence qui a droit de juger des sentimens de tous les hommes. Mais si les Professeurs n'ont pas l'evidence de leur coté & qu'ils donnent pour vrayes des choses qu'ils ne savent tout au plus que probablement, en quoi leur sentiment & leur autorité eront-elles préférables au sentiment & à l'autorité du Portier & du Cuistre ou de l'Ecolier qui jure sur l'autorité de son maître? En quoi la Métaphysique de Descartes sera-t-elle préférable à celle de Locke, ou sa Physique préférable à celle de Newton? L'autorité des professeurs est nulle sans doute, & toute la présomption est de leur coté.

XXXV.

IL n'y a donc que l'evidence qui doive être la regle de la certitude de nos jugemens, parce qu'en effet il n'y en a point d'autre sur quoi on puisse s'assurer qu'on n'est pas dans l'erreur quand on juge determinément. La foi même, qui n'est que la croyance indubitable des choses auxquelles la raison ne peut atteindre, doit-être fondée sur l'evidence, en ce sens que l'evidence doit nous forcer à les admettre quoique nous ne concevions pas comment elles sont. Autrement comment s'assurer qu'on a raison de croire des choses incomprehensibles? Par quel moyen se préserver dans la religion même de l'imposture des Prêtres qui trouvent mieux leur compte à priver l'homme de sa raison qu'à l'engager à s'en servir, & qui ne craignent pas de le plonger dans l'impieté & de l'y retenir par mille frayeurs, pourveu qu'ils y trouvent leurs interets en lui faisant croire les choses les plus monstrueuses & les plus absurdes, ainsi qu'on le peut voir dans les diverses relations des voyageurs, & sur tout dans les *Lettres édifiantes & curieuses*, des Missionaires de la Compagnie de Jesus dont on a plusieurs volumes. *Il est dit souvent*, rémarque Mr. l'Abbé d'Asfeld dans son explication litterale de l'Ouvrage des six jours, (p. 268.) *que* DIEU *fut l'approbateur, & si l'on ose le dire, l'admirateur de ses ouvrages, pour nous apprendre quelle admiration ils devoient nous causer; quelle étude nous en devrions faire, & de quelles réflexions ils sont dignes; & pour nous réprocher en même tems nôtre stupidité, qui ne pense à rien; nôtre ingratitude qui ne rend graces de rien: nôtre enfance qui ne s'instruit de rien & qui démeure ignorante & insensible quoique nous vivions au milieu des prodiges & que nous en soyons nous-mêmes un des plus incomprehensibles. Une fausse spiritualité au lieu de corriger une telle perversité, s'est efforcée de la déguiser en vertu: elle ne connoit dit-elle que les mysteres de la Religion; toute autre étude est superflue; on fait assez quand on sait croire; une vaine curiosité consume un tems précieux pour le salut: qu'importe de savoir comment le monde a été fait puisqu'il doit périr? & d'ailleurs à quoi se terminent tant de recherches si incertaines d'un coté & si inutiles de l'autre? un seul objet est necessaire; & tout ce qui sert à en distraire, est moins une occupation serieuse, qu'une perte de tems.* Après avoir répondu à cette objection conformément aux paroles du texte qu'il examine, & avoir remarqué, *qu'une attention religieuse sur les oeuvres de* DIEU *& sur les perfections infinies dont ils sont la preuve, n'est point contraire à la réligion: qu'elle en est au contraire ou le fondement ou la suite nécessaire*, cet Abbé remarque encore, que si une *Philosophie téméraire ou simplement curieuse n'est point une science utile, ces defauts sont étrangers à une connoissance salutaire. Qu'on n'est pas plus humble pour être ignorant: qu'on n'est pas plus appliqué aux dévoirs essentiels pour avoir négligé d'en apprendre les raisons & qu'on s'expose à manquer de foi ou à l'avoir toûjours foible, quand on n'a pris aucun soin de l'affermir* (1).

XXXVI.

IL faut craindre de s'egarer & de ne pas savoir *douter où il faut, assurer où il faut, se soumettre où il faut*, ainsi que le dit PASCAL, puisque c'est en cela que

---

(1) Explication litterale de l'Ouvrage des six jours mêlée de Reflexions morales, nouvelle edition revue & corrigée. A Bruxelles chez F. Foppens 1731.

consiste le bon usage de la raison. Mais tant qu'on n'est point évidemment sûr qu'on est dans le bon chemin peût-on être exempt de cette crainte?

Ardua dum metuunt, amittunt vera viai.
LUCRET. lib. 1.

Peut-on ne pas chercher à s'assurer de ce qu'on doit faire, si on est persuadé que le bonheur dépend de la connoissance de ce qu'on est, de ce qui convient; si on considere combien de fausses apparences nous environnent & nous seduisent, & s'il est en nôtre pouvoir de nous degager de l'erreur. *Narra si quid habes ut justificeris,* (1) qu'avons nous à dire pour nôtre justification. Craignons de méconnoitre la verité, mais ne craignons rien pour elle ni à son égard si ce n'est la négligence de s'en instruire.

Felix qui potuit rerum cognoscere causas,
Atque metus omnes & inexorabile fatum
Subjecit pedibus, strepitumque Acherontis avari.
VIRG. Georg. lib. 2.

,, Heureux qui recherchant le vrai de toutes choses
,, Discerne exactement les effets & les causes,
,, Qui meprisant la crainte & les tristes clameurs
,, Dont l'avare Acheron intimide les cœurs
,, S'ouvre du vrai bonheur la route invariable,
,, Et se met au dessus du sort inexorable.

Que la crainte de méconnoitre la verité rende plus timide à juger, plus circonspect à prendre un parti, plus attentif par conséquent à bien examiner toutes choses & à ne se déterminer que par l'évidence; mais que cette crainte au lieu de décourager, anime & devienne salutaire. Toute autre crainte deshonnore la verité, & s'y oppose puisque *s'interdire l'examen de la verité* n'est faire autre chose que *s'imposer la loy de décider témérairement.*

XXXVII.

EN supposant donc même qu'au lieu de se confirmer dans les sentimens de ses peres & de ses maitres, les recherches qu'un homme fera le menent à s'en écarter, on peut dire qu'en cela même, si ses peres & ses maitres ont été raisonnables, il se conforme à leur intention: Car il n'est pas à présupposer qu'ils

(1) Isaïe Ch. 43.

qu'ils ayent voulu le jetter dans l'erreur, mais au contraire que s'ils lui ont donné pour vrayes des choses qui ne l'étoient point, c'est cependant parce qu'ils les croyoient vrayes, de sorte que s'ils les avoient crües fausses, ils auroient enseigné précisément le contraire, c'est-à-dire, ce que cet homme a trouvé. Ceux qui ne veulent pas qu'on s'applique sincerement à la recherche de la verité crainte qu'on ne s'ecarte de leurs sentimens si on les trouve faux, ne sont donc qu'agités de l'esprit de parti & de domination & non pas pénétrés de l'amour de la verité ni portés au bonheur des autres hommes. C'est deshonnorer la verité en voulant se faire respecter soi-même & lui substituer une autorité humaine qui doit lui être soumise, sans quoi l'autorité devient tyrannie; de sorte que quand les choses qu'on voudroit obliger de croire seroient vraies, ce ne seroit faire pour les maintenir que ce qu'on feroit pour l'erreur. Car que pourroit on faire de mieux pour maintenir l'erreur que de ne pas vouloir qu'on recherchât sincerement la verité. Que si l'amour de la domination n'est pas le principe de cette crainte, mais qu'on craigne seulement parce qu'on sait que l'esprit de l'homme est sujet à l'erreur, & que persuadée qu'on a la verité, on souhaite pour le bonheur de ceux qui sont instruits de nos sentimens qu'ils ne s'exposent pas à s'en écarter, ce motif loüable en soi par la charité qui le produit, doit y associer la justice ou cesse d'être loüable. Il ne doit donc nous engager qu'à exposer avec soin l'evidence de nos preuves & porter les autres à n'en juger que par le principe même qui fait le caractère de l'evidence, puisque sans cela la croyance de la verité est infructueuse, que c'est vouloir dominer sur la raison ou la séduire, & que craindre qu'on examine ainsi nos sentimens c'est manquer de respect à la verité & rendre suspecte sa propre cause. C'est faire comme les faux Nobles qui craignent les recherches de la noblesse parce qu'ils se méfient de leurs titres. Que la verité a-t-elle à craindre? Elle ne dépend pas du jugement des hommes. Il n'y a que l'indifference pour elle, le prejugé, ou une mauvaise methode qui puisse jetter dans l'erreur. La verité est à l'épreuve du sophisme quand elle est accompagnée de l'évidence. C'est la lime que le serpent rongera en vain, il n'y fera qu'user ses dents, ou se les rompre.

XXXVIII.

OR pour suivre la methode de l'évidence, si l'homme peut s'en assurer, il me semble qu'on ne doit avoir besoin ni de savoir, ni de ce qu'on appelle de l'esprit. Le caractere de l'évidence doit être tel qu'il soit impossible de s'y tromper dès qu'une fois on aura reconnu en quoi il consiste; & il faut qu'il soit si facile de reconnoitre en quoi il consiste, que non seulement l'evidence se démontre par elle-même, mais qu'on n'ait besoin que de la seule attention dont tout homme qui n'a pas perdu l'usage de la raison est capable, par cela seul qu'il est homme. Et c'est en quoi il me paroit que consiste l'injustice qu'il y a à croire qu'on soit incapable de découvrir la verité, puisque si l'homme est fait pour elle, il faut que tout homme, par cela seul qu'il est homme, ait la faculté de la connoitre. Ainsi il n'y a ni présomption, ni témerité à la rechercher. Et ce n'est au contraire qu'une modestie mal entenduë & une défiance injuste de soi-même qui puisse detourner un homme quel qu'il soit de faire usage de sa raison pour s'assurer de son bonheur, d'user ainsi de ses droits & de s'acquitter des devoirs d'une créature sensible & intelligente.

Voyons donc s'il est possible de s'assurer du Caractère de l'évidence de façon qu'il soit impossible de la méconnoitre & de prendre l'erreur pour elle. Voyons si par son moyen il est possible de découvrir dans la Metaphysique & dans l'Ontologie des principes qui puissent servir à expliquer non seulement les Loix Physiques, mais principalement les Loix Morales de la Nature. Cette *Loi d'Or & de felicité, par laquelle tout ce qui plait est permis.* Parce que rien ne plait que ce qui est conforme à la verité d'où dépend notre plus grand bonheur.

- - - - - *Legge aurea e felice*
Che natura sculpi, s'ei piace, ei lice.

T. Tasso Aminta atto 1. sc. 2.

EX-

EXPOSITION

Des Principaux sentimens des Philosophes.

XXXIX.

Cependant avant que d'entrer tout-à-fait en matiere, je crois que je ne ferai pas mal de me rappeller les diverses opinions des Philosophes, soit pour me faire penser à des recherches que j'oublierois peut-être de faire, soit pour me faire faire attention aux termes dont ils se sont servis & qui donnent lieu de croire qu'ils pensoient differemment de la même chose parce que leurs opinions sont differentes & que les termes qu'ils employent sont les mêmes; au lieu qu'il semble plus raisonnable de dire que puisque leurs opinions sont differentes leurs termes quoique les mêmes ne signifient pas la même chose. Il paroit évident que si deux hommes pensent differemment leurs pensées sont differentes, & par consequent que l'objet de leur pensée n'est pas le même, quand bien même, ils se serviroient du même terme pour l'exprimer. L'objet de la pensée est determiné & les termes sont arbitraires. SENEQUE le Philosophe, reprochoit à PLATON de faire un *Dieu sans Corps* & à STRATON de *Lampsaque* d'en faire un *sans esprit*; *Ego feram an* PLATONEM *aut Peripateticum* STRATONEM, *quorum alter fecit Deum sine corpore, alter sine animo?*

Saint AUGUSTIN, qui rapporte ce passage de SENEQUE dans le septieme Livre de la *Cité de Dieu*, croïoit aussi un *Dieu* bien different de celui de ces Philosophes. Dira-t-on, que le mot de *Dieu* étoit chez eux le signe de la même idée; on voit tout le contraire. Et en effet tout le monde l'employe, & il est presqu'aussi équivoque qu'il y a de Sectes differentes de Philosophes & de Religion. Il est ainsi d'un grand nombre d'autres termes d'où naissent des doutes & des disputes qu'on ne resout point faute de s'entendre.

XL.

IL y en a qui par le nom de DIEU entendent un *Etre infiniment parfait*, c'est-à-dire, un Etre eternel, infini, infiniment simple, & tout-puissant, mais tout-puissant d'une puissance active dont les effets dépendent de la volonté; toujours sage, puisqu'il est infiniment intelligent, & toujours infiniment heureux, puisqu'il est infiniment sage. Ils disent, qu'il n'est pas seulement le Créateur de l'univers par sa puissance; mais que voyant tout par son intelligence & n'approuvant par sa sagesse que ce dont il resulte un plus grand bien, il est le Legislateur, le Juge & le Remunerateur du bien & du mal. Ils disent que parmi le nombre infini d'Etres, dont il a semé l'immensité de l'Univers, l'homme tout petit qu'il est, est capable de le connoitre & de se rendre heureux en l'aimant: Que cet homme est un Composé de deux parties dont l'union n'est qu'une liaison mutuelle, mais non absoluë: Que l'une de ces deux parties, c'est le Corps, privée de sensibilité & d'intelligence n'est elle-même que l'arrangement de plusieurs parties, & qu'elle se détruit par la mort qui n'est que le dérangement de cet arrangement: Que l'autre, simple, exempte de tout assemblage & par conséquent de toute décomposition, est sensible, volontaire, & active, par conséquent libre quoiqu'avec mesure & à certains égards: Qu'en vertu de son intelligence, de sa puissance & de sa liberté, elle ne doit faire servir son union avec le Corps, ni employer aucune de ses autres facultés que de la manière la plus convenable à son bonheur, déterminé par l'ordre même de son Créateur: Que cette partie qui est veritablement l'homme, à entendre par ce mot un Etre sensible & raisonnable, n'est point détruite par la mort qui détruit le Corps: Qu'il n'y a que l'union qui soit détruite & dans laquelle la partie immortelle de l'homme aura pû se préparer un bonheur infini, par le bon usage qu'elle aura fait de ses facultés. De sorte qu'ils reduisent tous les Devoirs de l'homme à la Pratique de ce que la raison lui dicte, croyant que Dieu à donné à l'homme par cela même qu'il l'a fait homme, toutes les facultés nécessaires pour faire ce qui convient

à un

à un autre Etre moral. Et que Dieu ne peut rien exiger de plus, que ce qu'il a donné.

L'Etre éternel & tout-puissant, conçu de cette maniere, est ce qu'on entend ordinairement par le nom de Dieu, d'où ceux qui le croyent ainsi sont nommés Déistes; & ceux qui le nient Athées. C'est vraisemblablement le Dieu que croyoit Platon, ainsi que c'étoit celui que croyoit Socrate, & il paroit que tous les hommes en ont eu quelqu'idée, puisque c'est sur l'idée d'une Divinité toute-intelligente & toute-puissante, qu'on a établi des Religions & des Cultes. C'est aussi le Dieu que croyoit *Saint* Augustin, du moins il en croyoit l'éternité, l'infinité & l'immatérialité, & la toute-puissance active qui suppose l'intelligence & la liberté; mais il joignoit à l'idée de ces attributs d'autres idées que ne donne point la raison, mais la seule foi chrétienne, quoiqu'on ait prétendu que les seules lumieres de la raison en avoient fait entrevoir quelques unes à Platon même.

XLI.

Le Dieu de Straton est fort different. Ce Philosophe reconnoissoit bien que ce qu'il nommoit de ce nom étoit éternel & tout-puissant, mais ce n'étoit que toute-puissance aveugle & necessitée, agissante & non active. Ce *Dieu*, selon lui, est *la Nature*, c'est-à-dire, cette Méchanique qui resulte des proprietés & des mouvemens des Corps, *per quæ*, dit Pline le Naturaliste, *declaratur haud dubie naturæ potentia, idque esse quod Deum vocamus.* Desorte que Straton & tous ceux qui ont pensé comme lui, ne reconnoissent pour *Dieu*, que l'Univers, ce qui les a fait nommer Panthéistes, & ce qui les rend, par opposition aux *Déistes*, de veritables Athées. Il n'est pas question chez eux d'une ame immortelle & distincte de la même matière dont le corps est formé non plus que d'une distinction réelle & invariable entre le juste & l'injuste. Ne connoissant point de suprême Intelligence dont la volonté ait disposé des choses pour un but digne d'elle, & croyant que tout l'homme n'est qu'une portion de matière destructible, ils pretendent, que l'homme a naturellement le droit de faire tout ce qu'il lui plaît, à moins qu'il ne l'ait restraint en s'assujetissant aux Loix d'un Souverain; lesquelles Loix, quelles qu'elles soient, deviennent alors la regle du juste & de l'injuste, & déterminent l'usage que l'homme peut & doit faire de son pouvoir. C'est ce que HOBBES, fauteur considerable de la Doctrine de STRATON, expose en ces termes formels: *Regulas boni & mali, justi & injusti, honesti & inhonesti, esse Leges civiles, ideòque quod Legislator præceperit, id pro bono, quod vetuerit, id pro malo habendum esse. Legislator autem semper is est, cujus est in Civitate imperium summum, hoc est, in Monarchiâ, Monarcha* (1). Il paroît par cette Doctrine touchant les droits & les devoirs, que si les Athées ne sont pas propres à faire de bons Citoyens, puisqu'un Souverain peut quelquefois commander des choses nuisibles au bien de ses Sujets, les *Athées* doivent être d'excellens Esclaves puisque la règle de leur conduite est la volonté du Souverain, *in Monarchiâ, Monarcha*; mais s'il n'y a pas de Loi, qui antécédemment à toute Loi Civile, ou Loi d'adoption, oblige, *in foro Conscientiæ*, sous les peines d'une punition quelconque, d'être soumis à ses engagemens, & ainsi soumis & fidéle à son Souverain, qui peut empecher un *Athée* de trahir son Maître, aussi bien que sa Patrie, dans tous les cas où un *Athée* trouvera plus d'utilité & moins de risque à être traître qu'à être fidele? Or ces cas, qui sont d'autant plus frequents qu'ils sont souvent plus ignorés, peuvent aller jusqu'au point qu'un sujet, abusant de la confiance & des bontés de son Maître, pourroit trouver moyen de le renverser du Thrône & de s'y placer. Quelque difficile que cela paroisse, les exemples n'en sont pas rares. Desorte que, pour la seureté & la tranquillité publique, pour le bonheur des Souverains, comme pour celui des sujets, il est à souhaiter qu'il y ait une Loi primordiale, universelle, indépendante de la volonté des hommes, qui soit, pour ainsi dire, la caution de l'observance des autres Loix. Une Loi qui soit telle, qu'on ne puisse

---

(1) *Elementa Philosophica de Cive*, Auctore THOM. HOBBES Malmesburiensi. Amstelodami, apud D. & L. Elzevirios. 1657. pet. 8. Cap. XII.

se pas dire qu'il soit avantageux de la violer pour le premier Thrône du Monde.

XLII.

LA Nature étant le *Dieu* de STRATON ce n'est qu'un *Dieu* composé de l'assemblage de tous les Etres qui forment ce qu'on appelle l'*Univers*.

*Est e Dei sedes nisi Terra, & Pontus & Aër,
Et Cœlum & virtus, Superos quid quærimus ultra?
Jupiter est quodcumque vides, quocumque moveris.*

LUCAN. Phars. Lib. IX.

Mais cette *Nature Divine*, ce Dieu composé de tant de parties, a été depuis simplifié par SPINOSA, qui, comme STRATON, ne reconnoit pour *Dieu*, qu'une *Nature naturée & naturante*, ce sont les termes de SPINOSA, *Natura naturans*, *Natura naturata*, mais qui prétend, comme on dit, que XENOPHANES de *Colophon* l'a soutenu autrefois, que cette Nature qui est tout l'Univers, n'est pourtant qu'une substance unique, simple, indivisible, excepté que XENOPHANES, à ce qu'on ajoute, la croyoit ronde, & que SPINOSA, ne lui donne point de bornes. XENOPHANES vivoit il y a environ deux mille deux cens ans, près de deux siécles avant STRATON, & plus de deux mille ans avant SPINOSA. PARMENIDES Disciple de XENOPHANES, & MELISSE Disciple de PARMENIDES, enseignerent, ainsi qu'on le rapporte, la même doctrine que XENOPHANES. Si on vouloit hazarder des conjectures, on pourroit voir assez probablement, que les Anciens n'ont pas bien distingué les Sentimens de ces Philosophes, & sur tout de XENOPHANES, qui paroit avoir plutôt pensé en *Déiste* qu'en *Panthéiste*, si on prend le résultat probable de ce que divers Auteurs ont raporté de sa Doctrine. Quoiqu'il en soit, quelques uns disent qu'il ne donnoit son sentiment sur la Divinité que comme une opinion qui pouvoit bien être fausse, au lieu que SPINOSA a prétendu donner la sienne comme une Verité démontrée.

Ce Juif penfant peu orthodoxement de la Loi de MOYSE, fut cité par les Rabbins d'*Amfterdam*, qui l'excommunierent avec tous les accompagnemens du zele Théologique. Les perfecutions qu'il eut à effuyer, lui donnerent un nom, & la Philofophie de DESCARTES nouvelle alors, & que SPINOSA repetoit avec fuccès, lui fit une affez grande reputation; outre qu'il enfeignoit auffi fort bien la Géometrie. Bon-homme, fimple, laborieux, auffi peu Juif du côté de l'intérèt, que du côté de la Religion, fes mœurs lui firent des amis pendant fa vie; mais j'avoue que je ne fai pas fi ce font fes ouvrages qui lui ont fait des Sectateurs après fa mort. Ce qui me fait parler ainfi, c'eft qu'il m'a paru, que de cent perfonnes qui donnent dans ce qu'on appelle *le Spinofifme*, il n'y en avoit quelquefois pas une qui eut lû SPINOSA, & que de tous ceux qui avoient bien examiné fes *Oeuvres pofthumes*, Livre fait exprès pour démontrer fa Doctrine, perfonne ne s'accordoit, que ceux qui difoient que fon Syftême étoit Inintelligible.

Celui qui écrit ceci, a pris la peine de lire trois fois ces *Oeuvres pofthumes*, & deux fois les autres Ouvrages de SPINOSA, afin d'entrer mieux dans fa façon de penfer. Il a lû de plus le meilleur Livre qu'on puiffe lire pour faciliter l'intelligence des Ouvrages de SPINOSA. C'eft un octavo qui a pour titre *Specimen Artis ratiocinandi naturalis & artificialis*, imprimé à *Hambourg*, en 1684., ou pour dire plus vrai que le titre, c'eft un Livre imprimé à *Amfterdam*, & dont on dit qu'un nommé VIRET eft Auteur.

Après une application très-défagréable, mais néceffaire, pour tâcher de ne pas juger témérairement des fentimens d'autrui, voici ce qu'on a cru voir dans le Syftême de SPINOSA, & ce à quoi il donne le nom de *Dieu*.

Dieu, felon ce Panthéifte, eft une Subftance Eternelle, infinie, la feule qui puiffe exifter & qu'on puiffe concevoir. C'eft une Subftance qui eft tout, c'eft un feul Etre Univerfel, dont les propriétés font infinies, & font actuellement toutes les propriétés poffibles, foit femblables, foit contradictoires. Cette Subftance eft l'Univers, ou pour mieux dire, l'Unil'Univers n'est que cette Substance unique, differemment modifiée en ce que nous appellons *Etres*, mais qui ne sont proprement que des manières d'être du seul être, de cette seule Substance qui est *Dieu*; qui est *un*, toujours le même, simple & indivisible, quoique distinct en une infinité de parties, dont l'une n'est pas l'autre. Ces parties, ces modifications, ces êtres, ou ces manières d'êtres, de quelque nom qu'on veuille les nommer, sont differentes, de sorte que, l'une ne suppose pas l'autre. Ces parties sont en elles-mêmes indifferentes au mouvement & au repos; cependant, les unes sont en repos & les autres en mouvement, sans que rien les y ait mises. Cette Substance & ses parties considerées en elles-mêmes, sont privées de volonté, de puissance & de liberté; cependant, cette Substance agit sur elle-même, & chacune de ses parties reciproquement les unes sur les autres; elles ne s'arrangent jamais, mais cependant agissantes elles sont toujours arrangées les unes par les autres, sans que quelqu'autre chose qu'elles soit la cause de leurs arrangemens, tout cela se faisant par la nécessité de la Substance unique, dont toutes les modifications sont aussi involontaires que la propre existence. De l'une de ces modifications, qu'on appelle l'*Homme*, resulte la sensibilité, l'intelligence, la comparaison des idées, les idées mêmes & même les idées de ce qui est possible, le jugement, la mémoire, la volonté, le pouvoir de mettre en mouvement des choses extérieures d'une modification toute differente de celle dont resulte la sensibilité & l'intelligence. On dit *pouvoir* & *volonté*. Car les SPINOSISTES se servent de ces mots, quoique *pouvoir* & *volonté* ne signifient chez eux que des *facultés nécessitées* & non libres de vouloir ou de faire ce qu'on fait. Ainsi *ce qui pense* dans l'homme, non seulement n'est pas distinct de ce qu'on nomme son *Corps*, mais son corps même n'est rien de réellement distinct en soi, ni qui subsiste par soi-même. Ce qui ne me paroît pas vrai, ayant beaucoup de penchant à croire que moi qui pense ne suis pas rien, que je ne puis exister particulierement si je n'ai ma propre existence, de sorte que je ne sois ni mon voisin, ni ma cheminée, & que foible & misérable comme je suis, il s'en faut bien que je sois tout l'Etre, l'Etre universel, ou une partie de Substance Indivisible, ce qui me paroît contradictoire.

De sorte que le *Panthéisme* de STRATON, où par l'union des parties semblables, & dont chacune est en soi, non une modification, mais réellement un Etre, le mouvement forme des Etres véritables, me paroîtroit un Système plus probable que celui de SPINOSA. Mais la probabilité ne suffit pas dans un sujet aussi important, d'autant plus que l'un & l'autre Système confond également le juste & l'injuste, ou plutôt les annulle. Car les SPINOSISTES, par la nécessité des modifications de leur substance divine, sont forcés de soutenir, que l'homme n'est point un agent libre, mais que, toujours nécessité à agir, à raison de quelque effet qui ne dépend pas de lui, il n'est point en son pouvoir de pratiquer par une détermination proprement active & volontaire, ce qu'on appelle *Vertu*, ou ce qu'on nomme *Vice*. L'Homme, selon SPINOSA, fait tout ce qu'il fait comme un horloge, qui marque les heures & les minutes, les jours du mois, de la lune, ou seulement quelques unes de ces choses, selon qu'elle a été faite, ainsi qu'elle les marque plus ou moins régulièrement, selon la bonté & la justesse de ses ressorts. Ou l'Homme est semblable à un vaisseau sans Pilote au milieu de la mer, il a par sa construction le pouvoir de voguer, mais déterminé par les vents & par les courans à aller plutôt d'un côté que d'un autre, ce sont toujours les uns qui le poussent, ou les autres qui l'entraînent, incapable de se déterminer lui-même, de sorte que ceux qu'on appelle *Vertueux*, parce qu'ils sont portés à faire des actions dont il résulte du bien, & que ceux qu'on appelle *Scélérats*, parce qu'ils sont portés à des actions, dont il résulte du mal, ne sont pas plus louables ni moins estimables les uns que les autres, puisque les premiers sont vertueux sans mérite, & les seconds criminels sans être coupables. Ainsi l'homme ne méritant point d'être heureux ou malheureux, son bonheur ni son malheur ne dépendent non plus de lui que ſes vertus ou ſes vices, d'où il ſuit que quoiqu'il puiſſe être heureux & qu'il lui convienne de l'être, il n'a que le pouvoir de l'être, & non de ſe le rendre, puiſqu'il ne peut rien faire par lui-même pour devenir ou ſe conſerver heureux.

Si on demandoit à un SPINOSISTE ou à un FATALISTE, c'eſt-à-dire, à quiconque nie la liberté, d'où vient que dans la Société Civile on blame & qu'on punit même certains Crimes, ainſi qu'on loüe ou qu'on recompenſe certaines Vertus ? Il ſemble donc que le *Spinoſiſte* ne pourroit repondre, s'il étoit monté à parler ſenſément, ſinon, que puiſque de certaines choſes ou de certaines actions il reſulte néceſſairement du bien ou du mal, il y a une diſtinction réelle entre le mal & le bien, que l'un ne convient point & que l'autre eſt convenable, que les appellations des choſes étant arbitraires, on peut appeller vertueuſes ou loüables les perſonnes & les actions dont il reſulte du bien, comme on peut appeller criminelles & blamables les perſonnes & les actions dont il reſulte du mal : Que par cela même qu'il en reſulte du mal, on a raiſon de faire des Loix pour punir ces dernieres, ainſi qu'on fait bien de recompenſer les autres ; parce que ces Loix par la crainte du mal ou par l'eſpoir des recompenſes, deviennent des cauſes de détermination avantageuſes à la Société. C'eſt en effet ce que dit un Anglois redoutable ennemi de la Liberté & de la Religion, ſi la Religion & la liberté n'ont pas la verité pour elles. On pourroit conclurre de cette reponſe, que quoiqu'on puniſſe les Criminels ſans juſtice, on les punit pourtant avec raiſon, ce qui ſeroit diſculper d'injuſtice les Loix & les châtimens. Cependant ce n'eſt pas là une reponſe convenable à un *Fataliſte*, ni à un *Spinoſiſte*. Dès qu'une neceſſité aveugle fait tout, ou une puiſſance neceſſitée, ce qui revient au même, on a tort de demander raiſon de quelque choſe, puiſqu'on ne doit rendre raiſon de rien. Il n'y a point de cauſe finale qui puiſſe être ou n'être pas l'objet d'une action, puiſque toute action eſt neceſſaire & neceſſitée. Les bonnes actions & les mauvaiſes, les punitions & les recompenſes, les Loix, les penſées, le raiſonnement, les termes mêmes dont on ſe ſert pour exprimer les

penſées,

pensées, tout cela n'est point volontaire ni arbitraire. On fait des Loix parce qu'on fait des Loix, on fait un crime parce qu'on fait un crime, l'un & l'autre ne peut pas ne se pas faire. Et celui qui raisonne bien ou mal sur ce sujet ne pouvoit pas raisonner autrement. Toutes les choses quelles qu'elles soient ne sont que des modifications ou manieres d'être necessaires & necessitées de la Substance Divine, de cet Etre Universel qui est tout & qui est Dieu. La substance divine, ce Dieu eternel, unique, infini, a necessairement des modifications qui doivent être penduës, comme d'autres qui doivent les pendre, ou les juger; ici il s'empale, là il se brule, ici il renferme une de ses modifications dans une autre qui paroit ne pas souffrir, tandis que l'autre se desespere; là plusieurs de ses modifications se fustigent pour l'amour d'un autre Dieu que Lui; là d'autres modifications qui le croient le seul vrai Dieu empoisonnent pour se divertir leurs parens ou leurs amis, tant leur foi est vive & la necessité qui les fait agir puissante. En verité il paroit que les Juifs dont l'imbecille credulité étoit mise en proverbe, n'ont jamais rien cru de plus difficile à croire, à moins que l'idée de ce Panthéisme là même n'ait été prise de leur Cabale, ainsi qu'on soupçonne *Spinosa* de l'avoir fait. Pour moi j'avoüe que je n'ai point encore trouvé de raisons qui me fissent voir la necessité qu'il y a que l'Etre eternel, infini & toutpuissant soit un Agent necessité & non un Agent libre; qu'il ne soit qu'un, & qu'il ait tant de modifications si differentes & si contradictoires toutes à la fois; qu'il soit forcé d'en avoir de si extravagantes & de si cruelles, que tandis qu'il paroit si admirable dans les manieres d'être qu'on nomme Physiques, il soit si méprisable dans les manieres d'être qu'on appelle Morales; enfin qu'il soit un, parfaitement simple & indivisible; non intelligent & que tant de millions de ses modifications pensent si diversement. Se peut-il faire que le sentiment d'un Etre simple, que sa pensée soit divisible, que ses modifications ne soient autres que lui toujours actuellement le même quoique differemment & successivement modifié, & que chacune de ses modifications ayent un sentiment qui soit particulier à elle; que chacune d'elles, une en substance

pen-

pensante avec toutes les autres, sentent & pensent séparément & contradictoirement ; qu'elles ne soient que ce *Dieu* qui est tout, & qu'elles ne sachent pas qu'elles le soient ; qu'elles ayent au contraire l'idée d'un autre *Dieu* qui lui seroit infiniment superieur, du DIEU des *Déistes* par exemple, dont l'idée emporte une perfection infinie exclusive par conséquent à tout defaut ; que cette idée emporte même la nécessité de l'existence & par conséquent l'impossibilité de n'exister pas ; que l'on conçoive ce DIEU quoique son existence implique contradiction ? Si le *Dieu* de SPINOSA est le vrai *Dieu* comment concevoir une chose qui n'est ni ne peut être ?

XLIII.

Il semble qu'on pourroit admettre plus facilement le Dieu de PYTHAGORE, soit que ce Philosophe l'ait crû immateriel ou simplement une matiere si deliée, si pure, & si active qu'elle ne peut jamais être confondüe avec celle dont les Corps sont formés. Car dans l'une ou dans l'autre idée, il aura reconnu deux substances en general differentes, & en particulier divisibles en autant de portions de substance qu'il en falloit pour former de veritables Etres.

Il croyoit que DIEU étoit l'Ame de l'Univers & que toutes les ames étoient des portions de la Substance Divine, qu'ainsi l'homme étoit un Etre composé de Corps & d'ame, que l'ame d'une nature immortelle n'étoit point détruite par la désunion des parties du Corps, mais que faite pour être unie à un Corps, en quitant celui qu'elle animoit, elle en alloit animer un autre, ou de même ou de differente espece, toujours la même, soit qu'elle animât le corps d'un homme ou celui d'un bœuf, d'un oiseau, d'un poisson ou d'un insecte ; il n'alloit pas jusqu'à la plante qu'on peut pourtant regarder comme un Animal immobile.

Morte carent animæ : semperque priore relicta
Sede, novis domibus habitant vivuntque receptæ.
Omnia mutantur : nihil interit, errat & illinc,
Huc venit, hinc illuc, et quoslibet occupat ortus
Spiritus:

Spiritus : eque feris humana in corpora transit,
Inque feras noster : nec tempore deperit ullo.

OVID. Metamorph. Lib. XV.

CICERON (1) ne croyoit pas possible qu'un *Dieu* pût-être ainsi separé en diverses parties, & dechiré quand les ames s'en separent; qu'une partie de *Dieu* fut miserable quand les ames souffrent, & que l'homme pût ignorer quelque chose s'il étoit *Dieu*. Saint AUGUSTIN & LACTANCE en condamnant cette opinion dans les MANICHÉENS qui la soutenoient ainsi que les GNOSTIQUES, les MARCIONITES & plusieurs Sectaires du Christianisme, la traitent d'impie, de sacrilege & d'extravagante. „Peut-„on croire, dit S. AUGUSTIN, qu'on batte une „partie de *Dieu* quand on chatie un enfant; que les „parties de *Dieu* deviennent lascives, injustes, im-„pies, detestables; qui peut le soutenir sans une de-„mence extreme; enfin pourquoi *Dieu* se fache-t-il „contre ceux dont il n'est pas honoré, puisque ce „sont ses propres parties qui ne l'honorent pas. *De ipso animante rationali id est homine, quid infelicius credi potest, quam Dei partem vapulare cum puer vapulet ? Jam vero partes Dei fieri lascivas, iniquas, impias, et quo animo damnabiles, quis ferre possit, nisi qui prorsus insanat? Postremo quid irascitur iis, a quibus non colitur, cum a suis partibus non colatur* (2) ?

Les MANICHÉENS disoient comme PYTHAGORE ou plutot comme les anciens MAGES de l'*Egypte* & des *Indes* chez qui on dit que ce Philosophe avoit puisé sa doctrine, qu'il n'y avoit dans l'univers qu'une Seule Ame qui se partageoit dans tous les êtres comme un grand fleuve dont les eaux viennent ensuite se rejoindre à leur source : Mais ils disoient plus que PYTHAGORE, en ce qu'ils ajoutoient que les Etres Inanimés avoient une petite partie de cette ame, ceux qui sont Animés une plus-grande & ceux qui sont dans le Ciel une plus grande encore.

Cette doctrine de la *Metempsycose*, c'est-à-dire, de la transition des ames en differens Corps, est si ancienne qu'on ne sait point quand elle a commencé. Elle a été aussi la plus universellement répandue & l'est peut-

(1) *De Natur. Deor.* Lib. I.
(2) *De Civit. Dei* Cap. 12.

peut-être encore aujourd'hui. Non seulement c'étoit la doctrine des MAGES, de l'*Egypte*, de *la Perse* & des *Indes*, c'étoit encore celle des DRUIDES ou MAGES des *Gaules*, & chez les JUIFS elle a été cruë par les PHARISIENS qui étoient les principaux Docteurs de leur Nation. Il est vrai que *la Métempsycose* n'a point été cruë d'une manière uniforme, & qu'il semble que de l'établir sur la nature d'un *Dieu* dont la substance divisée en portions plus ou moins grandes circule en differens corps, est une chose aisée à imaginer mais difficile à concevoir, à moins que de retomber dans le Naturalisme & de donner le nom de *Dieu* à une matiére subtile dont l'agitation fait la vie de tous les corps organiques.

Mais de croire que les ames sont des Êtres Spirituels, c'est-à-dire, immateriels, qu'un DIEU Eternel & Tout-Puissant a créés & qui ne sont unies à des Corps organiques que pour y être dans un état d'épreuve ou d'expiation, de façon que si elles y font un bon usage de leur pouvoir actif, elles pourront acquerir un degré de bonheur si parfait qu'elles ne seront plus assujeties à un corps, ou qu'en y abusant de ce pouvoir elles se mettront dans la necessité d'une nouvelle expiation ou d'une nouvelle épreuve: ce seroit un sentiment qui pourroit paroitre extrememement probable. C'est peut-être ce que PYTHAGORE a pensé, & ce que croyoient les MAGES dont il avoit pris la Doctrine. Mais quoiqu'il en soit, c'étoit le sentiment de PLATON qui valoit bien PYTHAGORE & ses MAGES.

XLIV.

UNe des raisons qu'on pourroit apporter pour prouver que PLATON a mieux exposé le sentiment de PYTHAGORE que la plupart de ceux qui en ont parlé, c'est que si ce dernier n'avoit cru qu'un *Dieu* materiel & divisible quelque pure qu'en eut été la substance, les PYTHAGORICIENS n'auroient pas differé des STOÏCIENS, ou pour parler plus exactement les STOICIENS n'auroient été que des disciples de PYTHAGORE. Car ce Philosophe de *Samos* vivoit plus de deux cens ans avant celui de *Chypre* ZENON le Chef des *Stoïciens*. Ces Philosophes prétendoient en effet, que l'Univers n'est qu'un composé de deux substances Eternelles, dont l'une infiniment subtile & deliée a sa principale habitation dans la plus haute region de l'Univers : Que l'autre grossiere, pesante, immobile par elle-même, est celle dont les Corps sont formés ; mais que cette derniere n'auroit ni forme, ni mouvement si la première, qu'ils appellent *Dieu* par excellence, n'étoit un esprit repandu dans toutes choses, desorte qu'il est l'ame de tout ce qui a vie, & qu'il donne par son expansion selon la disposition des organes l'intelligence aux Corps organisés. Ils ajoutent que lorsque ces Corps sont détruits, cet esprit se rejoint à lui-même, ou se repand de nouveau pour infuser de nouveaux Corps. C'est le Système que VIRGILE expose dans le Sixième livre de l'Eneide lorsqu'il dit :

Principio cœlum ac terras camposque liquentes,
Lucentemque globum Lunæ, Titaniaque astra
Spiritus intus alit, totamque infusa per artus
Mens agitat molem & magno se corpore miscet :
Inde hominum pecudumque genus.

Ce qu'il explique encore au sujet des *Abeilles* par ces beaux vers du *Quatrième Livre des Georgiques* :

Esse apibus partem divinæ mentis, & haustus
Æthereos dixere : Deum namque ire per omnes
Terrasque, Tractusque Maris, Cœlumque profundum.
Hinc pecudes, armenta, viros, genus omne ferarum,
Quemque sibi tenues nascentem arcessere vitas.
Scilicet huc reddi deinde, ac resoluta referri
Omnia : nec morti esse locum : sed viva volare
Sideris in numerum altoque succedere cœlo.

Ce qu'on pourroit peut-être imiter ainsi :

Un esprit répandu dans le vaste Univers,
En pénètre la masse & se mêle avec elle.
Les Astres & les Cieux, les Terres & les Mers,
Tout par lui se soutient, ou bien se renouvelle.
C'est le Dieu, qui du monde est la Cause & l'Auteur,
De tous les Animaux c'est l'ame & l'origine ;

Infus dans chaque Corps, il en est le moteur,
Et jusques dans *l'Abeille* en qui l'ame divine
N'est qu'une portion du Dieu son Créateur;
Il agit & conduit l'admirable machine.
Comme tout vient de lui, tout doit y retourner.
Le même objet toujours ne sauroit le fixer;
Mais du fragile Corps, quand la trame est usée,
Il l'abandonne alors à la mort empressée,
Pour lui toujours exempt de ses traits odieux,
Il se dégage, & libre il vole dans les cieux.

Il est aisé de voir que si PYTHAGORE avoit crû un *Dieu materiel* & que les ames n'en eussent été que des portions mêlées à la matiere grossiere, ce Dieu n'auroit pas été different de celui que croyoient les STOÏCIENS. Mais puisque la Doctrine de ZENON a été assez distinguée de celle de PYTHAGORE, pour faire une Secte particuliere, n'y a-t-il pas lieu de croire que ceux-là s'éloignent de la verité, qui prétendent que la Doctrine de ce Philosophe est telle qu'on peut la confondre avec celle de ZENON, & n'est-il pas plus raisonnable de la croire telle que PLATON l'a adoptée, que telle que les EPICURIENS qui l'ont défigurée la representent. En effet on voit en divers endroits de JAMBLIQUE, de STOBÉE & de PLUTARQUE même quoiqu'il ait varié au sujet de PYTHAGORE, que tout ce qu'il y a eu de PYTHAGORICIENS celèbres, PHILOLAUS, ALCMAEON, EMPEDOCLES, ANTICLES, ONATUS, NEARQUE, SEXTUS reconnoissent, que conformément à la Doctrine de PYTHAGORE DIEU est d'une substance immuable, indivisible, separée de toute matiere, uniquement semblable à elle-même, & n'ayant rien de semblable avec ce qui est corporel; qu'il étoit le Maitre & l'Ame de l'Univers, c'est-à-dire, le moteur, car c'est tout ce que le mot d'*ame* signifie dans le propre. Qu'il étoit si puissant qu'on ne devoit pas dire qu'il y eut rien qui lui fut impossible, qu'il étoit si intelligent qu'il pénetroit jusqu'aux pensées, si bon qu'il étoit l'auteur de tous les biens & qu'il ne l'étoit d'aucun mal, mais si juste qu'il ne laisseroit point les mauvaises actions impunies, ni les bonnes sans recompense.

EMPEDOCLES & ANTICLES ont même enseigné que les hommes n'étoient malheureux dans cette vie que parce que leurs ames avoient peché dans une précedente. Enfin PYTHAGORE croyoit DIEU si Saint & si parfait, que la grande regle de ce Philosophe pour porter l'homme à la perfection étoit, que *dans aucun moment de la vie, il ne falloit perdre* DIEU *de vûe ni agir par le motif du plaisir qui etoit la source de tous les desordres, mais sacrifier au contraire toutes ses passions à celle de se conformer à la volonté de* DIEU, *que le Culte le plus parfait qu'on pouvoit lui rendre etoit de le connoitre & de l'imiter*, HONOR SUMMUS DEO SCIRE ILLUM ET IMITARI. Et il avoit un si grand respect pour ce Souverain Etre qu'*il defendit à ses disciples de jurer, crainte de profaner le nom de* DIEU. Ce qu'on remarque qu'ils observoient si exactement, que plusieurs aimoient mieux payer ce qu'ils ne devoient pas, que de jurer qu'ils ne devoient rien, ainsi que firent SYLLUS, & CLIVIAS deux Pythagoriciens que SAINT BASILE a cité avec éloge (1).

Tout ceci ne s'accorde guere avec l'idée d'un *Dieu* pareil à celui des STOÏCIENS qui étoit le *Dieu* de SENEQUE & pour lequel il rejettoit le DIEU de PLATON & celui de STRATON : parce que ce *Dieu* des STOÏCIENS avoit un Corps, & un Esprit. Mais quel Esprit ? Une matière Etherée dans laquelle il avoit été bien dificile aux STOÏCIENS de marquer une difference essentielle avec ce qu'ils en appelloient le Corps. C'étoit le feu d'HERACLITE, les Atomes de DEMOCRITE, certains Corps dont le concours, le mouvement, l'ordre, la situation & la figure forment les principes actifs qu'HERACLITE appelloit le *feu* & qui sans être feu le forment, ou changeant de disposition changent la nature brulante du feu en d'autres Composés.

. . . . . quædam Corpora, quorum
Concursus, motus, ordo, positura, figura,
Efficiunt ignes; mutatoque ordine mutant
Naturam . . . .

LUCRET. Lib. I.

(1) De Legib. gentil. lib. I.

PHILOSOPHIQUES.

Ou ainsi que LUCRECE le dit autre part:

*. . . . . . Ventique sunt, calidique vaporis
Semina curare in membris ut vita moretur.*

ID. Lib. III.

Ce qui est la cause de cet Esprit & de ces vapeurs chaudes qui conservent la vie dans les Corps organiques, d'où ces principes considerés comme une matiere subtile, comme une vapeur, comme un vent, ont pû être appellés *l'ame du monde materielle*, le mot d'*ame* du Latin *anima* venant du Grec *anemos* qui signifie *le vent*, ce Météore aussi agissant qu'invisible, tel que l'on conçoit la matiere qui court dans les organes des Corps. Ou si on ne veut pas recevoir ces Atomes comme en effet les STOÏCIENS ne les recoivent pas, l'esprit de leur *Dieu* ne sera que l'Esprit des distillateurs, ce qu'on nomme l'*essence* qu'on extrait des corps par l'Alambic, *le mercure* des Chimistes, ce que les Medecins appellent *les esprits animaux*, ou enfin ce que DESCARTES a appellé *la matiere subtile*.

Qu'il y ait une telle matiere ou un tel esprit de quelque nom qu'on la nomme, qu'on puisse regarder comme le principe de la vie vegetative ou animale, par son insinuation dans les parties organiques des Corps & par le mouvement qu'elle y excite, & qu'on puisse en ce sens considerer comme l'ame de l'Univers, c'est ce qui paroit très-probable; mais que cette matiere ou cet esprit ne soit pas d'une substance semblable à celle de toute autre matiere, & qu'elle ait par elle-même une puissance active qui la rende capable d'organiser des Corps ou de les faire mouvoir desorte qu'unie à la matiere grossiere c'est sa propre & seule puissance qui forme tous les Etres de l'Univers, c'est ce que SENEQUE auroit dû démontrer pour justifier qu'il avoit raison de rejetter à la fois le DIEU de PLATON & celui de STRATON, & j'avoüe que si les STOÏCIENS l'ont demontré, la démonstration m'en est inconnuë. Desorte que dans tout leur Système, quoiqu'en dise SENEQUE, je ne reconnois que le *Dieu* de STRATON, un vrai *Pantheïsme*, dont la difference pourroit bien ne consister que dans une difference d'opinion & non dans une difference de réalité dans la chose. STRATON borné à la simple mechanique des mouvemens, des poids,

& des mesures, n'aura pas cru que l'intelligence fut un attribut de la matiere agissante ; & SENEQUE aura cru que cette matiere étoit intelligente & active. Mais Panthéiste l'un & l'autre, ils auront cru que *Dieu* etoit tout & qu'ils etoient eux-mêmes, ainsi que tous les autres Etres, parties de la Divinité; c'étoit la Doctrine de ZENON, de CHRYSIPPE & de POSSIDONIUS, & ce que SENEQUE dit positivement dans *le premier Livre de ses Questions Naturelles: Quid est Deus ? mens universi. Quid est Deus ? quod vides totum & quod non vides totum.* ,, Qu'est-ce que c'est ,, que *Dieu*, c'est l'ame de l'univers, c'est le tout que ,, vous voyez, & le tout que vous ne voyez pas. Et ailleurs : ,, Qu'y a-t-il où vous ne deviés croire ,, qu'il y a quelque chose de divin: puisqu'il n'y a ,, rien qui ne soit une partie de *Dieu*. Ce tout qui ,, nous contient est un, & est Dieu dont nous som- ,, mes les compagnons & les membres. *Quid est autem cur non existimes in eo aliquid divini existere, quid Dei pars non est ? Totum hoc quo continentur, & unum est Deus & socii ejus sumus & membra.* Sur quoi LACTANCE dit (1) qu'à moins que ce *Dieu* ne se soit retiré dans le centre de la terre pour eviter de sentir les blessures qu'on lui fait lorsqu'on creuse des mines ou lorsqu'on l'ecorche avec la charrüe, il faut ou qu'il soit insensible ou qu'il soit imbecille de le souffrir.

Mr. l'Abbé d'OLIVET dans ses *Remarques sur la Théologie des Philosophes Grecs*, jointes à sa Traduction des *Entretiens* de CICERON *sur la Nature des Dieux* expose si parfaitement la doctrine des STOICIENS au vice près dont il ne parle point, que je ne puis me refuser ici le plaisir de transcrire ce qu'il en dit. *Quels sont*, dit cet Abbé, *les principes des* STOICIENS ? *Qu'il n'y a que les quatre Elémens qui composent tout l'Univers, que ces quatre Elemens ne font qu'une nature continuë, sans division. Qu'il n'existe absolument nulle autre substance, hors ces quatre Elemens; que la source de l'intelligence & de toutes les ames, c'est le feu rétini dans l'Ether où sa pureté n'est point alterée, parce que les autres Elémens ne s'y mêlent point. Que ce feu intelligent, actif, vital, penetre tout l'Univers. Que comme il a l'intelligence en partage à la difference des autres Elemens ; c'est lui qui est sensé operer tout. Qu'il procede methodi-*

(1) De Vita Beat Lib. VII.

methodiquement à la genèneration, c'est-à-dire, produit toutes choses, non pas fortuitement, ni aveuglément, mais suivant de certaines regles toujours les mêmes. Qu'etant l'Ame de l'Univers il le fait subsister & le gouverne avec sagesse puis qu'il est le principe de toute sagesse. Que par conséquent il est Dieu : qu'il donne la même denomination à la nature, avec laquelle il ne fait qu'un ; & à l'univers dont il fait partie : que le Soleil, la Lune, tous les Astres, étant des Corps ignés ce sont des Dieux. Que l'Air, la Terre, la Mer, ayant pour Ame ce feu Celeste sont aussi des Dieux. Que toutes les choses où l'on voit quelqu'efficacité singuliere & où ce principe actif paroit se manifester plus clairement merite le nom de Divinités. Que ce même titre doit être prodigué aux grands hommes, dans l'ame desquels ce feu divin etincelle avec plus d'eclat. Qu'enfin de quelque maniere qu'on nous réprésente cette ame de l'Univers & quelques noms que la coutume lui donne par rapport aux diverses parties qu'elle anime on lui doit un culte religieux.

Après quoi M. l'Abbé d'OLIVET conclut avec raison, que ces Philosophes doivent être mis au nombre de ceux qui n'ont reconnu que l'existence des Corps, niant toute substance purement spirituelle.

XLV.

On a vû de nos jours un nouveau Systeme de Pantheisme formé des idées de STRATON, de celles de DEMOCRITE & de celles de ZENON, mais de façon que celles de STRATON & de DEMOCRITE etoient les dominantes, & que quoiqu'on y reçut l'*Ether* des STOICIENS, on n'y attachoit pas une idée de Divinité aussi grande que celle qu'y attachoient ces Philosophes. Ce Panthéisme a eu des Apôtres zelés. Il n'y a pas long-tems que le dernier qui restoit encore visible a disparu & qu'on l'a caché dans une des parties opaques de son *Dieu*, c'est-à-dire en termes vulgaires qu'il est mort. C'étoit un des principaux, un des plus laborieux, & qui a taillé le plus de besogne au Clergé d'*Angleterre*. Mais ces Apotres ont laissé des Disciples & un Rituel ou Liturgie philosophique pour entretenir l'union & la ferveur des Sectateurs dans un Culte digne de leur Divinité.

Cette Liturgie est un Octavo de 89 pages intitulé PANTHEISTICON, *sive formula celebrandæ sodalitatis Socraticæ, in tres particulas divisa; quæ Pantheïstarum, sive sodalium, continent. I. mores & axiomata: II. numen & philosophiam: III. libertatem, & non fallentem Legem, neque fallendam. Præmittitur de antiquis & novis eruditorum sodalitatibus, ut & de universo infinito & æterno, diatriba; subjungitur de duplici Pantheïstarum philosophia sequenda, ac de viri optimi & ornatissimi idea, dissertatiuncula.* COSMOPOLI M. DCC. XX.

C'est-à-dire, PANTHÉÏSTICON ou *Rite de la Société Socratique, divisé en trois parties, dont la premiere contient les mœurs & les principes des* Panthéïstes. *La seconde la Divinité & la Philosophie. La troisieme la liberté & la Loi qui n'égare point & dont on ne doit point s'écarter. Le tout precedé d'un discours sur les Confrairies des Savans tant anciennes que modernes & sur l'Univers infini & Eternel, & suivi d'une petite dissertation sur la double Philosophie des Panthéïstes & touchant l'idée d'un homme accompli.* A COSMOPOLE 1720.

Il faut avoüer que le nom de *Confrairie* qu'on vient d'employer, dit plus qu'on ne doit dire, car ce mot marque une association religieuse & ces Panthéïstes sont trop éloignés de toute sorte de Religion quelle qu'elle soit pour former de pareilles associations. Ce qu'on a rendu ici par le mot de *Confrairie* n'est proprement que le rendez-vous d'une Societé d'amis dans un Cabaret, où chacun paye son Ecot & ou personne n'est reçu sans l'agrément des autres. Ce qui a fait que ce mot de *Confrairie* s'est présenté ce sont ces rites ou formules que doit observer cette Societé qu'ils nomment *Socratique*, lesquelles formules peuvent être considerées comme *des heures Canonicales* ou *Offices d'Eglises*. En effet il y a des Versets & des Repons, des Antiennes, des Hymnes, tirés de divers Auteurs Latins, & des Homelies prises de CICERON: il y a des, Odes d'HORACE indiquées pour tenir lieu de Pseaumes selon les tems, le tout distingué par des Lettres noires & rouges, à la façon des Missels ou Breviaires. Le moderateur de l'Assemblée, ou celui qui s'appelloit ordinairement chez les anciens Romains

PHILOSOPHIQUES. 73

Romains *le Roi du festin* y fait la fonction d'*Officiant*, & les autres associés celle du *Chœur*. On y trouve jusqu'à une sorte de Litanies ou le moderateur dit par exemple *almus* SALOMO à quoi le Chœur répond *Sic profit nobis. Almus* THALES. *Sic profit nobis.* Et ces Litanies ont aussi leurs Saintes *alma* CLEOBULINA, *alma* THEANO, *alma* PAMPHILA... parmi les Saints de ces Litanies à la tête desquels est SALOMON, on trouve entre autres ANAXIMANDRE, MELISSE, OCELLUS, PARMENIDES, DICÉARQUE. Mais on n'y trouve ni ZENON, ni STRATON, ni SENEQUE, cela viendroit-il de ce que ces Panthéistes modernes auroient trouvé que SENEQUE avoit parlé trop avantageusement de leur *Dieu.* Pour eux voici au juste ce qu'ils croyoient du *Dieu Univers*, conformément à ce qui se lit dans le *Panthéisticon* (1).

„ Ils soutiennent que l'Univers dont le monde que
„ nous voyons n'est qu'une petite portion, est infini
„ en etendüe & en vertu. Qu'il est un par la conti-
„ nuation du tout & par la contiguité des parties.
„ Qu'il est immobile en tant que Tout puis que hors
„ de lui il n'y a ni Lieu ni Espace. Qu'il est mobile
„ à raison de ses parties, ou par des intervalles infi-
„ nis en nombre. Qu'il est incorruptible & en même
„ tems necessaire dans les deux sens, à savoir Eter-
„ nel par son existence, & par sa durée. Qu'il est
„ aussi intelligent d'une certaine raison (ou *maniere*)
„ eminente qu'on ne peut appeller, si ce n'est par
„ une ressemblance legere, du même nom que nous
„ nommons en nous cette faculté de connoitre. Qu'il
„ est tel enfin que toutes ses parties integrantes sont
„ toujours les mêmes, & que ses parties constituan-
„ tes sont toujours en mouvement. *Universum itaque, cujus exigua portio est mundus hic aspectabilis, affirmant esse infinitum tam extensione quam virtute; continuatione vero totius, & partium contiguitate, unum: Immobile secundum totum, cum extra nullus sit Locus aut Spatium; mobile autem secundum partes, sive per intervalla numero infinita, incorruptibile simul & necessarium utroque modo, existentia*
scilicet

(1) Pag. 6. Art. III.

scilicet æternum, & duratione. Intelligens etiam eminenti quadam ratione, nec nisi levi similitudine eodem nomine cum nostra intelligendi facultate appellanda: cujus denique sunt partes integrantes semper eædem, ut partes constituentes semper in motu.

Leur grand Axiome est celui-ci:

Du Tout sont toutes choses, & de toutes choses est le Tout.

Ex Toto quidem sunt omnia, & ex omnibus Totum.

Et si on le veut en Grec, le voilà tel qu'il est dans Stobée.

Ἐκ παντὸς δὲ τά τε πάντα, καὶ ἐκ πάντων τὸ πᾶν ἐςι.

Ce que vraisemblablement personne ne leur niera; non plus que celui-ci, *Rien ne se fait de rien*. Ils ne s'expliquent pas sur ce que sont ce qu'ils appellent *les parties intégrantes* de leur *Dieu*, ce sont apparemment les différens Etres qui composent ses parties constituantes; mais quoiqu'il en soit, les parties intégrantes ne sont pas vraisemblablement d'une autre nature que les constituantes, & celle-ci sont, conformément au Panthéisticon (1), *des Corps très-simples réellement indivisibles, infinis en espece & en nombre, qui sont, pour ainsi dire, les Elemens des autres Elemens. Tout se fait par leur union, leur separation, leurs divers mélanges, mais selon les mesures, les poids & les mouvemens convenables, qui resultent du concours ou de l'éloignement méchanique & mutuel des parties mobiles par leur nature, & de la détermination qui suit de la rencontre & du choc des Corps, dont la division dans leurs Elemens subsiste sans aucun vuide*. Car ils n'en reconnoissent point.

(2) *De ces premiers Corps, ou principes très-simples, sont composées les semences de toutes choses, semences qui ont commencé depuis un tems éternel*, AB ÆTERNO TEMPORE INCHOATÆ. ,, Car dans l'Infini tout est infini, tout est
,, d'un âge éternel, puisque la structure organique des
,, semences ou des germes, ne peut non plus se faire
,, par une sorte de mouvement quel qu'il soit, & par
,, un concours de corpuscules, que quelque chose peut
,, se faire de rien ''. *In Infinito etenim omnia sunt infinita, imò & æviterna, cum ex nihilo nihil fieri possit;
non*

---

(1) Pag. 9. Art. 5.
(2) Pag. 16. Art. 7.

non plus quam ullo corpusculorum concursu, aut motus specie quacunque, formari potuisset organica seminum structura.

De ce mouvement & de cette *intellect*, qu'ils ne prouvent, ni ne définissent, qu'en disant, que c'est *la force & l'harmonie du tout infini* (1), il arrive que, par une raison très-juste *rectissimâ ratione*, & par un ordre très-parfait, tout s'execute dans l'Univers, dans lequel il y a des mondes à l'infini, qui sont, ainsi que toutes les autres parties, distingués les uns des autres. *Cette force & cette energie du tout, Créatrice & Modératrice de toutes choses, & toujours tendante à la meilleure fin, est Dieu,* selon eux, *que vous appellerés si vous voulez l'intelligence ou l'esprit de l'Univers. Vis denique & energia Totius, creatrix omnium & moderatrix, ac ad optimum finem semper tendens, Deus est, quem mentem dicas, si placet, & animum universi.* Et c'est de-là, disent-ils, que ceux qui reçoivent cette doctrine se nomment *Panthéistes,* parce que cette *force,* selon eux, ne peut se distinguer qu'en idée ou par abstraction de l'Univers même; *Cum vis hæcce, secundum eos, non, nisi solâ ratione, ab ipsomet Universo separetur.*

Cogitatio, disent-ils (2), *est motus peculiaris cerebri, quod* hujus facultatis est proprium organum; vel potius *cerebri pars quædam, in medullâ spinali & nervis cum suis meningibus continuata; tenet animi principatum, motumque perficit, tam cogitationis, quam sensationis.* La pensée & la sensibilité ne sont que des mouvemens particuliers du cerveau. „ Et c'est le feu de l'Etre suprême, parce
„ qu'il environne toutes choses, intime, parce qu'il
„ pénétre tout, & avec qui le feu des Cuisines n'a
„ qu'une ressemblance & qu'une analogie très-im-
„ parfaite, *cujus analogia quædam & imperfecta similitudo est culinaris ignis.* C'est ce feu, qui fait exé-
„ cuter tout le méchanisme de nos perceptions, de
„ nos imaginations, de la mémoire & de la combinai-
„ son des idées, par le moyen des objects extérieurs
„ & de la fabrique du cerveau. " C'est ce feu qu'ils appellent avec HORACE, *Divinæ particula auræ,* & avec VIRGILE, *Spiritus intus alens, cælestis Origo, igneus Vigor;*

(1) Pag. 7. Art. 4.
(2) Pag. 12. Art. 6.

Vigor ; & en faveur duquel ils citent un passage du Livre *De la Diete*, faussement attribué à HIPPOCRATES, lequel passage dit, que c'est ce feu qui dispose toutes choses conformément à la Nature, & que c'est dans lui que se trouve l'ame, la pensée, la prudence, l'accroissement, le mouvement, enfin toutes choses tant terrestres que celestes. On voit que le *Dieu* de ces *Panthéistes* n'est formé que de l'infinité de l'étendue materielle de STRATON, de la force, des mouvemens, des mesures & des poids de ce que ce Physicien appelloit *la Nature*; que ce *Dieu* en differe, en ce qu'au lieu d'être d'une matière concrete ou continuë, il n'est que d'une matière discrete ou numérique, qui n'exclut le vuide que par sa contiguité, non par sa continuité. Ce sont les Atomes de DÉMOCRITE, avec cette difference, que ce Philosophe a cru que la rencontre fortuite de ces Atomes dans le vuide, a formé tous les Etres du monde, au lieu que tous les Etres qui composent ce *Dieu Univers* ou *Panthée*, sont éternels, du moins dans leurs germes, qui sont à la verité composés de ces Atomes, mais qui en ont été composés de toute éternité. On attribue cette opinion à XENOPHANES, ou plutôt à PARMENIDES, on dit, que ces Philosophes prétendoient, que le vrai germe organique de chaque Etre est éternel & indestructible, quoiqu'il paroisse ne l'être pas, en sorte qu'un animal que l'on croit périr, n'est qu'un animal qui se cache en se dépoüillant des parties grossières dont il s'étoit revêtu, & qu'un animal que nous croyons naître, n'est qu'un germe qui se développe, en se chargeant de parties assez grossieres pour être apperçües, qu'ainsi les choses qu'on croit commencer & finir, ne font que paroître & disparoître. Ce qu'on appelle la naissance d'un animal, n'en est que le développement, comme la mort n'en est que le dépoüillement des parties grossières dont il s'étoit chargé. C'est une opinion dont les PANTHÉISTES modernes ont enrichi leur systême. A l'égard de l'Ether, auquel l'Evangeliste du *Panthéisticon* a légué son ame en mourant, il faut convenir que, quoiqu'ils le croyent plus mobile que la pensée même, (p 12.) *ipsa cogitatione mobilior*, il est si subtil qu'il n'en est pas consumant, ainsi que le feu grossier des
cui-

cuisines, ils ne l'ont pourtant pas cru une substance aussi parfaite que les Stoïciens la croyoient.

Au reste ils sont grands Fatalistes, & se sont signalés par les Ecrits les plus forts qu'on ait faits contre la Liberté. Grands ennemis de la Superstition, ils comprennent sous ce nom jusqu'à la Religion naturelle, parce que cette Religion, ayant pour objet le Dieu des Déistes, duquel ils nient l'existence, ils concluent, que c'est imbécillité que de le croire, que de le craindre, ou que d'espérer en lui. Quoiqu'à parler proprement, ils ne reconnoissent aucune distinction réelle entre le vice & la vertu, ne reconnoissant de Loix, que des Loix Physiques ou Civiles, ils ont cependant affecté souvent de parler avec éloge de ce qu'on appelle *Vertu*, & de vanter beaucoup l'excellence de la Loi naturelle, dont le sens devient ainsi équivoque dans leurs Ecrits. On trouve à la *page* 81. du *Panthéisticon*, la peinture qu'ils font des Panthéistes leurs associés. Elle est plus belle assurément que ne seroit celle qu'on pourroit faire d'un grand nombre de gens qui professent les Religions les plus rigides. ,, Les Panthéis-
,, tes, à ce qu'ils disent (1), sont des gens qui, ne
,, se laissant aller, ni à l'amour, ni à la haine de
,, parti, ne songent qu'à ce qui peut procurer le
,, bonheur de la République & du Genre-humain,
,, toujours prêts d'enseigner le bon chemin à ceux
,, qui sont égarés, ils traitent toujours avec amitié
,, & avec cordialité ceux-mêmes, qui refusent d'y
,, entrer. Ils ne haïssent, ni ne méprisent personne
,, pour ses sentimens, quels qu'il soient, mais seu-
,, lement pour ses vices; ainsi ils se gardent bien
,, ni de diffamer, ni de persécuter, ni de porter à la
,, persécution. C'est, disent-ils, l'affaire des Prê-
,, tres imposteurs & des femmelettes dont les beaux
,, jours sont passés. *Fraudulentorum est Sacrificulorum,*
,, *& muliercularum impotentium.* Au dessus de la loüange
,, & du mépris des autres hommes, ils n'ont pour
,, objet que de vivre libres & content de leur sort,
,, ils ne s'étudient qu'à fortifier leur courage par la
,, vertu, qu'à orner leur esprit de science, afin d'ê-
,, tre plus parfaitement utiles à eux-mêmes, à leurs
,, amis

(1) Pag. 81. Art. 3.

,, amis, à leur patrie, & à tous les hommes. Enfin
,, ils ne travaillent que pour parvenir à cette perfec-
,, tion, que tout homme de bien & qui aime la
,, science souhaite de tout son cœur de posséder
,, & de communiquer aux autres, & à laquelle s'ils
,, n'atteignent pas, ils tachent du moins d'appro-
,, cher aussi près qu'il est possible ".

Que si on leur reproche d'avoir une Doctrine pour le peuple & une pour eux, ils repondent (1), qu'il n'y a ni Religion, ni Secte, quelque grossiere qu'elle soit, qui croye que tout ce qui la regarde ne vient pas du Ciel, & qui veuille souffrir qu'on accuse ses Dogmes de fausseté ou d'erreur, ou qu'on traite ses Céremonies de vaines & puériles. Que le Sage ne pouvant entierement détruire la Superstition, tout ce qu'il doit, c'est de faire de son mieux pour rogner le bec & les ongles à ce Monstre, le plus mechant & le plus dangereux de tous les Monstres. Que pour ne pas paroître abominable aux yeux des hommes, il faut les traiter comme les nourrices traitent les Enfans, aux badineries desquels elles se prêtent avec complaisance, pour ne s'en pas faire haïr. Qu'ainsi les PANTHÉISTES ont une double doctrine, dont l'une consiste à se conformer extérieurement aux opinions que le public reçoit pour vrayes, & l'autre à ne communiquer sans détour, qu'à huis clos, & qu'à des gens d'une prudence & d'une probité reconnue, la Doctrine philosophique de la nature des choses, cette Doctrine, à ce qu'ils disent, entierement conforme à la Vérité même, *ac ipsi adeò veritati, penitùs conformem*. On voit que s'ils ne la croyent pas descenduë du Ciel il ne la croient pas moins certaine.

Leur zèle l'a toutefois emporté sur la prudence ou l'hypocrisie, comme on voudra la nommer. Il est vrai, qu'ils l'ont quelquefois associé à des Theses dont tous les honnêtes gens conviennent, telle que sont celles de la liberté de penser & de la tolerance, qui paroissent également fondées sur la justice & le respect qu'on doit à la Vérité. Ils ont affecté un grand amour pour l'intérêt des Princes & des Peuples, en discreditant autant qu'ils pouvoient les Prêtres toujours, selon eux, avares, am-

(1) Pag. 78. Art. 2.

ambitieux & fourbes. Car, dans leur façon de penser, *tout Prêtre est un fauteur de Superstition, & le Clergé n'est qu'un Corps qui cherche à être le Tyran du Souverain même.* Mais, quoique dans tous ces Ecrits leur but direct se fit assez sentir, ils ont été jusqu'à attaquer ouvertement les fondemens de la Religion Chrétienne, & pour sapper aussi les fondemens de toutes les autres, ils ont écrit contre l'immortalité de l'Ame, & ont entrepris de prouver que le mouvement n'étoit pas moins essentiel à la matiere que l'étendue. Ils trouvoient que cette preuve manquoit au Systeme de SPINOSA & que c'étoit la base du *Panthéisme*, ils ont publié une traduction Angloise du Livre de *Jordano* BRUNO, sur quoi on ne peut s'empecher de dire que leur Zèle a été inconsideré, le Livre étant d'un commun aveu aussi méprisable qu'il est rare. Enfin ils ont fait imprimer leur *Pantheisticon* & leurs Disciples ont depuis écrit avec succés pour prouver que les vices sont très-utiles à la Société.

XLVI.

Voilà des sentimens bien opposés, & ces quatre sortes de PANTHÉISTES qu'on pourroit distinguer en SPINOSISTES, NATURALISTES, STOICIENS & MATERIALISTES ne sont pas les seuls Philosophes dont la doctrine est opposée au *Déisme*. Il y en a d'autres qui disent qu'il y a un *Dieu* ou plutot des *Dieux* ou qu'il n'y en a point, cela leur est indifferent parce que s'il y en a, c'est par rapport aux hommes & même à tout l'Univers comme s'il n'y en avoit point, prétendant que les Dieux qu'ils croyent

> Doivent toujours en paix, exempts d'inquietude,
> Charmés de la douceur de leur béatitude,
> Etre libres du soin de regir l'Univers,
> Assemblage imparfait de tant d'Etres divers,
> Que des Corps fortuit l'existence inutile
> D'Atomes Eternels est l'union fragile,
> Et que formés ainsi sans dessein & sans art,
> L'Univers pour perir n'attend que le hazard.

Ceux qui adoptent cette opinion, ne croyent point non plus que les Materialistes, que l'ame soit d'une
nature

nature differente de celle du Corps Ils prétendent que ce n'est qu'un *Je ne sçai quoi* & qu'un mélange de petite Corpuscules qui se meuvent dans le vuide & dont l'ébranlement & la déclinaison forment l'intelligence & la liberté dont ils sont de zelés défenseurs.

Nam dubio procul bis rebus sua suique voluntas
Principium dat, & hinc motus per membra reguntur.

dit LUCRECE, à quoi il ajoute :

Pondus enim prohibet ne plagis omnia fiant
Extrema quasi vi : Sed ne mens ipsa necessum
Intestinum habeat cunctis in rebus agendis,
Et devicta quasi cogatur ferre patique,
Id facit exiguum clinamen principiorum
Nec regione loci certa, nec tempore certo.

LUCRET. Lib. II.

Ce qui peut leur persuader qu'il n'y a point de *Dieu*, c'est leur premier principe Ontologique, sçavoir qu'il n'y a rien d'Eternel que le Vuide & un nombre infini d'Atomes qui s'y meuvent un peu obliquement & dont la rencontre fortuite a formé l'Univers.

Esse ea, quæ solido, atque æterno corpore constent
Semina quæ rerum, primordiaque esse docemus
Unde omnis rerum nunc constet summa creata.

LUCRET. Lib. I.

Et ce qui leur fait croire que s'il y a des Dieux le monde n'est point leur ouvrage, c'est qu'ils y remarquent beaucoup d'imperfection, (1) par exemple, l'Etenduë immense des Cieux, les Montagnes, les Rochers & les Marais qui occupent une grande partie de la Terre, de vastes Forets qui servent de retraites aux Bêtes sauvages, la Mer sépare tant de païs, la chaleur ou le froid excessive de certains climats, les épines, les chardons que la Terre produit d'elle-même & en abondance au lieu qu'elle exige beaucoup de culture pour les grains & les fruits qui conviennent

(1) Lucret. Lib. V.

PHILOSOPHIQUES.

nent à l'homme. Cette alteration de saisons qui trompe souvent l'esperance d'une heureuse recolte & qui amene des maladies, tant de bêtes feroces ennemies implacables des hommes, la brieveté de la vie humaine, les douleurs avec lesquelles on y entre, ces cris que pousse un enfant qui nait, cris bien justes, disent-ils, il ne peut trop pleurer la suite inévitable des malheurs qui l'attendent dans le cours de la vie.

Vagituque locum lugubri complet, ut æquum est,
Cui tantum in vita restet transire malorum.

D'ailleurs, disent-ils encore, pourquoi les *Dieux* auroient-ils travaillé à la construction de l'Univers? quel motif auroit pû les tirer de leur quiétude éternelle? Est-ce l'amour de la nouveauté? Mais un nouvel état ne plait qu'à ceux qui ne sont pas contens de celui où ils sont; les Dieux vivoient-ils donc dans les tenèbres & dans la tristesse? Est-ce l'envie de faire des heureux, mais quel malheur auroit-ce été pour nous que de n'être pas créés? Quand une fois on a reçu la vie, on doit vouloir y rester, tant que la douce volupté la rend aimable, mais celui qui n'est point, trouve-t-il quelque peine à n'être pas?

Natus enim debet quicumque est, velle manere
In vita, donec retinebit blanda voluptas:
Qui nunquam verò vita gustavit amorem,
Nec fuit in numero, quid obest non esse creatum!

Ils croyoient aussi que les *Dieux* n'avoient pas les idées Archetypiques des choses, & que sans idées on ne peut, ni vouloir, ni produire quelquechose; de même que, pour conduire une machine aussi vaste que l'Univers, il faudroit une puissance si grande qu'ils ne croyoient pas qu'aucun des Dieux peut en avoir une semblable. ,, J'en atteste, dit LUCRECE,
,, ces mêmes *Dieux* dont la paix intérieure n'est ja-
,, mais alterée, & dont rien ne trouble la vie tran-
,, quille. Qui pourroit regir tout ce qui se trouve
,, dans l'immensité de l'Univers, quelle main assez

„ puissante pour tenir les rênes de l'Infini ? Qui
„ pourroit, en même tems, faire mouvoir les
„ Cieux & en repandre sur les Terres les feux qui les
„ rendent fecondes? Qui pourroit être prêt à tout &
„ en tout tems & en tous lieux? Qui obscurciroit
„ l'air de nuages? Qui feroit trembler le Ciel par les
„ bruyans éclats du Tonnerre? Seroit-ce ces mê-
„ mes Dieux qui lanceroient la foudre, & qui la
„ feroient tomber souvent sur leurs propres Temples
„ pour les détruire, ou qui dans leur colere, la
„ feroient passer par dessus les têtes des coupables,
„ pour aller tomber dans des deserts, ou sur des tê-
„ tes innocentes "?

> Nam (proh sancta Deûm tranquilla pectora pace,
> Quæ placitum degunt ævum vitamque serenam!)
> Quis regere immensi summam, quis habere profundi
> Indu manu validas potis est moderanter habenas?
> Quis pariter cælos omnes convertere & omnes
> Ignibus æthereis terras suffire feraces?
> Omnibus inque locis esse omni tempore præsto?
> Nubibus ut tenebras faciat, cælique serena
> Concutiat sonitu? Tum fulmina mittat, & ædes
> Sæpe suas disturbet: & in deserta recedens
> Sæviat exercens telum, quod sæpe nocentes
> Præterit, exanimatque indignos, inque merentes?

EPICURE, Auteur de la Secte de ces Philosophes (1), fondoit l'existence de ces Dieux sur l'idée qu'il prétendoit que tous les hommes en avoient naturellement, indépendamment de toute étude, & confirmoit la verité de cette preuve, sur ce que dans une combinaison infinie de differens Etres il devoit y en avoir de toute sorte d'especes, & que puisqu'il y en avoit d'imparfaits, il devoit y en avoir de parfaits. Ces Etres parfaits étoient ses Dieux, qui par cela même qu'ils étoient parfaits, étoient souverainement heureux, n'avoient ni soins, ni inquiétude, ni peines, n'en vouloient faire à persone, n'exigeoient rien, parce qu'ils n'avoient besoin de rien, au dessus de la gloire, exempts de colere & d'affection, ils étoient indifferens à tout ce que l'homme peut faire:

Omnis

---

(1) CICERO, *de Natura Deorum*, Lib. I.

*Omnis enim per se divum natura necesse est
Immortali ævo summâ cum pace fruatur,
Semota ab nostris rebus, sejunctaque longè;
Nam privata dolore omni, privata periclis,
Ipsa suis pollens opibus, nihil indiga nostri,
Nec benè promeritis capitur, nec tangitur irâ.*
LUCRET. Lib. I.

EPICURE vouloit cependant qu'on reverât les Dieux, parce que la raison exige de la vénération pour des Etres qui sont d'un ordre supérieur; mais d'ailleurs ennemi de la Religion, ses Sectateurs l'ont regardée comme une source d'une infinité de crimes.

Relligio peperit scelerosa atque impia facta.
LUCRET. lib. 1.

& n'ont fait consister leur Morale la plus épurée qu'à s'affranchir du joug des passions qui tyrannisent l'homme, & qui l'attachent à des choses aussi nuisibles à son bonheur, que méprisables aux yeux de la raison. Sans espoir de recompense, & sans inquiétude de chatimens pour une vie à venir, ils croyoient que tout ce qu'on en disoit n'étoit qu'une fiction poëtique. Peut-être prenoient-ils pour Religion ce qui n'étoit en effet que superstition & qu'erreur. Leurs principes alloient à n'admettre aucune Religion, & les garantissoient ainsi de toute sorte de superstition; mais si leurs principes étoient faux ils les privoient aussi d'un grand bien.

XLVII.

LES EPICURIENS n'ont pas été les seuls qui ayent cru de l'imperfection dans le monde. Le mal Physique & le mal Moral qui s'y trouvent, ont fait soutenir à d'anciens Philosophes & à des Nations entieres, *qu'il y avoit deux Etres très-opposés qui gouvernoient le monde, l'un auteur du bien, l'autre auteur du mal.* Voilà ce qu'en dit PLUTARQUE dans le Traité d'ISIS & d'OSIRIS, suivant la Traduction d'AMIOT. *Et ne faut pas mettre les principes de l'univers en des Corps qui n'ont point d'ames, ainsi que font* DÉMO-

CRITUS & EPICURUS; ni ouvrier & fabricateur de la première matiere, une certaine raison & providence, comme font LES STOÏQUES, ayant son Etre avant toutes choses, & commendant à tout: Car il est impossible qu'il y ait une seule cause bonne ou mauvaise qui soit principe de toutes choses ensemble, pour ce que DIEU n'est point CAUSE d'aucun mal, & la concordance de ce monde est composée de contraires, comme une Lyre du haut & bas ce disoit HERACLITUS; & ainsi que dit EURIPIDE:

Jamais le bien n'est du mal séparé,
L'un avec l'autre est toujours temperé,
Afin que tout au monde en aille mieux.

Par quoi cette opinion fort ancienne, descenduë des THÉOLOGIENS & Legislateurs du tems passé jusques aux Poëtes & aux Philosophes, sans qu'on sache toutesfois qui en est le premier Auteur, encore qu'elle soit si avant imprimée en la foi & persuasion des hommes, qu'il n'y a moyen de l'en effacer ni arracher tant elle est frequentée non pas en familiers devis seulement, ni en bruits communs, mais en sacrifices & divines Cérémonies du service des Dieux, tant des Nations barbares que des Grecs en plusieurs lieux, que ni ce monde n'est point flotant à l'aventure sans être regi par Providence, & raison, ni aussi n'y a-t-il une seule raison, qui le tiene & qui le regisse avec ne sçai quels timons, ne sçai quels mords d'obéïssance, ains y en a plusieurs meslés de bien & de mal. Et pour plus clairement dire il n'y a rien ici bas que nature porte & produise, qui soit de soi pur & simple...... Ains cette vie est conduite de deux principes & de deux puissances adversaires l'une à l'autre, l'une qui nous dirige & conduit à coté droit & par la droite voye, & l'autre qui au contraire nous en détourne & nous rebute: ainsi est cette vie meslée & ce monde si non le total à tout le moins ce bas & terestre au dessous de la Lune inegal & variable sujet à toutes les mutations qu'il est possible: Car il n'y a rien qui puisse être sans cause précedente, & ce qui est bon de soi ne donneroit jamais cause de mal: il est force que la nature ait une cause dont procede le mal aussi bien que le bien.

C'est l'avis & l'opinion de la pluspart & des plus sages anciens, car les uns estiment qu'il y ait deux Dieux de metier contraire; l'un Auteur de tous biens, l'autre de tous maux;

maux: *Les autres appellent l'un* Dieu *qui produit les biens,* *l'autre* Dæmon, *comme fait* ZOROASTRES *le Magicien, qu'on dit avoir été cinq cens ans devant le tems de la guerre de Troyes.* Cestui *donc appelloit le bon Dieu* OROMAZES *& l'autre* ARIMANIUS: *Et davantage il disoit que l'un ressembloit à la lumiere, plus qu'à autre chose quelconque sensible, & l'autre aux tenebres & à l'ignorance: & qu'il y en avoit un entre les deux qui s'appelloit* MITHRES: *C'est pourquoi les* PERSES *appellent encore celui qui intercede & qui moyenne,* Mithres: *Et enseigna de sacrifier à l'un pour lui demander toutes choses bonnes, & l'en remercier: & à l'autre pour divertir & détourner les sinistres & mauvaises. . . . . . ils estiment que des herbes & plantes les unes appartiennent au bon Dieu, & les autres au mauvais Dæmon, & semblablement des Bêtes, comme les Chiens, les oiseaux & les herissons terrestres soyent à Dieu & les aquatiques au mauvais Dæmon, & à cette cause reputent bien heureux ceux qui en peuvent faire mourir plus grand nombre: toutefois ces Sages là disent beaucoup de choses fabuleuses des Dieux, comme sont celles-ci, qu'*OROMAZES *est né de la plus pure lumiere, &* ARIMANIUS *des tenebres: Qu'ils se font la guerre l'un à l'autre, & que l'un a fait six Dieux. Le premier celui de* Benevolence, *le second de* Verité, *le troisieme de* Bonne-foi, *le quatrieme de* Sapience, *le cinquieme de* Richesse, *le sixieme de* Joye *pour les choses bonnes & bien faites ; & l'autre en produit autans d'autres en nombre, tous adversaires & contraires à ceux-cy &c.*

C'étoit & c'est encore la doctrine des Anciens PERSES qu'on nomme aussi GUEBRES, PARSIS ou IGNICOLES, repandus dans plusieurs Provinces de la *Perse* & des *Indes.* Si tout le monde convient qu'ils reconnoissent deux Principes ainsi que les deux dont parle PLUTARQUE, tout le monde ne convient pas qu'ils reconnoissent ces deux principes pour des principes Eternels, ainsi que les Anciens Auteurs donnent lieu de le présumer. HYDE, auteur Anglois qui a écrit en Latin l'*Histoire de la Religion des Perses,* soutient qu'ils croyent l'existence d'un premier Etre, souverain Maître de l'Univers, & que les deux autres principes qu'ils admettent ensuite ne sont que des Créatures extrêmement puissantes qu'il a plû au premier Etre de créer, ainsi qu'il en a créé plusieurs autres moins puissantes, pour avoir soin des diverses parties de l'Univers, ce qui revient au *Polythéïsme ou croyance de plusieurs Dieux* ; car ceux qui l'ont crûe dans un sens théologique, & ceux qui la croyent encore, ont toujours admis un premier Etre pere & maitre de tous les autres Dieux. Ce que CHARDIN raporte de *la Religion des Perses*, de laquelle il s'étoit fait instruire avec un soin particulier, confirme le sentiment de l'Auteur Anglois. LES PERSES, dit CHARDIN (1), tiennent qu'il y a un Etre suprême qui est au dessus des Principes & des Causes. Ils l'appellent YEZD, mot qu'ils interpretent par celui de *Dieu* ou d'*Ame Eternelle*. Ils veulent qu'il y ait deux principes des choses *la Lumiere & les Ténebres* : ils appellent le premier *Ancien des jours*, ils nomment le second *Dieu créé*, ORMOUS pour le premier, *Ariman* pour le second.

Mais peut-être cette opinion des PERSES n'est-elle que l'abus d'une Allegorie employée par ZOROASTRE ou *Zerdust* leur Prophete, par laquelle il avoit voulu marquer l'imperfection inherente à la Créature en tant que Créature, laquelle imperfection s'oppose necessairement à l'étenduë des bienfaits du meilleur de tous les Etres quelque bienfaisant qu'il soit, parce qu'il est contradictoire que la Créature parvienne au souverain dégré de la perfection, quoiqu'elle puisse incessamment en approcher.

Peut-être même que sans vouloir pousser l'allegorie si loin, ZOROASTRE n'a voulu signifier par ces deux principes de *la Lumiere & des Ténebres*, que *la verité* par le moyen de laquelle seulement nous pouvons parvenir à la felicité, & que *l'erreur* à laquelle nous sommes sans cesse exposés par les impressions des Corps, desorte que nous ne pourrons parvenir au vrai bonheur que dans le sein de la verité même, *lorsque les hommes n'auront plus besoin de nourriture & ne feront plus d'ombre* ainsi que le disent les Mythologistes Persans, expression qui favorise la conjecture qu'on fait ici.

On sait que l'usage de l'Allegorie est ordinaire aux *peuples d'Orient*, & que leurs anciens MAGES l'ont employée non seulement pour traiter de la *Théologie*,
de

(1) *Voyage du Chevalier* CHARDIN T. 3. in 4.

de la *Morale* & de la *Politique*, mais encore pour traiter les verités de la *Physique*, de l'*Histoire* & même de la *Géographie*. C'est avec l'Allegorie que les Sciences ont passé de l'*Egypte* dans les *Indes* ou des *Indes* en *Egypte* & de là chez les Grecs & chez les autres Nations. La Poësie dont l'allegorie est l'ame & un certain merveilleux qu'on s'imagine dans les choses qu'on n'entend pas trop bien, ont augmenté l'amour & l'usage de la fiction, & les Anciens en ont enfin abusé au point que toute leur Mythologie n'est qu'une confusion d'idées Physiques, Théologiques, Historiques & Morales, qui ne presentent qu'absurdités & contradictions à ceux qui n'ont pas fait une étude particulière des Histoires & des differens Systêmes de l'Antiquité, & qui laissent même toujours dans quelqu'incertitude ceux qui les ont le mieux étudiés. C'est sans doute de cet usage immoderé de l'Allegorie que le *Polythéïsme* est venu, parce qu'on a pris dans la suite du tems pour des réalités ce qui n'avoit été donné d'abord que comme des expressions figurées ou mysterieuses. ,, La maniere dont on a traité la Physique, ,, dit BALBUS *dans un Dialogue de* CICERON (1), ,, a beaucoup contribué à la multiplication des Dieux: ,, en personifiant ce qui est l'objet de cette Science ,, on a muni les Poëtes de fables & rempli les hom- ,, mes de superstitions". En effet voulez-vous être sûr, de toucher & de plaire, frappez l'imagination. On aime à se representer des objets, on veut des images. C'est de là que sont nées toutes les fictions de l'Antiquité.

,, Là pour nous enchanter tout est mis en usage,
,, Tout prend un corps, une ame, un esprit, un visage;
,, Chaque vertu devient une Divinité,
,, MINERVE est la *prudence* & VENUS la *beauté*.
,, Ce n'est plus la vapeur qui produit le Tonnerre:
,, C'est JUPITER armé pour affliger la Terre.
,, Un Orage terrible aux yeux des Matelots,
,, C'est NEPTUNE en courroux qui gourmande les flots.
,, ECHO n'est plus un Son qui dans l'air retentisse;
,, C'est une Nymphe en pleurs qui se plaint de NARCISSE.
. . . .
. . . .

,, Qu'E-

(1) De Natura Deorum.

RECHERCHES

„ Qu'ENÉE & ses Vaisseaux par le Vent ecartés,
„ Soient aux bords Africains d'un orage emportés.
„ Ce n'est qu'une avanture ordinaire & commune,
„ Qu'un coup peu surprenant des traits de la fortune ;
„ Mais que JUNON constante en son aversion
„ Poursuive sur les flots le reste d'*Ilion* ;
„ Qu'EOLE en sa faveur les chassant d'*Italie*,
„ Ouvre aux Vents mutinés les prisons d'*Eolie* ;
„ Que NEPTUNE en courroux s'élevant sur la Mer,
„ D'un mot calme les flots, mette la paix dans l'air,
„ Delivre les Vaisseaux, des Syrtes les arrache :
„ C'est là ce qui surprend, frappe, saisit, attache.

BOILEAU Art. Poet. Chant III.

Les simples perceptions de l'entendement n'affectent gueres les hommes accoutumés à se servir toujours de leurs yeux & presque jamais de leur raison : par là les anciens MAGES ont fait respecter leur doctrine, les POETES ont trouvé l'art de plaire & ont semé cette pluralité de Dieux que leurs fictions ont erigée dans la crédulité des peuples & dont les fourbes ont profité & profitent encore. Cela est aisé à concevoir, si on pense combien on aime à dire & à entendre du merveilleux & quel champ l'Allegorie en ouvre aux Conteurs & aux Auditeurs. Lorsque l'imagination est saisie par des images qui lui plaisent, elle n'apperçoit ni l'erreur ni les contradictions que la raison veut découvrir. On impose même silence à cette raison, s'il s'agit de choses qui interessent la politique civile ou ecclesiastique, comme s'il étoit du veritable intérêt de l'homme que l'erreur fut reverée. Ainsi le nom de *Dieu* a été donné aux créatures. La politique, quelquefois une reconnoissance, ou même un amour déreglé comme celui d'HADRIEN pour ANTINOUS, ont prostitué ce nom à des hommes & de là à des Statues, à des monumens ou figures symboliques consacrées par la fourberie des Pretres ou par la superstition des Peuples. Desorte que le mot de *Dieu* chez les LATINS, les GRECS, les JUIFS même comme chez les autres *peuples d'Orient* étoit devenu un terme qui marquoit simplement quelque dégré d'excellence.

„ PERSÉE disciple de ZENON dit, qu'on a donné
„ le titre de Dieux à ceux qui ont inventé des
„ choses dont l'utilité est considerable , & que ce
„ titre a été accordé aux choses mêmes qui sont utiles
„ &

,, & salutaires; ainsi non content de dire qu'elles ont
,, été inventées par des Dieux il dit qu'elles sont elles
,, mêmes divines". Cette remarque est de CICERON,
après quoi il ajoûte: ,, Est-il rien de plus absurde que
,, d'honnorer de la Divinité des choses si imparfaites
,, & si viles, ou des hommes deja effacés par la mort &
,, dont le culte a dû se terminer par leurs fune-
,, railles.

Ce qui est arrivé aux GRECS & aux ROMAINS étoit arrivé aux EGYPTIENS & arrivera toujours, dès que quelque chose de relatif à la religion sera debité sous des Allegories quelqu'absurdes qu'elles soient, ou qu'on revetira des noms d'idées accessoires qui en feront oublier la veritable signification. Sur quoi PLUTARQUE (1) observe, que les *Philosophes disent très-bien que ceux qui n'ont pas appris à bien prendre les paroles usent aussi mal des choses.*

Il est aisé de voir par ce qu'on dit de la naissance de MINERVE, que ce n'est qu'une allegorie pour exprimer la sagesse du Souverain Etre. Elle sort du Cerveau de JUPITER, non enfant, mais toute formée & armée de toutes pieces. La Sagesse divine n'a pas besoin d'accroissement pour se former, ni de secours étrangers pour se soutenir. Mais de cette fiction où la sagesse divine est personifiée naît une fausse divinité qu'on invoque sous le nom de MINERVE. Les POETES en feront le personnage de plusieurs fables que le tems consacrera comme des verités que le peuple crédule admirera malgré leur ineptie. Les STATUAIRES feront des Statues qu'on appellera d'abord *Statues de* MINERVE, & ensuite simplement MINERVE, & quoiqu'on ne les nomme ainsi que par une figure de Grammaire, ce nom fera pourtant reverer de la Pierre ou du Bois comme quelque chose de divin. C'est ainsi que les *uns disent qu'*OSIRIS *en son grand exercice, ayant départi sa puissance en plusieurs bandes & compagnies, il leur donna à chacune pour enseigne des figures d'animaux, desquels chacune bande depuis honora & eut en veneration le sien, comme chose sainte* (2). Voilà peut-être la source du Culte superstitieux que les EGYPTIENS ont

---

(1) D'Isis & d'Osiris.
(2) Plutarque d'Amiot d'Isis & d'Osiris.

ont rendu aux animaux. Quoiqu'il en soit, l'autorité du Docteur HYDE qui avoit communiqué en *Perse* avec des Sectateurs de ZOROASTRE, & qui étoit si habile non seulement dans les Langues Orientales mais encore dans l'ancien Persan qu'il auroit traduit les Livres de ZOROASTRE si la fortune lui en eut donné le loisir, son autorité, dis-je, munie du témoignage d'anciens Auteurs Persans & soutenüe de celui du Chevalier CHARDIN prouve bien, à ce qui me semble, que la Doctrine des MAGES de laquelle ZOROASTRE n'a été que le restaurateur, n'enseignoit point l'éternité de deux principes, & les fables auxquelles cette Doctrine a donné lieu & qui paroissent encore assez clairement des Allegories physiques, disposent à croire que le tout n'a été originairement qu'une veritable allégorie. Cependant CERDON, MARCION son disciple & sur tout MANES repandirent dans les premiers siecles du Christianisme l'opinion des deux principes, qu'ils enseignerent comme une doctrine très-positive, & sans laquelle on ne pouvoit sauver la bonté ni même la justice divine. Les PAULICIENS la soutinrent jusques dans le septieme siecle malgré les écrits des Peres de l'Eglise qui avoient condamné cette opinion & sur tout S. AUGUSTIN qui se signala contre elle après l'avoir abandonée. Elle ne subsiste plus qu'en partie chez les CHRETIENS, car lorsqu'ils croyent qu'il y a un Etre mechant & malin qui porte au mal & qu'on nomme *Demon* ainsi que les anciens nommoient le mauvais principe, ils ne croyent point que cet Etre soit un principe Eternel, mais seulement une Créature intelligente qui a été réprouvée de DIEU pour avoir voulu s'egaler à DIEU même & qui désesperée dans son état de reprobation fait bien tout ce qu'il peut comme l'ARIMANIUS des PERSES pour enlever à DIEU des Créatures capables de le loüer & pour se faire à lui une Cour de réprouvés dont il est le Prince & le Bourreau : semblable au TYPHON des EGYPTIENS il ne cherche qu'à corrompre la nature.

De tous les maux que nous faisons
Il est l'Auteur & le complice.

Poësies du P. DU CERCEAU.

Outre

Outre les anciens PERSES ou GUEBRES repandus en divers Païs & une Secte considerable chez les CHINOIS, l'opinion des deux principes se conserve encore chez plusieurs peuples tels que sont par exemple les TAPUYERRES, les CARAÏBES & les HOTTENTOTS. Les CARAIBES au rapport du P. LABAT reconnoissent du moins confusément deux principes l'un bon & l'autre mauvais qu'ils appellent MANITON & qu'ils croyent la cause de tout le mal qui leur arrive, c'est pourquoi ils le prient sans l'aimer mais seulement pour l'empecher de leur faire du mal, pendant que par un raisonnement des plus sauvages, ajoute le P. LABAT, ils disent que le premier de ces deux principes étant bon & bienfaisant de soi-même, il est inutile de le prier ou de le remercier puisqu'il donne sans cesse & sans qu'on lui demande tout ce dont on a besoin. C'est le raisonnement que font aussi les HOTTENTOTS. Je soupçonne, dit LA LOUBERE en parlant d'eux, qu'ils ont quelque teinture du *Manichéisme*, parce qu'ils reconnoissent un principe du bien & un autre du mal qu'ils appellent *le Capitaine d'en haut* & *le Capitaine d'en bas*. Le *Capitaine d'en haut*, disent-ils, est bon, il n'est pas nécessaire de le prier, il n'y a qu'à le laisser faire il fait toujours bien, mais le *Capitaine d'en bas* est mechant, il le faut prier pour le détourner de nuire.

LA LOUBERE ne dit point si *le Capitaine d'en bas* est de bonne composition, mais par ce que le P. LABAT rapporte du MANITON des CARAÏBES ce n'est qu'un pauvre Diable moins aguerri que celui des CHRETIENS. La seule présence d'un CHRETIEN, une simple croix de bois qu'un CHRETIEN aura faite & placée en quelqu'endroit de la maison d'un CARAIBE empeche le MANITON d'approcher & de faire le moindre mal au CARAIBE qui sans cela en seroit fort maltraité.

Cependant quelquechose qu'on puisse dire de l'opinion des deux principes, il paroit que si on est évidemment certain qu'il y a dans le monde des effets qui ne peuvent être directement produits par un agent libre infiniment parfait, il faut nécessairement qu'il y ait quelqu'autre cause de ces effets; car comme le remarque PLUTARQUE dans le passage ge qu'on vient de rapporter *il n'y a rien qui puisse être sans cause précédente . . . . . . Il est force que la nature ait une cause dont procede le mal aussi bien que le bien.*

La question des deux principes est une des plus grandes questions qu'on ait jamais agitées: les A-THÉES en ont tiré les plus fortes inductions contre l'existence d'un Dieu souverainement sage, juste, bon & puissant. BAYLE a ramassé avec beaucoup de soin tout ce qui s'est dit sur ce sujet, & a maintenu les inductions des ATHÉES avec tout l'art & la force que cet habile homme savoit donner aux opinions bonnes ou mauvaises, qu'il entreprenoit de faire valoir. Son but n'étoit assurément pas de fortifier l'ATHÉÏSME, qu'il a si bien combattu en divers endroits de ses ouvrages. Cependant on peut dire, que cet Article dans son Dictionaire a fait autant d'ATHÉES que d'autres articles ont fait de PYRRHONIENS.

On a vû des DÉISTES, même des CHRÉTIENS, être si fort frappés des raisons tirées du mal Physique & du mal Moral répandus dans le monde, qu'ils ont cru que le premier Etre, l'Etre éternel & tout-puissant n'étoit pas le Créateur de l'Univers; mais qu'il avoit créé quelques Esprits, quelques Dieux ou quelque Dieu subalterne, assez puissant toutefois pour être Créateur ou du moins Fabricateur de l'Univers, & que ce Dieu doué d'une puissance finie, quelque grande qu'elle fût, n'avoit pu dans la formation du Monde, éviter l'imperfection qui se trouvera toujours dans tout ce qui ne viendra pas d'un Etre infiniment parfait, puisqu'un Etre qui n'est pas infiniment parfait est nécessairement borné dans sa sagesse, comme dans sa puissance.

XLVIII.

S'Il y a des hommes qui ont cru ou qui croyent encore deux Etres très-puissans & rivaux, dont l'un se plait à faire le mal, & l'autre le bien; s'il y en a qui rejettent l'existence de tout Etre qui n'est point corporel, & qui n'admettent que la matière seule; la plûpart des hommes, pour ne pas dire tous, si on en excepte certains Philosophes, croyent voir, ou voyent en effet divers Objets ou divers Etres distincts

tincts les uns des autres, dans un autre, dont quelques uns prétendent avoir un sentiment & même une idée si nécessaire, que sans cela ils ne pouvoient concevoir l'existence de deux objets distincts, bornés & mobiles. Ils appellent cet Objet où ils voyent ainsi les autres, *l'espace* ou *le vuide*, d'un nom familier aux enfans mêmes. Ainsi on regarde l'idée de l'espace ou du vuide, non comme une idée abstraite prise des Corps co-existens les uns près des autres; mais comme l'idée de quelquechose de distinct des corps, dont ce quelquechose est le Lieu & sans quoi ils ne pourroient se mouvoir.

Cependant, quoique l'idée de l'espace paroisse nécessaire dans le systême de l'Univers, il y a des Philosophes qui nient l'existence de l'espace du moins par le raisonnement. Tout le monde sait que la Philosophie d'ARISTOTE, si universellement reçûe autrefois dans l'*Orient* & dans l'*Occident*, & que celle de DESCARTES, si opposée à celle d'ARISTOTE, s'accordent à soutenir, que l'idée de l'espace n'est qu'une idée abstraite de l'étenduë materielle, c'està-dire, de la matière même dont tous les corps sont composés. Matière qui forme tout l'Univers, sans qu'il puisse y avoir le moindre interstice, espace ou vuide dans la Nature, desorte que les Sectateurs de ces deux Philosophes, ont, sur ce sentiment, admis comme un Axiome physique cette proposition figurée, que *la Nature abhorre le vuide.* Presque tous les Philosophes de l'antiquité, qui ont précédé ARISTOTE, ses contemporains, & ceux qui depuis ont étudié sa Philosophie, ont été de ce sentiment, qui prevaut encore, quoique MOSCHUS Philosophe *Phænicien*, qui vivoit il y a près de 3000 ans, LEUCIPPE, DÉMOCRITE, DIODORE surnommé *Cronus*, EPICURE ensuite, & de notre tems GASSENDI & NEWTON ayent soutenu la nécessité du vuide ou de l'espace,

. . . . ne pouvant concevoir
Comment tout étant plein, tout pouvoit se mouvoir.

. . . . *Haud igitur quicquam procedere posset,*
Principium quoniam cedenti nulla daret res.

LUCRET. Lib. I.

Mais

XLIX.

Mais il y a des gens qui poussent bien leur sentiment plus loin. Il y a des Philosophes qui combattent l'existence de tous les divers objets qu'on peut connoître par le moyen des sens. En lisant cet Ouvrage, s'il parvenoit jusqu'à eux, ils ne croiroient pas qu'il existât, ni que je l'eusse écrit, parce que chacun de cette sorte de Philosophes, croit, ou du moins croit qu'il est très-probable, qu'il est *le seul Etre existant*, que lui seul est tout l'Univers, qu'il n'y a ni Ciel, ni Terre, & que quoiqu'il n'y ait rien que lui, il éprouve nécessairement toute cette multiplicité de sentimens & d'idées qu'il a, ou qu'il auroit s'il étoit véritablement tel que les autres hommes le croyent être. Ou s'il ne croit pas qu'il est absolument le seul Etre existant, il croit tout au plus qu'il y a un *Dieu* tout-puissant co-existant avec lui & qui lui fait éprouver toute sorte de sentimens, comme si véritablement il y avoit des objets réels qui en fussent la cause, desorte que, selon cette espece de Philosophes, je n'ai point d'yeux, je n'existe point, il n'y a point de Lumière. Et si un EGOÏSTE, c'est ainsi qu'on appelle ces Philosophes, lisoit ceci, quoiqu'il eût les mêmes sentimens qu'auroit un autre homme, en le lisant, l'EGOÏSTE croiroit pourtant qu'il ne tient point de papier entre ses mains, & que lui-même n'a point d'yeux pour lire puisqu'il n'a pas même de corps.

La Secte de ces Philosophes, est à la vérité si petite, que je douterois qu'il y en eût si je n'en avois vû un ou peut-être deux. En effet quand la démonstration manqueroit pour convaincre l'esprit de la réalité des Etres qui nous environnent, un sentiment prédéterminant nous force à la reconnoître, & si ce sentiment même est une illusion, j'ose assurer, par ce que j'ai vû faire à ces deux EGOÏSTES, que leur illusion étoit si vive qu'elle leur faisoit souvent oublier la Doctrine de leur Secte. Il faut pourtant convenir, que quelqu'extravagante que cette opinion paroisse d'abord, elle ne paroît telle, que parce qu'on

en

en juge par ce sentiment prédéterminant dont je viens de parler, & qu'à l'examiner par le raisonnement, c'est une des plus difficiles à refuter, si même on le peut.

Ceux qui douteroient de l'extrême probabilité de cette opinion n'ont qu'à voir un petit Livre écrit en Anglois par Mr. BERKELEY, intitulé *Three Dialogues between Hylas and Philonous* (1), où cet habile homme détruit le Monde matériel, comme inutile à tous les sentimens & à toutes les idées que peuvent avoir des Etres purement spirituels, ce qu'il n'a point fait pour conduire à l'Athéïsme par une voye nouvelle, ainsi qu'il en est injustement accusé dans une dissertation qu'on a ajoutée à la fin de *la Démonstration de l'existence de Dieu de Mr. de Cambray*; mais au contraire pour guerir de l'Athéïsme. Mr. BERKELEY, maintenant Evêque en Irlande, est un Ecclésiastique si pieux qu'il a voulu faire dans les *Bermudes* des établissemens de Religion, & que dans cette vûë il s'est exposé avec beaucoup de dépense aux risques & aux peines d'un si long voyage.

Cependant quelque probable que puisse être la Doctrine de l'EGOISME, c'est, à l'égard de la Physique, l'opinion du monde dont les progrès sont le moins à craindre, si elle est fausse. On peut assurer que ceux-mêmes qui la soutiennent le mieux, ne la croyent tout au plus que lorsqu'ils en parlent. Mais il y a un EGOISME de Morale plus à craindre & aussi étendu que l'autre l'est peu. Il a pour Sectateurs tous les hommes des quatre parties du Monde, & c'est de cet EGOISME que dépend la Justice & toutes les Vertus, qui doivent faire le bonheur

de

---

(1) *Three Dialogues between Hylas and Philonous*: The design of which is plainly to demonstrate the Reality and Perfection of human Knowledge, the Incorporeal Nature of the Soul, and the Immediate Providence of a Deity, in opposition to Sceptics and Atheists: Also to open a Method for rendering the Sciences more easy, useful and compendious. By GEORGE BERKELEY, M. A. Fellow of Trinity College Dublin, the second Edition. London for W. and J. Innys 1725. 8. pp. 166.

de la Societé humaine. On ne doit pas ainſi s'inquiéter beaucoup de l'Egoisme Phyſique. On peut le ſuppoſer faux, ſans courir grand riſque; mais de plus c'eſt que vrai ou faux, ſi je puis parvenir à trouver quelques vérités par la méthode que je me propoſe, ſi je puis être conduit par le ſecours de l'évidence, juſqu'aux principes généraux de l'Ontologie, de la Métaphyſique, de la Phyſique même, je dois trouver des vérités tout-à-fait indépendantes de la réalité de l'exiſtence de l'Univers. Des verités telles que l'Univers ne puiſſe exiſter s'il n'exiſte qu'en conſequence de ces verités. Que l'exiſtence de Dieu, s'il y en un, ou des Dieux, s'il y en a pluſieurs, que l'exiſtence de l'Egoiste même ne puiſſe être connuë qu'en conſequence de ces verités. Que l'Egoiste le plus outré en niant l'exiſtence de l'Univers, celle de Dieu même, s'il eſt poſſible, celle du papier où il croira lire ces lignes, bien perſuadé qu'il ne fait que croire & qu'elles ne ſont pas, ne puiſſe toutefois s'empêcher de convenir de ces verités. Peut-être même, s'il eſt dans l'erreur, s'en trouvera-t-il quelqu'un qui le détrompera.

Au reſte, il n'eſt point étonnant qu'il y ait des hommes, qui nient le pouvoir actif de l'homme, l'exiſtence d'une ſubſtance ſpirituelle, celle du vuide, celle même de tout l'Univers, puiſqu'on voit dans *les Hypotypoſes de* Sextus *Empiricus Livre II. Chapitre 6.* qu'un prétendu Philoſophe nommé Gorgias déja cité, alloit juſqu'à dire, *que rien n'exiſtoit, non pas même l'Entendement qui prétend concevoir qu'il y a des choſes qui exiſtent.*

Ce qu'on peut dire, c'eſt qu'à moins que le nombre des extravagances ne ſoit infini, il n'y en a point qui n'ait été dite & ſoutenuë par quelques uns de ces gens qu'on nomme *Philoſophes*. Nom qui eſt ſi ſouvent profané, & qui marque plutôt un eſprit de parti dans ceux à qui on le donne, qu'il ne marque l'amour de la verité, ou de la ſageſſe d'où il tire ſa premiere ſignification. Cependant quoiqu'il en ſoit, je ne dois pas moins apprehender de traiter précipitamment une choſe d'extravagance, parce qu'elle eſt oppoſée à mes ſentimens, que d'en recevoir une autre

tre comme vraie, parce qu'elle s'accommode à ma façon de penser.

L.

DE la diversité de tant d'opinions se sont formées des Sectes de Philosophes qu'on a nommés,

Sceptiques, parce qu'ils affectoient de ne faire que peser les raisons du Pour & du Contre, & de rester toûjours en suspens.

Zetétiques, parce qu'ils affectoient de chercher toûjours la verité, & de ne rien trouver qui pût les assurer d'elle.

Aporetiques, parce qu'ils faisoient profession de douter de tout.

Ephectiques, parce qu'ils suspendoient toûjours leur Jugement.

Académiciens, parce que cette profession de douter de tout & de disputer pour & contre sur toute sorte de sujets, s'introduisit parmi les Disciples de l'Ecole de Platon laquelle se nommoit l'Académie; & enfin Pyrrhoniens, de Pyrrhon natif d'Elide, qui vivoit il y a environ 2050. ans. On dit qu'après avoir lû les Livres de Démocrite & de Métrodore de *Chio*, suivi Anaxarque l'*Abderitain* dans les *Indes*, & y avoir eu diverses Conferences avec les Gymnosophistes, il revint en *Grece*, si persuadé qu'il étoit impossible de connoître la verité, qu'il ne vouloit rien assurer, pas même qu'il ne falloit rien assurer. Ainsi le *Pyrrhonisme* combat tout ce qui est Dogme, & n'en établit aucun. Il n'établit rien, pas même le Doute, dit Sextus *Empiricus* dans les *Institutions Pyrrhoniennes* (1). Desorte que quand un *Pyrrhonien* dit, que *toutes choses sont fausses, qu'il n'y a rien de vrai*, il entend que ces propositions là mêmes sont fausses aussi bien que les autres.

Les Anciens ont parlé de Pyrrhon comme d'un ignorant & d'un fou, ainsi il y a lieu de croire que

c'est

(1) Liv. I. Chap. 7.

c'est moins à son honneur que par dérision, qu'on a nommé PYRRHONIENS ceux qui ont affecté de suspendre constamment leur Jugement sur tout ce qui paroissoit de plus évident aux autres hommes. Mais un savant Evêque, dont les Oeuvres posthumes (1) ont été consacrées au triomphe du *Pyrrhonisme* & à celui de la Foi Chretienne, prétend que PYRRHON *fut bien éloigné d'être tel qu'on l'a voulu representer, que toutes les extravagances dont on l'a accusé ont été controuvées, pour le tourner en ridicule, par des gens peu sinceres & mal informés de sa Doctrine.*

Au reste les PYRRHONIENS ne disent pas seulement, qu'il n'y a que des probabilités ou des vraisemblances dans toutes les choses de simple spéculation, mais ils disent aussi, qu'il n'y a aucune certitude dans la difference du bien & du mal moral, dans la justice ou l'injustice des Loix ; qu'à cet égard tant de raisons pour & contre balancent l'esprit avec égalité, qu'on ne peut ni décider que l'homme ait des droits & des devoirs qui le regardent, ni dans la supposition qu'il y en eût, s'assurer de ce en quoi ils consisteroient ; que puisque dans les Sciences les moins compliquées on ne doit se flatter que de l'apparence de la Verité, à plus forte raison dans les Sciences morales qui ont des principes si differens & si contestés chez toutes les Nations. Ils ajoutent d'ailleurs, que les Actions des hommes sont suivies de succès si differens que ce qui semble devoir nous conduire à un but est souvent ce qui nous en écarte, qu'on ne peut ainsi déterminer aucune regle sure de conduite, & qu'ainsi que dans les choses de simple spéculation, il vaut mieux se contenter de la vraisemblance ou rester dans l'indifference de ce qu'elles sont, que d'aller se distiller en vain la cervelle pour les comprendre ; de même dans les choses qui regardent la conduite de la vie, il vaut mieux se conformer aux mœurs du Païs où on se trouve & se confier du reste au hazard qu'à une raison toûjours incertaine, toujours incapable d'instruire de ce qu'on doit croire & ce qu'on doit faire. Du moins, disent-ils, on

évi-

(1) *Traité Philosophique de la Foiblesse de l'Entendement humain*, par Mr. HUET ancien Evêque d'Avranches. Amsterdam, chez H. du Sauzet 1723. in 12. pp. 296.

évite alors l'inquietude & la peine de se fatiguer l'esprit pour prendre peut-être un parti contraire à la Verité, ou des mesures opposées à ce qu'il auroit fallu faire. Ainsi on parvient par une heureuse indifference à la tranquillité à l'égard des opinions, & à la constance à l'égard des évenemens. *Un* SCEPTIQUE *donc considerant la bizarrerie d'opinions & de pratiques differentes, dit* SEXTUS EMPIRICUS, *s'abstient de juger & de décider que quoique ce puisse être soit par sa nature bon ou mauvais, permis ou illicite, & s'éloigne en cela de la témérité des Dogmatiques; & au reste il se conforme, sans poser aucun Dogme, aux établissemens reçus dans la conduite ordinaire des hommes: Cela fait que dans les choses qui dépendent des opinions, il ne se passionne pour aucun parti, & qu'à l'égard de celle où il est contraint de souffrir, les souffrances sont moderées. Car il souffre en qualité d'homme capable de sentiment; mais comme il n'adopte pas outre cela cette opinion, que ce qu'il souffre soit naturellement un mal, il conserve une certaine modération d'ame dans les choses qu'il souffre.*

> Que l'esprit de l'homme est borné!
> Quelque tems qu'il donne à l'étude,
> Quelque pénétrant qu'il soit né,
> Il ne sçait rien à fonds, rien avec certitude,
> De ténebres pour lui tout est environné.
> La lumiere qui vient du Savoir le plus rare,
> N'est qu'un fatal éclair, qu'un ardent qui l'égare,
> Bien plus que l'ignorance, elle est à redouter.
> Longues erreurs qu'elle a fait naitre,
> Vous ne prouvez que trop, que chercher à connoitre,
> N'est souvent qu'apprendre à douter.
>   Poës. de M. DES HOULIERES

C'est le résultat de *la Philosophie Pyrrhonienne.*

L I.

ON ne finiroit point, si on entreprenoit de rapporter toutes les opinions qui se sont fait des Sectateurs malgré les discordances qu'il faut que la plûpart de ces opinions ayent nécessairement avec les premières notions du Sens-commun. Rien ne marque plus tristement la misere de l'homme & l'abus de sa raison; ou si la raison n'y peut remedier, rien ne marque mieux le triomphe des PYRRHONIENS sur les DOGMATIQUES.

Il est aisé de voir, que de la combinaison des principales opinions qu'on vient de rapporter, & qui sont toutes susceptibles de diverses additions & de diverses alterations, il doit en resulter une grande varieté de conséquences, ou plutôt d'absurdités; mais sans s'y étendre davantage, il faut dire avec LACTANCE, que puisqu'un Livre ne suffiroit pas à parcourir les diverses opinions de chaque Philosophe, il suffit d'en avoir rapporté quelques unes qui fassent juger de ce que peuvent être les autres. *Quoniam singulorum errores percurrere non est unius Libri opus, satis sit pauca enumerasse, ex quibus possit, qualia sint cœtera, intelligi* (1).

Cependant au milieu de tant de contrarietés, quel moyen de s'assurer de la Verité, si tant est qu'on puisse s'en assurer? Est-ce de comparer ces opinions les unes avec les autres, d'en examiner les conséquences & de consulter la raison pour en juger? Mais une raison peu éclairée, qui n'aura pas remonté jusqu'aux principes des choses, jugera sur des vraisemblances, sur des principes intermédiaires mal fondés, & selon le raport que les choses auront avec les opinions dont on sera prevenu: C'est la manière ordinaire dont on juge des choses, & c'est sans doute cette maniere de juger qui multiplie l'erreur au lieu de la détruire. Par cette methode les préjugés de l'éducation, les dispositions qui viennent du tempéramment, les impressions qu'on a reçuës & dont les effets sont d'autant plus dangereux qu'elles sont plus imperceptibles, disposent à admettre certaines choses plutôt que certaines autres, & content des vraisemblances qui plaisent, on les adopte ensuite comme des verités dont on s'érige en défenseur. Alors sans avoir examiné s'il est indubitable qu'on ne soit point dans l'erreur, on employe tout ce qu'on a d'adresse, de savoir & d'esprit pour soutenir le parti qu'on a pris, & on s'entête quelquefois au point de ne pouvoir plus être détrompé; car on ne fait rien sans volonté & la volon-

(1) *De falsa Sapientia*, Cap. 24.

volonté n'est plus libre, elle s'est livrée obstinément au parti qu'on a pris.

La précipitation, l'orgueil & la paresse auxquels les hommes sont plus ou moins sujets paroissent extremement à redouter dans la recherche du vrai. La précipitation fait trop aisément prendre un parti, l'orgueil engage à le soutenir & jette dans l'obstination. Pourquoi me serois-je trompé? Pourquoi un autre auroit-il plus de raison que moi? La paresse détourne de l'application & du travail nécessaire & en suppose souvent beaucoup où il y en a peu. On la voile du manteau de la modestie & on dit, présumerai-je de pouvoir mieux penser qu'un autre? Tant d'habiles gens ont cru telle chose, pourquoi ne la croirai-je pas, serai-je assez vain pour me croire plus habile? C'est ainsi que les passions de l'homme parlant un langage different contribuent toutefois également à sa perte & à son ignorance.

Malgré la resolution que j'ai prise je la sens cette paresse qui me porte à me jetter dans les bras de l'indifferent *Pyrrhonisme*. Je suis effrayé de cette multitude d'opinions & dans la speculation & dans la Morale. Je suis prêt à me contenter de vraisemblances comme on se repait de songes dans le sommeil. Mais cependant je ne sens pas que cette indifference me soit possible, ni comment elle pourroit me procurer cette tranquillité d'ame, cette exemption de trouble que les SCEPTIQUES ont nommé *Ataraxie* (1), & qui selon eux suit la suspension du jugement comme l'ombre suit le corps. Je sens bien qu'il y a une infinité de choses dont la connoissance m'importe si peu qu'il m'est presqu'indifferent de les savoir ou de les ignorer. Que le Soleil tourne autour de la Terre ou la Terre autour du Soleil, je n'en joüirai pas moins de la beauté du jour qu'une riante Campagne offre à mes yeux, des Coteaux, des Prairies, des Bois, des Terres de diverses couleurs, des Rivieres qui serpentent, des Lointains où ma vûe se repose agréablement, je ne serai pas moins enchanté d'un si beau spectacle soit que je sache ou que j'ignore ce que c'est que la Lumiere & si la vision se fait par la peinture des objets sur la Choroide ou sur la Retine.

Ainsi

(1) *Inst. Pyrrhoniennes* Liv. I. Ch. XII.

Ainſi il y a des choſes dont je puis joüir ſans m'embarraſſer de les connoitre & ces choſes ſont preſque tous les objets des ſens. Mais puis-je être indiferent ſur la verité de ces propoſitions,

J'exiſte, & moi qui penſe j'exiſterai toujours, ou je ſerai anéanti après cette vie.

Il y a un Dieu remunerateur du bien & du mal, ou il n'y a ni Dieu, ni bien, ni mal.

Tout mon bonheur ou mon malheur ſe borne à cette vie, ou bien j'ai un plus grand bonheur à eſperer après ma mort, ou de plus grands malheurs à craindre.

La vertu conſiſte dans la conformité des penſées & des actions avec ce qui eſt juſte, c'eſt-à-dire, dans le bon uſage de la raiſon; Le peché conſiſte dans le contraire: Et le juſte & l'injuſte ſont déterminés dans la nature des choſes, ou bien, le juſte & l'injuſte ne ſont que des choſes d'opinion & la vertu ou le crime ne ſont en ſoi que de vains noms.

S'il y a un Dieu remunerateur du bien & du mal & qu'il y ait des choſes juſtes d'où ce bien reſulte, il exige que des Créatures raiſonables s'y conforment, ou il ne l'exige pas.

S'il l'exige & que ces Créatures ſoient immortelles, elles ſeront punies ou recompenſées ſelon l'uſage qu'elles auront fait de leur raiſon, ou, quelques choſes qu'elles faſſent elles n'ont ni châtiment à craindre ni recompenſe à eſperer.

Ne point chercher par la raiſon à remedier aux maux de cette vie & donner tête baiſſée dans un avenir qui peut être très-heureux ou très-malheureux pour nous ſelon ce que nous ferons ou ce que nous ne ferons pas, eſt ou une grandeur d'ame admirable, ou une extravagance effroyable, ou une pernicieuſe imbecillité.

Faire des plaiſanteries ſur des choſes d'où dépend notre vrai bonheur & celui des autres hommes, marque un eſprit ſuperieur, très-pénétrant, très-judicieux & très-bien reglé, ou un eſprit vain, ſuperficiel, faux, déreglé, preſomptueux & ridicule.

Quoique la connoiſſance de ce qu'il y a de vrai dans ces propoſitions ſoit une connoiſſance ſpeculative, elle influe ſi fort ſur toute la conduite de la vie qu'on ne peut ſans fureur ou ſans ſtupidité être indifferent à cet égard. C'eſt delà que dépend ce qu'on doit faire dans une infinité de cas particuliers à l'egard de ſes parens, de ſes amis, de ſon Prince, de ſes Concitoyens. Car on peut dire, ainſi que CICERON l'a remarqué dans le *premier Livre des Offices*, qu'il n'y a point

de

de moment dans la vie où il n'y ait des devoirs à observer, soit dans les fonctions publiques ou dans les affaires particulieres, soit dans ce qui se traite au Barreau ou dans la conduite du domestique, soit dans ce qu'on ne fait qu'avec soi-même, soit dans les liaisons qu'on prend avec les autres, & c'est, dit-il, dans la pratique ou dans l'inobservance de ses derniers que consiste l'honneur ou la honte de cette vie. Ce qui a fait dire au même CICERON dans le premier Livre des Loix „ Que de toutes les choses que les „ hommes peuvent examiner il n'y a rien de plus im-„ portant que de bien comprendre que nous sommes „ faits pour être justes & que ce qui est juste ne l'est „ point par un établissement d'opinion, mais par une „ institution de la Nature. *Omnium quæ in hominum doctorum disputatione versantur, nihil est profecto præstabilius, quam plane intelligi nos ad justitiam esse natos, neque opinione, sed natura constitutum esse jus.* Comment peut-on donc être indifferent ou tranquille à cet égard? Comment l'*Ataraxie* des Sceptiques peut-elle suivre la suspension du jugement à l'egard des propositions précédentes, puisque selon l'une ou l'autre alternative de ces propositions toute la conduite doit changer de principes & de regle? Si ceux qui se jettent dans le *Pyrrhonisme* ont de bonnes raisons pour ne s'inquieter de rien, dès là ils cessent d'être parfaitement *Pyrrhoniens* & la regle qui les assure que ces raisons sont bonnes peut être appliquée pour juger de la verité des autres choses qu'on peut examiner. S'ils doutent que les raisons même qu'ils ont de douter soient bonnes, d'où peut naitre leur tranquilité qui peut causer leur *Ataraxie*?

Ce n'est pas que le doute ne soit la prémiere démarche qu'on doive faire dans la recherche de la verité, mais ce ne doit être qu'une preparation à la recevoir dès qu'elle paroitra conduite par l'évidence; on ne doit douter que pour écarter les obstacles qui s'opposeroient à l'admission du vrai. Mais aussi ne faut-il rien admettre pour vrai que ce que l'evidence force à recevoir pour tel. Si on ne parvient ainsi à connoitre que fort peu de choses, du moins sera-t-on sûr de ce qu'on connoitra. Un homme n'est pas riche parce qu'il possede une grande quantité de fausse monnoye. C'est au contraire de quoi le faire pendre. Un homme n'est pas instruit lorsqu'il ne sait que confusément une infinité de choses, ce n'est qu'un plus grand sujet d'erreur.

Le *Pyrrhonisme* absolu paroit impossible, quoi que GORGIAS en ait dit. Un homme peut-il veritablement douter qu'il existe, qu'il pense diversement, c'est-à-dire, qu'il ait diverses idées toutes distinctes par des differences qui leur sont particulieres? Un homme peut être assez fou pour le dire, mais dans sa folie même il ne sera pas exempt de mauvaise foi. Aussi SEXTUS *Empiricus* qui a conservé avec soin toutes les raisons & les opinions des *Sceptiques* (1) n'a point été jusques là, ni jusqu'à méconnoitre que ces propositions là étoient vraies dont le contraire étoit absurde. Ainsi les SCEPTIQUES ont laissé une porte ouverte à la verité, c'est par là qu'il faut courageusement la chercher sans s'embarrasser des opinions des autres hommes. C'est assez qu'ils soient hommes pour être sujets à l'erreur, GERSON l'a dit des Papes, on peut bien le dire des Philosophes, la diversité des opinions en est une bonne preuve. *Omnis homo circumdatus infirmitate potest et fallere & falli.* ,, Tout homme par cela même qu'il est homme étant ,, sujet à l'infirmité humaine peut tromper & être ,, trompé. Je suis homme comme un autre, mais par cela même que je puis m'égarer en tant que créature foible & sujette à l'erreur, ne puis-je aussi trouver le bon chemin en tant que créature capable de raison? Sujet aux foiblesses de la nature humaine ne puis-je aussi prétendre à ses avantages? Si l'homme est capable de connoitre la verité, il me semble qu'il doit d'autant plus aisément y parvenir qu'il est fait pour agir & que c'est d'elle qu'il doit prendre les regles de sa conduite. Desorte que la grande attention qu'elle exige doit moins venir de la difficulté de s'en instruire que de l'importance de ne s'y pas tromper.

(1) *Les Hypotyposes ou Institutions Pyrrhoniennes* de SEXTUS EMPIRICUS en trois livres, traduites du Grec avec des Notes qui expliquent le Texte en plusieurs endroits. 1725. 12. pp. 434.

Fin du premier livre.

RECHERCHES PHILOSOPHIQUES,

LIVRE SECOND:

De la Verité & de l'Evidence. Observations & Remarques sur les Signes de nos Pensées.

Discentem discipulum & meipsum erudientem, non docentem magistrum hic me profiteor; nam mutuo ista fiunt & dum docent homines discunt.
BONA.

SECTION I.

Raisons de ce qui fait la matiere du premier livre.

DANS les Refléxions (a) qui m'ont determiné à entreprendre les recherches que je me propose de faire, j'ai pensé qu'il n'y avoit aucune raison de croire que l'evidence ne fut le propre que des sciences Mathematiques, qu'on en regarde communément comme les seuls depositaires. Ce qui m'a fait penser ainsi, c'est que les Mathematiques bien consideréees ne sont qu'une classe de verités Metaphysiques, & que leurs demonstrations ne sont que l'effet d'une methode exacte appliquée à la connoissance de diverses sortes de grandeurs. Et comme cette methode n'est que la methode exacte de tout bon raisonnement, ce qui me la fait nommer *Syllogismique universelle*, j'ai cru qu'elle pouvoit être employée à la discussion de la verité dans toutes les sciences Philosophiques & que toutes ces sciences étant egalement fondées dans la Metaphysique, elles devoient être susceptibles de la même evi-

(a) Liv. I. D. IX.

evidence & qu'on pourroit l'y découvrir, si on y recherchoit la verité avec autant d'impartialité & avec autant de precaution que les Mathematiciens la recherchent dans la confideration de la quantité numerique en Arithmetique, de la quantité continue en Géometrie, & des grandeurs quelconques en Algebre. Sur quoi je me suis propofé de me mettre dans un état où la verité fut determinément mon objet, fans penfer même en la cherchant au rapport qu'elle auroit à mon bonheur, quoique perfuadé en general qu'il en refultoit ; mais j'ai voulu en faire abftraction, crainte qu'en trouvant quelque verité qui parut m'en écarter, faute de bien voir toutes les vrayes conféquences, le préjugé n'entrât pour quelquechofe dans mes recherches, & que me faifant biaifer un peu d'abord, je ne me trouvaffe enfuite fort eloigné de mon objet. Ainfi fans autre defir que de m'affurer de la verité, & fans autre crainte que de la méconnoitre, j'ai cru qu'il falloit rechercher même les verités pratiques avec la même impartialité qu'on recherche les verités de fimple fpeculation, lefquelles on veut parfaitement favoir, pour lefquelles on s'échauffe, auxquelles on s'applique jufqu'à en oublier les befoins de la vie, & dans lefquelles néanmoins tout eft indifferent excepté la feule connoiffance de la verité.

Je crois donc que loin de me propofer d'Hypothefe à établir, n'y de Thefe à prouver, je dois commencer par ne rien admettre que ce que *la feule neceffité, la feule force de l'evidence m'obligeroit d'admettre par des propofitions qui naiffent les unes des autres & qui fe trouvent liées par des conféquences fi neceffaires qu'elles n'ayent d'autres fources que des principes d'identité, c'eft-à-dire, des principes tirés de la definition des termes, tellement que le contraire implique contradiction.* Si les Mathematiciens ont trouvé l'evidence dans les Mathematiques c'eft à cette methode qu'ils la doivent.

J'aurois pu dès lors commencer à chercher cette évidence dont j'ai tant parlé & fur laquelle je fonde tout mon efpoir ; mais comme j'ai refolu de bien vivre avec mes prejugés & de ne les point abandonner tant que je ne trouverai pas evidemment qu'ils font mal fondés, j'ai cru qu'il me feroit utile de faire une revue de leurs caufes principales, afin que
fi je

si je trouvois quelque verité opposée à ce que je croyois, je pusse en remontant d'abord jusqu'aux causes de l'erreur decouvrir plus aisément la foiblesse du fondement sur lequel je l'avois admise & avoir ainsi moins de peine à m'en degager. Et comme j'avois ouï souvent repeter à des gens dont la reputation n'est pas mediocre, que la raison de l'homme n'est qu'erreur, que tenebres, qu'incertitude, j'ay voulu examiner plus au long s'il y avoit de la presomption & de la temerité à un homme quel qu'il fût à vouloir compter sur elle, c'est ce que j'ai fait dans ce premier livre (a). Car les discours de ces gens là, ni les Hypotyposes de SEXTUS EMPIRICUS, quoiqu'un bon livre, ni *le Traité de la foiblesse de l'Esprit humain* par HUET Eveque d'*Avranches*, ouvrage trop mauvais peut-être pour être cité, ne m'avoient pas plus persuadé que quelques citations de Poësie & que quelques airs d'Opera ou chansons de table dans lesquelles on declame contre la raison en faveur des plaisirs, comme des gens plus graves declament contre elle en faveur de leur croyance; il me paroissoit, que ceux même qui combattoient ainsi la raison pretendoient qu'ils avoient raison de la combattre, & que d'opposer la raison à la raison, c'est dire que la raison est raisonnable & quelle ne l'est pas, ce qui me paroit une contradiction, une absurdité.

Je me suis occupé à l'examen de cette question plus qu'il ne faut sans doute pour la resoudre puis qu'il s'agit seulement de faire attention à ceci, c'est que *quelquechose que l'homme fasse il n'a point d'autre source d'action que sa volonté ni d'autre motif de determination que ce que son jugement lui fait decider être le plus convenable & qu'ainsi quelquechose qu'il fasse ou qu'il croye, il ne peut agir que par sa propre raison*: d'où il resulte qu'il agit d'autant plus imprudemment qu'il l'applique moins à s'assurer de la Vérité, *& que tout ce qu'on dit contre la raison ne doit s'entendre que du mauvais usage qu'on peut en faire*; que ces erreurs, ces ténèbres, ces incertitudes qui fournissent de si belles phrases à ceux qui déclament, ne viennent que des passions, des préjugés & de l'indifference qu'on a pour elle & pour le véritable bonheur. Mais ayant senti qu'un des principaux obstacles à la connoissance de la Vérité & au bon usage

(a) N. XII. *& suiv.*

uſage de la raiſon, eſt *le défaut de courage*, j'ai cru que je devois long-tems m'occuper des raiſons qui peuvent l'exciter & le ſoutenir, afin que l'impreſſion n'en fût pas legere, & que je fuſſe rappellé à moi-même ſi le courage venoit à faillir. C'eſt ce qui m'a fait inſiſter ſi long-tems ſur la queſtion la plus facile à reſoudre.

Enfin j'ai cru que je ne ferois pas mal de me remettre devant les yeux les principales opinions qui ont partagé ce qu'on appelle les Philoſophes, & qui partagent encore tous les hommes, ſoit telles que je les ai rapportées, ſoit avec des additions ou d'autres differences qui peuvent extrêmement varier. C'eſt comme une notice pour m'empêcher de confondre les ſentimens des uns avec ceux des autres, & me faire penſer à des choſes auxquelles je ne penſerois peut-être pas, puiſqu'il y en a pluſieurs aſſurément auxquels je n'aurois jamais penſé.

CHAPITRE I.
Recherche de la Vérité & de l'Evidence.
LII.

Suppoſé que les quatre propoſitions ſuivantes ne ſoient pas fauſſes:

Si je diſois avec DESCARTES, *je penſe, donc je ſuis*, je dirois *ce qui eſt*, je dirois *vrai*, je dirois la *Vérité*.

Si je diſois avec EUCLIDE, que *deux Quantités qui ſont égales à une troiſième ſont égales entre elles*, je dirois *ce qui eſt vrai*, je dirois une *vérité*.

Si je diſois avec DESPREAUX,

 Cinq & quatre font neuf, ôtez deux, reſte ſept,

je dirois *ce qui eſt vrai*, une *vérité*.

Si je diſois avec Madame DESHOULIERES

 Les plaiſirs ſont amers ſitôt qu'on en abuſe,

je dirois de même *ce qui eſt vrai*, ce qui eſt une *vérité*, en un mot je dirois *ce qui eſt*.

La Vérité n'est donc que *ce qui est*; la *connoissance de la Vérité*, la *connoissance de ce qui est*; & la *recherche de la Vérité*, la *recherche de ce qui est*. Soit donc cette définition de termes.

L I I I.

Le *Vrai* ou la *Vérité* est *ce qui est*.

L I V.

Et la *Connoissance de la Vérité*, n'est que *la conformité du jugement avec la nature des choses*, c'est-à-dire, avec ce que les choses sont effectivement en elles-mêmes & rélativement avec d'autres.

Car *la nature d'une chose n'est que la chose même telle qu'elle est en soi*; d'où resulte ce qu'on doit penser d'elle pour en penser convenablement à ce qu'elle est, & à ce qu'elle n'est pas, soit en elle-même, soit relativement à d'autres choses.

Nature des choses.

Observation.

Ainsi c'est dans la nature des choses mêmes qu'il faut chercher la Vérité & non dans l'autorité des Philosophes.

Ipsa doce quæ sis, hominum sententia fallax.

O v i d. *Fast.* Lib. 5.

La Vérité ne dépend point de leurs Décisions, la bonté de leur décisions dépend au contraire de la nature des choses; c'est ce qui a fait dire au Chancelier Bacon dans l'Aphorisme 122. de son *Novum Organum*, ce qu'il avoit déja dit dans ses *Cogitata & Visa*, savoir, qu'on doit „ chercher à découvrir les choses dans la „ lumière de la Nature, & non dans les ténèbres de „ l'Antiquité ". *Rerum Inventio à Naturæ luce petenda, non ab Antiquitatis tenebris repetenda est.*

L V.

L V.

Evidence. LA question maintenant est de savoir s'assurer de ce qui est, & de s'en assurer si parfaitement qu'il ne soit pas possible qu'on se trompe: Car c'est cette assurance, cette certitude parfaite que j'appelle *Evidence*.

L V I.

Voici donc le premier Problème à resoudre: *Trouver un degré de connoissance si parfait qu'il soit impossible de ne pas connoître la Vérité dans ce qui est connu à ce degré.*

Ou si on veut en d'autres termes:

Déterminer précisément en quoi consiste l'Evidence, en prenant ce terme pour une connoissance si parfaite qu'il soit impossible d'être dans l'erreur à l'égard de ce qui est ainsi connu.

Impossible. C'est ce qu'il faudra chercher, mais c'est ce que je crois trouver dans l'expression même dont je viens de me servir; car si par *Impossible* on entend, *ce qui n'est, ni ne peut être*, le *contraire* de ce qui est impossible *est nécessairement vrai*, c'est-à-dire, *ne peut pas ne point être*.

Ainsi on connoit évidemment tout ce qu'on connoit si nécessaire, que le contraire est impossible. Mais comment connoître que le contraire est impossible, n'est-ce pas le Dialèle des *Pyrrhoniens*, ce cercle vicieux où on emploie une chose qui n'est point encore prouvée, pour en prouver une autre qui doit à son tour servir de preuve à la première? Si cela étoit, adieu l'évidence; ce seroit tomber dans le progrès à l'infini, dans ce cercle de recherche & d'incertitude d'où on ne peut sortir & où on erre toujours.

C'est ce qu'il faudra examiner.

CHA-

CHAPITRE II.
Des Pensées & des Signes.
POSITIONS.
LVII.
Première Position.

LEs hommes éprouvent divers Sentimens ou Idées, qu'ils peuvent comparer les unes aux autres.

Seconde Position.

LEs hommes peuvent établir, que les Sons articulés de la voix feront les Signes de tels ou tels Sentimens, de telles ou de telles Idées.

Remarque.

ON ne peut vouloir raisonner & rejetter ces deux POSITIONS ou *Demandes* préliminaires. C'est au fond ne demander autre chose sinon de convenir que les hommes pensent & qu'ils parlent. Je les appelle *Positions*, parce que je ne veux qu'elles pour le fondement des connoissances que je cherche à acquérir. Nous ne pouvons raisonner que sur les Sentimens & les Idées que nous avons. Nous ne pouvons nous les communiquer que par des Signes, & de tous les Signes qu'on peut choisir, les Sons articulés de la Voix sont les plus naturels & par conséquent les plus commodes.

LVIII.
Exemple & Remarque.

J'Ai l'Idée d'une étendue ou surface terminée de façon que toutes les extrémités sont également éloignées de son milieu, je puis avoir une telle le idée quand même je ne saurois aucune Langue: Mais dès que je voudrai exprimer par les Sons articulés de la Voix les sentimens que j'ai, je puis appeller ce quelquechose dont j'ai l'Idée *Figure*, son milieu *Centre*, l'arrangement de toutes ses parties terminantes *Circonference* ou *Ligne circulaire*, je puis même d'un seul mot appeller ce que je conçois ainsi, un *Rond* ou un *Cercle*, & si j'ai réflechi sur les proprietés de cette figure, alors *Rond* ou *Cercle* ne me donnera pas seulement l'idée d'une espace ou d'une surface dont tous les points de la circonference sont également éloignés du Centre, mais encore de plusieurs autres choses, dont le détail demanderoit une longue suite de paroles.

LIX.

Ainsi un mot peut signifier non seulement une chose distincte en soi de toute autre, mais une chose qui bien considerée peut encore fournir diverses Idées, dont chacune peut être signifiée par un nom particulier, desorte que *la Définition d'une chose est une veritable proposition* (a). C'est ce qui a fait dire au P. LAMY dans ses *Elémens des Mathematiques* (1), *Lorsqu'une définition est bonne, si c'est une définition de mot, elle marque précisément ce que ce mot signifie ; si elle définit une chose, elle en doit donner une idée, où l'on apperçoive ce qu'elle est, desorte qu'en étudiant cette idée on y découvre toutes les proprietés essentielles de cette chose.* Dans la consideration d'un Cercle, par exemple, je puis concevoir une infinité de lignes droites qui vont d'un point de son extrémité à un autre, j'en puis concevoir particulierement une qui traversera exactement le milieu, & une autre qui viendra directement d'un point de la circonference se terminer au milieu. J'appellerai la première *le Diametre*, qui peut m'en empêcher, & l'autre *Rayon*: Et puisque tous les points de cette circonference sont également

---

(a) Liv. I. n. IX.

(1) *Elemens des Mathématiques*, ou *Traité de la Grandeur en général*, qui comprend l'Arithmetique, l'Algebre, l'Analyse & les Principes de toutes les Sciences qui ont la Grandeur pour objet. Septième Editon. A Paris chez F. Mathey 1733.

ment éloignés du point du centre, il sera certain que le Rayon ne sera que la moitié du Diametre. Ainsi en comparant le Diametre avec le Rayon le premier sera une fois plus grand que l'autre; ainsi de plusieurs autres choses que je puis observer dans le Cercle, ce que j'appelle d'un terme général, ses *Proprietés*, & à quoi je puis donner des noms dont chacun marquera non seulement une chose particuliere & nécessairement propre au Cercle, mais une chose qui comparée avec une autre marquera reciproquement des rapports & des differences.

Quand même je ne saurois aucune Langue je ne laisserois pas de sentir que *j'existe*, que *je sens*, que *j'entends*, que *je vois*, que *je pense*, & pour distinguer les differences que ce sentiment me fait appercevoir, appeller ce que j'éprouve lorsque je sens que j'existe, *le sentiment de mon existence*; ce que j'éprouve lorsque je sens que je pense, *le sentiment de ma pensée*; ce que j'éprouve lorsque je sens que je veux, *le sentiment de ma volonté*, ainsi du reste que je puis distinguer sous d'autres noms: desorte que ce mot *Existence* marqueroit le sentiment qui me fait sentir qu'une chose n'est pas rien, & qu'ainsi il faut avoir une Existence quelconque pour être; mais qu'il suffit de l'avoir pour n'être pas rien, c'est-à-dire, qu'il suffit d'être pour être, que quelquechose est quelquechose; mais ce qui est, le dire, parce que je le sens, & que je ne puis le sentir autrement: ainsi ce mot *pensée* me marqueroit une proprieté de mon existence par laquelle je pourrois reflechir sur mes sentimens & sur des choses mêmes qui ne seroient point moi, au Cercle, par exemple, & à ses proprietés. Je pourrois ensuite comparer ces mots *Existence*, *Sentiment*, *pensée* avec ces autres, *Cercle*, *Diametre*, *Rayon*, & juger par eux conformément aux idées qui y sont attachées, ce qu'il y a de commun entre les choses qu'ils signifient, ou s'il n'y a rien de commun.

L X.
Observation.

Non seulement je puis exprimer par des mots les sentimens que j'ai de diverses choses telles que sont celles que je viens de remarquer, lesquels sentiments sont appellés par les Philosophes (1) *Perceptions, Imaginations, Images, Idées,* & même *Modifications de l'Esprit, pures Perceptions* quand les sentimens ne peuvent se représenter sous quelque forme, *Imaginations* ou *Images* quand quelque forme peut les représenter, le mot d'*Idée* ayant été également employé pour signifier les uns & les autres, je puis encore marquer par des mots la maniere dont ces sentimens m'affectent, ou dont je m'affecte à leur sujet, & que pour distinguer cette derniere sorte de sentimens on n'auroit pas mal fait de reserver particulierement le terme de *Modification*. Mais quoiqu'il en soit, il suffit d'observer, que je puis encore marquer par des termes particuliers les diverses manieres dont je suis affecté, sans cela je ne pourrois exprimer ni mes jugemens, ni mes raisonnemens.

Juger, c'est dire d'une chose ce que je trouve qu'elle est, ou ce que je trouve qu'elle n'est pas. Pour marquer ce que je trouve qu'une chose est, j'ai besoin d'une expression positive qui soit le signe du sentiment de la conformité ou du rapport que j'apperçois ou que je suppose entre cette chose & ce que j'en dis, & c'est à quoi servent en François les mots *est, suis, sont* & leurs semblables, qu'on peut appeller des Signes d'union & d'affirmation. De même pour marquer ce que je trouve qu'une chose n'est pas, j'ai besoin d'une expression négative qui soit le signe du sentiment de l'opposition qu'il y a ou que je suppose entre cette chose & une autre, & c'est à quoi servent les mêmes mots avec une petite addition telle que *ne, ni* ou *non,* qui fait que de signe d'union & d'affirmation ces mots deviennent des signes de separation & de négation. Comme le raisonnement n'est qu'une addition de jugemens

---

(1) MALBRANCHE, *Recherche de la Vérité,* Liv. I. Chap. 1. & 2.

gemens à d'autres jugemens précédens, auxquels un nouveau jugement se rapporte, on a besoin encore de nouvelles expressions pour marquer le sentiment de l'affirmation qu'on sent qu'il y a dans la liaison d'un jugement avec un autre, c'est ce qui se fait par les termes de *donc*, *ainsi*, *par consequent*, qui sont des termes *Affirmatifs* & en même-tems *Relatifs* & que par l'addition de quelques expressions négatives on fait servir à marquer le sentiment de négation, qui joint au sentiment des deux choses qu'on juge opposées, soit qu'on exprime ces termes, *donc*, *ainsi*, *par consequent*, ou qu'on les sousentende en marquant simplement l'expression négative telle que, *au contraire*, *il ne se peut*, *il est impossible* & autres.

Comme on a souvent des sentimens confus ou des idées qui ne paroissent pas assez distinctes pour déterminer à juger positivement, il faut aussi des termes qui marquent le sentiment qui est accompagné d'incertitude & de doute, ce qui s'exprime par des mots qu'on appelle *Conditionels*, tels que sont *si*, *ou*, *peut-être*, *supposant*, ou par des expressions plus composées comme sont celles-ci, *il se peut faire*, *il est possible*, *il n'est pas impossible*, *il est probable*, & autres.

LXI.

Ainsi non seulement les choses que je sens, que je distingue, que j'imagine, peuvent s'exprimer par des signes, mais *la maniere*, *dont je les sens*, dont je les distingue, & dont je les imagine: Je puis exprimer jusqu'à mes sentimens les plus confus, les plus vagues; les choses mêmes que j'ignore, ou que je suppose sans rien déterminer, peuvent être exprimés par des mots qui en seront les signes, tels que *chose*, par exemple, *choses quelconques*, *ce*, *cela*, *quelquechose*, *quoique ce soit*.

Enfin lors même que je suis privé d'un sentiment ou d'une idée d'existence, ou que j'en veux exprimer la privation, je puis le faire en ajoutant une négation à un terme positif, & dire, par exemple, en François le *non-être*, la *non-existence* ou *l'inexistence*, *l'incapacité*, *l'impuissance*, puisque *l'in* & *l'im* & même *l'ir* sont quelquefois dans cette Langue des signes de privation & de négation; mais je puis encore

core exprimer la privation de l'exiſtence par le ſimple terme de *rien* ou de *néant* ſans l'addition d'aucun terme qui marque quelquechoſe de réel, & donner ainſi aux termes de *rien* ou de *néant* l'apparence d'une expreſſion poſitive, quoiqu'il n'y en ait point qui ſoient plus negatives ſi ce n'eſt celles *d'impoſſible & d'abſurde*, deux autres negations dont on ſe ſert en François pour exprimer la negation de l'union ou l'oppoſition de deux ou de pluſieurs choſes qui par l'idée diſtincte qu'on en a ſe trouvent ſi contraires les unes aux autres qu'aucunes ne peuvent ſubſiſter que neceſſairement ſeparées les unes des autres. Deſorte que ſi je voulois employer quelques termes pour marquer l'union de choſes neceſſairement differentes & contraires, comme ſi je diſois que j'ai *une boule quarrée*, ces termes redeviendroient de ſimples ſons & ceſſeroient d'être des ſignes ou des expreſſions intelligibles à moins que de les ſeparer, puiſque les uns & les autres detruiroient mutuellemens leurs affirmations & leurs negations, & ſe rendroient ainſi contradictoires, & par conſéquent abſurdes.

LXII.

Corollaire.

Des deux Poſitions que je ne puis m'empecher d'admettre & qui ont donné lieu à ces remarques Grammaticales je puis donc conclure, que *Mots* *Les mots en tant que ſignes de ſentimens ou d'idées ſont arbitraires, mais qu'étant determinés par la ſignification qu'on y attache, ils peuvent être comparés les uns avec les autres eu egard à leurs ſignifications & être employés pour marquer ce que ſont les choſes qu'ils ſignifient, les rapports de ces choſes, leurs differences, les manieres de les appercevoir, & que ce qui eſt contradictoire par les termes eſt contradictoire dans les choſes, c'eſt-à-dire, impoſſible.*

SECTION II.

Observations & Remarques au sujet du Chapitre précédent.

LXIII.

Remarque.

IL n'y a point d'être *sensible*, je prends ce mot dans sa signification active, c'est-à-dire, *d'être capable de sentiment, d'intelligence, de connoissance*, qui ne soit *conscient* de ses sentiments & de ses idées, je veux dire, qui ne sente qu'il sent, & qu'il entend, & qui par conséquent ne sache s'il a le sentiment de telle ou de telle chose : Cependant on voit assez souvent des gens qui nient avoir de certains sentimens, de certaines idées, que d'autres disent avoir. Par exemple, il y a des gens qui pretendent avoir une idée de Toute-puissance dans la matiere divisible qui forme l'Univers & que STRATON (a) & ses Naturalistes reconnoissent pour *Dieu* : D'autres qui nient qu'on puisse avoir l'idée de la Toute-puissance dans une sustance réellement divisible, puisqu'ils pretendent qu'ils n'ont pas même d'idée d'une telle substance, mais que l'idée de la Toute-puissance n'appartient qu'à la nature *naturante* & *naturée* d'une substance unique & nécessitée (b) dont tout est formé, & qui est le *Dieu des Spinosistes*. D'autres pretendent au contraire, que l'idée de la Toute-puissance est inconsistente avec celle d'une substance divisible, & qu'il est absurde de dire, que tout soit une seule & même substance non réellement divisible ni même divisée en parties dont l'une n'est pas l'autre, & qui admet des propriétés contradictoires, mais qui ont l'idée de *corps*, c'est-à-dire, d'êtres composés de parties, & l'idée d'un être infiniment *simple* dont un des attributs est la *Toute-puissance*. On en voit qui assurent, qu'ils n'ont nulle idée de l'Infini ni de l'Espace, tandis que d'autres soutiennent qu'ils en ont des idées si presentes, &

(a) N°. XLI. (b) N°. XLII.

si distinctes qu'ils n'en ont point de plus positives après celles de leur propre existence : Ces hommes là paroissent cependant faits les uns comme les autres. Mais ce qu'il a y de plus singulier, c'est qu'on voit souvent ceux qui nient avoir certaines idées, le faire en disputant de la chose qui suppose ces mêmes idées. Cela est trop ridicule pour s'y arrêter ; puisque celui qui n'a point d'idée d'une chose ne sait pas de quoi on lui parle, lorsqu'on lui en parle, & qu'ainsi loin de pouvoir en affirmer ou nier quelquechose, il n'a rien à dire sinon, qu'il n'entend pas ce qu'on lui dit. Tout homme donc qui contredit une idée, soit en niant quelquechose qui y convienne, soit en l'attaquant par des objections qui paroissent la détruire, soit même en niant absolument qu'il ait cette idée, ou se trompe ou trompe les autres. Il faut entendre ce dont il est question pour nier qu'on en ait l'idée, mais nier qu'on ait l'idée de ce dont on parle, cela est aussi absurde que ridicule, c'est mentir aux autres ou à soi-même.

LXIV.

Observation.

Cependant comme à force d'entendre prononcer de certains termes & de s'en être servi soi-même, il s'est excité par l'usage qu'on en a fait en les joignant avec d'autres termes, souvent très-clairs, un sentiment confus qui fait que faute d'examiner ce que ces termes signifient veritablement, on croit entendre quelquechose quoiqu'on n'entende rien, & qu'ainsi on croit avoir des idées qu'on n'a pas, puis qu'on n'a que des sentiments confus ; que de même, faute d'avoir fait assez d'attention à de certaines idées elles paroissent confuses & incertaines, sur tout si elles sont contredites par des personnes d'esprit : Il faut qu'il y ait un moyen pour s'assurer quand on a effectivement des idées vrayes & distinctes, & le voici. Premierement, c'est d'*examiner chaque mot l'un après l'autre & de voir s'il y a une idée distincte qui soit attachée à chacun en particulier*, & ensuite, *si tous ensemble réunis font une proposition intelligible*. Secondement, c'est c'est de comparer les idées avec d'autres idées & d'examiner si elles renferment des proprietés contradictoires à celles des choses auxquelles on les compare. Car dès qu'on peut reconnoître que l'idée de telle chose renferme des proprietés contradictoires à celle d'une autre chose, il est certain qu'on en a une idée distincte & positive, puisque sans cela on ne pourroit juger de leur difference & de la contradiction des termes. C'est ainsi que François de la Motte Fenelon Archevêque Duc de *Cambrai* pretend, qu'on a une idée très-distincte & très-positive de l'Infini, puisqu'on peut en affirmer des proprietés qui le distinguent essentiellement. (1) *L'esprit a l'idée de l'Infini même*, dit ce Prelat, *car il en affirme tout ce qui ne lui convient pas; dites-lui que l'infini est triangulaire, il vous repondra sans hesiter, que ce qui n'a aucunes bornes ne peut avoir aucune figure; demandez-lui qu'il vous assigne la premiere des unités qui compose un nombre infini, il vous repondra d'abord, qu'il ne peut y avoir ni commencement, ni fin, ni nombre dans l'infini.* Il ajoute dans un autre endroit (2): *L'image de l'Infini n'est point un amas confus d'objets finis que l'esprit prend mal à propos pour un infini veritable, c'est le vrai Infini dont nous avons la pensée; nous le connoissons si bien que nous le distinguons precisément de tout ce qu'il n'est pas, & que nulle subtilité ne peut nous mettre aucun objet en sa place; nous le connoissons si bien, que nous rejettons de lui toute proprieté qui marque la moindre borne; enfin nous le connoissons si bien, que c'est en lui seul que nous connoissons tout le reste.*

Le Pere Malbranche étend nos connoissances jusqu'aux sentimens qui non seulement ne s'imaginent point, mais qui ne font qu'affecter agréablement ou desagréablement, voluptueusement ou douloureusement, & qu'on pourroit particulierement distinguer par le nom de sensations lorsqu'ils sont de ceux qu'on n'éprouve qu'à l'occasion des corps, pour prouver qu'on s'imagine sans raison qu'on n'a aucune connoissance de ces sentimens. Voilà ce que dit ce Pere dans le treizieme Chapitre du premier Livre de la *Recherche de la Verité*. *Une personne*, dit-il, *par exemple qui se brule la main, distingue fort bien la douleur qu'il sent*

(1) *Demonst. de l'Exist. de Dieu*. Art. L.
(2) Art. LIII.

sent d'avec la lumiere, la couleur, le son, les saveurs, les odeurs, le plaisir & d'avec toute autre douleur que celle qu'il sent, il la distingue fort bien de l'admiration, du desir, de l'amour, il la distingue d'un quarré, d'un cercle, d'un mouvement, enfin il la reconnoit fort different de toutes les choses qui ne sont point cette douleur qu'il sent : Or s'il n'avoit aucune connoissance de la douleur, je voudrois bien savoir comment il pourroit connoitre avec évidence & certitude que ce qu'il sent n'est aucune de ces choses.

SECTION III.

LXV.

Observation.

UN homme qui n'auroit point l'idée d'une chose & qui seroit privé par lui-même du moyen necessaire pour parvenir à en avoir l'idée, ne pourroit jamais l'avoir quelques efforts que fissent d'autres hommes qui l'auroient & qui voudroient la lui communiquer. C'est ainsi que des aveugles nés ne peuvent avoir l'idée des Couleurs, ni ceux qui sont nés sourds celle des Sons, parce qu'ils manquent des organes necessaires pour appercevoir & pour entendre : Ainsi le mot *Rouge* qu'on repeteroit mille fois à un aveugle né, ne seroit jamais pour lui qu'un vain son. Mais dans la supposition qu'un homme fut né aveugle & sourd, il ne seroit pas pour cela privé du pouvoir de penser à tout ce qui peut occuper l'esprit des autres hommes, si on en exepte avec les sons & les couleurs les Sciences historiques & conventionelles; car cet homme ne differant des autres hommes que par la privation des deux organes de l'Ouïe, & de la Vuë, il pourroit donc avoir comme eux tout ce qu'ils ont independamment de ces deux sens. Ainsi un sourd & aveugle ne peut avoir les idées dont se forment toutes les Sciences où la verité peut être demontrée, telles que sont les verités de la Metaphysique, de l'Ontologie, de la Mathematique & de la Morale Naturelle. Il seroit privé du plaisir de voir des couleurs passageres & d'entendre des sons plus passagers encore, il ne pourroit s'instruire par l'Histoire

re de toutes les folies & fceleratefses, ni de tous les hazards qui en ont fait les grands evenements & les grands hommes. Mais que perdroit-il à cela ? Rien : Si ce n'eſt de ne pas connoître toute la deraiſon de la race humaine chez qui la vertu toujours méconnue, ou louée & fuie, voit par tout le vice triomphant dans les places qu'elle devroit occuper. Il feroit privé du commerce des autres hommes dont il auroit cependant beſoin pour les necefsités de la vie, & ce feroit une forte de mal eu égard à fes befoins; car d'ailleurs il n'y perdroit pas grand chofe : Mais où il perdroit beaucoup c'eſt qu'il ne pourroit comtempler cette difpoſition admirable de l'Univers, ni cette immenfe & furprenante varieté d'objets où fon imagination ne pourroit atteindre & qu'on admire toujours d'autant plus qu'on eſt plus capable d'en developper la mechanique. Mais d'ailleurs il feroit bien dedommagé s'il s'appliquoit à decouvrir par les yeux de l'Entendement les efsences & les raiſons invariables de la nature des chofes dont il pourroit voir d'autant plus diſtinctement les differences & les rapports, qu'il feroit moins detourné par les apparences auxquelles fe bornent prefque tous les hommes. Il n'auroit pas befoin de mots pour fentir, pour comparer, pour juger, & pour étendre fes connoifsances jufqu'à l'infini. Il fe parleroit fans conſtruction de phrafe; mais il s'entretiendroit par la reflexion fur fes propres fentimens & fe parleroit ainſi d'une maniere infiniment plus eloquente, plus vive, plus concife fans doute, que par un tour lent de paroles. Ce qui m'en perfuade c'eſt, que malgré l'habitude que j'ai contractée par le long & frequent ufage de la parole de me fervir interieurement de paroles muettes, mais paroles pourtant, lors même qu'étant feul je medite & ne reflechis qu'avec moi-même ; malgré dis-je, cette habitude, il m'arrive toujours premierement de fentir la chofe avant que de me la défigner par fon nom, & très-fouvent de fentir vivement & rapidement des idées ſi vives, ſi lumineufes, & une fuite ſi étenduë de conféquences, que non feulement je ne pourrois pas bien en exprimer la juſteſse & la force dans une longue page d'écriture, mais que je me trouve même embarafsé à les exprimer fimplement

avec

avec bien des peines & des attentions. C'eſt ce qui a fait dire au Pere MALBRANCHE, *qu'il n'y a point d'eſprit ſi petit qu'il ſoit qui ne puiſſe en meditant decouvrir plus de veritès que l'homme du monde le plus éloquent n'en pourroit deduire.*

LXVI.

Remarque.

Mais ſi je puis m'entretenir moi ſeul ſans paroles, je ne puis communiquer aux autres hommes mes penſees, ſi je n'ai des ſignes qui les expriment, & de tous les ſignes qu'on peut choiſir, il n'y en a point ſans doute de plus ſurs, de plus prompts & qui puiſſent exprimer mieux & plus de choſes que ceux que fournit l'infinie combinaiſon des ſons de la voix: Auſſi les hommes les ont-ils choiſis, & comme ces ſignes ſont arbitraires & leur combinaiſon infinie, de là eſt venue la grande varieté de langage. Cependant quelques arbitraires que ſoient ces ſignes, dès qu'une fois on les a determinés à ſignifier telle choſe *un mot peut être regardé comme la choſe même, parce qu'en effet c'eſt la choſe, eu égard à la ſignification* (a). C'eſt ainſi que lorſque je dis un quarré, je ne ſonge point aux ſons du *qua* ni du *ré* qui compoſent ce mot, je ſonge uniquement à la figure dont il eſt le ſigne, & ce mot *quarré* me repreſente auſſi parfaitement la figure quarrée que ſi je la voyois de mes propres yeux: Ainſi (b) *la comparaiſon des termes eu égard à leurs ſignifications eſt la comparaiſon des choſes mêmes; & les conſéquences qui ſe tirent par les termes quand elles s'y rapportent exactement, ſont des conſéquences fondées dans la nature des choſes mêmes.* Mais de plus c'eſt que les termes etant ainſi arbitraires, tant qu'un mot ne ſera pas determiné à exprimer une idée diſtincte, qu'il ne marquera au contraire qu'une idée confuſe ou douteuſe, ou même qu'etant équivoque il exprimera deux idées, ce mot ſera toujours une occaſion d'erreur. Comment raiſonner juſte ſur un terme qui ne determine pas clairement la choſe ſur laquelle on raiſonne ?

Il

(a) LIX. *Coroll.* (b) LIX. *Coroll.*

Il faut donc pour s'assurer de la verité d'une chose, que les termes dont on se sert determinent précisément une idée distincte qui ne puisse être confondue avec une autre, ce qui se fait par la definition du terme qu'on emploie ; & il arrive même alors que si cette definition ne donne point une idée exacte de la chose, elle fournit néanmoins par les conséquences evidentes ou absurdes qui en resultent le moyen de mieux determiner la chose, parce que les mots n'étant que les signes des choses, & les choses étant necessairement & non arbitrairement ce qu'elles sont, il arrive, que de la connoissance d'une partie exprimée par la definition du mot, on parvient à la connoissance d'une autre partie ou propriété qui n'y etoit pas comprise, & dont la connoissance sert à faire faire une juste definition de la chose. Il peut même arriver, que le mot selon sa definition ne designant qu'une idée fausse ou peut-être même l'affirmation de l'union de deux choses contradictoires, l'examen de la signification qu'on attribue à ce terme fasse voir, qu'il ne signifie veritablement rien, ou que ce n'est que des idées confuses qui par la division que l'examen en fait, servent à decouvrir des idées claires, ou à desabuser de croire entendre ce qu'en effet on n'entendoit point. Le Docteur SAMUEL CLARKE, qui croit le système de SPINOSA aussi faux que dangereux, en attribue toutes les erreurs au sens equivoque où SPINOSA a pris le seul terme de *substance* : Et malgré les titres Mathematiques qu'affecte l'Auteur d'un grand Traité *de la Prémotion Physique* (1), faute d'avoir donné la definition des termes sur lesquels il fonde ses Lemmes & ses Theoremes, ce livre est regardé par les gens qui veulent de l'exactitude dans la methode afin qu'il y ait de l'évidence dans les corollaires, comme un ou-

(1) *De l'Action de Dieu sur les Créatures*, Traité dans lequel on prouve la *Prémotion Physique* par le raisonnement, & où l'on examine plusieurs questions qui ont rapport à la nature des Esprits & à la Grace; imprimé à l'Isle & se vend à Paris chez François Babuty, 1713. Avec aprobation & privilege du Roy 4°. 2 vol.

ouvrage où on a employé beaucoup de travail, de savoir, d'imagination & même beaucoup de piété pour s'eloigner du Sens-commun & diminuer la grandeur de la puissance du Créateur, en pretendant confondre la presomption de la Créature.

Comme l'institution de l'usage de la parole n'est que pour servir à exprimer les pensées, on s'imagine que tout mot signifie quelque chose de distinct: Cela devroit être, mais cela n'est pas. Les Philosophes n'ont pas fait les langues: L'usage qui les forme est l'ouvrage d'une multitude d'hommes, dont les idées sont très-confuses, & qui considerent les choses selon differens rapports, dont les uns ne voyent qu'une partie à laquelle les autres ne font point d'attention, de là l'equivoque & la confusion si nuisible à l'evidence. Il arrive même que les termes dont les Philosophes les plus éclairés se servent pour déterminer exactement leurs idées, s'alterent & se corrompent en passant de la Philosophie dans le discours ordinaire, c'est-à-dire, de la lumiere dans le Cahos. Je dois donc être d'autant plus attentif à ne me servir d'aucun terme qu'après avoir bien examiné l'idée que j'y attache, que par la longue habitude qu'on a de parler, & de parler souvent sans avoir assez reflechi, on s'imagine que tous les mots dont on se sert de quelque façon qu'on les associe signifient quelquechose, sur tout si ces mots sont employés par des gens qui passent pour avoir beaucoup d'esprit & de capacité. Quand ces gens là parlent, on croit réellement entendre quelquechose & recevoir des idées sublimes & lumineuses, lorsqu'en effet ce qu'ils disent n'excite que des idées confuses, de vaines images, & que si on vouloit faire attention à leurs Phrases nombreuses pour en extraire un sens précis, on trouveroit qu'ils n'ont rien dit que de grands mots, & que leurs Metaphores & leurs Antitheses merveilleuses sont en effet si fort Antitheses que ce ne sont que de vrayes Contradictions dans les termes. Mais on est si fort accoutumé à joindre une idée au son d'un mot, qu'on s'est servi du verbe donner pour en marquer l'effet, desorte qu'on dit, *ce mot me donne cette idée*, ce mot *ne me donne point d'idée*, comme si c'étoit le mot qui donnât l'idée, & qu'il ne supposât pas au contraire l'idée avant que d'en être le signe. Quel rap-

rapport nécessaire y a-t-il entre le son de *quarré*, par exemple, & la figure quarrée, que les Anglois appellent *Square*, & les Hollandois *Vierkant*. Il n'y en a nulle sans doute. S'il y en avoit un autre qu'un rapport de convention, il n'y auroit dans le monde & même dans tous les mondes, s'il y en a plusieurs, qu'un seul langage puisque les mots ne seroient pas plus arbitraires que les idées : Mais comme les mots sont arbitraires en tant que signes, l'Anglois peut appeller *Square* & le Hollandois *Vierkant*, ce que le François apelle *quarré*, & ce que les Espagnols & les Portugais appelleront *quadrado*; aussi ce qui est un signe arbitraire n'a-t-il besoin d'avoir aucun rapport avec ce quil signifie. Il y a même des cas comme dans les affaires qu'on veut tenir secretes où l'on craint tant que le signe qu'on veut employer n'ait directement ou indirectement quelque rapport avec ce qu'on veut faire entendre qu'il paroit d'autant meilleur qu'il en paroit plus éloigné.

LXVII.

ENseigner ne veut pas dire *donner à quelqu'un une Connoissance qu'il n'a pas*, puisque cela ne se peut, mais bien *lui donner des signes qui l'engagent à penser à ce qu'il peut connoître & par conséquent à s'y appliquer*. Il ne faut pas être habile Etymologiste pour voir *qu'enseigner* vient de *signe*, & que c'est comme qui diroit *donner des signes de quelque chose à quelqu'un*, d'où vient que *montrer* se dit *enseigner*.

LXVIII.

Remarque.

LA facilité d'établir arbitrairement des signes, & l'utilité qu'il y a d'avoir fait servir ainsi les sons de la voix pour la communication des idées de ceux qui sont présens, en a fait choisir d'autres pour entretenir cette Communication entre les absens mêmes, & on n'a eu besoin que de convenir de quelques traits ou figures pour être les signes des sons de la voix, ou pour mieux dire du langage, comme ces sons l'étoient des idées. On a donc inventé certains

tains caractères pour exprimer les sons qui signifioient les pensées & pour parler aux yeux comme la voix parloit aux oreilles; ce qui a fait exprimer ainsi par BREBEUF ces deux vers de LUCAIN, touchant les *Phœniciens* qu'on dit les premiers inventeurs des caractères de l'écriture.

Phœnices primi, famæ si creditur, ausi,
Mansuram rudibus vocem signare figuris.

Pharsal. lib. 4.

„ C'est de là que nous vient cet art ingenieux
„ De peindre la parole & de parler aux yeux,
„ Et par les traits divers de figures tracées
„ Donner de la couleur & du Corps aux pensées.

Invention qui non seulement instruit de nos sentimens ceux que les terres, & les mers separent de nous, qui peut les communiquer en même tems à des milliers de personnes eloignés les unes des autres, qui peut conserver à la posterité la plus reculée les evenemens de notre siecle & ce que nous aurons fait nous-mêmes, *monumentum ære perennius*; mais qui de plus en fixant sur le papier les idées & les raisonnemens, soulage la memoire, *enregistre les pensées*, ainsi que * s'exprime un Philosophe Anglois & fait qu'on en peut voir la suite pour ainsi dire avec les yeux du corps & en considerer à son aise la verité, les liaisons, & la justesse.

LXIX.

Observation.

ON voit par cette remarque combien ce que c'est qu'Evidence, & ce que c'est même que Mathematique, est ignoré de ceux qui disent que l'evidence est familiaire aux Mathematiciens, parce quils voyent de leurs propres yeux les choses sur lesquelles il raisonnent. On pourroit prouver que les figures de la Géometrie avec quelque soin qu'on les ait tracées, ne sont que des signes & même des signes très-imparfaits de celles qui sont l'objet de la recherche du

† Locke.

du Géometre, desorte qu'un Géometre ne demontre exactement les proprietés des figures tracées sur le papier qu'en supposant qu'elles sont telles que celles qu'il conçoit. *Nous ne pouvons nous assurer par la vue*, dit MALBRANCHE (1) *en conséquence de plusieurs preuves, si un rond & un quarré qui sont les deux figures les plus simples ne sont point un Ellipse & un parallelograme, quoique ces figures soient entre nos mains & tout proche ne nos yeux: Je dis plus*, ajoute-t-il, *nous ne pouvons distinguer exactement si une ligne est droite ou non, principalement si elle est un peu longue, il faut pour cela une régle: mais quoi, nous ne savons pas si la régle même est telle que nous la supposons devoir être & nous ne pouvons nous en assurer entierement; cependant sans la connoissance de la ligne on ne peut jamais connoître aucune figure*, d'où il resulte, que loin de voir ce qu'il conçoit, c'est par ce qu'il conçoit que le Géometre rectifie les figures qui sont sous ses yeux, & qu'il les voit telles qu'elles doivent être, & qu'ainsi ce qui fait l'évidence de ses demonstrations, n'est pas ce qu'il voit, mais ce qu'il conçoit. D'ailleurs quand il seroit vrai que le Géometre verroit avec les yeux du corps les objets de ses demonstrations, ce ne seroit que quelques objets, & combien y en a-t-il qu'il conçoit parfaitement, puisqu'il en demontre les proprietés, & qui sont si composés que non seulement il ne peut les peindre, mais quil ne peut même les imaginer. Imagine-t-il seulement le dernier des cinq corps reguliers des Géometres, quoique ce ne soit qu'un corps qui a vingt faces egales composées de vingt triangles equilateraux, & egaux entre eux, ce qui sur l'enoncé paroit si facile à imaginer? Cependant quand il seroit aussi vrai qu'il est faux, que l'évidence de la Géometrie vint de ce que le Géometre voit les figures dont il demontre les proprietés & les rapports, que pourroit-on dire de l'évidence de l'Arithmetique, & de l'Algebre, où l'on ne se sert que de signes aussi arbitraires que le sont dans les autres Sciences les mots dont on a fait les signes des idées? 1. 2. 3. 4. sont-ils moins arbitraires & plus semblables au sentiment que j'ai de l'unité

&

---

(1) *De la Rech. de la Verité* liv. 1. ch. 7.

& des nombres qui s'en forment jusqu'à cinq, que ne le font les mots, *un, deux, trois, quatre?* Et quand j'écris avec les caractères de l'Algebre $b+c+d+e-d-c-b=e$, parce que cette marque $+$ signifie *plus*, cette autre $-$ *moins*, & cette troisième $=$ *egal*, cela marque-t-il mieux la verité que si je disois, *si de quatre choses je supprime les trois premieres il ne reste que la quatrieme?*

Les simples lettres que l'Algebre employe sont prises arbitrairement pour être les signes abregés de quelquechose qu'on pourroit exprimer par un mot, ou si elles marquent simplement quelquechose d'indeterminé ou d'inconnu, c'est n'exprimer que ce qui s'exprime dans le discours ordinaire par le mot de *chose*, ou par les termes indéfinis de *grandeur*, de *vitesse*, & autres. Non sans doute : Ni les figures, ni les signes des Mathematiques ne font pas l'évidence des verités qu'on y decouvre, cette evidence ne vient que de la methode avec laquelle on y recherche la verité. Cela est si vrai que pour le peu que les Mathematiciens s'en ecartent, ils tombent dans l'erreur & que lorsqu'ils ne distinguent pas la nature des choses d'avec les operations abstraites de l'esprit, la plupart des Géometres, moins Géometres que Philosophes, regardent comme démontrées des choses si ridicules, qu'ils ne pourroient s'empecher d'en rire, si la prevention ne les empechoit d'en voir l'absurdité.

Les mots, soit prononcés, soit écrits, ne sont donc que les signes de sentiments des choses que l'on conçoit antecedemment, des propriétés ou manieres d'être que l'on conçoit dans ces choses, de la maniere dont elles nous affectent, ou des jugemens qu'on en porte.

LXIX.

Remarque.

DES observations qu'on a faites sur les mots & sur les caracteres qui marquent les sons dont les mots sont formés, est venue la science qu'on appelle *Grammaire* du mot Grec *grammata* qui signifie *les caracteres de l'Ecriture*. Puisque les mots ne sont inventés

tés que pour être les signes des pensées, que parler n'est autre chose que communiquer ce qu'on pense, qu'on est d'autant mieux entendu que les termes dont on se sert sont intelligibles, & que les termes sont d'autant plus intelligibles qu'ils sont plus particulierement determinés à la signification d'une idée distincte; il paroit que, si la raison avoit formé les langues chaque mot auroit une signification qui lui seroit propre & particuliere, quoique générale, & que par conséquent chaque terme seroit univoque & presenteroit toujours l'idée fixe & determinée d'une seule & même chose. A proprement parler cela est en effet, & l'on peut assurer qu'il n'y a pas dans une langue deux termes veritablement synonymes, c'est-à-dire, qui expriment precisément & sans rien d'accessoire une seule & même idée, ainsi que Mr. l'Abbé GIRARD l'a très-bien fait voir dans son livre intitulé *La justesse de la Langue Françoise* (1): Mais la differente maniere dont les hommes examinent les choses & l'habitude qu'ils se sont faite de parler souvent sans les avoir bien examinées, repand necessairement dans toutes les Langues une inexactitude d'expressions qui demande beaucoup de reflexion & d'attention aux termes si on veut eviter l'Equivoque; d'autant plus que le sens de ce qui suit ou de ce qui precéde altere souvent l'ordinaire expression d'un mot.

Il paroit de même, que les caracteres de l'Ecriture n'étant que les signes de la prononciation des sons dont les mots sont formés, chaque caractere devroit toujours marquer un son particulier & toujours le même, ou une modification particuliere & determinée pour quelque son que ce fut; desorte que les lettres qu'on nomme *voyelles*, parce qu'elles sont par elles-mêmes un son simple & complet, n'auroient point dans un mot un son different de celui qu'elles ont dans un autre, & que les lettres qu'on appelle *consones*, parce qu'elles ne servent qu'à modifier ou lier les sons des voyelles n'en ayant point par elles-mêmes, ce que leur

---

(1) *La Justesse de la Langue Françoise*, ou les differentes significations des mots qui passent pour synonymes, par Mr. l'Abbé Girard. A Paris chez L. d'Houri.

I

leur nom marque affez, ne varieroient point dans leurs modifications ou *articulations*, ainfi que parlent les Grammairiens, ni ne feroient point placées dans les mots où on ne les prononcent point. Mais, que voit-on d'établi parmi les hommes à quoi diverfes circonftances qu'on nomme *bazard*, ou le caprice qu'on revere fous le nom de coutume & d'ufage, n'ayent pas eu prefque toujours plus de part que la raifon même ? Il ne faut donc pas être furpris s'il fe trouve tant de confufion & d'irregularité dans une chofe auffi generale & auffi libre que le langage, qui par cela même qu'il eft fait pour la communication des idées & des jugemens des hommes entre eux, ne peut que recevoir un grand nombre d'alterations. Cependant l'attention aux idées pour la fignification defquelles on employe certains termes fera aifément démeler s'ils ne fignifient que des idées confufes ou même fauffes, & le droit qu'on a d'en determiner la fignification par cela même qu'ils font arbitraires fera toujours que de confus ou equivoques ils pourront devenir clairs & diftincts.

A l'égard des caracteres de l'ecriture, il eft auffi facile que raifonnable d'en determiner precifément les fons & d'exclure des mots les lettres qui ne s'y prononcent point. Non feulement la raifon fondée dans la nature des chofes exige que le figne d'une chofe ne foit pas le figne d'une autre, puifque de là nait la confufion & l'incertitude (il eft ridicule qu'un figne employé dans le fujet même de fon inftitution n'y fignifie pas ce pour quoi il a été principalement inftitué); mais outre cette raifon qui faciliteroit à tout le monde etrangers & autres le moyen de s'affurer de la veritable prononciation des mots qu'ils n'auroient jamais entendu prononcer & dont la prononciation rend quelquefois rifibles ceux qui les prononcent comme on les ecrit, il y en a une autre plus importante encore, c'eft, d'épargner aux maitres qui enfeignent & aux enfans qui apprennent à lire & beaucoup de peines & beaucoup de tems. Les pauvres enfans ont-ils trop de plaifirs qui les attendent dans la fuite de la vie pour qu'on n'evite pas de troubler la joye de leur jeuneffe par les peines d'une etude fi deraifonsonnable ? Combien un *a* qui doit se prononcer comme *é*, ou un *e* comme un *a*, un *n*, un *s*, un *ſ*, un *d*, un *m*, un *g* & tant d'autres lettres qui ne se prohoncent point ou qui se prononcent diversement n'ont-elles pas couté de larmes aux enfans & d'impatience aux maitres ? Quel embarras le defaut de caracteres simples pour exprimer les sons voyels qu'on n'exprime que par ce qu'on appelle des Diphtongues ne cause-t-il point ? C'est bien dans ce cas qu'on peut dire, *delirant patres, plectuntur filii*. Quand on considere la difficulté qu'il y d'apprendre à lire certaines langues, telles, par exemple, que la Françoise & l'Angloise, qui l'emportent sur toutes les langues de l'Europe par la bizarrerie de l'ortographe, on peut assurer, que quiconque apprend à les lire, apprendra avec moins de peines quelque science que ce soit à laquelle il voudra autant s'appliquer. L'ortographe bizarre a cet inconvenient insurmontable, qu'on ne peut jamais par la seule maniere dont un mot est écrit s'assurer de la veritable prononciation, ni par la seule prononciation s'assurer de quelle maniere il doit être écrit. Mr. l'Abbé de SAINT PIERRE (1), dont le zèle toujours actif pour ce qui peut contribuer au bien des hommes & qui après avoir demontré le moyen de conserver perpetuellement la paix entre les Etats, malgré les pretentions & les passions des Souverains, n'a pas dedaigné de publier un projet pour perfectionner l'Ortographe; dit, qu'un jour un de ses amis lui demandant comment il falloit ecrire le mot prononcé *Haynault*, nom d'une province dont *Mons* est la capitale, ils trouverent *que l'on pourroit l'ecrire de plus de trois cents manieres qui seroient toutes differentes en quelquechose & qui pourroient pourtant signifier ce mot de deux syllabes ou un mot presque semblable.*

Par ce qui precede ou par ce qui suit dans le discours, on peut souvent deviner & s'assurer même de l'idée qui est attachée à un terme qui s'y trouve & dont

___
(1) *Projet pour perfectionner l'Ortographe des langues d'Europe*, par Mr. l'Abbé de St. PIERRE. A Paris chez Briasson, 1730. avec approbation & privilege du Roy. 8. pp. 266.

dont on pourroit ailleurs douter de la signification:
Que le mot *bon* ait soixante est quatorze significations differentes, ainsi que l'ont remarqué M. M. DE
L'ACADEMIE FRANÇOISE, dans la Préface
de leur Nouveau Dictionaire, on ne se trompera
guere sur le sens qu'on doit donner à ce mot, si on
fait attention aux termes avec lesquels il se trouve
joint; mais la bizarrerie de l'usage dans la maniere
d'ecrire les mots met dans l'impossibilité de s'assurer
de leur prononciation, si on ne l'apprend des personnes qui parlent bien, & celles qui parlent bien
ne peuvent sans l'etude particuliere de cet usage
bizarre s'assurer qu'elles ecrivent bien. Cependant
un nombre de pedans qui se croient habiles parce
qu'ils savent que *chant* vient du mot Latin *cantus*, &
champ de *Campus*, & qui ne savent pas pourquoi
grave ne vient point de *gravare*, ni *sapper* de *sapere*,
ni *dame* de *dama*, ni *ver* de *ver*, qui rendent raison
de l'*h* qu'on écrit au mot *homme*, sans pouvoir en
rendre une semblable du double *m* avec lequel ils
l'ecrivent, soutiennent doctement qu'il faut conserver
la maniere d'ecrire dont nos ayeux se servoient,
quoique nous ne prononcions plus comme eux, &
que les lettres qui ne se prononcent point dans les
mots, ou qui s'y prononcent differemment de leur institution primitive, doivent y être conservées pour marquer leur origine, quoique cela ne serve presque de
rien à ceux qui ne savent que leur langue, & que ce
ne puisse être un sujet d'erreur à ceux qui savent les
langues meres. On diroit à entendre ces habiles
gens, que certains mots doivent avoir des lettres inutiles à leur prononciation, comme les Gentils-hommes doivent avoir à leur coté, même en tems de paix,
une épée, dont les Loix defendent de se servir autrement que comme d'un ajustement inutile & souvent incommode. Il est vrai qu'aucun Ecrivain n'a le
pouvoir d'asservir les autres à sa maniere d'orthographier ni à recevoir les nouveaux caracteres qu'il
vou-

---

(1) *Nouveau Dictionaire de l'Academie Françoise*, Dedié au
Roy. A Paris chez J. B. Coignard, avec privilege de S. M.
1718, in folio 2. vol.

voudroit introduire, non plus que les mots nouveaux dont il voudroit enrichir une langue ou par lesquels il voudroit augmenter la force & la précision des expressions. Mais il paroit très-raisonnable que chaque Ecrivain contribue de son mieux à la perfection de sa langue & à celle de l'orthographe en mettant en usage ce que le besoin & la raison exigent conformément à l'institution des mots & des caracteres. Si les Anglois, assez raisonnables pour inventer ou pour adopter de nouveaux termes toutes les fois qu'ils n'en trouvent pas dans l'usage qui expriment avec assez de force ou de précision leurs idées, & qui sont même assez hardis pour se mettre au-dessus de la servitude Grammaticale lorsqu'il s'agit de donner plus de force au sens d'une phrase, n'avoient pas abusé de cette hardiesse, qu'ils eussent pris soin de rendre leur orthographe conforme à la raison & de corriger les constructions equivoques, leur langue seroit peut-être la plus parfaite de l'Europe, comme il y a lieu de croire qu'elle en est la plus concise, & à cet egard la plus expressive. Mais quelque bizarrerie qu'il y ait dans l'orthographe cela ne fait rien à la précision de l'idée attachée à un mot: Cette bizarrerie n'est qu'une preuve du pouvoir abusif de la coutume, de celui de l'imitation qui détermine des hommes d'ailleurs très-raisonnables, & du peu de credit de la raison quand il s'agit de se mettre au dessus de l'imitation & de la coutume. La Grammaire donne lieu à quelques reflexions plus utiles.

L X X.

Premierement, il est bon de remarquer que les premiers auteurs d'une langue n'ont pu faire connoître qu'ils etablissoient tel ou tels sons pour signifier telle chose qu'en montrant la chose même, ou qu'en la designant par quelque signe exterieur en répétant le terme dont ils vouloient se servir pour l'exprimer. Desorte que les signes les moins commodes ont servi premierement à etablir les signes les plus parfaits, & qu'on n'a pu d'abord communiquer que des idées des choses qui tomboient sous les sens, soit quelles y tombent directèment par les organes des sensations que chaqu'un éprouve, soit indirectement par les signes naturels des passions. Car indépendamment de toute convention de langage l'ordre de la nature a etabli une communication de sentimens entre les hommes, le son de leur voix, leurs mouvemens, leurs attitudes, l'air du visage, les plus simples mouvements des yeux expriment quelques sentimens interieurs, les passions deviennent visibles & s'expriment si parfaitement qu'on en connoit la complication & les degrés. C'est ce qui fait principalement l'excellence des beaux Tableaux, l'art du peintre en imitant ainsi la nature fait dire que les figures sont animées & parlantes, elles pensent, elles reflechissent, elle jugent, il exprime jusqu'à la douleur mêlée de joye, ainsi qu'on le voit dans ce beau tableau de la gallerie du Luxembourg, où RUBENS a representé la naissance de LOUIS XIII. C'est beaucoup que les signes naturels ayent donné le moyen de connoitre quelque chose de l'interieur. Il n'a pas été fort difficile ensuite de trouver par les circonlocutions prises ou des rapports, ou des liaisons, ou des differences des choses visibles, le moyen de faire entendre celles qui ne pouvoient tomber sous aucuns des sens, & d'exprimer ainsi des pensées & des jugemens qu'aucun signe naturel ne rendoit visibles. Cette communication de pensées & de jugemens a dû se faire d'autant plus aisément que les premiers qui ont voulu communiquer quelques pensés & quelques jugemens de cette espece, avoient plus de justesse dans le raisonnement & parloient à des gens qui en avoient ; parce qu'après avoir excité dans l'esprit de ceux à qui ils parloient l'idée de la chose qui etoit l'objet de leur raisonnement, ceux qui les écoutoient raisonnant eux-mêmes interieurement sur la chose en question à mesure que ceux qui en parloient en jugeoient, ils pouvoient d'autant mieux s'assurer de la signification des termes que les conséquences portoient naturellement à leur donner telle signification.

Cependant il est arrivé que du premier usage des mots pour exprimer les choses qui tombent sous les sens, la plupart des mots ont passé comme par une voye d'analogie ou de rapport à la signification des choses qui ne tombent point sous les sens, & qu'ainsi la la Metaphysique de même que toutes les autres sciences se sert de plusieurs termes qui ne doivent leur origine qu'aux sensations dûës aux objets corporels, visibles, palpables & mobiles, aux rapports & aux differences que ces objets ont entr'eux, ou aux effets qui en resultent. C'est ainsi que le mot d'*idée* a été egalement employé pour signifier le sentiment distinct d'une chose que l'imagination peut se representer, & pour signifier le sentiment distinct d'une chose qu'aucune figure ni qu'aucune couleur ne peut distinguer d'une autre. On dit en Metaphysique *voir clairement la verité d'une idée*, & *peser les difficultez que renferme une objection*, comme on dit en Grammaire *entendre distinctement la signification d'un mot*, & *rejetter une expression vicieuse*, en Mathematique *concevoir comment on peut faire l'extraction des Racines, des Puissances*, & en Morale *etouffer les passions qui nous ecartent de nos devoirs*: Où il est visible que *voir clairement*, *peser*, *renferme*, *entendre distinctement*, *rejetter*, *concevoir*, *faire l'extraction des racines*, *etouffer*, *ecartent*, aussi bien que *passer par voye*, dont on s'est servi un peu plus haut, sont des termes à la premiere signification desquelles les choses materielles ont donné lieu, & que ces expressions sont originairement des *Tropes*, ainsi que parlent les Grammairiens, c'est-à-dire, des expressions *qui ont passé de leur premiere signification à une nouvelle, & qui ont ainsi acquis une double signification*. Cela ne les rend pourtant point equivoques, parce que chacune de leurs significations est determinée par l'ordre des choses auxquelles on les employe, & même comme ils n'ont passé de leur signification primitive à une nouvelle, ou pour parler encore avec plus d'exactitude, comme on n'a joint une seconde signification à leur premiere, que par la nécessité de se servir de ces termes pour communiquer des idées qu'on ne pouvoit faire entendre sans leur secours, & qu'ils ont été confirmés par un long usage dans le sens de leur seconde signification, ces termes & plusieurs autres semblables ne peuvent plus être regardés comme Tropes. Il n'est pas moins vrai, que des mots quoiqu'empruntés originairement de ce qui se voit ou de ce qui se touche, expriment proprement & distinctement un sentiment, une idée, ou un raisonnement, choses qui ne se voyent pas, qu'il est vrai que ces termes expriment des choses visibles & palpables, ou des sentiments que des signes naturels font déja connoître. CICERON dit dans une de ses Lettres, que les choses que notre esprit conçoit ne sont pas moins nôtres que celles que nos yeux apperçoivent, *nec enim minus nostra sunt quæ animo complectimur quam quæ oculis intuemur* (1); mais on peut dire, qu'il est plus certain pour ne pas dire plus réel, qu'un homme qui pense à quelquechose pense à quelquechose, & que ce à quoi il pense n'est pas autre que ce à quoi il pense, qu'il n'est certain que les choses, qu'il dit, qu'il voit, qu'il touche, qu'il entend, sont effectivement telles qu'il le dit.

LXXI.

Secondement, il est bon d'observer, que quoique les mots soient arbitraires, ils ne le sont qu'en tant qu'on peut les composer de tels ou de tels sons, *man, hombre, huomo, homo, anthropos*, peuvent également signifier ce que les François entendent par le mot d'homme; mais tout mot, eu égard à sa signification, est nécessairement déterminé à être d'un tel ordre, parce que son usage est de marquer telle chose; qui, par cela qu'elle n'est point telle autre, est, ou seulement semblable, ou absolument differente, & par consequent d'un autre ordre ou d'une autre espece. C'est de là que les Grammairiens ont fait ce *Parties* qu'ils appellent *Parties d'Oraison*, c'est-à-*d'Oraison.* dire, *les diverses especes de termes qui entrent dans la composition du Discours.* Mais les Grammairiens, dans la division de ces classes, ont eu moins d'égard à la nature des choses signifiées, qu'à la maniere usitée de les signifier. L'usage est leur régle; *non tam*, dit VOSSIUS (2), *dispiciendum quid potuit fieri, quam quod factum sit*, à quoi ils se conforment si parfaitement, qu'ils le suivent jusques dans la maniere d'instruire des Langues, ce qui fait que malgré leurs Divisions & leurs Subdivisions, les

Gram-

(1) *Epist.* Lib. V. Epist. XVII.
(2) *De Art. Gram.*

Grammaires, telles qu'on les a, ne servent guères à l'éclaircissement des idées, chose à quoi une Grammaire bien faite & bien raisonnée pourroit être extrêmement utile. Ainsi faute d'avoir bien réfléchi sur la nature des idées, sur la maniere de considerer les choses & sur celle de les exprimer, des personnes qui parlent très-purement suivant les règles de l'usage, parlent très-bien sans bien s'entendre; desorte que le terme de *baboter*, expression du stile familier pour marquer des gens qui parlent sans savoir ce qu'ils disent, convient à beaucoup de gens qui ne se l'imaginent pas, & qui n'instruits dès leur enfance que dans l'usage Grammatical du choix des expressions, *babotent* élégamment toute leur vie, & jusqu'au lit de la mort, où ils parlent encore sans savoir ce qu'ils disent. Si, par exemple, j'ai négligé de remarquer, que dans l'idée d'une chose qui subsiste ou peut subsister par elle-même indépendamment de toute autre existence semblable à la sienne, telle qu'un cercle ou un quarré, je considére ou puis considérer séparément plusieurs choses qui réellement ne peuvent être séparées les unes des autres, ni toutes ensemble séparées du cercle ou du quarré, puisque sans elles le cercle, ni le quarré ne seroient point, & que je ne fasse pas attention que les mots qui expriment ces choses que je considére ainsi séparément quoique réellement inséparables, sont des mots *Substantifs* mais Substantifs que les Grammairiens appellent *Abstraits*, par cela même qu'ils ne signifient que des propriétés, ou des rapports, ou des differences qui n'ont aucune subsistance réelle par elles-mêmes differente de celle même du sujet qu'elles supposent & dont quelques unes ne consistent peut-être que dans l'imagination; je cours risque de considerer des propriétés, des rapports, des differences, & quelquefois même de simples titres comme des noms de choses qui subsistent réellement par elles-mêmes, & qui sont des additions d'êtres, ou de réalités dans les sujets où elles se trouvent. Je tomberai dans le même égarement, si je prends certains Substantifs que les Grammairiens nomment *Appellatifs*, pour des Substantifs véritables; car quoique grammaticalement parlant ce soit de vrais Substantifs

tifs, ce ne font pourtant qu'à peine de vrais Adjectifs eu égard à leur signification. A force de se servir d'un terme on s'accoutume à lui attribuer confusément une idée quelconque, ce qui jette le jugement dans l'erreur & dans une erreur souvent très-pernicieuse en Morale. Il y a sans doute beaucoup de gens si enyvrés de leurs titres, qu'ils se croyent des hommes réellement d'une autre espéce que les autres. Ces gens-là s'imaginent que le titre de *Duc*, de *Marquis*, de *Comte*, marque effectivement en eux une addition d'être, une réalité quelconque : Une femme de qualité en étoit si persuadée, qu'elle disoit, que DIEU *y regardoit à deux fois quand il s'agissoit de damner des gens d'une certaine condition*. Cette femme-là n'avoit garde de croire qu'un Païsan, qui ne faisoit point de mal, & qui étoit attentif à faire tout le bien qu'il pouvoit, valoit réellement beaucoup mieux qu'elle, & qu'elle n'étoit elle, qu'imaginairement & conventionellement au-dessus de lui, ou même au-dessus de ses Laquais, si elle en avoit qui, ayant l'ame assez grande pour sentir l'injustice qui résulte de la corruption des hommes, & assez sages pour respecter exactement l'ordre établi dans la Société civile, s'acquittassent avec fidélité des devoirs de la servitude & se soumissent avec courage à la nécessité des circonstances qui les obligeoit, ainsi qu'EPICTETE, à servir des gens qui réellement ne valoient pas tant qu'eux. Ces paroles sont dures, mais elles sont vraies, s'il est vrai qu'il y ait une grandeur réelle, qui ne consiste que dans la vertu, & que celle qui ne vient que des titres n'est qu'une grandeur d'opinion, inventée pour porter l'homme corrompu à faire par vanité ce que sa foible vertu ne lui feroit pas faire. Croit-on que cette femme, qui avoit une si haute opinion de ses titres, fut bien disposée à retrancher d'un superflu que l'idée qu'elle avoit d'elle lui rendoit nécessaire, & à l'ôter à sa vanité ou à sa mollesse pour en assister de viles Créatures qui n'étoient ni Ducs, ni Marquis, qui n'étoient que des hommes, de ces Créatures que Dieu, selon elle, pouvoit damner sans façon. C'est ainsi que trompés par l'apparence de certains termes, & plus encore faute d'avoir réflechi sur les idées qu'on y

attriattache, on dit des choses très-ridicules & qu'on se met dans des dispositions propres à en faire de très-injustes.

D'un autre côté si je ne considere les *Substantifs abstraits* que comme des mots qui ne signifient rien de réel, si je crois, ainsi que le dit l'Abbé REGNIER DES MARAIS (1) dans sa *Grammaire Françoise*, que ce sont des termes, *qui dénotent une chose dont l'existence n'étant point réelle & dans la nature des choses ne subsistent que dans l'entendement seul* (2), je croirai, comme le dit BRUTUS après sa seconde défaite, que la Vertu n'est qu'un vain nom, *non in re sed in verbo esse Virtutem* (3), que *l'intelligence, la sagesse, l'ordre, la force, la résistance, l'activité, la puissance*, & pour me servir des exemples mêmes de l'Abbé REGNIER DES MARAIS (4), je croirai, que *l'humanité, la vigilance, la vérité*, ne sont rien, parce qu'il n'y a nul être réel dans la nature qui soit dénoté par ces dénominations, & qu'en disant simplement vigilance & humanité on fait abstraction dans son esprit de toute sorte de sujets sans les appliquer à rien; enfin je me trouverai obligé de dire avec GORGIAS, que *rien n'existe, pas même l'entendement humain qui prétend connoître qu'il y a des choses qui existent*; car les termes *d'existence, d'être* & de *substance* même sont des Substantifs abstraits. Mais si l'Abbé REGNIER DES MARAIS, Secretaire perpétuel de l'Académie Françoise, avoit pris la peine de s'expliquer un peu plus exactement d'abord & plus clairement ensuite, s'il eut bien voulu faire remarquer, que ces *Substantifs abstraits* signifient des choses très-réelles dans la nature des choses, puisqu'elles en dénotent souvent des propriétés si essentielles que ce ne sont que les choses mêmes considérées à certains égards, par abstraction à d'autres égards ou propriétés; que les choses que ces noms abstraits dénotent sont si né-

---

(1) *Traité de la Grammaire Françoise*, par Mr. l'Abbé REGNIER DES MARAIS, Sécretaire perpétuel de l'Academie Françoise, à Paris chez J. B. Coignard 1706. 12. Il y en a aussi une Edition in 4.
(2) *Traité de la Gram. Françoise*, p. 167. in 12.
(3) *Annæus Florus*, Lib. IV. Cap. 7.
(4) *Traité de la Gram. Françoise*, pag. 167.

nécessaires à la réalité de l'existence de plusieurs Etres particuliers, que c'est cela qui les constitue ce qu'ils sont ; que par cela même que les idées attachées aux termes abstraits sont les idées de choses *abstraites*, mot qui vient du Latin *abstrahere*, qui signifie *séparer, tirer dehors, désunir*, il faut que ces choses soient reellement dans la nature des choses, puisqu'on n'extrait rien de rien ; si cet Abbé eut même fait remarquer, que les idées abstraites sont les idées de choses si réelles qu'on ne connoît rien que par ces idées, & que peut-être même on n'en a point d'autres ; que c'est par elles qu'on connoît l'existence de tous les Etres particuliers qu'on ne distingue que par la combinaison de ces idées, comme ce n'est que par la combinaison des choses nécessaires qu'elles representent pour l'existence actuelle des Etres, que les Etres existent réellement ; il n'exposeroit pas un Lecteur qui lit plus qu'il ne médite, à croire qu'on peut raisonner sans idées, ou avoir des idées de rien, ce qui est une contradiction, ou qu'on peut se faire des idées de choses qui ne sont point dans la nature des choses, ce qui est impossible: Sans nuire à ses observations Grammaticales d'ailleurs très-bonnes, cet Abbé auroit mieux rempli ce qu'il avoit donné lieu d'esperer par la Préface de sa Grammaire lorsqu'il y a dit que, *pour donner une juste idée d'une matière si ample & si épineuse, il faut employer la Logique & la Métaphysique à discuter les principes de chaque partie du discours*, & la Grammaire auroit été plus digne „ *de la celebre Compagnie qui l'en avoit* „ *chargé & pour laquelle il avoit en quelque sorte* „ *à suppléer à ce que le public en attendoit.*

LXXII.

Plus on réflechit sur les connoissances, plus il me semble qu'on trouve que nos connoissances ne sont que des combinaisons d'idées de choses nécessaires ou possibles, particulieres quoique générales en cela qu'elles sont communicatives, c'est-à-dire, qu'elles conviennent à plusieurs individus, lesquelles idées sont separées ou sont unies pour former la connoissance distincte de chaque individu dont on ne connoît l'existence effective & actuelle que par un sentiment particulier qui en assure ; l'idée du Glo-

PHILOSOPHIQUES. 141

be, l'idée de l'Homme, sont les mêmes pour tous les Globes, pour tous les Hommes, elles ne sont distinctes pour tels Globes ou pour tels Hommes, que par d'autres idées qu'on peut avoir ou n'avoir pas, & qui ne sont pas nécessaires à la connoissance de ce que c'est que le *Globe* ou de ce que c'est que l'*Homme*, mais qui sont nécessaires pour distinguer un Globe ou un Homme d'avec un autre *Globe* ou d'avec un autre Homme, puisqu'on ne peut distinguer une chose d'avec une autre, s'il n'y a aucune différence & si ces différences ne sont connues ; c'est ce qui a fait nommer *essentielles* & *invariables* ces premières idées, & *accidentelles* les secondes, & ce dont les expressions fournissent aux Grammairiens ce qu'ils nomment d'abord noms *Substantifs* & noms *Adjectifs*, & ce qu'ils subdivisent après en Substantifs *propres*, & en Substantifs *Appellatifs abstraits*, & en Substantifs *collectifs*, comme ils divisent, tant les noms Substifs, que les noms Adjectifs en *Absolus* & en *Relatifs*, outre quelqu'autres divisions purement Grammaticales. Mais il faut avouer que faute d'avoir bien examiné auparavant ce que sont les idées par lesquelles la convention établie par l'usage a rendu les termes intelligibles, les définitions & les divisions des Grammairiens sont si peu claires & si peu justes qu'on ne les entendroit guères s'ils ne les expliquoient par des exemples : Aussi n'y a-t-il rien où les exemples soient plus nécessaires que dans les discussions qui regardent les mots.

LXXIII.

IL paroit donc qu'à proprement parler toutes nos idées ne sont que des idées abstraites, c'est-à-dire, formées d'une union de sentimens que nous avons, & que nous avons tels que nous les avons, indépendamment de notre volonté, mais que nous pouvons séparer ou réunir quelquefois arbitrairement. L'idée même que j'ai d'un homme à qui je parle, ou d'une fleur que je sens, ne sont que des idées abstraites auxquelles se joint le sentiment involontaire d'une existence effective & déterminée, puisque je ne distingue cet homme, selon l'idée que j'en ai involontairement,

que

que par abstraction aux autres Hommes, ni de même cette Fleur que par abstraction aux autres Fleurs, comme je ne distingue les autres Hommes, ni les autres Fleurs en général, que par abstraction aux autres Etres qui composent le tout que nous appellons l'*Univers*, & que l'idée de l'Univers ou de l'universalité des choses n'est elle-même qu'une idée collective & abstraite, *collective* en ce qu'elle me represente quoiqu'imparfaitement & confusément la multitude des Etres qui me sont ou beaucoup, ou peu connus; *Abstraite* parce que c'est de tous ces Etres, de chacun desquels je me détache en particulier, que je me forme par l'union de tous les sentimens qu'ils me causent une idée générale qui les comprend tous. En effet *l'Univers* pris pour *la collection de tous les Etres* ou l'universalité des choses, n'est qu'un tout, dont tous les autres Etres font partie, & où chaque Etre par consequent ne peut être consideré que par abstraction, quoiqu'il ne puisse l'être comme une *Proprieté*, parce qu'une proprieté n'est pas un Etre, mais ce qui est si nécessaire à un être, que c'est ce qui le distingue essentiellement d'un autre, & que par le mot d'*Univers*, on n'entend point *un Etre*, mais *une collection, un assemblage, ou multitude d'Etres*, d'où il paroit que les termes généraux tels que *François, Japonois, Homme, Animal, Polygone, possible, nécessaire, vrai* & tous autres qu'on nomme quelquefois *indéfinis* & *indéterminés*, sont, quoique termes abstraits & collectifs, des termes dont les idées sont très-distinctes, & que dans leur signification générale, ils sont très-définis & très-déterminés, puisqu'ils marquent un ordre de choses très-different d'un autre & que leur abstraction même est une marque de la réalité de ce qu'ils signifient, puisqu'elle ne vient que de la connoissance des choses signifiées: Ainsi nos idées ne sont que des *Abstractions particulieres prises des choses générales, ou des idées générales formées par abstraction des choses particulieres*; ce qui est très-conforme à la nature des choses & à la nature du tout, l'union des choses particulieres formant le tout, la division du tout distinguant les choses particulieres dont il n'est que l'assemblage.

Ainsi

LXXIV.

Ainsi toutes nos idées n'étant que des sentimens de choses considérées comme distinctes & particulieres, soit qu'on les considére comme séparées par abstraction du Tout d'où dépend leur existence, soit que par abstraction de chacune d'elles en particulier on les considere comme un tout collectif où elles sont unies, toutes nos idées peuvent être exprimées par des noms Substantifs, chaque chose peut avoir son nom propre pour signifier ce qu'elle est, & son nom propre pour la marquer telle qu'elle est; c'est-à-dire, que par un nom propre Substantif on peut exprimer une chose selon son état essentiel conformément à ce qu'elle ne peut ne point être, & l'exprimer aussi par un nom Substantif selon son état accidentel suivant ce qu'elle peut être ou n'être pas. Desorte que pour exprimer tous nos sentimens & toutes nos idées, c'est-à-dire, toutes choses, une langue n'auroit besoin que de noms propres Substantifs & de pronoms qui seroient des noms propres & collectifs, mis pour signifier par un seul terme une chose qu'on ne pourroit faire connoître que par une longue énumération de plusieurs autres choses qu'elle suppose ou qu'elle réunit, & pour en faciliter l'arrangement dans les jugemens ou les raisonnemens qu'on exprime, il ne faudroit que quatre ou cinq Adverbes ou Prépositions rélatives, conjonctives ou disjonctives, augmentatives ou diminutives, & deux mots qui fussent des signes d'affirmations ou de négations, comme *est* ou *n'est*, car les Adjectifs ne sont que des Substantifs devenus adjectifs, parce qu'on les employe pour marquer avec l'idée de la chose qu'ils signifient, celle d'attribution, d'union, ou de séparation ou de comparaison; & les Prépositions ou Adverbes ne sont que des mots qu'on joint avec d'autres mots pour marquer des choses ou des manieres d'être qu'on ne considére plus par abstraction; c'est ce que marquent les noms mêmes d'*Adjectif* ou d'*Adverbe* pris du Latin où *ad* est ordinairement un signe d'*addition*. Pour les mots qu'on a nommés *Verbes* du Latin *Verbum* qui signifie *mot*, ils n'ont apparemment été ainsi nommés que par excellence, comme étant

étant des mots qui signifient seuls plus de choses qu'aucun autre : Car les Verbes sur la définition desquels il y a tant de varieté & d'imperfection chez les Grammairiens, ne sont que *des expressions abrégées qui marquent l'affirmation de l'action ou de l'état d'une personne ou d'une chose, en marquant aussi la personne ou la chose avec le nombre & le tems*. Mais je dois bien faire attention, que quelques Verbes par le tour Grammatical portent souvent à penser le contraire de ce qu'ils signifient veritablement, le Verbe étant actif lorsque sa vraie signification pourroit bien n'être que passive, c'est-à-dire, que la chose marquée par l'expression comme active n'est simplement que le sujet ou l'effet de l'action, & non la cause. C'est ainsi qu'on dit d'une chose inanimée qu'*elle se meut*, qu'*elle agit*, qu'*elle donne*, quoiqu'il soit peut-être plus vrai de dire qu'*elle est mué*, qu'*elle est employée*, qu'*elle est une occasion d'avoir*. Et ces mots ne sont point par rapport à leur origine Grammaticale, de cette sorte de tropes que les Grammairiens appellent *catachrese* ou *abus*, ils ne sont tels que par rapport au sens Philosophique, je veux dire, que l'expression est figurée sans avoir été detournée du premier usage qu'on en a fait, ce qui constitue le trope grammatical, mais que dès leur origine ayant été employés dans un sens actif cru naturel sur le rapport des sens, ces termes ne sont devenus figurés que par le temoignage de la raison.

LXXV.

IL y a aussi quelques autres termes qui peuvent encore faire illusion par le tour Grammatical qui est le même quoiqu'il y ait une grande difference par rapport au sens. *Juste, injuste, puissant, impuissant, fini, infini*, paroissent si semblables qu'on est tenté de les croire du même ordre d'expressions, également correlatifs ou negatifs, par exemple, quoiqu'il n'y ait peut-être que les deux premiers qui soient absolument correlatifs ou correspondants, que les seconds ne le soient qu'en certains cas, & que les deux derniers ne soient que simplement negatifs, & nullement relatifs, ou tout au plus à un seul egard. Le *juste* & *l'injuste* se suposent si necessairement l'un l'autre quoique

parfai-

parfaitement négatifs qu'on ne peut avoir l'idée du juste, si on n'a l'idée de l'injuste, & réciproquement l'idée de l'injuste sans avoir celle du juste, ce qui fait que ces deux termes sont parfaitement *correlatifs*, c'est-à-dire, *deux termes dont l'idée de l'un suppose si necessairement l'idée de l'autre, qu'on ne peut avoir l'idée de l'un ou de l'autre, sans supposer les deux choses qu'elles font connoitre*; d'où il suit que s'il n'y a rien d'injuste, il n'y a rien de juste, & qu'ainsi les correlatifs parfaits ne sont pas seulement correlatifs ou corespondans par le tour grammatical de l'expression, mais par la nature des choses mêmes. Il n'en est pas ainsi de *puissant* & *d'impuissant*; l'*in* marque bien de même que dans les deux termes précedens la négation reciproque, mais *puissant* n'est correlatif que par le tour grammatical de l'expression, & non point par la nature de la chose, il n'y a qu'*impuissant* qui soit necessairement relatif avec *puissant*, parce qu'il le suppose necessairement, mais *puissant* n'est point necessairement correlatif avec *impuissant*, parce que pour être puissant il n'est pas necessaire qu'il y ait quelquechose d'impuissant, & que puissant etant pris ainsi dans un sens absolu & positif en soi n'a de vrai correlatif que *possible*, desorte que c'est *puissant* & *possible* qui sont dans la nature des choses necessairement correlatifs, comme *juste* & *injuste*, quoique loin d'être reciproquement négatifs, *puissant* & *possible* se supposent même necessairement dans l'expression. *Puissant* n'est necessairement correlatif *d'impuissant*, que lorsque *puissant* n'est pas pris pour un *positif absolu*, mais pour un *positif de comparaison*, c'est-à-dire, *un positif dont le negatif ne marque qu'une privation ou diminution*, ainsi que les mots appellés par les Grammairiens *comparatifs* & *superlatifs* sont les correlatifs du *positif* qu'ils supposent necessairement ; desorte qu'en supposant qu'il n'y eut rien d'*impuissant* ce qui est *puissant* ne laisseroit pas que de subsister & on en auroit l'idée dès qu'on auroit celle de *possible*. Pour ce qui regarde le mot d'*infini*, l'*in*, qui avec la négation qu'il marque ordinairement marque encore privation & diminution dans les choses signifiées par les termes que ces deux lettres commencent, ne marque au contraire dans le terme d'*infini* que la negation absolue du terme fini qui lui est opposé & qui par le tour grammatical ressemble plus à un positif absolu que le terme d'*infini*, que *l'in* rend plus semblable à un simple négatif qu'à un positif absolu qui signifie une chose aussi peu corrélative avec *fini* que *puissant* l'est avec *impuissant*, puis qu'*infini* suppose aussi peu *fini*, que *puissant* suppose *impuissant*, & même *puissant*, ainsi que je viens de remarquer, peut être considéré comme un *positif relatif* desorte qu'il peut être comparé avec impuissant en comparant le plus ou le moins de degrés de puissance & qu'ainsi on peut dire *plus puissant*, *moins puissant*; au lieu qu'*infini* ne peut jamais être pris pour un positif relatif que du coté de la negation absolue, ce qui proprement n'est pas même relatif, desorte qu'il ne peut jamais être pris pour un *positif de comparaison*, on ne peut pas dire *plus infini*, *moins infini*, *fini* n'étant point comparatif avec *infini*, ni même diminutif d'*infini*. Il est vrai que des Mathematiciens disent, qu'*il y a un infini infiniment plus infini qu'un autre infini qui est lui-même infiniment plus infini qu'un autre infini*; mais ce n'est qu'un abus de terme pour donner du merveilleux à une proposition qui n'en auroit point eu sans cela. L'infini mathematique n'étant qu'un *indéfini*, toujours indéfiniment susceptible de plus ou de moins, & par conséquent un vrai fini indeterminé, qu'on appelle seulement infini parce qu'on ne lui assigne aucun terme, quoique la chose supposée ne puisse pas en effet n'en point avoir.

Il y a un grand nombre de termes qui pourroient fournir de pareils exemples, & auxquels par conséquent on doit la même attention. Ces autres mots que les Grammairiens appellent *prépositions*, parce qu'ordinairement *ils precedent un terme dont ils servent à marquer les divers rapports*, n'exigent pas un moindre examen, ils sont extrememement propres à jetter de l'equivoque & de l'incertitude dans le sens, parce que les mêmes signes qui forment ces prépositions sont souvent employés pour signifier des rapports très-differens, telles sont principalement les prépositions, *a*, *de*, *avec*, *dans*, *entre*, *pour*, *sans*, *devant*, *après*, *par*, dont la discussion me meneroit maintenant trop loin.

Les seules observations que je viens de faire m'avertissent assez du soin avec lequel je dois m'assurer

non

non seulement des diverses significations des termes, mais encore des divers sens dans lesquels les termes sont employés, ce qui fait juger que l'equivoque d'un mot ne vient pas de ce que le son qui le forme sert à des significations differentes, mais que l'equivoque vient ou de l'ignorance des hommes qui l'ont employé pour marquer des idées confuses, fausses & contraires, ou de ce qu'on ne demêle pas exactement le sens auquel il est employé, eu egard à la difference de ses significations, ce qui depend souvent de ce qui precede & de ce qui suit, ou de la question qu'on agite, ou même si c'est en conversation, de la personne à qui on parle où qui parle. On peut donc distinguer *connoissance du mot* d'avec l'*intelligence du sens*. La connoissance du mot sera *la connoissance de ses diverses significations*; l'intelligence du sens sera *la connoissance de la signification precise pour laquelle un mot est employé, soit dans le propre, soit dans le figuré, soit relativement à ce qui precede ou à ce qui suit, ou aux personnes qui l'employent*. En effet les accessoires sont presque toujours ce qui determine ce qu'on appelle *le sens de la signification*, c'est-à-dire, les rapports, l'union, la distinction, ou la separation des choses signifiées ; ainsi l'intelligence du sens est si necessaire, que sans cela on n'entend rien de ce qu'on lit quoiqu'on entende tous les mots qu'on lit, au lieu qu'avec l'intelligence du sens, les tropes & les figures ne sont pas même une cause d'erreur, mais on ne peut parvenir à cette intelligence que par la parfaite connoissance de la signification des termes, & voici ce que je puis d'abord faire pour m'en assurer.

Je dois premierement consulter l'usage sur la signification propre, simple, & generale du terme dont je veux examiner la signification, & me borner à la notion ou idée generale qui y est attachée fut elle même obscure, sans y joindre aucune idée particuliere crainte que cette idée accessoire ne fut déja un jugement qui rendit la notion generale ou equivoque, ou fausse & qu'ainsi les conséquences que j'en tirerois ne me conduisissent à l'erreur. Que si je ne trouve dans l'usage, qu'equivoque, ou que confusion, je puis alors determiner le terme à l'idée qu'il me plaira d'y attacher, ce que je pourrai faire par cela même que les termes sont arbitraires, que j'ai autant de droit de m'en m'en servir qu'un autre, & je ne puis m'en servir bien intelligiblement s'ils ne sont clairement determinés. Si je veux ensuite acquerir dans la langue dont je me sers un plus grand degré de connoissance, je pourrai examiner les diverses manieres dont le même terme est employé & les comparer avec la notion generale pour connoitre le sens qu'il a lorsqu'il est joint avec tel autre terme, & le rapport qu'il y a entre ce sens & la notion generale, & parvenir ainsi à l'intelligence de tous les sens ou ce terme sera employé. C'est à quoi il me semble que je pourrai d'autant plus aisément réussir que la notion simple & distincte d'une chose en generale, doit, par la connoissance qu'on a de quelque proprieté qui la distingue, faciliter les moyens d'en connoitre les autres & par conséquent découvrir l'abus du terme, en demêler l'equivoque, & s'assurer de l'etat ou de la liaison necessaire de la chose signifiée, dans le sens où elle est particulierement determinée & tirée de sa generalité par les idées accessoires qui la rendent particuliere. Ainsi l'idée distincte exprimée par un mot pris dans la signification generale suffit pour faire distinguer tous les sens dans lesquels ce mot peut être employé, & par là donner l'intelligence du sens qui découvre, ou la verité, ou l'equivoque, ou la fausseté d'une proposition. Il n'y a pas même d'autre moyen de parvenir à la connoissance parfaite d'une langue. Si on ne remonte jusqu'à la signification de l'idée primitive, simple, & generale d'un mot, presque tout mot sera equivoque ou determiné par des idées accessoires qui jetteront dans la confusion & dans l'erreur. *Parce que chaque peuple & chaque secte croit que sa Religion est la veritable*, remarque l'Auteur de la Logique, ou l'Art de penser (1), *ce mot est très-equivoque dans la bouche des hommes quoique par erreur; & si on lit dans un Historien qu'un Prince a été zelé pour la veritable Religion on ne sauroit dire ce qu'il a entendu par là; si on ne sait de quelle Religion a été cet Historien: car si c'est un Protestant, cela voudra dire la Religion Protestante: Si c'est un Arabe Mahometan qui parlât ainsi de son Prince, cela voudroit dire la Religion Mahometane; & on ne pourroit juger que*

_____
(1) Prem. part. Chap. VIII. p. 76.

ce seroit la Religion Catholique, si on ne savoit que cet Historien etoit Catholique. Un homme qui définira la Religion sur les idées qu'il en a selon sa Secte, la definira donc avec une idée accessoire qui fera rejetter sa définition par un autre Sectaire & qui l'entretiendra lui-même dans l'erreur s'il a le malheur d'être dans une fausse Religion, faute de remonter jusqu'à l'idée simple & generale du terme il ne pourra examiner par des principes certains quels sont les caracteres de la veritable Religion, & la reconnoitre à ses caracteres. Sa définition fondée sur une idée dont l'accessoire en fait déja un sentiment erroné ne pourra lui fournir que des principes qui le conduiront toujours à l'erreur: desorte que le mieux qui puisse arriver c'est qu'il les suive si conséquemment qu'il tombe dans des absurdités si grossieres qu'il soit forcé de revenir sur ses pas & de remonter jusqu'à une idée si simple & si generale de la Religion, que la définition ne renferme que ce que l'idée de Religion en general suppose necessairement desorte qu'aucun Sectaire ne puisse la rejetter; ainsi entendant alors par ce mot *la croyance & la pratique de ce que Dieu exige*, si c'en est là la veritable définition, il pourra par des principes d'identité fondés sur une notion si simple & si generale, parvenir par des conséquences necessaires à connoitre les caracteres qui distinguent la veritable Religion de celles qui sont fausses. Il est vrai, que la Religion etant fondée sur la croyance d'un Etre tout-puissant remunerateur du bien & du mal, sur la distinction réelle du juste & de l'injuste, sur la liberté & l'immortalité de l'ame, cette définition suppose toutes ces choses; mais par cela même qu'elle les suppose, elle oblige à en rechercher la vérité & s'il n'y a point de Dieu & que l'ame soit mortelle, cette définition de la Religion prouve dès lors qu'il n'y a point en soi de veritable Religion, mais que ce n'est qu'un *culte arbitrairement & politiquement etabli sur la croyance d'une divinité imaginaire*, ainsi que le pretendent les Athées.

Les termes dont l'idée suppose autant de choses que celui de Religion ne sont pas les seuls termes qui deviennent très-équivoques si on ne remonte à l'idée simple & generale. Celui de *verité*, *d'ame*, *d'esprit*, *de raison*, qui paroissent ne devoir supposer qu'une idée très-simple, deviennent des termes très-equivoques par l'ignorance des hommes & les idées confuses & fausses qu'on y attache, & par la maniere dont ils sont employés dans l'usage. M. M. *de l'Academie Françoise* disent dans leur Nouveau Dictionaire, au mot *Raison*, que la Raison est *la puissance de l'ame par laquelle l'homme est distingué des bestes & a la faculté de tirer des conséquences.* Supposé qu'on entende bien le sens de cette phrase dont la construction est un peu louche, elle ne rend assurément pas l'idée simple & generale qu'on peut atacher au mot de *Raison*. Cela n'est qu'une decision de ces Messieurs ou si l'on veut une exposition de ce qu'ils pensent sur ce que c'est que la Raison & cette decision ne sera pas sans appel. Mais par les exemples qu'ils donnent ensuite on voit très-bien, que ce mot est pris quelquefois pour *reflexion, sagesse, principes, verité, regle, preuve, raisonnement, devoir, equité, justice, convenance, pretention, satisfaction, compte, rapports* de quantité, *proportion, mesure*, & même pour *retour de politesse*, lesquelles diverses significations ne seront cependant point un obstacle à l'intelligence du sens d'une expression, dès qu'une fois on aura determiné la signification de ce terme par une idée simple & distincte de la Raison proprement dite: On entendra de même aisément ce que sont ces expressions, *la lumiere de la Raison, les tenebres de la Raison, une raison bornée, une raison aveugle, l'âge de la raison, l'usage de la raison, une chose au-dessus de la Raison*, & autres semblables expressions si usitées chez les declamateurs & chez les Poëtes.

Ainsi puisque la Verité est mon objet, & que c'est par l'evidence que je dois m'assurer de la verité, ne poussons pas plus loin des remarques dont la justesse doit dependre de l'evidence sans laquelle je ne dois rien admettre que comme probable. Voyons si toutes ces reflexions preliminaires m'auront assez preparé à l'une & à l'autre, & si avec le courage de chercher jusqu'à ce que je trouve, je ne serai point trompé dans l'esperance de trouver quelquechose d'évident.

CHAPITRE III.

Recherche de l'Evidence.

POSITIONS.

LXXVI.

Premiere Position.

JE repete. *Les hommes éprouvent divers sentimens, ou Idées, qu'ils peuvent comparer les unes avec les autres.*

Seconde Position.

LEs hommes peuvent établir que les sons articulés de la voix seront les signes de tels ou de tels sentimens, de telles ou de telles idées.

LXXVII.

JE sens, que je sens que j'existe, & j'appelle ce par quoi je sens que j'existe, *le sentiment de mon existence*; ainsi par le terme de *sentiment* j'entens; ce par quoi je sens, & par le terme d'*existence*, j'entens ce qui est.

LXXVIII.

Qu'est-ce que c'est que *ce par quoi je sens*, qu'est-ce que c'est que mon *existence*? L'existence de moi, de quelquechose qui pense, voilà tout ce que j'en sai, maintenant, je sens que je sens que c'est moi qui sens, qu'il est impossible que je sente & que je n'existe pas, & de ces deux sentimens resulte une idée distincte qui, m'assure que je suis un être sensible, par conséquent différent d'un être insensible. Le sentiment de mon existence & de ma sensibilité sont deux notions si simples & si primitives qu'étant les premieres que j'aye je ne puis en douter lors même que je ne puis les faire entendre par d'autres notions, & que je dois peut-être me

borner

borner à la simple exposition des termes, cependant cette simple exposition suffit pour déterminer ce que j'entends par *sentiment* & par *existence*, & *le sentiment de mon sentiment* ou de ma *sensibilité*, comme celui de mon *existence*, sont tels, que quand il me seroit impossible de dire ce que c'est, il me seroit aussi impossible de douter que cela ne fut.

Essayons de douter que cette proposition, *je pense donc je suis*, n'est pas pour moi une verité si assurée qu'il m'est impossible d'en douter. Essayons ; mes efforts sont vains, je ne puis rien imaginer, rien supposer, rien concevoir, qui puisse me le faire revoquer en doute ; je sens qu'il est impossible que cela ne soit pas, puisque ce qui n'est pas, ne peut pas penser, qu'ainsi l'existence est renfermée dans le sentiment que j'ai de moi pensant. Je sens parfaitement, que si l'existence ne suppose pas necessairement la pensée, la pensée suppose necessairement l'existence, desorte qu'on ne peut pas penser sans être ; en effet si je disois *je pense donc je ne suis pas*, je sens que je dirois une absurdité, ce seroit une impossibilité dans la chose & une contradiction dans les termes. Dire *je pense*, c'est dire *je suis un être pensant* ; or il est contradictoire que *je sois* & qu'en même tems *je ne sois pas*, ainsi, *ce qui est contradictoire dans les termes est une impossibilité dans la chose*.

Si je disois d'un être quelconque, *cet être existe, donc il pense*, cette proposition ne me seroit point evidente, parce que l'existence ne supposant pas la pensée, il n'est pas impossible qu'un être existe sans penser. Desorte que quand même il seroit vrai qu'un être existeroit & qu'il penseroit, cette proposition ne me seroit point evidente qu'après que je me serois demontré que cet être existe & qu'il est impossible qu'il existe sans penser, car alors il résulteroit qu'il penseroit necessairement.

Je ferois donc de vains efforts pour douter que j'existe, lorsque je pense, le sentiment de la necessité que cela soit, d'où résulte l'impossibilité du contraire, ce sentiment dis-je qui m'en assure m'empeche d'en douter. C'est l'*évidence*. Ainsi tout ce que je connoitrai avec un sentiment égal à celui-ci, sera pour moi *également indubitable*, & par consequent sera pour moi *aussi certain que ma propre existence*.

Un certain Philosophe, nommé GORGIAS, a cependant prétendu, que rien n'existoit pas même l'entendement qui conçoit que les choses existent. Je ne sai point encore évidemment si quelqu'autre chose que moi existe, je le suppose, & à dire vrai je le crois; mais je sens parfaitement que je ne puis penser sans exister & que si quelqu'un a dit que rien n'existoit il est cependant sûr que ce quelqu'un existoit lors même qu'il disoit qu'il n'existoit pas, parce que pour dire qu'on existe, il faut nécessairement exister. Cela est evident, le contraire est impossible: Je dis que cela est evident, parce que quelqu'effort que je fasse il ne m'est pas possible d'en douter, que le contraire implique contradiction.

LXXIX.

L'Evidence ne consiste donc, que dans *le sentiment d'une chose si nécessaire que le contraire est impossible*, où l'on voit que *l'impossibilité du contraire venant de la nécessité de la chose*, comme *la nécessité de la chose vient de l'impossibilité du contraire*, l'impossibilité, & la nécessité, ne forment qu'une seule & même connoissance qui se prouve par elle-même, & c'est là l'evidence dont le caractère, *evident*, parce qu'il n'est pas différent d'elle-même, est *l'impossibilité du contraire*.

Ainsi puisqu'on ne peut connoître la nécessité d'une chose sans connoître l'impossibilité du contraire, ni l'impossibilité du contraire qu'on ne connoisse la nécessité de la chose, il resulte, que *ce ne sont point deux connoissances differentes par lesquelles on va de l'une à l'autre, mais, que ce n'est qu'une seule & même connoissance qui se prouve elle-même & qui par conséquent n'a pas besoin d'autres preuves*, ce qui doit être. Ainsi quoique pour avoir une connoissance evidente il faille connoître l'impossibilité du contraire & reciproquement la nécessité de ce qu'on connoit pour connoître l'impossibilité du contraire, comme l'un n'est que le resultat inseparable de l'autre & ne forme que cette connoissance parfaite qu'on nomme *evidence*, il suit, que ce n'est point un *Diallelle* ou autrement un cercle vicieux, ni une petition de principe.

Remarque.

Voici l'idée que l'habile Traducteur des *Institutions Pyrrhoniennes* de Sextus Empiricus veut nous donner du *Diallelle*, cette arme redoutable des Pyrrhoniens, ce labirinte, selon Bayle, où *aucun fil d'Ariadne ne peut donner nul secours.*

„ Pour concevoir ce que c'est que le Diallelle, dit
„ ce Traducteur, imaginons-nous que deux personnes
„ inconnues nous viennent trouver. Titius que
„ nous ne connoissons pas nous assure, que Mevius,
„ que nous connoissons aussi peu, est un fort honnê-
„ te homme, & pour preuve qu'il dit vrai, il nous
„ renvoye à Mevius qui nous assure que, Titius,
„ n'est pas menteur. Pouvons-nous avoir la moindre
„ certitude que Mevius est honnête homme, &
„ que Titius, qui le dit, n'est pas menteur; pas
„ plus, que si Titius ni Mevius ne nous ren-
„ doient aucun temoignage l'un en faveur de l'autre.
„ Voilà l'image d'un Diallelle.

Il a raison, mais ce n'est pas le cas de l'evidence, parce que, ce qui est necessairement tel supposant l'impossibilité du contraire, il suit que l'impossibilité du contraire est renfermée dans la necessité qui fait une connoissance evidente, que ce n'en est que le Caractère, la marque, le *criterium*, le resultat d'elle-même: C'est, pour me servir aussi d'une comparaison, comme un Blanc qui se presenteroit au milieu d'une troupe de Negres, à quoi le connoitroit-on, en le voyant? Sa propre couleur assure qu'il n'est pas Negre, c'est elle qui le distingue, qui en est le *Criterium*, mais qui n'est pas differente de lui-même.

Ainsi (a) *trouver un Degré de connoissance si parfait qu'il soit impossible d'être trompé dans les choses connuës à ce degré, ou, determiner precisément en quoy consiste l'evidence, en prenant ce terme pour un degré de connoissance où il soit impossible d'être dans l'erreur*, n'est pas un probleme à resoudre, puisque l'enoncé même en donne la solution. *Il est impossible d'être dans l'erreur, quand le contraire de ce que l'on conçoit est impossible.*

S'il falloit donner une demonstration de l'evidence, on ne pourroit le faire qu'en commençant par une proposition qu'on reconnoitroit evidente, ce

(a) No. LVI.

ce seroit donc deja connoitre l'evidence, & avoir trouvé ce qu'on voudroit demontrer. En effet, comment trouver l'evidence autrement que par l'evidence même ; puis qu'elle est un degré de connoissance si parfait qu'il est impossible d'y être dans l'erreur ? Peut-on connoitre quelquechose a ce degré sans sentir qu'il est impossible d'y être dans l'erreur ? Comment s'assurer de l'evidence si on ne la connoit independamment de toute regle, de tout principe de certitude, puisqu'elle est elle-même la la Regle & le principe de toute certitude ? On ne peut la connoitre qu'en voyant d'une maniere indubitable, que *ce qui est, est tel qu'on le voit*, desorte qu'on ne peut alors la méconnoitre à moins qu'on ne soit pas attentif, ou qu'on ne soit préoccupé par quelques prejugés qui empechent de la voir, ou qui interessent à ne la voir pas : Ainsi c'est à l'evidence même à se prouver, aussi c'est par elle-même qu'elle se fait connoitre, c'est elle-même qui nous assure d'elle, & si parfaitement, que le contraire de ce dont elle nous assure est impossible. *Ipsa doce quae sis.*

Mais il faut vouloir de bonne-foi connoitre la Verité & c'est pour cela qu'il est bon de s'assurer de ce qui fait le caractere de l'Evidence, afin de s'accoutumer à l'attention necessaire pour ne pas confondre le sentiment distinct qui nous en assure avec les sentimens confus où le prejugé veut la trouver quoiqu'elle n'y soit pas. Ainsi *lorsque je conçois une ideé si distincte qu'après un examen attentif de tout ce qu'elle renferme je trouve que tout ce que j'y conçois y est si necessaire que le contraire est impossible, cette idée est sans doute evidente*, puisque le contraire n'est, ni ne peut être,

SECTION VI.
LXXX.

EN effet, si je fais attention à ce qui m'est arrivé lorsque j'ai examiné certaines choses ou ecouté certains raisonnemens, je trouve que sans avoir recherché en quoi consistoit l'Evidence, un sentiment interieur m'assuroit d'elle ou me jettoit dans l'incertitude, je sentois sa force & j'étois déterminé par elle, ou sans savoir pourquoi je ne me rendois pas lorsqu'elle ne se presentoit point, je refusois cependant
de

de me rendre à des raisonnemens auxquels je ne pouvois repondre, verifiant en moi ce que dit le GUARINI,

Sempre di verità non è convinto
Chi di parole è vinto
Pastor fido, Act. V. sc 5.

C'est à ce sentiment que dans tous les païs du monde le Prince, le Païsan, le savant, l'ignorant appelle de la verité de ce qu'on lui propose lors qu'il veut faire usage de sa raison. Nous dit-on quelque chose dont nous n'ayons qu'un sentiment confus, nous doutons ; la probabilité augmente ou diminue à proportion que nous sentons que ce qu'on nous dit approche de la necessité ou s'en eloigne. Sentons nous que ce qu'on nous dit doit être *necessairement*, nous nous rendons, & plus nous y faisons attention plus nous nous trouvons convaincus. Mais les passions, les prejugés, l'intérêt, la crainte privent souvent de sa liberté le jugement. Pleins de complaisance pour nos passions, ou vuides d'amour pour la Verité, nous la negligeons ; ou trop presomptueux pour soupçonner que nous nous trompons, notre confiance fait notre opiniatreté comme elle fait notre ignorance ; ou nous deguisant notre lacheté sous le voile d'une humilité qui n'est au fonds que paresse, imprudence & bassesse, nous aimons mieux ceder à l'autorité ou à l'exemple & croire aveuglément sans trop savoir ce que nous croyons, sans vouloir même l'éclaircir, que d'avoir le courage de faire un genereux usage de notre raison en ne nous rendant qu'à l'Evidence.

LXXXI.

Remarque.

Les *Institutions Pyrrhoniennes* commencent par des propositions evidentes. Les plus determinés Sceptiques font connoitre malgré eux que l'impossibilité du contraire emporte la necessité de la verité d'une proposition. On ne dira pas, disent ils (1), *qu'il soit également*

(1) *Inst. Pyrrhon.* L. 2. C. 9.

lement vrai que le nombre des Etoiles est pair ou impair. Ils conviennent qu'il faut que l'un ou l'autre soit vrai, parce qu'il est impossible que l'un & l'autre soient en même tems ; & lors même qu'ils combattent l'Evidence, le contraire de ce qu'ils disent est impossible ou absurde. Ils prétendent que ce qu'ils disent est évident, est nécessairement vrai, & l'opposé nécessairement faux. D'une chose établie comparée à une autre de différent genre, ils concluent qu'il est évident que l'une n'est pas l'autre. *Mais il y a une différence toute évidente,* disent-ils (1), *entre* DÉMOCRITE *& nous.* DÉMOCRITE *dit, qu'il y a véritablement, & non point par opinion, des atomes & du vuide. Car, en disant cela, il est clair, sans qu'il soit besoin de le prouver, qu'il est bien différent de nous.*

Il y a lieu de croire, que les Philosophes Sceptiques se sont elevés premièrement contre les Dogmatiques avec beaucoup de raison. Les Dogmatiques décidoient affirmativement de la nature des choses sur les apparences, sur le consentement, sur l'autorité. Les Sceptiques prétendoient, que les apparences, le consentement, l'autorité n'offroient que des Probabilités insuffisantes pour décider affirmativement de la nature des choses, puisqu'on pouvoit toujours opposer apparences à apparences, consentement à consentement, autorité à autorité: Qu'on pouvoit de même opposer les choses qui tombent sous les sens à celles qui ne s'apperçoivent que par l'entendement; Que même nous n'appercevons pas seulement par l'entendement les choses qui existent (2), mais encore celles qui n'existent pas: D'où ils concluoient, que de notre manière d'appercevoir les choses, nous ne devions pas juger qu'elles existassent réellement telles hors de nous. En quoi il leur étoit aisé de triompher des Dogmatiques, rien n'étant plus trompeur que le rapport de nos sens, rien de moins fondé, ni de plus opposé que le consentement & l'autorité des hommes.

Si les Sceptiques s'en étoient tenus là, les Dogmatiques étoient battus à platte couture sans pouvoir

(1) Instit. Pyrrhon. L. I. C. 30.
(2) Instit. Pyrrhon. L. II. C. 1.

voir se relever; & si les Sceptiques avoient ensuite recherché le caractére de l'Evidence qui se faisoit sentir à eux-mêmes malgré eux, ils auroient pu en partant de principes évidens parvenir peut-être par des conséquences nécessaires à connoître pour indubitables plusieurs choses qu'ils n'ont regardées, que comme probables & incertaines. Ils seroient ainsi devenus eux-mêmes Dogmatiques de Sceptiques qu'ils auroient été d'abord, & ils auroient été Dogmatiques sur de meilleurs fondemens que les Péripatéticiens, les Stoïciens, les Epicuriens & autres, à qui les rapports des sens, des vraisemblances, des idées fausses & confuses ont servi de principes & de règles pour leurs jugemens. Mais les Sceptiques qui étoient d'abord dans l'état propre à philosopher, ont plus songé à être les antagonistes des Dogmatiques qu'à devenir de véritables Philosophes, leur état est devenu parti, ils n'ont songé qu'à attaquer leurs adversaires, qu'à détruire & non à édifier, & de gens propres à être de bons Philosophes, ils n'ont été que les destructeurs de toute Philosophie. C'est ainsi qu'enorgueillis par les avantages qu'ils remportoient aisément sur les Dogmatiques, mal munis, mal fortifiés, ils ont poussé leur fanatisme jusqu'à vouloir attaquer la Vérité même. C'est l'Evidence qui nous assure de la Vérité. Il falloit donc attaquer l'Evidence, c'est ce qu'ils ont fait. Mais comment peut-on l'attaquer? Ce n'est qu'en voulant la méconnoître, c'est aussi ce qu'ils ont fait. Au lieu de s'assurer d'elle par elle-même, ils l'ont réprésentée selon les divers jugemens que differens Philosophes en ont porté, & en opposant ces sentimens, ils vouloient déja faire entendre que l'Evidence n'étoit en soi rien de déterminé, puisque les uns la faisoient consister dans une chose & les autres dans une autre; que par conséquent il pourroit bien n'y avoir point d'Evidence: Et lorsque, par une notion plus générale, ils l'ont considérée comme règle de vérité, ils ont prétendu qu'elle devoit être prouvée avant que d'être reçue, & par-là ils ont cru jetter l'Evidence dans le cas de leur *Diallelle* ou cercle vicieux, dans lequel, étant toujours en droit de demander la preuve de la preuve, on tomboit dans le *progrès à l'infini*, c'est-à-dire, dans *l'impossibilité de prouver*, d'où il résultoit qu'on ne pouvoit s'assurer de l'Evidence.

Rien n'est plus mal pensé, ni de plus mauvaise foi que tout ce que les Pyrrhoniens disent à cet égard. C'est une suite visible de cet esprit de parti qui leur a fait dans tant d'occasions débiter une infinité de sophismes, non seulement ridicules, mais puériles, quoiqu'il y en ait aussi de très-ingénieux, & si ingénieux, qu'on est surpris qu'ils fassent tant d'efforts d'esprit pour extravaguer.

Si l'esprit de Secte n'avoit pas outré chez eux cette suspension de jugement si convenable à un Philosophe, tant qu'il n'apperçoit pas l'Evidence, les Pyrrhoniens n'auroient-ils pas découvert le *Criterium*, le caractère de l'Evidence dans cette seule Proposition, *on ne peut pas dire qu'il soit également vrai que le nombre des Etoiles est pair & impair*; parce qu'étant impossible que ce nombre soit en même tems l'un & l'autre, il est nécessairement & & par conséquent évidemment vrai, qu'il est l'un ou l'autre. Ils y auroient vu que l'impossibilité du contraire d'une Proposition est le caractère d'une vérité *nécessaire*, c'est-à-dire, *évidente*, d'une vérité qui ne peut pas être, & dont le contraire est impossible. De même lorsqu'ils disent, qu'*il y a une différence toute évidente entre* DÉMOCRITE *& eux, en ce que* DÉMOCRITE *dit, qu'il y a véritablement & non point par opinion des atomes & du vuide, puisqu'en disant cela*, remarquent-ils, *il est clair, sans qu'il soit besoin de le prouver, qu'il est bien différent de nous*; n'auroient-ils pas vu que si cela *est si clair qu'il n'est pas besoin de preuve*, c'est parce qu'il est contradictoire & par conséquent impossible qu'une chose qui est différente d'une autre soit la même, & que nécessairement & par conséquent évidemment l'une n'est pas l'autre. C'est par le caractère de l'Evidence qui est l'Evidence même qu'on voit que le contraire est impossible. C'est ce qu'il étoit facile aux Pyrrhoniens de reconnoître, & en même tems, que ce caractère de l'Evidence la prouve par elle-même, & n'exige point d'autre preuve, desorte que ce qui est évident se prouve par soi-même sans tomber dans le progrès à l'infini, c'est ce que les Pyrrhoniens pou-

pouvoient aisément reconnoître, & alors loin d'assurer qu'il n'y avoit ni vérité, ni regle de vérité, ils auroient sans doute admis pour principe,

LXXXII.

Principe Métaphysique.

Tout ce que l'on conçoit être si nécessaire que le contraire est impossible, est telle en effet & ne peut être autrement.

LXXXIII.

Principe Logique.

Toute proposition, dont les termes sont contradictoires est nécessairement fausse, & le contraire nécessairement vrai.

Ou en autres termes :
Tout ce qui est contradictoire est non seulement faux, mais impossible & absurde.

LXXXIV.

LOrs donc que je fais cette proposition :
Je puis connoitre évidemment quelques choses, où je ne puis rien connoitre que probablement.

Ou autrement :
Il y un dégré de connoissance, où il est impossible d'être dans l'erreur, ou il n'y a point de dégré de connoissance dans lequel il ne soit possible d'être dans l'erreur.

Je dis sans crainte de me tromper, que l'énoncé de cette Proposition la décide, & qu'il est évident, qu'il y a un dégré de connoissance où il est impossible d'être dans l'erreur, parce que de deux alternatives directement opposées, il est impossible que l'une des deux, ne soit pas vraie, & par conséquent que l'autre ne soit pas fausse. Ainsi quand on fait cette Proposition, *je puis connoitre évidemment quelquechose, ou je ne puis rien connoitre que probablement*, je conçois donc déjà ja évidemment quelquechose, à savoir, que *l'une ou l'autre de ces deux alternatives est vraie*, que *ce qui est contradictoire est impossible*, que *l'impossible étant ce qui n'est, ni ne peut être, ce qui est nécessaire ne peut pas ne point être*, & par cela même la question est décidée & voilà d'Evidence.

LXXXV.

Réflexion.

UN PYRRHONIEN obstiné dira peut-être, qu'il est vrai qu'à l'égard des Propositions alternatives, on sait évidemment que l'une ou l'autre est vraie, & l'une ou l'autre fausse; mais il ajoutera, que s'il est vrai qu'on a l'évidence à cet égard il faut aussi avouer que ce n'est qu'à cet égard, & qu'elle manque dès qu'on veut décider laquelle des deux alternatives est vraie.

Il n'est pas douteux, dira-t-il, que s'il y a des étoiles, leur nombre est pair ou impair; mais où est l'évidence pour décider s'il est pair ou impair, où est l'évidence qu'il y ait même des étoiles? Il en est ainsi, continuera-t-il, des questions les plus importantes. *Il y a un ou plusieurs autres Etres que moi qui existent, ou il n'y a que moi d'existant. Il y a un Etre éternel & tout-puissant, infiniment existant, infiniment intelligent, infiniment sage, cause libre & créatrice de tous les autres Etres, ou, cet Etre n'existe point; ou il y a plusieurs Etres coéternels, ou, la cause de tous les Etres n'est qu'une cause materielle & nécessitée.* Enfin, ajoutera-t-il, *moi qui pense je suis mon corps, ou je ne le suis pas, je suis libre ou je ne le suis point*, tout cela est évident: Mais comment résoudre toutes ces alternatives? Il n'y a plus d'évidence, il n'y en a que pour l'évidence de l'incertitude.

A cela je répondrai, que je ne sai point si l'évidence manque ou ne manque pas pour la solution de toutes ces questions; mais que je suis bien tenté de croire qu'on peut évidemment les résoudre dès qu'on entend de quoi il s'agit. Car dès que j'ai une idée de quelquechose, il est évident, que mon idée est telle qu'elle est, & qu'elle n'est point autre;

autre ; il est contradictoire qu'elle soit telle, & qu'elle soit autrement; il est de même contradictoire que la chose dont j'ai l'idée ne soit pas conforme à l'idée que j'en ai, puisque si la chose étoit différente de l'idée, l'idée ne seroit pas l'idée de cette chose. Il est de même évident qu'ayant choisi un terme pour signifier déterminément cette idée, ce terme eu égard à sa signification, ou en tant que signe, ne représentera rien de différent de l'idée même, puisqu'il seroit contradictoire qu'il fût le signe de telle idée, & qu'il en représentât une autre : Ce seroit être le signe de ce qu'il ne signifieroit point, ce qui est absurde. Et de là j'infère, que puisque j'entends les termes de ces propositions, j'en ai les idées, & qu'en n'y admettant rien que ce qu'il est impossible de n'y point admettre, à moins que de tomber en contradiction d'idée & de terme, je n'y admettrai rien que de nécessaire & par conséquent d'évident, puisque le contraire sera impossible. Ainsi j'aurai les idées claires & distinctes, en un mot, évidentes ; & de là, si je suis attentif à ne raisonner que sur ce qui sera nécessairement renfermé dans ces idées, j'aurai l'évidence de raisonnement & je pourrai déterminer lesquelles des alternatives des propositions précédentes sont vraies ou fausses. C'est ce qu'il faudra voir dans la suite. Maintenant je me borne à savoir, eu égard à la pre-

Evidence. mière Position, que l'Evidence consiste dans *le sentiment d'une chose qu'on sent si nécessairement telle, que le contraire est impossible*, & par rapport à la seconde, que *tout ce qui est nécessairement compris dans le terme, est nécessairement dans la chose, & que tout ce qui est contradictoire dans les termes, est à l'égard des choses mêmes, non seulement faux, mais impossible.*

CHA-

CHAPITRE IV.

Observations sur la Vérité & l'Evidence démontrées par elles-mêmes.

Rédigeons en forme de Démonstration tout ce que je viens de remarquer, & quoiqu'il ne faille point de Démonstration de l'Evidence, puisque le Caractére, ce *Criterium* qui lui est propre, & qui n'est propre qu'à elle seule, ne permet pas de prendre l'incertain ou le douteux pour elle, obligeons-la toutefois à se démontrer d'une manière méthodique, asservissons-la aux régles qu'elle préscrit.

LXXXVI.

Exposition ou Définition de Termes.

La Vérité, est ce qui est.

Le Rien, est un terme négatif pour marquer ce qui n'est pas, ou autrement, la négation de l'Existence.

Le possible, est ce qui peut être ou ne pas être effectué.

Le Nécessaire, ce qui ne peut pas ne point être.

L'Impossible, ce qui n'est ni ne peut être.

Lemme premier.

Il est contradictoire, & par consequent impossible, que ce qui est ne soit pas, & que quelque chose soit, & n'existe pas, quelle que soit son existence.

Lemme second.

LE nécessaire étant ce qui ne peut pas ne pas être, & étant impossible, que ce qui est ne soit pas, & n'ait pas une existence quelconque, ce qui est, est nécessairement ce qu'il est, & a une existence nécessaire quelconque.

LXXXVII.

Corollaire.

Ainsi, la Vérité est ce qui est nécessairement possible ou nécessaire, & la connoissance de la Vérité, est la connoissance de ce qui est nécessairement possible ou nécessaire.

LXXXVIII.

Observation.

Lemme premier.

SEntir rien, c'est ne pas sentir ; connoitre rien, c'est ne pas connoitre (*a*).

Corollaire.

LEs sentimens ou les idées sont nécessairement les sentimens ou les idées de quelquechose, & ce quelquechose est nécessairement possible ou nécessaire (*b*) étant contradictoire que des idées puissent être des idées de rien, ou qu'elles soient les idées de quelquechose qui ne soit ni possible, ni nécessaire.

Lemme second.

C'Est par les sentimens ou les idées que nous avons des choses, que nous connoissons, & nous ne pouvons les connoitre autrement.

(*a*) No. LXXXVI. Def.   (*b*) Lem. II. Cor.

Lemme troisième.

IL seroit contradictoire, & par conséquent impossible, qu'on eut l'idée d'une chose & qu'on n'en eut pas l'idée : Il seroit de même contradictoire, que l'idée d'une chose ne fût pas conforme à cette chose puisqu'alors ce ne seroit pas l'idée de cette chose.

Lemme quatrième.

LEs termes étant les signes de tels sentimens ou de telles idées, le sont par conséquent de telles ou de telles choses.

LXXXIX.

Corollaire I.

Ainsi tout sentiment & toute idée est non seulement vraie en soi, puisque c'est quelquechose, mais c'est encore le sentiment ou l'idée d'une vérité, puisque c'est le sentiment ou l'idée de quelquechose qui est, & à quoi cette idée est conforme. Ainsi la fausseté ne peut consister que dans l'union que fait l'esprit d'idées qui ne se supposent pas réciproquement dans un même objet & qui par conséquent sont des idées de choses qui ne sont point nécessairement unies, ou dans la désunion d'idées de choses qui se supposent nécessairement.

XC.

Corollaire II.

Ainsi tout mot est le signe de quelquechose de vrai, & du sentiment ou des idées de ce qui est nécessaire résulte une connoissance si nécessaire & par conséquent si certaine, qu'il est impossible d'être dans l'erreur, puisque le contraire de ce que l'on connoit ainsi est impossible, & c'est en quoi consiste l'Evidence. Ce qu'il falloit démontrer.

Et la nécessité de l'Evidence, c'est-à-dire, ce qui fait qu'une connoissance évidente ne peut être douteuſe, c'eſt que l'évidence ne conſiſtant que dans le ſentiment de la néceſſité d'une choſe, ou dans l'idée d'une choſe néceſſaire, ce qui revient au même, la néceſſité de l'évidence même réſulte de ce que la choſe eſt néceſſairement conforme à ſon idée (a), c'eſt ce qui fait que l'évidence ſe prouve & ne peut ſe prouver que par elle-même. Ce qu'il falloit encore démontrer.

XCI.

Obſervation.

CEtte ſolution ne regarde que l'évidence Mentale ou Métaphyſique, c'eſt-à-dire, l'évidence conſidérée en elle-même, comme la connoiſſance parfaite de l'eſprit, indépendamment des mots dont on ſe ſert pour exprimer les idées. Mais puiſque les mots ne ſont que les ſignes des idées, il faut par conſéquent que l'évidence Mentale ou Métaphyſique s'exprime auſſi par une évidence Grammaticale, c'eſt-à-dire, par la ſignification & la conſtruction des termes; deſorte que les idées exprimées par des termes, l'évidence de ces idées ſe trouve exprimée par les termes mêmes, & qu'aprés leur détermination, les termes deſtinés à ſignifier telles ou telles choſes ne forment que des Propoſitions contradictoires, ſi les choſes qu'ils ſignifient ne le ſuppoſent pas néceſſairement, & que ces Propoſitions ſoient affirmatives, ou que les choſes ſe ſuppoſent néceſſairement, ſi ces Propoſitions ſont négatives, deſorte alors que quoique chaque terme ſoit intelligible par l'idée qu'on y a attachée, & que cette idée ſoit vraie de même que la choſe dont elle eſt l'idée, les mots réunis en de telles Propoſitions ne ſont point de ſens intelligible parce que les uns nient ce que les autres affirment, ce qui fournit une autre ſolution du problême précédent. Je dis donc :

Par la première Poſition (b). Les hommes ont divers ſentimens ou idées qu'ils peuvent comparer les unes aux autres.

Et *par la ſeconde*. Les hommes peuvent ſe ſervir de mots comme ſignes de leur ſentimens ou idées.

(a) Ci-deſſus Lemme III.   (b) N°. LVII.

Lemme premier.

LE signe d'une chose, eu égard à sa signification, n'est pas different de la chose signifiée.

Lemme second.

PAr le Lemme troisième de l'Observation LXXXVIII. une chose n'est pas autrement que d'idée qui la fait connoître.

Lemme troisième.

DIre qu'une chose est telle, c'est nier qu'elle soit autre, & dire qu'elle est telle & qu'elle est autre, c'est se contredire.

Une chose ne peut pas être telle & être autrement. C'est une nécessité dans la chose pour être telle d'être telle en effet ; c'est une impossibilité dans la chose d'être telle & de n'être pas telle en effet, & c'est une contradiction dans les termes de dire qu'elle est telle & qu'elle est autrement.

Corollaire.

DOnc la contradiction dans les termes marque l'impossibilité de la chose énoncée, & par conséquent la nécessité du contraire : Donc ce qui est contradictoire dans les termes est impossible dans la chose & le contraire ne peut pas ne point être : Ainsi la contradiction dans les termes est égale à l'impossibilité de l'union dans les idées ; ce qui est contradictoire est impossible, & le contraire nécessairement vrai, ce qui est l'*évidence* ou le degré de connoissance si parfait qu'il est impossible d'être dans l'erreur à l'égard de ce qu'on connoît ainsi, & on est sûr qu'on le connoît ainsi par cela seul qu'il est impossible de le connoître autrement, ce qui est l'Evidence.

XCII.
Réflexion.

Puisque le caractère de l'Evidence est si marqué qu'il est impossible de s'y méprendre si l'on veut être attentif & agir be bonne foi, ceux qui la méconnoissent ne peuvent être que des gens qui détournent leur esprit de la distinction des idées, qui ne veulent point faire d'attention aux termes, ou qui ne les entendent pas, & qui font précisément ce que feroit un homme qui, pour assurer qu'il fait nuit fermeroit les yeux à la clarté du jour, ce seroit une nuit volontaire qui seroit nuit pour lui sans doute, mais qui ne le seroit pas pour ceux qui tiendroient les yeux ouverts. Un tel homme seroit bien fou cependant s'il se bornoit à soutenir qu'il fait nuit sans vouloir juger de la couleur des objets qui l'environnent; il ne seroit pas encore si fou que ceux qui détournent l'esprit de la lumiére de la vérité, & qui, disant qu'on ne voit rien, décident cependant de plus de choses & du ton le plus magistral. Ils ont beau faire : S'ils veulent entendre & juger de quelquechose, ils ne pourront ni entendre, ni juger véritablement que par l'évidence, elle sera leur règle & les maitrisera malgré qu'ils en ayent, ou ils seront toujours en contradiction avec eux-mêmes.

Je dis qu'elle les maitrisera, ou qu'ils seront toujours en contradiction avec eux-mêmes. Car il faut l'avouer, le préjugé fortifié par l'habitude, la crainte, l'espérance, les divers intérêts, souvent par une soumission en apparence raisonnable, & même par une piété qui paroit louable ; empechent de fort honnêtes gens d'ailleurs & gens de beaucoup d'esprit de se rendre à l'évidence. Ce n'est pas qu'ils ne la sentent, ils ne peuvent s'empecher de la sentir, mais ils détournent l'effet de l'impression qu'elle doit faire, en l'écartant d'abord & en lui substituant l'erreur qu'ils respectent au point de ne vouloir pas même l'examiner.

Les exemples de ceci sont trop communs pour qu'il soit besoin d'en citer, il n'est que trop ordinaire de voir les hommes en contradiction avec eux-mêmes,

mes, & d'admettre comme évident dans les choses qui ne les intéressent point, des principes qu'ils contredisent dès qu'ils s'opposent à leurs préjugés ou à leurs intérêts.

SECTION IV.

Observations.

Précautions pour s'assurer de la Vérité. Que tout homme qui la cherche ne fait pour la trouver, que ce qui se fait en Arithmétique. Qu'il faut distinguer, entre une Proposition évidente & l'Évidence d'une Proposition. Que toutes les Sciences proprement dites peuvent être démontrées. Que tout ce qui est possible, est nécessaire en tant que possible. Du Scepticisme & du Doute.

XCIII.

Observation.

Deux choses assureront donc toutes mes démarches dans la recherche de la Vérité :
L'une *la distinction claire ou détermination fixe de l'idée attachée au mot que j'emploie*:
L'autre, *l'attention à n'admettre rien que ce dont le contraire est impossible, ou implique contradiction.*
Voilà toute la Syllogismique, tout ce qui fait la sûreté de la méthode des Géomètres & de tous ceux qui veulent s'assurer de la Vérité.
La connoissance que j'ai de ma propre foiblesse trop bien prouvée par tant d'erreurs où j'ai donné, & par l'incertitude où je suis encore, m'oblige d'agir avec beaucoup de méfiance de moi-même & de circonspection dans l'examen des choses; mais ce

que je viens de voir doit m'inspirer un nouveau courage, puisqu'il fortifie mon espérance.

Je suis sûr, qu'en n'admettant que *ce que la nécessité me forcera d'admettre*, il faudra que le contraire soit impossible, & par conséquent que *ce que j'admettrai soit nécessairement vrai*. Ainsi l'évidence accompagnera sans doute mes recherches, si je suis attentif à bien distinguer mes idées, & que je détermine avec soin la Signification de mes termes. C'est là l'essentiel, c'est le tout. Puisque l'idée d'une chose ne peut pas n'être pas conforme à cette chose, c'est de là même que naît l'Evidence, & si pour parvenir à l'évidence des idées considérées en elles-mêmes, il ne faut qu'exactement distinguer une idée d'avec une autre, de même pour parvenir à l'évidence des Propositions exprimées par des termes, il ne faut que se servir des termes si clairs qu'ils ne présentent point d'idées douteuses. Or il est évident, que j'ai bien distingué une idée d'avec une autre quand tout ce que j'y conçois se suppose si nécessairement qu'*il est impossible que l'un subsiste sans l'autre*, & qu'étant le maître de distinguer cette idée par le mot qu'il me plaît de choisir, le mot ainsi déterminé n'est pas équivoque.

XCIV.

Observation.

PUisque la distinction des idées d'où naît l'évidence des Propositions, est le seul moyen de connoître la Vérité, nos connoissances ne peuvent différer entre elles que par ce qui en est l'objet, mais non par la manière de le connoître. Tout homme qui veut savoir quelque chose ne peut faire que ce que fait un Arithméticien, ajouter ou retrancher, considerer la valeur d'une idée ou du mot qui la signifie, comme un Arithméticien considere l'idée d'un nombre ou du chiffre qui en est la marque, & ni l'un, ni l'autre ne se trompe quand il a des idées distinctes des choses qu'il examine, & qu'il connoit bien

bien les termes qu'il employe pour les signifier, à moins qu'il ne fasse pas assez d'attention, ou qu'il se fie trop à son habileté, il ne se donne pas la peine de vérifier scrupuleusement, l'un, si les sommes trouvées sont conformes aux chiffres qu'il a employés, l'autre, si les conséquences qu'il tire sont nécessairement renfermées dans les mots dont il s'est servi. Faute d'attention, ou par trop de confiance, on peut aisément se tromper dans l'addition d'une très-petite somme; mais assurément on ne se trompera jamais, si avec beaucoup d'attention & de méfiance, on a soin de vérifier la justesse de son addition, ainsi que cela se fait par la soustraction, outre les précautions qu'on peut prendre, en faisant l'addition même, comme de la faire par partie, de la commencer en prenant les chiffres de bas en-haut, & puis de la recommencer, en les prenant de haut en bas, ainsi qu'un homme qui veut s'assurer de la clarté d'une idée doit prendre soin de la considerer de toutes manières, en examinant par abstraction tout ce qu'elle suppose & les rapports nécessaires de ces abstractions avec l'idée du tout, comme des chiffres avec la somme totale, ou du nombre avec les unités qui le composent. Or de même que l'Addition se vérifie par la Soustraction, & que réciproquement l'une sert de preuve à l'autre, de même la nécessité se vérifie par l'impossibilité, & réciproquement se servent ainsi de preuves d'où résulte l'évidence. De même encore qu'un PYRRHONIEN auroit tort de dire que la Soustraction est en ses chiffres différente de ceux de l'Addition, & que c'est par là qu'elle est nécessaire pour être assuré que l'Addition est bonne, ainsi que la Soustraction exige la bonté de l'Addition pour s'y trouver juste, & qu'ainsi c'est un Diallele, une Pétition, un Cercle qui fait qu'on ne peut s'assurer si une Addition est bonne ou mauvaise; de même le PYRRHONIEN auroit tort de prétendre que l'évidence, consistant dans la nécessité d'où résulte l'impossibilité du contraire, comme de l'impossibilité du contraire résulte la nécessité, c'est un Cercle qui détruit l'évidence, puisque l'un se prouve par l'autre: Parce que l'impossibilité du contraire, re de même que la souftraction ne font que le refultat de la neceffité de la chofe ou de l'addition, ou pour mieux dire ne font en foi que les nombres de l'addition ou la nature de la chofe même.

XCV.

ET pour pouffer la comparaifon plus loin, de même que j'apperçois d'abord l'evidence d'une propofition Arithmetique quand elle eft extremement fimple, comme quand je dis *deux & deux font égaux à quatre*, ou bien *mille eft egal à deux fois cinq cens*, & qu'au contraire je n'apperçois pas l'evidence dès que la propofition eft un peu compofée, comme quand je dis, *cent quarante fept & cent foixante & treize font trois cent & vingt*, ou bien, *trois cens cinquante fix multipliés par feize font cinq mille fix cens quatre vingt feize*, quoique ces deux dernieres propofitions ne foient pas moins fondées fur l'evidence que les deux premieres; de même auffi dans les autres Sciences, les propofitions un peu étendues ou compofées ou qui fuppofent l'evidence de quelques autres, peuvent fort bien quoiqu'evidentes en elles-mêmes ne le pas paroitre & par conféquent l'evidence ne s'y pas faire fentir à moins qu'on ne connoiffe l'evidence des propofitions qu'elles fuppofent. Faute de cette connoiffance il y a telle propofition qui pourroit me paroitre très-fauffe parce qu'elle feroit contraire à quelqu'opinion que le prejugé m'auroit fait adopter, & qui feroit cependant indubitablement vraie pour moi-même fi mon ignorance ne m'en voiloit la verité, d'où je dois conclure, que fi je dois ne rien admettre pour vrai que ce que l'evidence me forcera d'admettre, je dois de même ne rien rejetter comme faux que ce que l'evidence me forcera de rejetter. Tant que je n'ai point d'evidence la chofe n'eft point neceffaire, le contraire n'eft pas impoffible, il eft donc poffible qu'elle foit fauffe, comme il eft poffible qu'elle foit vraie, & cette poffibilité qui la rend probable doit m'empecher de decider qu'elle eft vraie comme elle doit m'empecher de decider qu'elle eft fauffe. Il faut donc diftinguer l'evidence confiderée en elle-même comme le degré de de connoissance où l'erreur est impossible d'avec une proposition evidente. L'evidence consideree en elle-même peut être dans une proposition sans s'y faire d'abord sentir, il faut de la reflexion, il faut de l'etude, il faut une evidence antecedente; au lieu qu'une proposition evidente est une proposition dont la verité se fait d'abord & necessairement sentir soit parce qu'elle ne suppose la connoissance d'aucune autre, soit parce que les connoissances qu'elle suppose sont si simples & si presentes qu'elles se font sentir presque sans reflexion. C'est ce qui fait que toute proposition, tout raisonnement, toute question où la verité sera evidemment demontrée sera necessairement fondée sur l'evidence quoique l'evidence ne s'en fasse pas d'abord sentir, & c'est pour cela que dans une demonstration qu'on veut rendre aussi claire & aussi facile à concevoir qu'elle est vraie, il faut quelquefois prendre la peine de remonter jusqu'à ces principes qu'on nomme *Axiomes*, à cause de leur simplicité & sur la connoissance desquels la verité qu'on veut etablir est fondée; autrement les meilleures demonstrations coutent beaucoup à entendre. C'est ce qui a fait dire, que la lecture des *Principes Mathematiques de Philosophie* par le Chevalier NEWTON, auroit été plutot faite si le livre qui les contient n'eut pas été si court, & que tandis que quinze ou vingt personnes capables sur toute la terre d'entendre cet Ouvrage encore après beaucoup de travail & de peine parlent de l'Auteur comme les Siciliens parloient autrefois d'EMPEDOCLES,

Ut vix humana videatur stirpe creatus.

LUCRET. lib. I.

ce qui est bien repété dans toute l'Angleterre, ceux qui ne connoissent les Demonstrations dont ce Livre est plein que par des recits qui ne peuvent guere être que défectueux disent de NEWTON ce que LUCRECE disoit d'HERACLITE,

Clarus ob obscuram Linguam. . . . .

Ibid.

Obser-

XCVI.
Observation.

Puisque l'evidence depend de la distinction des idées & de la précision des termes, ce n'est pas assez pour sentir l'evidence d'un raisonnement ou d'une demonstration quelque directe & courte qu'elle soit que de sentir l'evidence des principes sur lesquels elle est fondée, il faut aussi avoir une idée très-distincte des termes qui expriment les conséquences qu'on tire de ces principes.

Si je dis par exemple, j'apelle *corde une ligne qui va d'un point de la circonference d'un cercle à un autre point de la circonference sans passer par le centre, & j'appelle arc cette portion de la circonference qui se trouve barrée par une corde,* on sentira aisément l'evidence de cette proposition, savoir que dans un même cercle ou dans des cercles egaux, les arcs egaux ont des cordes egales, & que les cordes egales sont les cordes d'arcs egaux ; mais si j'ajoute que *les arcs d'un pareil nombre de dégrés ont de plus grandes cordes dans les grands cercles & de plus petits dans les petits cercles,* & qu'ainsi quand une ligne est la corde commune de deux arcs de cercles inegaux qui se coupent, l'arc du petit cercle contient plus de degrés que l'arc du grand, quoique ces propositions ne soient pas moins évidentes que la precedente, l'evidence ne s'en fera pas sentir : Peut-être même qu'on croira y appercevoir quelque contradiction à moins qu'on ne sache que les Géometres qui s'expliquent ainsi sont convenus que la division de toute circonference de cercle se feroit en 360. parties egales, connoissance que la demonstration de ces dernieres propositions suppose pour être évidente.

Ce qui fait voir que dans les demonstrations exactes où je veux m'asservir pour m'assurer de l'evidence, je dois non seulement bien determiner les termes de mes principes, mais encore les termes des conséquences que j'en tirerai, desorte qu'ils me deviennent ainsi des principes pour de nouvelles conséquences.

C'est à cela que les Géometres doivent toute la certitude de leurs demonstrations, leurs progrès dans la Mathematique pure & tout ce qu'ils ont découvert de vrai dans les Mathematiques mixtes. Sans chercher en Metaphysiciens à démontrer en quoi consiste l'evidence ils s'y sont laissés conduire comme par instinct, parce qu'en effet le propre de l'evidence est de se faire sentir par elle-même, ainsi ils ne se sont appliqués qu'à prouver la verité de leurs propositions par la seule definition des mots & par la connexion necessaire qu'elles avoient avec des principes evidens, bien assurés que tout ce qui étoit contradictoire etoit impossible, & le contraire necessairement vrai. Il n'y a donc point de doute que si on avoit suivi cette methode à l'égard des autres sciences, on n'y eut decouvert la verité avec la même évidence qu'on l'a decouverte en Mathematique. Pourquoi ne l'a-t-on pas fait ? Il seroit trop long d'en déduire maintenant les raisons : Ce qu'il y a de sûr c'est qu'on auroit dû le faire. La certitude des Mathematiques suppose les principes generaux de la Metaphysique, de la Logique & même de l'Ontologie, principes communs à toutes les sciences, & fondement de tout raisonnement qui peut aller à la démonstration. Les demonstrations Mathematiques supposent sans doute,

Que tout ce que l'on conçoit être si necessairement que le contraire est impossible, est tel en effet & ne peut être autrement.

Que toute proposition dont les termes sont contradictoires est absurde, & le contraire necessairement vrai.

Que tout ce qui est contradictoire est non seulement faux, mais impossible.

Que toute idée est l'idée de quelque chose à quoy elle est conforme.

Que le signe d'une chose eu egard à sa signification n'est pas different de la chose signifiée.

Que dire qu'une chose est telle, c'est nier qu'elle soit autre, & que dire qu'elle est telle & qu'elle est autre c'est se contredire.

Quil est impossible qu'une chose soit & ne soit pas, qu'elle soit telle & qu'elle soit autrement.

Que le rien n'a point de proprietés.

Que la connoissance de la Verité n'est en Mathematique que comme dans les autres Sciences, la connoissance de ce qui est : Et quoique les Mathematiciens

ciens n'ayent pas mis au rang de leurs demandes les positions sur lesquelles on fonde toutes ces recherches, est-il quelque Traité de Mathematique qui ne suppose pas ces positions? (*a*) Or il est contradictoire que des principes communs puissent être des principes de verité pour une science, & n'être que des principes d'erreur ou de probabilité pour d'autres qui y seroient egalement fondées; que le principe qui fait l'evidence en Mathematique ne fit qu'une probabilité en Metaphysique ou en Ontologie ou même en Morale. Ce qui est necessaire est necessaire sans doute & emporte l'impossibilité du contraire en quelque science que ce soit, & puisque nous ne pouvons avoir l'idée de rien, & qu'une chose ne peut pas n'être pas conforme à son idée, dès qu'on a l'idée une chose on peut par cela même demontrer si cette chose est possible ou necessaire & ce que cette chose suppose pour être telle qu'elle est; desorte qu'on peut dire, qu'une bonne démonstration n'est que la claire explication de ce que renferme l'idée distincte d'une chose, mais que quoiqu'on ait d'une chose une idée distincte il y a une maniere de la developper qui fait regner l'evidence ou qui rend la verité moins sensible.

XCVII.

Observation.

ENfin quand même, toutes les choses dont la connoissance est l'objet des sciences, n'auroient qu'une existence possible, c'est-à-dire, n'existeroient pas effectivement mais pourroient simplement exister, ces choses en tant que possibles, n'eussent-elles jamais été effectuées, ne dussent-elles même jamais l'être, seroient necessairement possibles, & leur existence possible seroit cependant necessaire en tant que possible. Et si par *Eternel*, on entend ce qui est sans avoir commencé d'être, tout ce qui est possible en tant que possible l'est de toute Eternité: La demonstration n'en est pas difficile.

XCVIII.

(*a*) N°. LXXVI.

XCVIII.

Theoreme.

Ce qui est possible en tant que simplement possible est eternel, & suppose une existence necessaire & eternelle quelconque.

Demonstration.

Si ce qui est possible avoit pu commencer d'être possible, par cela même qu'il auroit pu commencer d'être possible il n'auroit pas été impossible; ainsi il auroit été possible & ne l'auroit pas été, ce qui est une Contradiction. S'il n'a pu commencer d'être possible, c'est donc, ou parce qu'il étoit impossible ou parce qu'il étoit eternel, un possible impossible est une contradiction manifeste, & ce qui est possible ne peut point avoir pu ne pas l'être. Donc tout ce qui est possible est éternel en tant que possible, & tout ce qui a jamais été, tout ce qui sera jamais, en un mot, tout ce qui peut être ou n'être pas effectué, n'eût-il jamais été effectué, ne dût-il jamais l'être, a été, ou pour mieux dire, est de toute eternité en tant que possible, & a par conséquent une existence Eternelle & necessaire quelconque, puisqu'il est contradictoire que quelquechose soit & ne soit pas, & que le rien puisse devenir quelquechose.

XCIX.

Remarque.

Or les choses possibles supposant une necessité quelconque qui les rend possibles, on peut donc determiner evidemment par les idées qu'on en a, ce qu'elles sont & ce qu'elles ne peuvent pas ne point être, de même qu'on peut determiner consequemment à cette necessité ce qu'elles peuvent & doivent être necessairement en tant qu'effectuées. Une figure triangulaire ou autre polygone peut exister en effet, ou n'exister pas, tracées sur du papier par exemple ou formées par un morceau de cire. Ce qui rend leur exiſtence poſſible, c'eſt qu'il n'eſt pas contradictoire que quelques corps ſoient triangulaires ou ayent pluſieurs angles & que ces corps ſoient ainſi veritablement des triangles ou des polygones, comme il n'eſt pas auſſi neceſſaire qu'ils ſoient tels, deſorte que quoiqu'ils ſoient neceſſairement tels lorſqu'ils ſont tels, parce qu'il eſt contradictoire qu'ils ſoient tels & qu'ils ſoient autres, il ne ſont toutefois neceſſairement tels que conſequemment à ce qu'ils ont été ainſi formées & qu'ainſi leur neceſſité d'etre tels n'étant qu'une neceſſité de conſequence fondée ſur la poſſibilité qu'il y avoit que ces corps puſſent être formés avec pluſieurs angles ou être formés autrement, ces Corps peuvent ceſſer d'être triangulaires ou polygones, ſoit quils ſoient detruits ou qu'ils prennent d'autres figures; mais ſoit que ces figures ayent ainſi une exiſtence Phyſique ou ne l'ayent pas, elles ſeront toutefois neceſſairement telles que les Mathematiciens demontrent qu'elles ſont. Ainſi la figure triangulaire peut être effectué ou ne l'être pas, c'eſt-à-dire, avoir ou n'avoir point une exiſtence Phyſique & en ce ſens elle n'eſt que poſſible, quoique de toute éternité cette figure triangulaire ſoit neceſſairement ce que les Geometres demontrent qu'elle ne peut pas ne pas être.

De même quand il n'y auroit qu'un ſeul être il ſeroit cependant vrai qu'une unité jointe à une autre feroit le nombre de deux, que deux fois deux feroient quatre, que quatre fois quatre feroient ſeize; & que ſeize contiendroit deux fois huit, deux fois ſix & quatre, trois fois cinq & un, & que ſi on ajoutoit une unité à ces ſeize cela feroit un nombre qui ne pourroit jamais être diviſé en parties egales à moins que d'être reduit en unités; deſorte que ſi la creation de pluſieurs êtres etoit poſſible, celui-là même dont la puiſſance infinie pourroit les créer, ne pourroit cependant les créer de façon qu'ils ne fiſſent pas un nombre pair ou impair.

Ce qui ſe remarque ici touchant les figures & les nombres ſe peut dire de quelque choſe poſſible que ce ſoit, la propoſition eſt generale. Il eſt poſſible de toute éternité que je puiſſe écrire ceci ou ne l'écrire pas, & l'on peut determiner neceſſairement

tout

tout ce qu'un homme peut faire ou ne faire pas en tant qu'être possible, quoiqu'on ne puisse determiner ce qu'il a fait & ce qu'il n'a pas fait en tant qu'effectué. Parce que la possibilité etant necessaire tout ce qui en resulte peut être évidemment demontré, au lieu que l'actualité de ce qui est possible en tant qu'effectué ne peut être démontrée puisque pour demontrer une chose il faut une necessité absolue, telle qu'il soit impossible que la chose ne puisse pas ne pas être, & que l'actualité d'un être possible n'est fondée que sur la possibilité de ce qui peut être ou n'être pas effectué. Desorte que si une chose effectuée peut être demontrée vraie ce ne peut être que par une necessité de conséquence. Ainsi sans egard à la réalité Physique des choses qui peuvent être l'objet des sciences, tout ce dont on a une idée distincte peut être demontré être necessairement tel que l'idée qu'on en a, puisque l'idée de quelquechose de possible que ce soit est fondée sur un possible necessaire.

On ne prend ces exemples de figures & de nombres que pour faire voir que l'objet de la Mathematique proprement dite, n'est point le possible Physique, c'est-à-dire, le possible effectué, qu'on voit, qu'on touche, & que l'on confond trop communément avec le possible necessaire; mais que veritablement l'objet de la Mathematique est le possible métaphysique & necessaire que l'esprit sent & pénetre & que les corps ne font souvent qu'obscurcir, ce possible éternel, necessaire, dont la nécessité fait l'évidence des demonstrations, desorte que la Mathematique n'est fondée, que sur les idées metaphysiques de la grandeur, de même que toutes les autres sciences ne sont fondées que sur les idées metaphysiques de quelques possibles necessaires qui sont leur objet. Ainsi ceux des Mathematiciens que s'imaginent que les seules verités Mathematiques peuvent être demontrées, sont voir par cette opinion ou qu'ils n'ont appris les Mathematiques que machinalement comme les enfans apprennent à lire sans savoir sur quoi sont fondées les differences des mots, ou que par l'habitude de concentrer pour ainsi dire leur esprit dans des figures & des nombres, ils l'ont rendu presqu'incapable de s'étendre à la Connoissance des autres verités.

Ainsi ces Messieurs les petits beaux Esprits qui disent de si belles choses sans avoir reflechi, qui savent tout sans avoir rien appris, & qui décident de tout sans avoir rien examiné, ne donnent pas une marque de la superiorité de leur genie, lorsqu'ils decident que la Metaphysique est le païs des chimeres ; mais cette expression fait une image, elle leur plait & leurs échos la répetent. Cependant ne pourroit-on point dire que si la Metaphysique étoit le païs des chimeres ce seroit le vrai païs de ces Messieurs, & qu'une marque que ce ne l'est point c'est qu'il leur est inconnu : Du moins passent-ils chez ceux qui preferent le Sens-Commun au Bel-Esprit, pour des gens qui aiment plus à imaginer qu'à voir.

Cependant quelque hardie que soit leur decision elle se trouve fortifiée par les suffrages de quelques personnes en apparence plus sensées que les beaux-Esprits, quoiqu'ils n'en different que par leur temperament & non par leur sagesse. Ces personnes se font honneur d'un scepticisme d'où ils affectent de combattre l'evidence ou plutot de la proscrire. Cela peut venir de trois causes, le dégout, la paresse, & la vanité. Le dégout sera venu de la lecture de quelques Livres trop obscurs, trop abstraits pour des personnes qui regardent la meditation comme une peine, ou dont les Auteurs ont hazardé des choses qui ne sont point suffisament ou assez clairement prouvées & qui peut-être auroient dû l'être d'autant mieux qu'elles s'éloignent plus des opinions ordinaires. C'en est assez pour condamner une science qu'ils n'ont examinée que par les yeux d'autrui ou s'ils l'ont examinée par eux-mêmes, la vanité les aura fait tomber dans cette erreur que MALBRANCHE regarde dans le Chapitre VIII. du second Livre *de la Recherche de la Verité*, comme la plus dangereuse des erreurs où tombent plusieurs personnes d'etude. Il remarque, que ces personnes après avoir conçu un grand mepris pour toute sorte de Livres parce qu'il arrive souvent qu'on ne rencontre rien de vrai ni de solide dans les opinions des Auteurs qu'on lit, Imaginent une opinion vraisemblable qu'ils embrassent

sent de tout leur cœur ; qu'obligés à l'examiner ensuite avec plus d'attention, ils en decouvrent la fausseté & qu'ils la quittent, *mais avec cette condition*, dit il, *qu'ils n'en prendront jamais d'autre & qu'ils condamneront absolument tous ceux qui pretendront avoir découvert quelque verité, parce que s'ils ne les condamnoient pas, ce seroit en quelque maniere tomber d'accord que d'autres ont plus d'esprit qu'eux, & cela ne leur paroit pas vraisemblable.* Ce Philosophe remarque toutefois ce que je ne crois pas que ces personnes là même puissent lui contester, c'est, *que s'ils ont lu un fort grand nombre de livres, ils ne les ont pas néanmoins lus tous, ou qu'ils ne les ont pas lus avec toute l'attention necessaire pour les bien comprendre, & que s'ils ont eu beaucoup de belles pensées qu'ils ont trouvé fausses dans la suite, néanmoins ils n'ont pas eu toutes celles qu'on peut avoir, & qu'ainsi il se peut bien faire que d'autres auront mieux rencontré qu'eux, & il n'est pas necessaire absolument parlant que les autres ayent plus d'esprit qu'eux, si cela les choque, car il suffit qu'ils ayent été plus heureux. On ne leur fait point de tort quand on dit qu'on sait avec evidence ce qu'ils ignorent, puisqu'on dit en même tems que plusieurs siecles ont ignoré ces mêmes verités, non pas faute de bons esprits mais parce que ces bons esprits n'ont pas bien rencontré d'abord. Qu'ils ne se choquent donc point*, ajoute le Pere MALBRANCHE, *si on voit clair & si on parle comme l'on voit, qu'ils s'appliquent à ce qu'on leur dit si leur esprit est encore capable d'application après tous leurs egaremens, & qu'ils jugent ensuite, il leur est permis : mais qu'ils se taisent s'ils ne veulent rien examiner. Qu'ils fassent un peu quelque reflexion si cette reponse qu'ils font d'ordinaire sur la plupart des choses qu'on leur demande*, on ne sait pas cela, personne ne sait comment cela se fait, *n'est pas une reponse peu judicieuse, puisque pour la faire il faut de necessité qu'ils croyent savoir tout ce que les hommes savent ou tout ce que les hommes peuvent savoir : Car s'ils n'avoient pas cette pensée là d'eux-mêmes, leur reponse seroit encore plus impertinente. Et pourquoy trouvent-ils tant de difficulté à dire,* je n'en sai rien, *puisqu'en certaines rencontres ils tombent d'accord qu'ils ne savent rien ? Et pourquoi faut-il conclurre que tous les hommes sont des ignorans, à cause qu'ils sont interieurement convaincus qu'ils sont eux-mêmes des ignorans.*

Si c'est un grand obstacle à la connoissance de la veri-

verité que de prefumer qu'on la connoît lorfque les fentimens qu'on a ne font point prouvés par l'evidence de l'impoffibilité du contraire, ce n'en eft pas un moins grand que de s'imaginer qu'il eft impoffible de la connoitre, parce qu'il eft impoffible de s'affurer de l'evidence : L'un & l'autre empechent egalement d'examiner la vérité. La préocupation ou l'indifference lui font egalement contraires : Mais puifque ce que l'on conçoit diftinctement eft neceffairement tel qu'on le conçoit, étant impoffible que l'idée d'une chofe ne foit pas l'idée de la chofe qu'elle fait connoitre ; eft-ce une fi grande peine que de ne point prononcer fur ce qu'on ne conçoit pas affez diftinctement pour voir que le contraire implique contradiction ? Eft-ce une fi grande peine que de s'amufer à diftinguer fes idées ? Je dis s'amufer : car cela peut fe faire par amufement & avec moins d'application qu'il n'en faut pour jouer bien une partie d'echets, ou même de piquet. Retranchons la vanité de paroitre favant fans l'être puifqu'auffi bien quelque favant qu'on foit, on a plus lieu d'être humilié de ce qu'on ne fait pas, que d'être enorgueilli de ce qu'on fait. Agiffons avec affez de bonne foi avec nous-mêmes pour ne pas vouloir nous tromper en prenant parti fur ce que nous ne connoiffons que confufément, & furmontons cette pareffe de nous inftruire par une fimple meditation qui doit nous couter peu, & alors nous acquererons fans doute quelques connoiffances certaines, de l'une nous irons à l'autre, & l'amour & la lumiere de la verité fe fortifiant par les progrès, peut-être parviendrons nous à connoitre au delà de ce que nous aurions efperé,

.... *Tantum feries juncturaque pollet.*

HORAT. Art. Poetic.

Decider fans favoir, eft affurément un imprudence & une prefomption qu'on n'appellera ridicule que pour menager les termes. Douter parfaitement de tout eft impoffible. On definit fort bien les Sceptiques ou Pyrrhoniens des gens qui parlent contre leur fentiment, & quoique les Academiciens foient moins outrés, ce n'eft pas leur faire une grande injure que de les comprendre dans la même definition. C'est un mauvais air que d'affecter d'être l'un ou l'autre, on ne se le donne que pour honorer son orgueil, sa paresse ou son ignorance d'un nom specieux parce qu'il est un nom de Secte. Mais un Secte eut-elle commencé sous ALEXANDRE le Grand ainsi que celle des Pyrrhoniens, en seroit-elle moins extravagante? Si on pouvoit s'empecher de raisonner & de vouloir être heureux, il pourroit être assez indifferent de savoir si on peut s'assurer de la verité ou non, mais on ne peut ni s'empecher de raisonner ni s'empecher de vouloir être heureux; & non seulement quand on se trompe le vray bonheur est incertain, mais on court risque même de se rendre très-malheureux. Il est donc important de chercher à ne se pas tromper & d'accoutumer l'esprit à distinguer l'evident du probable & par là connoitre ce qui fait qu'une chose est certaine & ce qui fait qu'elle n'est que douteuse.

Unde sciat quid sit scire & nescire vicissim,
Notitiam veri quæ res falsique crearit,
Et dubium certo quæ res differre probarit.

LUC. ET. Lib. 4.

Ce n'est donc pas qu'il ne faille douter, mais il faut douter comme DESCARTES, douter pour apprendre à connoitre, non pour faire d'un Scepticisme affecté le refuge de l'orgueil, de la paresse & de l'ignorance. Qu'on ne s'imagine pas avoir peu avancé, dit encore MALBRANCHE (1), *si on a seulement appris à douter, savoir douter, par esprit, par raison, n'est pas si peu de chose qu'on le pense. Car il faut le dire ici, il y a bien de la difference entre douter, & douter: On peut douter par emportement & par brutalité, par aveuglement & par malice, & enfin par fantaisie & parce que l'on veut douter. Mais on doute aussi par prudence & par defiance, par sagesse & par penetration d'esprit.... Le premier doute est un doute de tenebres qui ne conduit point à la lumiere, mais qui en eloigne toujours; le second doute nait de la lumiere & il aide en quelque façon à la produire à son tour.* C'est ainsi qu'HOBBES a dit (2), *incipit in ipsis dubitandi*

(1) *De la Rech. de la Verité*, Liv. 1. Chap. dernier.
(2) *Elementa Philosophica*, Amstelodam. apud Elzevirios 1654. 12°. Epist. Dedicat.

tandi tenebris filum quoddam rationis cujus ductu evaditur in lucem clarissimam, ibi principium docendi est, inde ad solvenda dubia converso itinere lux referenda est. „ Dans
„ les tenebres mêmes du doute, il y a un certain fil
„ de raison dont le developpement sert à nous con-
„ duire à une lumiere très-pure; c'est là que l'in-
„ struction doit commencer & que revenant ensuite
„ sur ses pas, on a dequoi resoudre ses doutes par
„ la lumiere qu'on rapporte pour les examiner". Il n'est pas même necessaire de se jetter dans ce doute peut-être impossible, que DESCARTES n'a supposé dans la I. de ses *Meditations*, que pour parvenir d'une maniere incontestable au principe necessaire de la certitude de l'idée, dont le contraire implique contradiction. Ce doute n'est guere un etat où l'esprit puisse durer, à moins que d'être aussi fou que quelques Pyrrhoniens affectoient de l'être. L'impossibilité de ne pas admettre certaines verités se fait sentir malgré l'opiniatreté du Pyrrhonisme, sappe ainsi l'extravagance d'une incertitude universelle & decouvre ce petit rayon de lumiere, ce fil de raison, à l'aide desquels on peut esperer de parvenir au grand jour, du moins à un jour proportioné à notre foiblesse & dans lequel si nous ne voyons pas tout parfaitement parce qu'il y a trop à voir, nous pouvons cependant voir beaucoup de choses & celles qui nous importent le plus; desorte qu'il ny a que ceux là qui peuvent rester dans les tenebres du doute & de l'ignorance qui par une extravagance pernicieuse s'obstinent opiniâtrement à vouloir douter de tout, uniquement parce qu'ils veulent douter, & qui par cette opiniatreté là même rejettent l'evidence dont ils ne peuvent s'empecher d'être frappés, ou bien ceux qui passent leur vie dans une indolence si parfaite à l'egard de la verité, qu'ils negligent de faire ce qu'ils doivent pour s'assurer d'elle.

CHAPITRE V.

De la Difference entre Definition de nom, & Definition de choses: Que la premiere peut être toujours prise pour Principe.

C.

EN prenant le parti de ne rien admettre que ce qui sera prouvé par l'impossibilité du contraire & de regarder seulement le reste comme probable, j'eviterai une double erreur; l'une en ce que je n'admettrai point pour vrai ce qui pourroit ne l'être pas, l'autre en ce que je ne rejetterai point comme faux ce qui pourroit être vrai. Il me paroit que dans cet etat la verité ne trouvant chez moi aucun obstacle que mon ignorance naturelle, il me sera aisé de connoitre la verité. L'ignorance n'est qu'un obstacle pour entendre les choses qui supposent des connoissances anterieures, mais non pour recevoir les premieres connoissances qui servent de dégrés pour aller aux autres: Une ignorance parfaite & avouée est à l'égard de la recherche de la verité, moins nuisible qu'un savoir imparfait & presomptueux. Comme je cherche ici simplement, ce qui est, sans savoir ce que c'est que ce que je trouverai, & que je me propose d'examiner de mon mieux ce que je trouverai afin de ne m'y point meprendre, je ne pourrai sans doute ni découvrir ni examiner les verités dont la connoissance suppose celle de quelques autres que je ne connoitrai pas. Mais dès la connoissance de la plus simple verité, mon ignorance commencera un peu à se dissiper & ainsi toujours de plus en plus à mesure que j'en appercevrai de nouvelles à la lumiere de l'evidence, car je la veux toujours. C'est ainsi que les tenebres qui ne sont que la privation de la lumiere, comme l'ignorance n'est que la privation de la connoissance de la verité, se dissipent, dès que les rayons du soleil commencent à dorer l'horison. Je distingue d'abord les objets qui sont près de moi & ensuite les autres à proportion que les lieux où je suis s'exposent à la lumiere, & je sens bien que l'evidence fait mieux distinguer à l'esprit la verité de ses idées que le soleil ne fait distinguer aux yeux la réalité des objets, puisque les yeux trompent quelquefois & que l'evidence ne peut jamais tromper.

Par ce que j'ai deja vu je suis sûr que pour connoitre la verité je n'ai besoin que d'une attention exacte à mes idées ou aux termes dont je me sers pour les exprimer, desorte que je pourrai parvenir ainsi à la connoissance evidente de ce que sont toutes les choses dont j'ai des idées. Si je ne le fais pas, mon ignorance sera volontaire, puisque malgré moi j'éprouve un grand nombre de sentimens & d'idées qu'il ne tient qu'à moi d'examiner & d'eclaircir. Je raisonne tous les jours selon ces sentimens & ces idées, je fais plus, j'agis en conséquence & j'agis pour me rendre heureux. Puis-je sans être coupable envers moi-même me refuser l'attention qu'elles & que mon propre bonheur exigent? Je n'ai point d'excuse; car puisque ce qui est, est vrai, qu'étant contradictoire que l'idée d'une chose soit l'idée d'une autre, les choses sont necessairement telles que les idées que j'en ai, & puisque les mots eu egard à leur signification ne sont pas differens des choses pour l'expression desquelles on les a choisis, l'erreur ne peut venir que de la confusion de mes idées, de l'equivoque des termes dont je me sers, & de ma précipitation à juger sans m'entendre. Ainsi dans tous les cas où je me trompe, c'est que je juge de ce que je ne vois pas distinctement, que je ne sai pas bien ma langue, ou, ce qui revient au même, que je n'ai point d'idées distinctes de ce que signifient les termes dont je me sers. C'est à cause du peu d'attention que les hommes apportent à la distinction des termes & par conséquent des idées, qu'on ne rencontre par tout, ainsi que le remarque l'Auteur de *la Logique de* PORT ROYAL (1), *que des esprits faux qui n'ont presqu' aucun discernement de la verité, qui prennent toutes choses d'un mauvais biais,*

qui

---

(1) *Logique ou l'Art de penser*, Discours premier.

qui se payent des plus mauvaises raisons, & qui veulent en payer les autres, qui se laissent emporter par les moindres apparences, qui sont toujours dans l'excés & dans les extremités, qui n'ont point de serre pour se tenir ferme dans les veritès qu'ils savent parce que c'est plustost le hazard qui les y attache qu'une solide lumiere, ou qui s'arrêtent au contraire à leur sens avec tant d'opiniatreté, qu'ils n'ecoutent rien de ce qui les pourroit detromper, qui decident hardiment ce qu'ils ignorent, ce qu'ils n'entendent pas & ce que personne peut-être n'a jamais entendu, qui ne font point de difference entre parler & parler, ou qui ne jugent de la verité des choses que par le ton de la voix........ C'est pourquoy il n'y a point d'absurdités si insuportables qui ne trouvent des aprobateurs......... Il y a une Constellation dans le ciel qu'il a plu à quelques personnes de nommer Balance & qui resemble à une balance comme à un moulin à vent. La balance est le simbole de la justice, donc tous ceux qui naitront sous cette Constellation seront justes & equitables. Il y a trois autres signes dans le Zodiaque qu'on nomme l'un Belier, l'autre Taureau, l'autre Capricorne, & qu'on eut pu aussi bien apeller, elefant, crocodile, & rinoceros. Le Belier, le Taureau, & la Capricorne sont des animaux qui ruminent, donc ceux qui prenent medecine lorsque la Lune est sous ces constellations, sont en danger de la revomir. Quelque extravagans que soient ces raisonnemens, il se trouve des personnes qui les debitent & d'autres qui s'en laissent persuader; & je crois pouvoir ajouter, qu'il y a beaucoup de personnes qui en lisant ces exemples en trouveroient la conséquence si ridicule qu'ils auroient peine à s'imaginer qu'il y eut des gens assez fous pour l'admettre, lesquels pourtant se reglent dans des affaires de la derniere importance par des conséquences qui ne sont pas mieux fondées.

C I.

POur eviter le ridicule de tant de gens d'esprit qui raisonnent sans s'entendre & même sans s'appercevoir qu'ils ne s'entendent pas, & puisque de la précision de mes termes depend l'evidence de mes raisonnemens, je dois donc tacher d'entendre ma langue ou de m'en faire une que j'entende & que je rende même intelligible à ceux qui ne dedaigneroient pas

pas de parler avec moi, & pour cela je n'ai pas besoin de faire de nouveaux mots tant que je pourrai me servir de ceux qui sont deja en usage, il s'agit seulement d'en déterminer precisément la signification en decidant par d'autres mots simples & qui ne soient point equivoques quelle est l'idée que j'y attacherai. S'il m'arrive de ne point trouver de mots dont je puisse me servir, il sera alors assez tems d'en faire de nouveaux.

. . . . . *Licuit semperque licebit.*

HORAT. Art. Poet.

CII.

DEterminer ainsi la signification d'un mot, est faire ce que les Logiciens appellent *Definition de nom*, qu'ils avertissent de ne pas confondre avec une autre sorte de definition qu'ils appellent *Definition de chose*. En effet les Definitions de nom sont arbitraires & celles des choses ne le sont point. *Car chaque son*, remarque fort bien l'Auteur de *la Logique de* PORT ROYAL (1), *etant indifferent de soi-même & par sa nature à signifier toute sortes d'idées, il m'est permis pour mon usage particulier & pourvu que j'en avertisse les autres, de determiner un son à signifier precisément une telle chose sans mélange d'aucune autre; mais il en est tout autrement de la definition des choses. Car il ne depend point de la volonté des hommes, que les idées comprennent ce qu'ils voudroient qu'elles comprissent, desorte que, si en les voulant définir, nous attribuons à ces idées quelquechose qu'elles ne contiennent pas, nous tombons necessairement dans l'erreur,* d'où il conclud fort bien, que *les definitions de noms ne peuvent pas être contestées par cela même qu'elles sont arbitraires.* Car on ne peut pas nier qu'un homme n'ait donné à un son la signification qu'il dit lui avoir donnée, ni que ce son ainsi devenu mot, n'ait cette signification dans l'usage qu'en fait cet homme après qu'il en a averti, d'où il resulte que toute definition de nom ne pouvant être contestée & marquant necessairement une idée vraie

lors-

(1) *La Logique* ou *l'Art de penser*, premiere partie Ch. IX.

lorsqu'elle est distincte, puisqu'un son ne peut devenir mot, c'est-à-dire, un signe intelligible, que par l'idée qui y est attaché, *toute définition de mot devient un principe de raisonnement*, tellement que *rien n'est plus évidemment impossible que ce qui est contradictoire par les termes.*

CIII.

Il en est autrement des Définitions des choses, ainsi qu'on vient de le remarquer, parce que les choses étant ce qu'elles sont, indépendamment de notre volonté, il n'est pas en notre pouvoir de les faire ce que nous disons qu'elles sont, comme il depend de nous de faire qu'un tel son soit le signe d'une telle idée, & que les definitions de choses supposant un terme deja reçu & auquel par conséquent on a deja attaché une idée quelconque, definir une chose c'est en determiner l'idée par l'union de quelqu'autre idée qu'on attache au terme deja reçu. Or cette union peut bien n'être que dans la proposition, c'est-à-dire, dans l'union des termes par lesquels celui qui definit affirme cette union, sans qu'il en ait d'idée distincte ou tout au plus sans que ce soit autre chose qu'un acte de son esprit par lequel il juge que la chose est telle, ce qui est vrai s'il est impossible que la chose soit autrement, ce qui est douteux si cela n'est que possible, & ce qui est absurde si cela est contradictoire; car tout cela peut arriver par le penchant que les hommes ont à juger indépendamment des idées distinctes sans lesquelles on ne juge de rien evidemment. C'est ce qui fait qu'on doit prouver les définitions de choses, au lieu qu'on ne doit que déclarer les definitions de noms, celle-ci n'est qu'un choix arbitraire qui dépend de la volonté, l'autre est une décision qui doit être fondée sur ce qui est vrai, & rien n'est connu vrai que ce qui est évidemment prouvé.

Ainsi les Définitions de noms deviennent en même tems des Définitions de choses quand les idées qu'on y attachent se supposent si nécessairement qu'il est contradictoire qu'elles ne se supposent pas; & les Definitions de choses deviennent au contraire des Définitions de rien, c'est-à-dire, ne definissent aucune chose & ne sont que des marques de confusion & des negations de ce qui est, lorsqu'elles supposent

sent des idées qui ne se supposent point necessairement : Ainsi definir un mot, c'est faire entendre l'idée qu'on y attache, definir une chose c'est marquer les idées qu'on attache à une idée principale, c'est-à-dire, à l'idée d'un objet qu'on suppose réunir en soi ces idées qui par conséquent n'en sont que des idées abstraites. C'est pourquoi le P. LAMY dit fort bien dans ses *Elemens des Mathematiques*, que *lorsqu'une definition est bonne si c'est une definition de mot elle marque précisément ce que ce mot signifie & si elle definit une chose elle en doit donner une idée où l'on apperçoive ce qu'elle est desorte qu'en etudiant cette idée on decouvre toutes les proprietés essentielles de cette chose.*

CIV.

CE qui fait qu'une Definition de nom devient une definition de chose, c'est qu'on ne peut declarer qu'on donne à un tel mot telle idée, sans faire connoitre l'idée qu'on y attache, que toute idée est l'idée de quelque chose & que l'idée de quelque chose que ce soit en suppose ou si l'on veut en renferme quelques autres, parce que tout ce qui est, non seulement est, mais est tel qu'il est & que la *Talité* d'une chose si je puis hazarder ce terme, fournit à l'esprit de quoi se faire diverses idées abstraites de la chose même, idées abstraites, mais idées pourtant, idées de choses très-réelles & que la chose suppose necessairement par cela même qu'elles en sont abstraites. Lorsque je dis j'appelle *Cercle une figure dont tous les points de la circonference sont egalement eloignés du centre*, je definis ce que j'entends par le mot de *cercle*, je fais une definition de nom : Lorsque je dis le cercle est une figure dont tous les points de la circonference sont egalement éloignés du centre, je fais une definition de chose ; ainsi le mot de *cercle* n'est qu'une abbreviation qui exprime seule une chose que je ne pourrois exprimer que par une longue suite de mots. Ainsi le mot de *cercle* par cela même que j'entends ce qu'il veut dire, me presente l'idée d'une chose definie, par conséquent distincte, & devient dès lors un principe de raisonnement, par lequel de la chose connue, je puis parvenir à connoitre

noitre par des conséquences necessaires des choses que je ne connoissois pas. Or ce que j'appelle cercle, je pouvois l'appeller *quarré*, *triangle*, *plume*, *papier*, le nom étoit absolument arbitraire, mais de quelque nom que je l'eusse appellé, l'idée auroit toujours été la même, je ne suis pas le maitre de la changer ni de l'avoir autre que je la conçois.

C V.

Toute definition de nom n'étant donc que la declaration de l'idée qu'on y attache, dès que cette idée est distincte ainsi qu'elle doit l'être, puis qu'autrement le nom ne seroit pas defini, cette idée est donc l'idée de quelque chose de vrai & peut par conséquent être un principe de raisonnement & d'evidence. Cela est clair par tout ce qu'on a vu. L'Auteur de *la Logique de Port Royal* le reconnoit lui-même dans un endroit du Chapitre onzieme de la premiere partie de cette *Logique*. *Toute definition de nom ne pouvant être contestée, dit-il, peut être prise pour principe au lieu que les definitions des choses ne peuvent point du tout être prises pour principes & sont de veritables propositions qui peuvent être niées &c.* C'est en effet ce qu'il devoit dire après avoir remarqué que pour faire la definition d'un nom, il falloit designer par d'autres mots *simples & qui ne fussent point equivoques l'idée à laquelle on le vouloit appliquer*, & qu'il ne depend point de la volonté des hommes que les idées comprennent ce qu'ils voudroient qu'elles comprissent. Comment donc a-t-il pu dire ensuite dans le même chapitre, *neanmoins ce que je viens de dire que la definition du nom peut être prise pour principe, a besoin d'explication, car cela n'est vrai qu'à cause que l'on ne doit pas contester que l'idée qu'on a designée ne puisse être appellé du nom qu'on lui a donné, mais on n'en doit rien conclurre à l'avantage de cette idée, ni croire pour cela seul qu'on lui a donné un nom, qu'elle signifie quelquechose de réel.*

Ou je n'entends pas ce que cet Auteur veut dire; ou il s'est étrangement oublié ici. Croioit-il donc qu'on pût avoir l'idée de rien, qu'une idée designée à laquelle on ne peut *contester le nom* qu'on lui a donné, ne soit pas une veritable idée, & qu'elle puisse

puisse être une idée sans signifier quelquechose de réel ? *Par exemple*, dit-il, *je puis definir le mot de chimere, en disant j'appelle chimere ce qui implique contradiction, &, cependant il ne s'ensuivra pas de là que la chimere soit quelquechose*, non vraiment ; car il s'ensuivra directement le contraire. La chimere sera impossible, car ce qui implique contradiction est impossible ; ainsi ou cette definition de nom ne donnera aucune idée, auquel cas ce n'est pas une definition de nom, ou si elle donne quelqu'idée qui definisse le nom de chimere, elle fera entendre que le mot de *chimere est un terme negatif qu'on employe pour marquer la negation la plus absurde où le jugement puisse se porter*, puisque c'est la negation de ce qui ne peut pas ne point être. Ainsi le mot sera bien defini & chimere sera quelquechose de réel, puisque ce sera *le signe d'un acte de l'esprit ou d'une expression du discours*, & tout mot negatif qu'il est, sa definition peut être prise pour principe, on en tirera des conséquences évidentes.

L'Auteur de cette *Logique* ajoute un autre exemple. *De même*, dit-il, *si un Philosophe me dit j'appelle* pesanteur *le principe interieur qui fait qu'une pierre tombe sans que rien la pousse, je ne contesterai pas cette definition, au contraire je la recevrai volontiers, parce qu'elle me fait entendre ce qu'il veut dire ; mais je lui nierai que ce qu'il entend par ce mot de* pesanteur *soit quelquechose de réel parce qu'il n'y a point de tel principe dans les pierres*. Cette remarque ne me paroit pas plus juste que la precedente. L'Auteur n'avoit qu'à penser à ce qu'il avoit dit des conditions qu'éxige une definition de nom pour rejetter celle-ci comme telle ou pour éviter de tomber en contradiction avec lui-même. Il exige pour une Definition de nom qu'on *designe par d'autres mots simples & qui ne soient point equivoques l'idée à laquelle nous les voulons appliquer*, il veut, que *ces mots marquent precisément une chose sans mélange d'aucune autre*, & il le faut en effet. Il s'agit donc de savoir si ces mots, *Le principe interieur qui fait qu'une pierre tombe sans que rien la pousse*, sont *simples*, non *equivoques* & s'ils marquent precisément une chose sans mélange d'aucune autre. S'ils ne sont pas tels, ce n'est pas une definition de nom, puisqu'il y a ou complication de chose, ou équivoque

voque dans la signification, s'ils sont tels, la définition est bien puisqu'on aura une idée précise & distincte de ce que signifie le mot de pesanteur, c'est-à-dire, *d'un principe interieur qui fait qu'un pierre tombe sans que rien la pousse.* Or si on a une idée distincte qu'un tel principe est dans la pierre, ce principe est quelquechose dans la pierre puisqu'il fait qu'elle tombe, puisque le rien n'a point de propriétés, & qu'on ne peut avoir l'idée de rien, & la pesanteur est quelquechose de réel puisqu'elle n'est autre chose que ce principe interieur. Convenir, ainsi que fait l'auteur, qu'il reçoit cette cette definition *volontiers parce qu'elle lui fait entendre ce que celui qui l'a faite veut dire*, c'est convenir qu'il conçoit precisément un principe dans la pierre (car c'est ce qu'*interieur* signifie) qui fait qu'une pierre tombe sans qu'on la pousse. Nier en même tems qu'il y ait de tel principe dans les pierres, c'est dire qu'il ne conçoit pas que ce principe soit dans la pierre, ainsi c'est dire qu'il conçoit que ce principe est dans la pierre & qu'il ne conçoit pas que ce principe y soit, ce qui est une contradiction. Or de deux contradictoires dont le contraire est impossible l'une est necessairement vraye, & l'autre necessairement fausse. Ou l'Auteur conçoit distinctement ce principe interieur qui est dans la pierre auquel cas il ne doit pas nier qu'il y soit ; ou il n'y conçoit pas ce principe, auquel cas la definition ne lui est pas intelligible, & par conséquent n'est pas une Définition de nom, puisqu'elle ne donne point l'idée distincte qu'exige une definition de nom. Si l'Auteur avoit jugé de cette definition selon ses propres regles il ne se la seroit donc point objectée comme une preuve, que si dans la Definition de nom *il est vrai qu'on ne doit pas contester que l'idée qu'on a designée ne puisse être appellée du nom qu'on lui a donné, on n'en doit cependant rien conclurre à l'avantage de cette idée ni croire pour cela seul qu'on lui a donné un nom qu'elle signifie quelque chose de réel.* Il auroit dû faire reflexion que s'il est vrai qu'on puisse former des sons qui ne signifient rien que du bruit, il est contradictoire, que ces sons puissent devenir des mots.

c'est-à-dire, des signes de quelqu'idée sans signifier quelquechose de réel, puisqu'il est impossible d'avoir une idée, si ce n'est l'idée de quelquechose de réel, puisque tout ce qui est, est ou actuel ou possible, & que l'un & l'autre suppose le necessaire. Or concevoir distinctement *le principe interieur qui fait qu'une pierre tombe sans qu'on la pousse*, c'est par l'énoncé même concevoir quelquechose qui est actuellement dans la pierre. Il est impossible qu'il y soit & qu'il n'y soit pas, qu'il fasse tomber la pierre sans qu'on la pousse & qu'il ne soit pas quelquechose de réel. *Ce principe interieur qui fait qu'une pierre tombe sans qu'on la pousse*, est donc necessairement dans la pierre si on conçoit qu'il y est, & dès lors la definition du nom de pesanteur est un principe de raisonnement & d'évidence.

L'Auteur de *la Logique* ne devoit donc pas convenir qu'il entendoit ce que son Philosophe vouloit dire par *ce principe interieur qui fait qu'une pierre tombe sans qu'on la pousse*; ou, s'il en convenoit, il ne devoit pas dire que ce principe n'étoit pas dans les pierres: Mais la verité est, que cet Auteur n'avoit pas d'idée distincte d'un principe *interieur qui fait tomber les pierres sans qu'on les pousse*, & que s'il l'avoit euë il n'auroit pas nié que ce principe eut été dans les pierres puisque ç'auroit été agir contre ses propres lumieres. Mais aussi ne devoit-il pas apporter cet exemple comme une preuve que la Definition de nom ne doit pas toujours être prise pour principe, puisque selon ses propres regles dès qu'il n'avoit pas une idée simple, précise, non douteuse des termes de cette definition ce ne pouvoit être une Definition de nom.

Je ne puis concevoir qu'un aussi bon esprit que l'étoit l'Auteur de cette *Logique*, se soit laissé faire illusion par deux objections aussi frivoles que celle de la chimere & de la pesanteur. La moindre attention lui auroit fait connoître, que l'une n'étoit qu'un jeu de mots & que l'autre n'étoit pas une Definition de nom, à moins qu'on n'eût une idée distincte d'un principe interieur qui fait tomber les pierres sans qu'on les pousse. Tant qu'on
n'aura

n'aura pas cette idée, cette prétendue définition n'est qu'une supposition ou si on veut une proposition sur un fait qu'il faut prouver pour la faire entendre en faisant voir par l'explication de chacun, des termes dont elle est composée qu'il en résulte une idée distincte qu'on peut ensuite nommer *pesanteur*, ou de quelqu'autre nom qu'on voudra. L'inadvertence de cet Auteur à cet egard est d'autant plus surprenante que s'il etoit vrai comme il le dit, que *de ce qu'on a designé une idée par un nom, on n'en dit rien conclure à l'avantage de cette idée, ni croire pour cela seul qu'on lui a donné un nom, qu'elle signifie quelque chose de réel*, la chose du monde la plus inutile etoit de s'occuper ainsi qu'il faisoit à composer une *Logique*. Il n'y auroit alors aucun principe de raisonnement ni d'evidence sur quoi raisonner & conclure, si de ce qu'on a une idée assez definie pour être signifiée par un nom, il ne s'ensuit pas que cette idée signifie quelquechose de réel ? Est-il quelqu'autre moyen de connoitre les choses que par les idées ? Ce seroit pretendre de voir les couleurs par un autre sens que celui de la Vuë. Il n'y a point de milieu dans cette affaire. Dire que quelques Definitions de nom peuvent être prises pour principes & d'autres ne l'être pas, c'est dire, qu'aucune ne peut l'être ; & quoique la contradiction ne paroisse pas d'abord dans les termes, c'est cependant une proposition contradictoire.

C V I.

IL est évident que si les definitions de nom sont des Definitions de nom, elles sont toutes en tant que Definitions de nom egales & semblables, & que par conséquent la regle qui determine que l'une peut être prise pour principe en tant que Definition de nom, determine egalement que toutes peuvent être prises pour principes, puisqu'il est contradictoire qu'elles soient egales & semblables & qu'elles soient differentes, & qu'ainsi la regle de l'une ne soit pas la regle de l'autre. Les choses qui sont egales à une autre sont egales entre elles. S'il n'y a pas de difference entre Definition ne nom & Definition de nom, on ne peut pas dire qu'une Definition de nom ne peut pas être prise pour principe & qu'une autre le peut ; ou si on le dit, il faut donner une regle qui determine pourquoi l'une le peut, & pourquoi l'autre ne le peut pas. Or cette regle est impossible, puisqu'elle ne se pourroit donner qu'en supposant ou qu'une idée distincte exprimée par un terme arbitraire peut être l'idée de quelquechose qui n'est rien, ce qui est contradictoire, ou bien l'idée de quelquechose dont elle n'est pas l'idée, ce qui n'est pas moins contradictoire, ou que l'idée distincte exprimée par un nom arbitraire est necessairement conforme à la chose dont elle est l'idée, auquel cas ce seroit decider que puisque toute Definition de nom suppose une idée distincte, toute idée distincte une chose qui lui soit conforme, & tout raisonnement une idée distincte pour principe, non seulement toute Definition de nom peut être prise pour principe, mais qu'on ne peut même exprimer aucun bon raisonnement qu'autant que les termes auront été exactement definis.

Ainsi il seroit impossible de donner une regle pour discerner une Definition de nom qui peut servir de principe d'avec une Definition de nom qui ne peut en servir, ce qui doit etre en effet, parce qu'il n'y a point de difference entre les choses qui sont egales, & que la Definition de nom n'etant que *la declaration de l'idée qu'on attache à un nom* & toute idée supposant une chose réelle toute Definition de nom est en cela egale à toute autre definition de nom quelconque. Ce qu'il falloit demontrer.

Quelques differentes que soient les idées que les noms peuvent signifier, tous les mots qui signifient une idée simple, précise, & par conséquent si distincte qu'elle ne peut être confondue avec une autre, ainsi que l'exige l'Auteur de la *Logique*, sont des mots egalement bien definis. S'ils ne presentent au contraire que des idées confuses, ce ne sont alors que de vains sons qui ne portent aucune idée distincte & qui par conséquent ne sont point definis, puisqu'ils sont ou inintelligibles ou equivoques, ce qui est contre la Definition de nom. Supposer donc

qu'il

qu'il peut y avoir quelques Definitions de nom qui peuvent être prises pour principe & d'autres qui ne le peuvent pas, c'est supposer que quelques definitions de nom ne sont pas des définitions de nom, ou, ce qui revient au même, supposer que des definitions de nom ne definissent pas distinctement ce qu'un nom signifie, ce qui est contradictoire, puisque cela est contre la definition: Ou c'est supposer, ainsi que je l'ai deja remarqué, que l'idée d'une chose n'est pas l'idée de quelquechose, ou bien qu'une chose peut être sans être telle que son idée, ce qui est absurde.

Il est donc bien surprenant que le savant Auteur de *l'Art de penser* ait pu dire, que *la Definition de nom ne peut être prise pour principe que parce qu'il est vrai que l'on ne doit pas contester que l'idée qu'on a designée ne puisse être appellée du nom qu'on lui a donné, mais qu'on n'en doit rien conclurre à l'avantage de cette idée ni croire pour cela seul qu'on lui a donné un nom qu'elle signifie quelque chose de réel.* Cela, dis-je, est d'autant plus surprenant que *premierement* ce savant Auteur savoit bien que les idées des choses ne dependent point de nos décisions. Il dit expressément dans le même Chapitre, *il m'est permis......de determiner un son à signifier precisément une certaine chose sans mélange d'aucune autre, mais il en est tout autrement de la definition des choses: Car il ne depend point de la volonté des hommes, que les idées comprennent ce qu'ils voudroient qu'elles comprissent.* Et il avoit dit dès son premier chapitre, *que nous ne pouvons rien exprimer par nos paroles lorsque nous entendons ce que nous disons, que de cela même il ne soit certain que nous avons en nous l'idée de la chose que nous signifions par nos paroles, quoique cette idée soit quelquefois plus claire & plus distincte, & quelquefois plus obscure & plus confuse:* Et plus bas dans le même Chapitre, *il est vray,* dit il, *que c'est une chose purement arbitraire que de joindre une telle idée à un tel son plutot qu'à une autre, mais les idées ne sont point des choses arbitraires & qui dependent de notre fantaisie, au moins celles qui sont claires & distinctes.*

Secondement, que son but étoit d'instruire à raisonner juste, & que cette proposition sappe par le fondedement le raisonnement, & établit sur ses ruines un Scepticisme absolu qui bannit toute connoissance de verité.

Troisièmement, que cet Auteur avoit trop de discernement pour ne pas s'appercevoir des dangereuses conséquences de cette proposition & que quoiqu'il eut dû l'admettre s'il l'avoit cru vraie, il avoit trop de piété & de lumieres pour n'y pas chercher de remede en faisant voir les cas où la Definition de nom ne peut être prise pour principe & les cas où elle le peut ; cela etoit même de son devoir comme Auteur d'une *Logique*, & par la nature de la proposition si elle étoit vraye il devoit y avoir des regles pour determiner les cas où elle étoit fausse.

Quatriemement, qu'immediatement après l'article où malgré ce qui precede on detruit ainsi l'importance & l'utilité de la Definition de nom, sans en rapporter d'autres preuves qu'un pitoyable jeu de mots & une proposition sur la pesanteur qu'on veut faire passer pour une Definition de nom & qui n'en est pas, qu'immediatement, dis-je, après cet article on en trouve trois autres qui paroitroient par la liaison devoir s'y rapporter en quelque façon & qui pourtant par ce qu'ils contiennent paroissent ne supposer que le contraire. Voilà ces trois articles.

J'ai voulu expliquer ceci un peu au long, parce qu'il y a deux grands abus qui se commettent sur ce sujet dans la Philosophie commune. Le premier, est de confondre la Definition de la chose avec la Definition du nom & d'attribuer à la premiere ce qui ne convient qu'à la derniere. Car ayant fait à leur fantaisie cent definitions, non de noms mais de choses qui sont très-fausses, & qui n'expliquent point du tout la vraye nature des choses ni les idées que nous en avons naturellement, ils veulent ensuite que l'on considere ces definitions comme des principes que personne ne peut contredire, & si quelqu'un les leur nient comme elles sont très-niables, ils pretendent qu'on ne merite pas de disputer avec eux. Le second abus est, que ne se servant presque jamais de Definitions de noms, pour en ôter l'obscurité & les fixer à de certaines idées designées clairement, ils les laissent dans leur confusion, d'où il arrive que la plupart

plupart de leurs disputes ne sont que des disputes de mots, & de plus qu'ils se servent de ce qu'il y a de clair & de vrai dans les idées confuses pour etablir ce qu'elles ont d'obscur & de faux, ce qui se reconnoitroit facilement si on n'avoit defini les noms. Ainsi les philosophes croyent d'ordinaire que la chose du monde la plus claire est, que le feu est chaud, & qu'une pierre est pesante, & que ce seroit une folie de le nier, & en effet ils le persuaderont à tout le monde tant qu'on n'aura point défini les noms, mais en les definissant, on découvrira aisément si ce qu'on leur niera sur ce sujet, est clair, ou obscur. Car il leur faut demander ce qu'ils entendent par le mot de chaud, & par le mot de pesant. Que s'ils repondent que par chaud, ils entendent seulement ce qui est propre à causer en nous le sentiment de la chaleur, & par pesant, ce qui tombe en bas n'étant point soutenu, ils ont raison de dire qu'il faut être deraisonable pour nier que le feu soit chaud, & qu'une pierre soit pesante ; mais s'ils entendent par chaud, ce qui a en soi une qualité semblable à ce que nous nous imaginons quand nous sentons de la chaleur, & par pesant ce qui a en soi un principe interieur qui le fait aller vers le centre sans être poussé par quoi que ce soit, il sera facile alors de leur montrer que ce n'est point leur nier une chose claire, mais très-obscure pour ne pas dire très-fausse, que de leur nier qu'en ce sens le feu soit chaud, & qu'une pierre soit pesante, parce qu'il est bien clair, que le feu nous fait avoir le sentiment de la chaleur par l'impression qu'il fait sur notre corps, mais il n'est nullement clair que le feu ait rien en lui qui soit semblable à ce que nous sentons quand nous sommes auprès du feu, & il est de même fort clair qu'une pierre descend en bas quand on la laisse tomber, mais il n'est nullement clair qu'elle y descende d'elle-même sans que rien la pousse en bas.

Voilà donc la grande utilité de la definition des noms, de faire comprendre nettement de quoi il s'agit, afin de ne pas disputer inutilement sur des mots que l'un entend d'une façon & l'autre de l'autre comme on fait si souvent même dans les discours ordinaires. Ces articles se rapportent si bien avec tout ce qui est dit dans le reste du chapitre d'où ils sont tirés touchant l'utilité de la Definition de nom qu'ils supposent toujours qu'elle est un principe d'evidence, & se rapportent si mal avec le seul article du même chapitre où on infirme l'utilité de cette définition, que je ne puis croire maintenant que cet article soit échappé à l'Auteur de *la Logique de Port Royal*: C'est une interpolation de quelqu'un bien moins éclairé qu'il ne l'étoit sur ce qui fait la certitude du raisonnement. Plus j'y fais attention & plus il me paroit manifeste, que quoique cet article se trouve dans un chapitre de cette *Logique*, il n'y a point été mis par l'Auteur d'un si bon Ouvrage, mais par quelqu'un de très-ignorant en Logique comme en Metaphysique, & qui presumoit pourtant beaucoup de son habilité. La presomption & le faux savoir sont presqu'aussi temeraires qu'inseparables. Jamais un Logicien habile ni un Metaphysicien éclairé ne diront, *qu'une definition de nom, ne peut être prise pour principe qu'à cause qu'on ne doit pas contester que l'idée qu'on a designée ne puisse être appellée du nom qu'on lui a donné; mais qu'on n'en doit rien conclurre à l'avantage de cette idée ni croire pour cela seul qu'on lui a donné un nom, qu'elle signifie quelque chose de réel:* Mais quelqu'un qui se croira fort éclairé & qui le sera peu, puisqu'il ignorera ce que c'est que *nom* & qu'*idée*, ébloui par deux objections dignes d'un ecolier, croira que c'est trop avancer que de dire qu'une Definition de nom peut être prise pour principe, & sans bien entendre ce que c'est que Definition de nom & Definition de chose, comme en effet l'une se confond avec l'autre quand la definition est bonne, il mettra dans ce chapitre un correctif lequel s'il étoit vrai rendroit toutes les Logiques du monde inutiles & toutes les Mathematiques incertaines.

CVII.

Quoiqu'il en soit, (a) puisqu'il seroit contradictoire & par conséquent impossible qu'on eut l'idée d'une chose & qu'on n'en eut pas l'idée, qu'il seroit de même contradictoire que l'idée d'une chose ne fut pas conforme à cette chose, puisqu'alors ce

(a) No. LXXXVIII. Lemme. 3.

ne feroit pas l'idée de cette chofe; puifque ce n'eſt que par le fentiment ou les idées que nous avons des chofes que nous favons qu'elles font, & ce qu'elles font; puifque les noms peuvent devenir par une determination arbitraire les fignes de nos idées & qu'ils le deviennent ainfi des chofes mêmes. (No. XCI. Lemme. 1.)

Puifque toute definition de nom n'eſt que la declaration de l'idée dont on le rend le figne & qu'ainfi fi cette definition ne donne pas d'idée diſtinéte, ce n'eſt point une definition de nom puifque ce nom reſte ou inintelligible ou equivoque. (No. CII.)

Puifque l'evidence ne confiſte que dans fe fentiment ou dans l'idée fi diſtinéte de la neceſſité d'une chofe que le contraire implique contradiction. (No. LXXXIX. Corol. 2.)

Et que les chofes etant ce qu'elles font il eſt contradictoire qu'elles foyent autres, & qu'ainfi il eſt impoſſible que l'idée diſtinéte d'une chofe la puiſſe faire connoitre autrement qu'elle eſt. (No. XCI. Coroll.)

Il fuit, que toute Definition de nom rendant un nom le figne determiné d'une idée diſtinéte, ce nom devient un principe de raifonnement & d'evidence par l'idée de la chofe dont il eſt le figne, & qu'ainfi ce qui eſt contradictoire dans les termes, eſt impoſſible dans les chofes. C'eſt ce qui eſt demontré par tout ce qui precede.

Corollaire.

IL fuit de cela, que quoique je puiſſe donner un nom à des idées confufes, je ne puis cependant le definir par les idées auxquelles je le fais fervir, & qu'il reſtera toûjours confus & ne pourra fervir de principe à l'evidence tant qu'il ne fera point le figne d'une idée diſtinéte.

Au lieu que dès que j'ai quelque idée ou même quelque fentiment diſtinct de la neceſſité d'une chofe, je puis en expliquant clairement cette idée ou ce fentiment abreger mon explication par un nom que je defignerai pour fignifier cette chofe & faire ainfi une vraie definition de nom qui quelqu'inconnue que soit la chose peut servir de principe de raisonnement & d'evidence pour la decouvrir & connoitre d'autres choses qui s'y rapportent.

CVIII.

PAr exemple, sans savoir bien clairement ce que c'est en soi qu'*idée*, comment j'ai diverses idées de choses très-differentes, comment j'en éprouve par la vuë, par le toucher, comment j'en cherche que je ne connois pas, comment j'en decouvre auxquelles je ne pensois pas, comment elles me forcent à les recevoir sans pouvoir les changer ; je puis cependant définir très-distinctement le nom d'*idée*, en disant, j'entends par *idée* ce *par quoi je connois ce qui est*, & quoique je ne sache point ce que c'est que ce *par quoi je connois*, ma définition donne pourtant une idée distincte du nom dont je me sers quand j'emploie celui d'*idée*: La chose a beau rester obscure, cachée, inconnue, si on veut, en soi, la chose & l'idée que ce nom signifie est distincte par la propriété connue qui la caractérise & qu'elle ne peut pas ne pas avoir.

CIX.

JE sens même qu'à moins que d'avoir une idée très-distincte de plusieurs propriétés d'une chose, il vaut mieux la laisser dans l'obscurité, & ne la définir que par une seule propriété bien évidemment connuë, que de vouloir s'éclaircir en la définissant par plusieurs propriétés qui ne seroient pas évidentes. Car d'une propriété evidente je pourrai parvenir à en découvrir d'autres qu'elle supposera nécessairement & ainsi tirer le reste de la chose de l'obscurité & me mettre en état d'en donner ensuite une définition plus claire & plus étenduë, au lieu que je perdrai assurément l'avantage de l'évidence & que je méconnoitrai toujours ce que cette chose est véritablement, si j'unis à une propriété évidente quelquechose qu'elle ne suppose pas nécessairement. Dans l'un de ces cas, c'est moi qui suppose ; dans l'autre c'est la na-

nature même de la chose qui exige : Ainsi je dois être extrêmement attentif à exiger moi-même que l'évidence me fasse toujours distinguer une supposition d'avec une définition. C'est faute de l'avoir fait qu'il m'est arrivé tant de fois de raisonner beaucoup & même de disputer sur des choses que je croyois entendre très-clairement & que j'entendois néanmoins si peu, que quand je voulois définir les termes dont je me servois pour les exprimer, je ne faisois que balbutier. Rien ne montre mieux que je ne raisonnois que sur des idées confuses. Mon habitude avec elles me les avoit rendues familiaires, je croyois connoitre ce dont je parlois, & en effet je ne le connoissois pas. Je faisois comme ceux qui se contentent d'avoir quelques notions confuses & obscures, & qui, pouvant aisément rappeller dans leur mémoire la plus grande partie des termes ordinaires de leur Langue, n'ont peut-être jamais songé durant tout le cours de leur vie à considérer qu'elles sont les idées précises que la plûpart de ces termes signifient. *Combien de gens y a-t-il, par exemple,* dit Locke, dans le IV. Livre de son *Essai Philosophique, qui parlent beaucoup de Religion & de conscience, d'Eglise & de Foi, de Puissance & de Droit, d'Obstructions & d'Humeurs, de Mélancolie & de Bile; mais dont les pensées & les méditations se reduiroient peut-être à fort peu de chose, si on les prioit de refléchir uniquement sur les choses mêmes, & de laisser à l'écart tous ces mots avec lesquels il est si ordinaire qu'ils embrouillent les autres, & qu'ils s'embarassent eux-mêmes.*

C'est une puissante chose que l'habitude. A force de se familiariser avec des idées, on les croit justes, quoique confuses; à force de se servir de certains termes on croit entendre quelquechose, quoiqu'ils ne présentent rien, ou rien que des idées opposées à l'usage qu'on en fait. Ce qui est une preuve, qu'on ne peut point se faire d'idées, & que tout terme qu'on emploie pour marquer ce qui ne peut être, marque précisément le contraire de ce qu'on prétend.

Enfin je vois par là, que la Définition de nom

nom est un excellent moyen pour éprouver la clarté & la distinction de mes idées. L'esprit souvent entraîné par l'imagination se précipite dans une suite d'idées croiant connoître ce qu'il ne fait que sentir confusément. Il juge, & voilà l'erreur. Sur un jugement il en fait un autre, nouvelle confusion, nouvelle erreur. Mais en eprouvant la distinction des idées par la définition du nom que je choisirai pour les signifier, j'arrêterai la précipitation de mon esprit, je suspendrai mon jugement, & je m'empêcherai ainsi de me tromper moi-même lorsque m'étourdissant par des sons, je juge que j'entends ce que je n'entends pas; enfin j'aurai des idées distinctes & j'aurai la vérité. Ce sera à mes soins d'avancer le progrès de mes connoissances par des principes d'identité fondés sur les définitions mêmes & d'y travailler sans perdre de vûe l'ame de deux devises, *Festina lente*; *Lente sed assidue*: „ Hâtez-vous lentement; Lentement mais assidu- „ ment ".

SECTION VI.

Reflexions sur ce qui arriveroit si tous les hommes recherchoient la Vérité par les principes de l'Evidence.

IL ne s'agit donc que d'être bien attentifs aux idées que nous avons, afin de les distinguer parfaitement les uns des autres par leurs differences essentielles: Voilà tout. Lorsque nous aurons l'idée claire d'une chose nous la connoîtrons assurément telle qu'elle est, puisqu'on ne peut avoir d'idée que de ce qui est, & que ce qui est, est nécessairement ce qu'il est & n'est point autrement. A quoi on peut se faciliter le moien de parvenir en examinant si nos idées sont conformes aux principes généraux dont l'évidence est manifeste, par la contradiction qui résulteroit du contraire, lesquels principes servent à confirmer la justesse de nos idées, de même que nos idées servent à confirmer la vérité de ces mêmes principes, car l'un doit se rapporter à l'autre. Ainsi qu'en comparant
cer-

certains nombres entre eux, il en refulte que par cela même qu'ils font tels, il y a entre eux certains rapports d'égalité ou d'inégalité qu'on connoit dès que la valeur des nombres eft connue, ainfi en comparant quelques idées que ce foit on peut en marquer les rapports & les différences dès qu'on fait ce que ces idées renferment. Or en quelque fcience que ce foit, quel que puiffe être l'objet de notre recherche, on fait ce qu'une idée renferme dès qu'on a pris la peine de la bien diftinguer d'une autre, & on y réuffit parce que les chofes qui fe fuppofent rélativement & néceffairement ne peuvent fubfifter indépendamment les unes des autres, & qu'ainfi d'une propriété connuë on parvient à la connoiffance d'une propriété qui n'étoit pas connuë.

C X.

EN fuppofant donc deux hommes dont l'un feroit à l'Orient, & l'autre à l'Occident, qui feroient tous deux une attention égale & une attention fuffifante à la nature des chofes & qui ne fe détermineroient que par l'évidence, c'eft-à-dire, par la néceffité d'admettre ce à quoi ils feroient forcés par l'impoffibilité du contraire, ces deux hommes décideroient précifément de la même manière, douteroient précifément des mêmes chofes, & rejetteroient précifément les mêmes chofes. Si même il y avoit dans la Lune, ou dans les Etoiles fixes d'autres Etres intelligens, qui s'appliquaffent au même examen que ceux-ci, & qui vouluffent comme eux ne fe rendre qu'à l'évidence, ces Etres intelligens ne jugeroient pas autrement que les premiers. Parce que ce qui eft évidemment vrai, étant néceffairement vrai, l'eft dans Saturne comme dans Mercure, la Lune ou la Terre, ainfi un autre homme qui feroit au milieu du Monde pourroit gager à coup fûr que les jugemens de tous ces Etres feroient les mêmes, & s'il etudioit les mêmes chofes avec la même méthode, il pourroit dire par avance ce que penferoient les autres, ou s'il écrivoit quelques

ques siécles après eux sur les mêmes matières répéter précisément les mêmes vérités.

Nous en avons un exemple remarquable en ce qui arriva à VIVIANI Gentil-homme Florentin, Disciple de GALILÉE & Membre de l'Académie Royale des Sciences à *Paris* (1). APOLLONIUS de *Pergée*, qui vivoit près de deux mille ans avant VIVIANI, avoit fait sur les *Sections Coniques* huit Livres dont on croioit les quatre derniers entiérement perdus. On savoit par EUTOCIUS *Ascalonite*, par PAPPUS d'*Alexandrie* & par une Epître d'APOLLONIUS même, qu'il traitoit dans le cinquième Livre ce qu'on appelle présentement des questions *de maximis & minimis*, c'est-à-dire, qu'il y traitoit des plus grandes & des plus petites Lignes droites qui se terminent aux circonférences des Sections Coniques. VIVIANI entreprit de restituer ce cinquième Livre d'APOLLONIUS & fit imprimer en 1659. un Ouvrage sous ce titre: *De maximis & minimis Geometriæ divinatio in quintum Conicorum* APOLLONII PERGÆI *adhuc desideratum.* En 1661. ECHELLENSIS donna la Traduction du V, VI & VII. Livre d'APOLLONIUS qu'il avoit faite sur un Manuscrit Arabe trouvé dans la Bibliotheque du Duc de Florence, & apporté à *Rome* par BORELLI, qui ne savoit point d'Arabe comme ECHELLENSIS ne savoit point de Mathématiques. On compara alors la Divination de VIVIANI avec la vérité, & l'on trouva qu'il avoit effectivement deviné juste & que la seule différence consistoit en ce qu'il avoit été plus loin qu'APOLLONIUS. Cela ne pouvoit être autrement (*a*), car ne pouvant connoître les choses que par le sentiment que nous en avons, & les choses étant ce qu'elles sont, & telles qu'elles sont, indépendamment de nos connoissances, les choses ne peuvent être diversement connues. Connoître une chose autrement qu'elle est, ce seroit ne la pas connoître. Ainsi deux hommes
qui

---

(1) *Histoire & Mémoires de l'Académie Royale des Sciences.* 1703.

(*a*) Lemmes & Coroll. des Observ. LXXXVIII. & LXXXIX.

qui ne se rendroient qu'au sentiment qu'une chose est nécessairement, & si nécessairement telle qu'il est impossible qu'elle soit autrement, ces deux hommes fussent-ils Antipodes se trouveroient parfaitement d'accord sur toutes les choses qu'ils examineroient: Lors au contraire que deux hommes qui vivroient ensemble & qui ne s'appliqueroient point à avoir des choses des sentimens distincts, se communiqueroient chaque jour leurs idées sans convenir & même sans s'entendre.

CXI.

IL seroit inutile de dire que VIVIANI n'a réussi à deviner ce qu'avoit trouvé APOLLONIUS, que parce qu'il s'agissoit de Mathématiques. Car pour que cet objection fût bonne, il faudroit avoir prouvé que les vérités Métaphysiques qui regardent les autres Sciences, telles que l'Ontologie & la Morale par exemple, ne sont pas susceptibles d'évidence ni par conséquent de démonstration; mais c'est, je crois, ce qui n'a jamais été prouvé, & ce qu'on ne prouvera jamais. Ce qui fait l'évidence d'une vérité Mathématique, c'est le sentiment de la nécessité de cette vérité & de l'impossibilité du contraire. Si donc je sens une vérité Ontologique, ou Morale, ou telle autre vérité Métaphysique, aussi absolument nécessaire qu'une vérité Mathématique; la vérité Ontologique ou Morale m'est aussi évidente que la vérité Mathématique même. Eh pourquoi ne sentirois-je pas les vérités qui regardent les Etres, leurs propriétés, d'où naissent leurs différences, leurs rapports d'égalité & d'inégalité, leurs convenances & leurs disconvenances, comme je sens les vérités des Nombres & de l'Etenduë? Est-il moins sûr qu'il y ait des Etres & tels Etres qu'il n'est sûr qu'il y a des unités & des pluralités? Les idées de l'unité & de la pluralité ne sont-elles pas des idées abstraites de l'existence des choses, soit que ces existences soient celles d'Etres effectivement existens, ou simplement d'Etres possibles & non effectués? Supposé que les Etres dont j'ai les idées n'existassent point, il ne seroit pas moins vrai que
les

les idées que j'en ai sont telles que je les ai & que toutes les autres idées necessaires que je trouverai dans les idées generales ne soient necessairement vraies. Ce n'est pas de l'existence effectuée des choses que je conçois que depend la necessité de ce qu'elles sont, c'est de la necessité d'être telles, soit qu'elles soient effectuées, soit qu'elles ne le soient point. Qu'il y ait un cercle réellement effectué dans le monde ou qu'il n'y en ait point, le cercle sera toujours tel que je le conçois necessairement être tel. Qu'il y ait de même ou qu'il n'y ait point d'homme réellement existant dans le monde, l'homme ne sera pas moins ce que j'entends par l'homme. L'idée de ce que j'entends par *homme* n'est pas moins determinée chez moi que celle de ce que j'entends par *cercle*, & quand il seroit vrai que je ne verrois pas tout ce que renferme cette idée que j'appelle *homme* avec autant de facilité que je vois tout ce que renferme l'idée que j'appelle *Cercle*, il n'en seroit pas moins vrai, que l'une est l'autre seroient necessairement telles que je les conçois, que tout ce qu'elles renferment, que tout ce qu'elles supposent necessairement s'y trouveroit necessairement, puisqu'il seroit contradictoire & par consequent impossible qu'elles fussent telles & qu'elles ne fussent pas telles. Desorte que s'il n'y avoit ni homme ni cercle au monde, & qu'il y eut un être Créateur assez puissant pour produire l'un & l'autre, il ne pourroit les créer autrement que je les conçois puisque s'il les créoit autrement ce ne seroit ni cercle ni homme. Ainsi ceux qui disent, que les veritès des Nombres & des Figures sont immuables, éternelles, doivent ajouter, que toutes les veritez qui constituent les essences des êtres, ou pour mieux dire, (1) que tout ce qui est possible est éternel & immuable, en tant que possible, lors même que le possible n'est pas effectué : C'est en effet ce qui a été demontré. Que si on n'a pas sur les verités de la Metaphysique, sur les verités de l'Ontologie & de la Morale, d'où se tirent les principes des verités de la Théologie, de la Politique ou Jurisprudence, qu'on peut regarder comme la Morale

---

(1) No. XCVIII.

le des Sociétés civiles, autant de demonstrations qu'on en a dans les Mathematiques ; c'est qu'on ne s'est point appliqué à suivre à l'egard des verités de l'Ontologie & de la Morale la même methode qu'on a employée à l'égard des sciences Mathematiques. Et si on ne s'est point appliqué à suivre cette methode à l'égard des sciences dont on vient de parler, c'est apparemment que les premiers qui en ont traité ont pris le ton Dogmatique, au lieu que ceux qui ont commencé à parler des nombres & des figures Géometriques, ont pris le ton des Zetetiques ou Chercheurs qu'ils n'ont jamais quitté que dans leurs Corollaires, lorsqu'ils y ont été forcés par la force de l'evidence. Peut-être les signes abregés des nombres & les figures elementaires de la Géometrie on fait prendre naturellement cette methode. Ces chiffres & ces figures tombent sous les sens, il ne s'agit dans les deux premieres regles de l'Arithmetique que de voir les chiffres, & dans les elemens de la Géometrie que de voir les figures pour juger de ce qui en resulte. Le commun des hommes pouvoit en juger par les sens auxquels ils ont plus de confiance qu'aux lumieres de l'esprit lorsqu'ils ne se sont point accoutumés à l'evidence. Ce n'est qu'après s'être familiarisé avec elle par le secours de leurs sens dans les elemens de ces sciences qu'ils ont reconnu sa superiorité, qu'ils ont vu qu'ils pourroient s'assurer par elle des verités qui ne tomboient plus sous leurs sens, & qu'ils pouvoient s'en assurer avec autant de certitude que de celles qu'ils voyoient pour ainsi dire des yeux du corps dans les figures & dans les nombres les moins composés. Ils ont même vu, que les chiffres n'étant que des figures arbitraires, ce n'etoit pour leurs yeux que des signes de convention pour exprimer des verités immuables qu'ils voyoient par l'intelligence de l'esprit, & que les figures de Géometrie étoient toujours imparfaites en comparaison de celles que leur esprit decouvroit dans l'étenduë intelligible. C'est de là que sont venuës les solutions de tant de problemes admirables qu'on n'entend qu'après avoir acquis la connoissance de plusieurs

O ve-

verités antecedentes & qu'on ne peut representer par aucunes figures, si ce n'est en les supposant pour signes de ce que l'esprit conçoit, mais de ce qu'elles ne representent point par elles-mêmes. Ceux au contraire qui se sont appliqués les premiers à la Metaphysique proprement dite ou à quelques unes de ses parties telles que l'Ontologie & la Morale ; n'ayant point d'objet sensible aux sens qui pût sans discussion s'opposer évidemment à leurs pensées, ils s'y sont livrées, ont avancé des systèmes que d'autres ont adoptés, seduits par l'art de faire valoir des probabilités plutot que convaincus par la verité même. Cependant ces systèmes ont acquis des partisans & de l'autorité, ils ont eu des Professeurs qui en ont imbus leurs disciples, ceux-ci les ont transmis à d'autres, & ceux qui les ont suivis ont pris avec les dogmes le ton de les enseigner ; ainsi diverses opinions se sont repanduës parmi les hommes & se sont cantonées dans de certains païs où elles ont été soutenuës par l'usage, quelquefois par l'autorité du magistrat, & toujours par l'orgueil & les intrigues des professeurs.

S'il y a une distinction réelle entre le juste & l'injuste, la vertu ou l'improbité, les principes ne peuvent s'en découvrir philosophiquement que dans les verités de l'Ontologie, qui a été ou obscurcie en Physique par des principes qu'on admettoit sans demonstration, ou negligée en Morale parce qu'on n'a ordinairement etudié cette derniere science que conformément à la Religion, aux Etablissements Politiques, & aux Loix Civiles du païs où l'on vivoit, sans commencer par examiner si l'etudier de cette maniere n'étoit pas se mettre d'abord dans la necessité de conclurre en faveur de l'erreur & de l'injustice. Mais comment faire ? Ce qui est d'usage, ou ancien, est admis comme indubitable ; gardez-vous bien de toucher aux opinions reçuës.

. . . . . . pro magno teste vetustas
Creditur, acceptam parce movere fidem.

OVID. Fast. Lib. I.
Ici

Ici on empale, là on brule, ailleurs on emprisonne, on exile, voir des gens accredités se faire un merite de vous detruire, tomber dans la haine ou dans le mepris des autres hommes, ce sont les moindres peines dont ayent été & soient encore suivis l'amour de la verité & la liberté de la dire. SOCRATES qui croyoit qu'on n'étoit Philosophe que par la recherche des vrais principes de la Morale, qui avoit des idées si parfaites d'un premier Etre & de ce qu'il exige, SOCRATES, dont l'amour de l'ordre & la pratique de toutes les vertus formoit la conduite, est accusé à *Athenes* comme corrupteur de la jeunesse & condamné à prendre du poison. GALILÉE GALILEI, dont la Philosophie se bornoit aux Mathematiques, à la Physique & à l'Astronomie, est jetté à *Rome* dans les prisons de l'Inquisition pour avoir adopté le système où l'on pretend que la terre tourne autour du Soleil, & n'en sort après y avoir gemi six ans que lorsqu'on a exigé de lui de faire religieusement une declaration contraire à ses sentimens. DESCARTES qui vient repandre un nouveau jour dans la Philosophie, qui vient ouvrir les portes de la Verité & montrer du moins la voye par laquelle on peut aller surement à elle, est banni de la ville d'*Utrecht* par un Placard public, & *la France* qui reçoit tant d'honneur de l'avoir vu naitre, le voit mourir en *Suède*.

Ainsi ceux qui ont vu mieux que les autres dans l'Ontologie & dans la Morale, & de là dans la Théologie & dans le Droit Public & Civil, n'ont pas osé tout dire & par conséquent n'ont pas osé employer la Methode d'où nait la demonstration ; & ceux qui auroient pu voir en ont été detournés en s'appliquant plus à prouver ce qu'on leur avoit dit de croire, qu'à s'assurer de ce qui étoit vrai. Ainsi la partie la plus importante de la Philosophie est devenue un metier dont la politique quelconque a établi ou maintenu les regles & n'a pas été assez parfaitement une science pour que l'amour libre de la verité y ait pu faire rechercher l'evidence ou la publier après l'avoir trouvée. Quel est l'homme assez généreux pour s'exposer à mériter qu'on lui dise:

Opes, amicos, & patrium solum,
Dulcique vita quod pretiosius,
Famam relinquis: veritatem
Mille per aspera non relinquis.

Un homme qui cherche sincerement la verité s'expose toujours au mépris des libertins & à la haine des devots.

Quand on considere la varieté des Loix & des coutumes tant religieuses que civiles des differens païs du monde, on est surpris de leur nombre prodigieux & de l'opposition extraordinaire qu'on decouvre entre elles. Elles doivent partir du même principe & avoir le même but, c'est-à-dire, qu'elles doivent être fondées dans la nature des choses, & avoir pour objet le bonheur de la Société en general & celui de chaqu'un des particuliers qui la compose. Cependant on voit des Loix & des Coutumes qui paroissent si absurdes, si cruelles, si monstrueuses à ceux qui n'ont point été elevés à les respecter, qu'elles indignent la raison autant qu'elles effrayent l'imagination. Assurément qu'entre toutes ces Loix & ces coutumes aussi diametralement opposées il y en a plusieurs extremement mauvaises & dont il seroit facile de demontrer la deraison si on pouvoit être impunément raisonnable. On ne peut concevoir quand on les considére comment des hommes ont pu parvenir à les adopter; on les trouve cruelles pour un grand nombre de particuliers, pernicieuses au bien même des gouvernements où elles sont etablies; cependant ces gouvernements les croyent raisonnables, les maintiennent comme telles, & les particuliers qui les desapprouvent interieurement sont obligés de se taire & de s'y conformer.

Saint AUGUSTIN dans le Livre VI, *de la Cité de Dieu* chapitre 10, fait cette remarque au sujet de SENEQUE le Philosophe: *Omnem istam ignobilem Deorum turbam, quam longo ævo, longa superstitio congessit, sic, inquit, adorabimus ut meminerimus cultum ejus magis ad morem, quam ad rem pertinere ; nec leges ergo illæ, nec mos, in civili Theologia id instituerunt quod diis gratum esset, vel ad rem pertineret : Sed iste quem Philosophi quasi liberum fecerunt,* TAMEN QUIA ILLUSTRIS POPULI ROMANI SENATOR ERAT, COLEBAT QUOD

QUOD REPREHENDEBAT, AGEBAT QUOD ARGUEBAT, QUOD CULPABAT ADORABAT. ,, Nous adore-
,, rons, dit SENEQUE, cette vile troupe de Dieux
,, qu'une longue superstition a formée en un long
,, espace de tems, mais nous l'adorerons de façon
,, que nous nous souviendrons que leur culte n'a de
,, fondement qu'une coutume sans sujet réel de
,, religion ; car ni les loix, ni la coutume n'ont point
,, établi dans la Théologie de l'Etat ce qui étoit
,, agréable aux Dieux, ni ce qui fait la veritable Re-
,, ligion. Ainsi cet homme, remarque St. AUGUS-
,, TIN, que des Philosophes ont vanté comme un
,, homme presque dégagé de toute erreur, malgré la
,, superiorité de sa Philosophie *honoroit* parce qu'il
,, étoit un illustre sénateur de Rome, *ce qu'il repre-*
,, *noit, faisoit ce qu'il blamoit, adoroit ce qu'il condamnoit*.
Il est pourtant évident que dans tous les lieux où
des Loix & des Coutumes injustes & deraisonnables
sont enseignées & maintenuës, ceux qui les maintiennent & ceux qui les enseignent ne sont sous les
noms respectables de souverains & de docteurs des
peuples que les protecteurs & les promoteurs de l'erreur & de l'injustice & les conservateurs de l'ingnorance.

Un autre raison qui a pu détourner dans les sciences Politiques & Morales de faire usage de la methode employée dans dans les mathematiques, c'est
qu'on n'a nul intérêt à se tromper en Mathematique
& qu'on en a presque toujours à se faire illusion en
Morale. C'est un faux intérêt je l'avoue, mais il ne
l'est qu'en consequence de certains principes dont on
ne cherche point à se convaincre en remontant jusqu'aux sources du juste & de l'injuste ou en distinguant ce qui fait réellement le bonheur de l'homme d'avec ce qui ne le fait pas ; c'est ce qui jette
l'homme dans l'erreur. Cela est incomprehensible
en speculation, mais non pas dans la pratique. Si
on fait attention à la mauvaise éducation de presque
tous les hommes & à ce que peut l'impression d'un
bien present sur un être foible & passioné, on jugera bien-tot que l'illusion est facile & que la passion fait detourner les yeux de ce qui est juste pour
ne les porter que sur ce qui est desiré.

C'est pour cela que les Moralistes ont peut-être negligé de traiter la Morale en Géometres quoiqu'il n'y ait point de sciences qui paroissent plus susceptibles de la même methode que la Morale & la Géometrie. Ils ont vu, qu'il falloit toucher, & cela est vrai. Une verité morale ne doit pas être une lumiere sans chaleur, il faut l'exposer de façon qu'elle échauffe le cœur en éclairant l'esprit, mais il n'est pas aisé de joindre le pathetique à l'évident, d'émouvoir les desirs en Orateur & de convaincre l'esprit en Logicien: Il est bien difficile de revetir la Philosophie des ornemens de la Rhetorique qu'il n'en coute quelque chose à l'Evidence.

Il semble donc, que ceux qui ont traité de la Morale auroient du d'abord en rechercher les principes dans les verités de l'Ontologie après les avoir demontrées par les principes de la Metaphysique prouvés eux-mêmes par ceux d'une bonne *Syllogismique* ou Logique universelle. Après avoir ainsi convaincu l'esprit, ils auroient pu employer leur éloquence à échauffer le cœur pour persuader la pratique de ces verités: Parce que la Morale n'est science de speculation que pour assurer des regles auxquelles on doit se conformer, & que la nécessité de s'y conformer la rend une science pratique.

Quoiqu'il en soit, il est facheux que la Metaphysique, l'Ontologie, & la Morale ne soient pas demontrés avec la methode que les Mathematiciens ont employée dans leurs recherches. Combien d'habiles gens auroient pu le faire admirablement & quels biens n'en seroient pas revenus à la Societé humaine; puisque tous les hommes conduits par l'evidence dans la connoissance des verités d'où resulte leur bonheur auroient été aussi parfaitement réunis dans la conviction de ces verités qu'ils le sont dans celles des verités de la Mathematique? On peut être heureux sans Mathematique; mais s'il y a une distinction réelle fondée dans la nature des choses entre le juste & l'injuste, le bonheur peut-il se trouver dans les sociétés & peut-il regner parmi les particuliers qui les composent, si l'homme ne connoit pas les Droits & les Devoirs qui le regardent en tant qu'homme, & les sociétés les Droits & les De-

Devoirs qui les regardent en tant que sociétés humaines? C'est de là que dependra le bonheur des particuliers & le bonheur des Etats. N'est-ce point dans le particulier une extravagance malheureuse que la negligence de connoitre ce qui lui convient le mieux d'avec ce qui ne lui convient pas; & n'est-ce pas un mauvais principe de politique que d'admettre qu'il faut conduire les hommes par les prejugés & l'autorité arbitraire & non par la raison & par la justice?

Seroit-il plus difficile de conduire l'homme par la conviction des verités simples, faciles à demontrer, fondées dans la nature des choses, que de le conduire en l'asservissant à croire des choses faussement imaginées, injustes, souvent absurdes, dont il ne peut jamais être convaincu, & dont la croyance par conséquent ne peut produire d'aussi bons effets que ceux que produiroit la conviction de ce qui est juste? Car la conviction de ce qui constitue notre vrai bonheur peut seule interdire les passions desordonnées. La simple croyance laissant toujours quelque lieu au doute parce qu'elle est denuée de l'évidence, n'est pas assez ferme pour resister quand elle est vivement contredite, elle chancelle lorsque la passion parle, elle est bien-tot subjugué quand la passion agit. Quelle honte pour des êtres raisonnables, que ce qui passe pour juste dans un lieu soit regardé comme injuste dans un autre, que dans un païs on traite de verité indubitable ce qui dans d'autres païs n'est consideré que comme une opinion ridicule, qu'au delà d'un bras de mer, d'une riviere, d'une montagne, des hommes decident si differemment sur des sujets les plus importans, qu'on seroit tenté de croire qu'ils n'ont pas les mêmes idées des choses, s'il étoit possible qu'on pût avoir de differentes idées d'une même chose.

L'Histoire ne nous apprend que contradiction dans les Loix & les Meurs des diverses nations, & la reflexion sur nous-mêmes ne nous y fait decouvrir que passions, qu'incertitudes. Une erreur se detruit, une autre prend sa place; une passion s'anéantit, une autre vient regner. Si la verité se decouvre, mille voix s'elevent contre elle, mille prejugés la combattent; si elle se soutient c'est une espece de mi-

miracle, le tems & les circonstances y ont plus de part que la raison. Nous sommes cependant des êtres intelligens, des êtres raisonnables, il n'y a point de Nation qui ne s'estime autant que sa voisine, il n'y a point d'homme qui ne se croye autant de bon sens que son voisin. Les choses sont ce qu'elles sont & ne sont point autrement; d'où vient ne pas s'appliquer à les connoitre, pourquoi faut-il que la connoissance de la verité soit fille du tems quand elle doit-être celle de la raison?

CHAPITRE VI.
De la Syllogismique.

PAr tout ce qu'on a pu remarquer dans ce livre, il est aisé de voir que *la Syllogismique*, la *Methode*, la *Dialectique*, la *Logique*, la *Mathematique*, en un mot *l'Instrument* où *l'Organe* universel pour s'assurer de la verité dans toutes les Sciences qui ne sont point historiques, est la chose du monde la plus simple & la plus facile : Il ne faut avoir que le courage de s'en servir. St. AUGUSTIN a senti l'importance de cette Methode lorsqu'il a dit, ainsi que le rapporte le P. LAMY dans la *Preface des Elemens des Mathematiques, Prenez garde de croire savoir une chose si vous ne la connoissez aussi clairement que vous savez que ces nombres un, deux, trois, quatre ajoutés dans une somme font dix*, & ce Saint a connu la facilité de se servir de cette methode, lorsqu'il a dit *sur le Pseaume* CXXXIX. *Laborant homines loqui mendacium, nam veritatem tota facilitate loquerentur.* ,, Les hommes se peinent pour enseigner ,, le mensonge, la verité ne leur couteroit rien".

En effet toute *la Syllogismique*, l'Instrument universel pour découvrir la vérité dans toutes les Sciences ne consiste qu'en ceci:

1°. *Distinguer si parfaitement les idées qu'on puisse les marquer par des termes non equivoques.*

2°. *Déduire des définitions les principes identiques & generaux fondés dans les idées dont l'union ou l'opposition constitue l'essence, la distinction, les rapports & la difference de toutes les choses qui existent ou peuvent exister.*

3°. *Ajou-*

3°. *Ajouter ou souſtraire conformément à ces principes generaux*, ou, ce qui eſt la même choſe, *unir ou ſéparer les idées ſelon qu'elles ſe ſuppoſent ou qu'elles s'excluent reciproquement & neceſſairement afin de déterminer exactement ce que ſont les choſes & ce qu'elles ne ſont pas, & par conſéquent leurs eſſences, leurs rapports & leurs différences.*

4°. *Donner une regle infaillible & applicable à tous les cas pour s'aſſurer que la ſomme ou la choſe qu'on cherche à connoître eſt néceſſairement telle qu'on la trouve par l'addition ou l'union, la ſouſtraction ou la ſéparation des idées qu'on a unies ou ſéparées pour diſtinguer ce qu'elle eſt neceſſairement d'avec ce qu'elle n'eſt pas.* Laquelle regle eſt ſi ſimple qu'elle ne conſiſte qu'en ceci qui fait, à proprement parler, toute la Syllogiſmique: *N'admettre pour indubitable, que ce que l'on conçoit ſi neceſſaire que le contraire eſt impoſſible: Parce que tout ce que l'on conçoit ainſi eſt tel en effet & ne peut être autrement;* d'où il ſuit, que quand les idées ſont exprimées par des termes bien definis, *tout ce qui eſt contradictoire dans les termes eſt impoſſible dans les choſes.*

Voilà tout ce en quoi conſiſte l'art de trouver la Verité & de s'aſſurer qu'on l'a bien trouvée: Voila en quoi conſiſte la Dialectique, la Logique, la methode des Géometres, toute l'evidence Mathematique: *Bien diſtinguer ſes idées, les determiner par des termes bien definis, ne ſe rendre qu'à l'evidence, & n'admettre pour evident que ce dont le contraire implique contradiction.* Ainſi Saint AUGUSTIN avoit raiſon de dire, *laborant homines loqui mendacium, nam veritatem tota facilitate loquerentur.*

Voila ce que j'appelle *la Syllogiſmique*, d'un mot Grec qui ſignifie *Calcul*. Je ne lui ai donné ce nom, que pour la diſtinguer des methodes dont on a fait des Sciences particuliéres, & pour l'empêcher d'être priſe pour une methode particuliere aux Sciences dont on lui donne la dénomination, ce qui eſt un ſujet d'erreur pour beaucoup de gens. On prétend, par exemple, qu'il n'y a que la ſeule methode des Géometres qui puiſſe aſſurer de l'evidence, & cela eſt vrai: D'où on conclud que l'evidence ne peut ſe trouver que dans les Sciences Mathematiques, & cela eſt faux. L'evidence ne peut ſe prouver que par elle même, il n'y a pas deux moyens de s'en aſſurer. Si donc la methode des Géometres peut les conduire à l'evidence ce n'est que par la même methode qui y conduiroit dans toutes les Sciences de raisonnement si elle y étoit suivie, & c'est cette methode universelle, parce qu'elle est applicable à toutes les Sciences de raisonnement, que j'appelle *Syllogismique* & qu'on n'appelle *la methode Geometrique* que parce que les Géometres l'ont plus exactement suivie dans les Mathematiques qu'on n'a fait dans les autres Sciences; c'est ce qui a deja été si souvent remarqué qu'il seroit doublement ennuieux de le repeter ici.

Le mot de *Mathematique* qui dans sa premiere signification marque *Instruction* ou *Discipline* a été borné par l'usage à signifier proprement l'*Arithmetique* ou la science des nombres, *la Géométrie* ou la science des Mesures, & l'*Algebre* qu'on employe d'une manière plus parfaite encore pour le Calcul. Voilà les sciences que proprement parlant on appelle *Mathematiques*. Mais puisque l'objet de la *Mathematique* est ainsi *le plus & le moins*, ne peut-on pas l'appliquer à tout ce qui est susceptible de plus & de moins, à comparer & à calculer conformément à la definition des termes les propriétés ou les relations des choses considérées en elles-mêmes ou relativement à d'autres; puisque ce ne sont que ces propriétés ou relations nécessaires ou possibles qui font qu'on peut connoitre ce que sont les choses, leur union necessaire, ou leur opposition essentielle, leur conformité ou leurs differences? On le peut sans doute, & on le fait à l'egard de plusieurs sciences Physiques & de plusieurs Arts, où l'on ne fait principalement que comparer & calculer le plus ou le moins de vitesse dans les mouvemens, & le plus où le moins de puissance dans les forces mouvantes & resistantes. Ainsi la Morale pourroit n'être qu'une Mathematique appliquée au calcul du plus où du moins de convenance dans les choses par rapport au bonheur, comme les *Méchaniques* ne sont qu'une *Mathematique* appliquée aux convenances Physiques des choses d'où resulte par exemple dans l'*Architecture* la solidité, la regularité & la commodité du batiment qu'on se propose. Ainsi toutes les sciences où la connoissance de la verité resulteroit d'un calcul fondé dé fur l'évidence, feroient une veritable *Mathematique*, quand bien même ce calcul ne feroit pas exprimé par les chiffres de l'*Arithmetique* ni par les fignes de l'*Algebre*; car ces chiffres & ces fignes font arbitraires, ce ne font que des abbreviations de termes, & fi cela contribue à rendre l'evidence plus fenfible, ce n'eft pourtant pas ce qui fait l'evidence. Mais quelle fcience ne fera pas alors *Mathematique*, lorfqu'elle fera acompagnée de l'evidence ? Peut-on faire autre chofe dans la recherche de la verité que de confiderer qu'elle eft la valeur des idées, ce qu'elles renferment neceffairement & ce qu'elles excluent de même ? Ainfi qu'eft-ce que c'eft que *raifonner fi ce n'eft additioner les idées qui fe fuppofent neceffairement unies, ou fouftraire celles qui fe fuppofent neceffairement féparées*, deforte qu'un raifonnement concluant n'eft qu'un addition ou une negation d'idées, foit de fubftances, foit de proprietés, foit de relations, dont la conclufion ou le jugement eft la chofe en quoi elles fe trouvent réunies, c'eft-à-dire, le produit ou la fomme, fi le raifonnement eft pofitif, ou leur fouftraction & leur féparation fi le raifonnement eft negatif. C'eft pourquoi les Grecs ont nommé *fyllogifme*, c'eft-à-dire, *calcul*, tout raifonnement concluant. Et comme on ne parvient à s'affurer de la verité que par la confideration de la valeur des idées & par le raifonnement, c'eft-à-dire, par le calcul, toutes les fciences à entendre par ce mot *une connoiffance de veritès certaines à l'egard des divers objets dont elles tirent leur dénomination*, ne font donc que l'application d'une Syllogifmique ou Mathematique univerfelle à la connoiffance evidente de tels ou de tels objets.

La *Logique*, la *Dialectique* & la *Rhetorique* même ne devroient être regardées que comme une *Syllogifmique univerfelle*; mais il faut avouer qu'outre qu'on y a négligé des idées Metaphyfiques qui y étoient néceffaires, on a fi fort chargé ces fciences de préceptes, de régles & de difcuffions peu utiles & fouvent peu exactes, qu'on les a détournées de leur veritable but, & qu'on en a rendu l'ufage inutile ou pernicieux à bien des égards. Tout le monde fait l'abus qu'on a fait de *la Dialectique*, qu'on ne connoit plus guere que dans *la Logique* ou elle a été
in-

incorporée ou dans *la Rhétorique* qui lui a ôté sa sécheresse mais non pas ses dangereuses subtilités; au contraire *la Rhétorique* les couvre de fleurs & les rend encore plus propres à séduire. Cette Science qu'on nomme *l'Art de parler*, ou pour mieux dire *de persuader*, devroit être fondée sur l'art de raisonner, puisqu'il paroit que pour bien persuader il faudroit raisonner juste. Ainsi *la Rhétorique* devroit instruire des preceptes de *la Syllogismique* la plus parfaite, joints à tout ce qui convient pour donner plus de force aux impressions de la verité. Mais de la maniere dont les hommes sont faits, la verité est souvent ce qui les touche le moins & ce qu'ils croyent avoir moins d'intérêt à persuader. Les passions ont donné la naissance à la *Rhétorique*, l'imagination prend plaisir à la cultiver, elle parle leur langage & non celui de la verité qui est souvent leur ennemie. Ainsi ceux à qui une belle imagination donne du penchant à ce qu'on appelle ordinairement *Eloquence*, doivent d'autant plus craindre de se tromper que ce qu'ils disent leur paroit exprimé éloquemment, de même que ceux qui les écoutent doivent d'autant plus craindre la séduction. L'imagination est de la partie & elle trompe presque toujours ceux qu'elle flate. La *Logique* peut être regardée comme la *Syllogismique* ou Mathematique universelle en ce qu'elle a mieux conservé les regles qui pouvoient servir à perfectioner le raisonnement; mais elle a négligé le fondement de ces regles & les a si fort multipliées & chargé de tant d'observations superflues qu'on peut dire que le propre de la plupart des observations est d'ennuier quand on les lit & d'être oubliées quand on les a lues. Desorte que pour faire de la *Logique* une *Syllogismique universelle* il y a lieu de croire qu'il faudroit y retrancher beaucoup de choses & y en ajouter quelques autres, mais l'usage lui a donné une forme & lui a fixé les sujets qu'elle doit traiter & d'une science generale en a fait une particuliere.

Ainsi on peut definir ce que j'entends par *Syllogismique ou Mathematique universelle*, *la science qui s'étend à tout ce qu'on peut savoir evidemment & l'art de s'assurer de la verité dans quelqu'objet qu'on la cherche.*

Fin du second livre.

RECHERCHES PHILOSOPHIQUES,

LIVRE TROISIEME:
De l'Intelligence de quelques Termes.

Homo, naturæ minister & interpres, tantum facit & intelligit, quantum de ordine naturæ, opere, vel mente, observaverit, nec amplius novit aut potest.

BACON.

Reflexions au sujet du Livre précédent.

E me suis beaucoup occupé dans le Livre précédent, de ce qui étoit le caractére de l'Evidence, qui seule peut nous assurer indubitablement de la Vérité. J'ai vu par la signification que l'usage donne au terme de *Vérité*, que la Vérité est *ce qui est*, soit qu'on prenne ce terme dans une abstraction générale ou particuliére, soit qu'on le prenne pour les choses mêmes, ou pour la connoissance qu'on en a. J'ai vu de même que l'*Evidence* n'est que *le sentiment de la nécessité d'une chose d'où resulte l'impossibilité du contraire*.

Je me suis laissé aller à des observations Grammaticales & Logiques, & même Historiques & Critiques, & dans les raisonnemens que j'ai faits j'ai employé des termes que je n'avois point définis auparavant, & des principes que je n'avois pas régulièrement démontrés.

Il est vrai, que les Notions des termes dont je me suis servi sont si familiéres, qu'on pourroit ne les point expliquer, & que les principes que j'ai employés sont si simples & si évidens par eux-mêmes & par les termes, qu'on pourroit regarder comme superflu le soin de les démontrer.

Il est impossible de faire autrement dans le commencement d'un Ouvrage. Pour exprimer les pensées, il faut parler, pour raisonner, il faut avoir des principes, & il est impossible d'exposer d'abord tous les termes, ni de démontrer tous les principes. On est nécessité de supposer, que les uns sont entendus, en ce qu'ils sont usités dans la Langue qu'on employe, & que la vérité des autres se fait sentir sans qu'il soit besoin de la prouver. C'est assez qu'on y revienne quand il convient d'y revenir, soit pour l'exactitude de la méthode, soit pour justifier ce qui a été avancé. Cependant comme l'exactitude, & la sureté du raisonnement vient, ainsi qu'on l'a remarqué plusieurs fois, de *la précision de l'idée attachée aux termes*, & que la moindre équivoque ou confusion peut être la cause d'une erreur considérable, je ferai bien de rechercher par l'examen des sentimens distincts qui sont en moi quelles idées emportent avec soi les termes mêmes les plus familiers & les plus simples, afin que mes principes soient si évidens que je puisse voir l'évidence de leurs conséquences jusques dans leur source.

Quelques Expositions ou Définitions de Termes & de Choses.

CXII.

Lorsque je rentre en moi-même pour examiner ce qui s'y passe, examiner & distinguer mes sentimens (*a*), *je sens d'abord, que je pense, & que j'existe, & j'appelle ce par quoi je sens que je pense & que j'existe, le sentiment de ma pensée & de mon existence.*

CXIII.

SI je me demande ce que c'est que mon sentiment (*b*), je sens qu'il n'est point différent de moi-même, que mon sentiment n'est point autre
que

(*a*) N. LXXVII-LXXVIII. (*b*) N. LXXVII.

que *moi sentant* puisque s'il n'étoit pas moi, je ne sentirois pas, j'aurois besoin d'un autre sentiment pour le sentir, je ne me sentirois pas *sentant*. Il en est de même de ma *pensée* & de mon *existence*, c'est *moi pensant, moi existant*; & en effet au lieu de dire *j'ai un sentiment* je puis dire *je sens*, au lieu de dire *j'ai une pensée* je puis dire *je pense*, & au lieu de dire *j'ai l'existence* je puis dire *j'existe, je suis*: C'est toujours le même & seul *moi*, qui pense, qui sent, qui existe, & cela se démontre par les termes ; puisque si je disois, *je pense donc je ne suis pas*, ce seroit une contradiction dans les termes : Je pense étant équivalent à cette Proposition *je suis pensant*, & , je , c'est moi , & non pas deux, ni un autre.

CXIV.

Quand je considere ma pensée ou moi pensant sans faire attention à mon existence, ou à moi existant, ou quand je considere mon existence sans faire attention à ma pensée, ou à moi pensant, comme si c'étoit des choses séparées, je considere la pensée par *abstraction* à l'existence, ou l'existence par *abstraction* à la pensée : Ainsi, l'*Abstraction* n'est que *la considération particulière d'une chose que l'on considere séparément de toute autre, lors même que dans la nature des choses elle n'en est point séparée*: Ainsi, toute *Idée abstraite* est l'idée de quelque chose de réellement existant dans la nature des choses, & ce qui est consideré par abstraction à l'existence, c'est-à-dire, sans faire attention à l'existence d'un Etre quelconque, *supposé cependant un Etre quelconque* (a), ou est réellement ce qui est ainsi consideré.

Abstraction.

Idée abstraite.

CXV.

Ce que je considere ainsi d'un Etre par abstraction, est ce que j'appelle ses *Propriétés*, desorte que la pensée est la pro-

Propriété.

priété.

(a) N. CXI.

priété d'un Etre penfant (a), & que *l'exiſtence* d'un Etre ainſi conſiderée peut être regardée comme ſa *Propriété d'exiſter*, ou même de *pouvoir exiſter*, comme lorſqu'on dit *l'exiſtence d'un cheval ailé n'eſt pas impoſſible.*

C X V I.

AInſi le mot d'*Etre* ne ſignifie pas toujours quelquechoſe qui a une exiſtence effectivement & réellement actuelle. Ce mot peut être

Etre. même regardé par abſtraction pour *la propriété de quelquechoſe qui a effectivement, ou qui peut avoir une exiſtence réelle & effective, mais qui ne l'a point encore.* Ce terme peut être pris pour *la ſimple propriété de pouvoir exiſter effectivement,* c'eſt-à-dire, pour la non-contradiction, ou la poſſibilité qu'il y a qu'un Etre exiſte; & en ce ſens quoiqu'il ſoit contradictoire & impoſſible *d'être & de n'être pas*, on peut dire ſans contradiction *un Etre qui n'exiſte pas,* ou *un Etre qui n'a point une exiſtence effective,* parce qu'il ſuffit qu'un tel Etre *puiſſe exiſter.*

C X V I I.

Remarque.

C'Eſt le ſujet dont il s'agit & le raiſonnement qu'on fait qui détermine le ſens auquel on prend le mot d'*être*, & celui d'*exiſtence*. On prend quelquefois l'un pour l'autre ſans que cela faſſe aucune équivoque ni aucune erreur dans le raiſonnement, parce que l'un ſuppoſe l'autre, on n'a point l'être ſans l'exiſtence, ni l'exiſtence ſans l'être: *Exiſtence actuelle & effective,* ſi l'être exiſte actuellement & effectivement ; *Exiſtence poſſible,* ſi l'être n'eſt que poſſible. Et ainſi,

C X V I I I.

SI je n'exiſtois pas effectivement, mais que je ne fuſſe qu'un être *poſſible*, & non effectué, je n'aurois que la propriété de pouvoir effectivement exiſter

(a) N. LIX.

ter & de pouvoir penser; mais par les termes mêmes je n'existerois, ni ne penserois effectivement. Pour une existence effective & actuelle, il faut donc quelquechose qui constitue une existence effective & actuelle, quelquechose qu'on ne puisse concevoir ni regarder comme une propriété, mais comme le sujet, le fonds de l'être, de l'existence & de toutes sortes de propriétés, & c'est ce qu'on nomme *Substance*, du Verbe La- *Substance.* tin composé de *sub* qui signifie *dessous*, & de *stare* qui signifie *être fortement, fermement resister, durer*; parce que, ce qui fait le fonds de l'existence des Etres, le fonds de leurs propriétés, ce qui les constitue existans, n'est apperçu, pour ainsi dire, que par la superficie, ou pour mieux dire, n'est connu que par ses propriétés, parce que les propriétés & la *Substance.* Substance se supposent si nécessairement que sans cela on ne peut concevoir même comme possible l'existence d'aucun Etre. Ainsi *la Substance est, ce qui constitue la réalité effective d'un Etre, ce sans quoi il n'existeroit point effectivement.*

CXIX.

Lorsque je dis que j'ai *le sentiment de mon existence*, je dis donc que j'ai *le sentiment que j'existe*; puisque par sentiment, j'entends, *ce par quoi je sens ce qui est*; si j'existois & que je n'eusse point de sentiment, je ne saurois pas que j'existe, ainsi j'existerois sans le savoir, je serois, par rapport à moi, comme si je n'étois pas. Le sentiment que j'ai que j'existe, est donc le sentiment qui m'assure de mon existence, & sans ce sentiment, je ne pourrois l'assurer. Lors donc qu'ayant ce sentiment je dis que j'existe, c'est par ce sentiment que je dis que j'existe; *dire ainsi que j'existe*, est ce que j'appelle *l'Affirmation* de mon existence, & dire le contraire, comme si je disois que je n'existe pas, c'est ce que j'appellerois, *la Négation* de mon existence: Dire en même tems l'un & l'autre, c'est dire réciproquement le contraire de l'un & de l'autre, c'est se contredire,

P

& c'eſt ce que j'appelle *Contradiction*. Ainſi,
L'Affirmation, eſt, dire poſitivement une choſe,
La Négation, eſt, dire poſitivement le contraire, &
la *Contradiction*, eſt, dire en même tems l'un & l'autre.

C X X.

Remarque.

COmme il ne ſe peut faire qu'une choſe ſoit &
qu'en même tems elle ne ſoit pas, être, & n'être
pas en même-tems eſt une *impoſſibilité*; & comme
dire qu'une choſe eſt, & en même tems qu'elle n'eſt
pas (*a*) c'eſt une contradiction, on a raiſon de dire,
que *toute contradiction dans les termes marque une impoſſibilité dans la choſe* (*b*), & d'en faire un Principe Logique, puiſque cela eſt évident par les termes mêmes.

C X X I.

JE ne puis pas dire que *je n'exiſte pas*, parce que
dire *je*, ou *moi*, eſt déja une affirmation de
mon exiſtence, & qu'il eſt auſſi contradictoire
que *je n'exiſte pas*, quand je dis que *je n'exiſte pas*,
qu'il eſt contradictoire que *je n'exiſte pas*, quand
je dis que *je penſe*. Ne pas exiſter c'eſt n'être pas,
n'être pas eſt donc *la Négation de l'exiſ-*
Rien, *tence*; c'eſt ce qui s'exprime par le *Rien*,
Néant. ou le *Néant*, deſquels termes pris dans
un ſens poſitif par l'expreſſion Grammaticale, comme exprimant la négation de l'exiſtence, je puis dire évidemment par les N°. CXIV.
C X I X. & C X X. pour Principe Métaphyſique & Phyſique.

(*a*) N°. LXXVIII.   (*b*) N°. LXXXIII.

CXXII.

Principe Metaphysique & Ontologique.

*L*E *Rien n'a point de propriétés.*

CXXIII.

Principe Metaphysique & Ontologique.

*T*oute propriété *suppose un Etre.*

CXXIV.

*J*E ne sens pas seulement que j'existe, je sens encore d'autres existences que (*a*) j'appelle *Choses*, d'un nom indéterminé, pour exprimer en général tout ce que je sens, jusqu'à ce que je le sente assez parfaitement pour le distinguer par un autre nom particulier. Ainsi par le mot de *Chose* j'entends, *quoique ce soit dont je puis avoir un sentiment.*   *Choses.*

CXXV.

*A*insi je sens non seulement que j'existe, mais je sens, que je sens, que j'existe, ce que j'appelle *être conscient* de ce que je suis, ou me *connoître*; ainsi je sens non seulement que j'existe, mais que j'existe tel que je différe d'un autre Etre, & que je suis autre qu'un Etre qui existeroit sans sentiment, ou du moins sans être capable d'en avoir.

Ce par quoi un Etre n'est pas un autre, est, quelque chose que ce soit, ce que j'appelle *Différence*, comme *ce qui fait qu'un Etre est tel qu'il est, & sans quoi il ne seroit pas*, est ce que j'appelle *Propriété*; (*b*) & j'appelle *Idée* le sentiment d'une existence distincte d'une autre   *Différence, Propriété, Idée.*

(*a*) N°. LXI. & suiv.   (*b*) N°. LIX.

par le sentiment d'une différence ou d'une propriété quelconque, ou, ce qui revient au même, j'appelle *Idée* le *sentiment distinct d'une chose*.

CXXVI.

Corollaire.

Et comme on ne connoît point une chose qu'on ne peut distinguer d'avec une autre, *sentir qu'une chose existe*, c'est simplement, *savoir qu'il y a une existence quelconque, & non la connoître*; mais *savoir, qu'elle existe telle*, c'est *la connoître*: Ainsi la connoissance d'une chose en suppose un *sentiment distinct* (*a*), ou *une idée* équivalente au moins à *deux sentimens*.

CXXVII.

Remarque.

SElon la Remarque précédente il seroit inutile d'ajouter *distincte* après le mot d'*Idée*, puisqu'*Idée* suppose un sentiment distinct; mais l'usage ayant confondu dans le discours ordinaire, & même dans le discours Philosophique, le mot d'*Idée* avec celui de *Sentiment*, on a dit des *Idées confuses*, comme on dit des *Sentimens confus*, & de là est venu la nécessité de dire une *Idée distincte*, par opposition à *Idée confuse*.

Cependant à parler exactement on n'a point l'idée d'une chose si on n'en a pas un sentiment distinct (*b*), c'est-à-dire, si le sentiment de l'existence de cette chose n'est point accompagné de celui de quelque différence ou propriété qui la distingue d'une autre chose, car (*c*) c'est ce qu'on entend par *Idée* ou *Sentiment distinct*, & ce qu'on appelle *connoître*, au lieu qu'on peut avoir un sentiment confus d'une chose, c'est-à-dire, *savoir ou sentir qu'elle*

(*a*) Def. CXXV.   (*b*) No. CXXV.
(*c*) Nº. CXXV . CXXVI.

qu'elle est, sans la connoître (a), c'est de là qu'on voit des personnes assurer qu'elles ont l'idée d'une chose, tandis que d'autres assurent qu'elles n'en ont point d'idée. Puisqu'elles parlent & qu'elles s'entendent au moins confusément, que les uns affirment & que les autres nient, il faut bien qu'elles ayent un sentiment qui leur soit commun; mais dans les uns ce n'est point une idée, ce n'est qu'un *Sentiment confus*, dans les autres c'est une *Idée*, parce que ce sentiment est devenu distinct par celui de quelque propriété qui étant inconnue aux autres, ou dont ils refusent de se servir pour distinguer leur sentiment confus, les prive effectivement de l'idée de la chose dont on leur parle. *La connoissance des choses consiste donc dans le Sentiment de leurs differences ou propriétés, puisque sans cela on ne pourroit les distinguer les uns des autres, & qu'on ne connoit point ce qu'on ne distingue pas.*

CXXVIII.

JE ne sens pas seulement que *j'existe*, que *je sens* & que *je distingue mes sentimens*, mais je sens encore que *je cherche*, que *je doute*, que *je refléchis*, que *je compare*, que *je juge*, que *je veux* & que *j'agis*, & même que *si je veux ne point agir, je n'agis pas*. Je sens que c'est *moi* qui fais toutes ces choses & qu'un Etre qui ne pourroit pas les faire comme moi (b), ne seroit pas un Etre tel que je suis; c'est pourquoi je considere toutes ces choses comme des propriétés de mon existence, ou de mon être, & quoique je les distingue les unes des autres par le sentiment que j'en ai & par differens noms que je leur donne, je sens qu'elles n'existent pourtant point séparément, mais qu'elles n'ont qu'une existence commune qui est *moi*, ou la mienne.

En effet quoique j'appelle *sensibilité*, la propriété que j'ai de sentir, *intelligence* celle que j'ai de connoître,

(a) Remarque N°. LXIII.   (b) N°. CXXV.

noitre, *raison* celle de comparer & de juger, *liberté* ou *puissance active* celle de vouloir & d'agir, & de refuser de vouloir & d'agir; je ne crois pas qu'aucune de ces choses, ni même les actes de ces choses, tels que *le sentiment, la connoissance, le raisonnement, le jugement, la volonté & l'action* même, soient autres que moi qui sens, qui connois, qui raisonne, qui juge, qui veux & qui agis. Car si mon sentiment, ma connoissance, mon raisonnement, mon jugement, ma volonté, mon action, pris en tant que moi sentant, moi connoissant, moi raisonnant, moi jugeant, moi voulant, moi agissant, n'étoient pas moi, ce seroit autre chose que moi, d'où il resulteroit que je ne serois pas ce que je suis, ce qui est contradictoire. Ainsi sans sortir de moi-même, c'est-à-dire, sans faire d'autre attention qu'à ma propre existence, je trouve en moi avec le sentiment de l'existence l'idée de *différence*, de *propriété*,

Unité. d'*unité*, & de *nombre*. Car j'appelle *nom-*
Nombre. *bre, l'assemblage ou la collection de plusieurs unités*; & j'appelle *unité ce qui est si simple qu'il n'est point joint à quelquechose qui en*
Un. *puisse être réellement séparé:* Ainsi ce qui est véritablement un en soi *ne suppose point d'autre Etre que soi-même pour être ce qu'il est, & n'est composé d'aucune partie.*

Je compte mes propriétés, je les nombre, mais je n'ai que faire de compte, ni de nombre pour mon existence, elle n'est qu'une, desorte que quoiqu'eu égard à ses propriétés je puisse dire par rapport à mon existence, que le nombre se trouve dans l'unité; il est cependant vrai de dire, que ce n'est que parce que mes propriétés ne sont point autres que moi-même, & que si elles avoient une existence qui ne fut pas la mienne, comme elles ne seroient point alors les propriétés de mon existence quelqu'unies qu'elles fussent avec moi, cette union feroit nombre puisqu'il y auroit pluralité d'existence: Mes propriétés ne sont distinctes ni numériques que par abstraction.

Remar-

CXXIX.

Remarque.

LA considération de mon existence me donne encore d'autres idées que j'exprime par les termes de *possible*, de *nécessaire*, d'*impossible*, d'*infini*, de *composé*, de *partie*.

CXXX.

CAr par le sentiment que j'ai de moi-même si vif qu'il accompagne toujours celui de ma propre existence, je sens qu'il y a *des choses que je puis faire ou ne pas faire*, & qu'à cause de cela je nomme *possibles*, & j'étends la signification de ce nom aux choses mêmes que j'ai faites, par cette raison que puisque je les ai faites, j'ai pu, c'est-à-dire, j'ai eu la puissance de les faire, quand même je n'aurois pu m'empêcher de ne les pas faire. Car je nomme *puissance* ou *pouvoir*, la propriété de *faire ou de ne faire pas, ce qu'on a fait ou qu'on peut faire*, & l'Etre qui a cette propriété je l'appelle *Puissant*: Ainsi je définis le *Possible, ce qui est ou peut être effectué*, quoique par rapport à moi ce que j'ai effectué ne soit plus possible en ce sens que je puisse le faire ou ne le faire pas.

Possible, Puissance, Puissant.

Ce qui me fait distinguer trois sortes d'existences, une que j'appelle *passée*, une que je nomme *présente* ou *actuelle*, & une troisième que j'appelle *future*: Ainsi par le terme de *passé* j'entends *ce qui a été & n'est plus*. Par celui de *présent* ou d'*actuel*, *ce qui existe en soi réellement, & de fait, distinct de toute autre existence semblable*. Et j'entends par *futur*, *ce qui sera & n'est pas*, lorsqu'une chose continue d'être, je l'appelle *continuel*.

Passé, Présent, Actuel, Futur, Continuel.

CXXXI.
Remarque.

Mais si je sens qu'il y a plusieurs choses qui me sont possibles, je sens aussi qu'il y en a beaucoup d'autres que je conçois très-distinctement comme possibles, & que je ne puis pourtant faire, parmi lesquelles j'en conçois que je ne puis produire & d'autres toutes produites, que je ne puis changer, desorte qu'à cet égard je cesse d'être *puissant*, & que, par rapport à moi, j'appelle ces choses *impossibles*.

CXXXII.

Ainsi j'entends par *impossible*, la négation de ce qui est possible, ou, ce qui ne peut pas être effectué.

Mais comme je conçois que ces choses sont possibles & qu'elles ne me sont impossibles que par un défaut de puissance, je dis qu'elles ne sont pas *absolument impossibles*, mais seulement *impossible par rapport à moi*, & qu'une puissance supérieure à la mienne pourroit les faire. Je sens en effet, qu'il faut qu'il y ait une puissance supérieure à la mienne & même que cette puissance soit *telle qu'elle puisse faire tout ce qui est possible*, ce que j'appelle *toute puissance*, ou *puissance infinie*, c'est-à-dire, une puissance au delà de laquelle il n'y a point de puissance.

Impossible.
Impossible relatif.

Toute-Puissance.

CXXXIII.

Car j'entends par *infini*, ce qui est tel qu'il n'y a rien au delà (a), ce qui ne peut être ni plus, ni moins, ni augmenté, ni diminué.

Infini.

(a) Observ. N°. LXIV.

CXXXIV.

Observation.

EN effet, si je n'avois pas l'idée d'une puissance supérieure à la mienne, comment connoitrois-je que la mienne est bornée? S'il n'y en avoit point de supérieure, elle seroit la plus grande, ou du moins il n'y en auroit point de plus grande, c'est-à-dire, qu'elle pourroit faire tout ce qui est possible ; mais loin de sentir que ma puissance soit telle, je sens au contraire, qu'entre elle & la puissance infinie il peut y avoir un nombre si prodigieux de degrés de puissances toutes supérieures les unes aux autres & bornées seulement par une puissance sans borne, que je ne puis en déterminer le nombre : Ainsi je sens qu'il y a nécessairement une puissance infinie quelconque, puisque sans elle tout ce qui est possible ne seroit pas possible, qu'il n'y auroit aucune puissance que des puissances bornées, & que tout ce qui est borné suppose nécessairement quelquechose de plus grand que soi, & qu'ainsi de toute grandeur bornée le terme est *l'infini*, qui n'en a point. Ainsi l'idée de *l'infini* fait que j'ai celle de *bornes* ou de divers degrés de grandeurs, dont il est le terme, desorte que tout mot comparatif, tout mot qui marque du plus ou du moins, tels que sont *terminé, limité, défectueux, imparfait, mesurable, successif, grand, petit, fini, indéfini,* suppose toujours un *infini réel*. Car l'*indéfini* n'est que ce qui est *indéterminé* & tel qu'il peut y avoir quelquechose de plus grand ou plus petit qui n'est pas déterminé. *Borne, Imparfait, Fini, Indéfini.*

Mais l'idée *d'infini* me donne celle de *nécessaire* & *d'éternel*. Je sens distinctement qu'il ne se peut pas faire que l'infini ne soit pas, puisque tout ce qui est borné le suppose ; & je sens de même qu'une puissance infinie qui peut faire tout ce qui est possible, n'est pas possible en ce sens qu'elle puisse être produite, puisqu'elle ne pourroit l'être que par une plus puissante, ce qui est une contradiction : Ainsi j'appelle *nécessaire*, ce qui ne peut pas ne point être, & j'appelle *Eternel*, ce qui est sans avoir commencé d'être. *Nécessaire. Eternel.*

CXXXV.

ET je trouve alors un *impossible absolu*, qui est non seulement *la négation de ce qui peut être*, mais *de ce qui ne peut pas ne point être*, c'est-à-dire, du *nécessaire* & du *possible*, négation si parfaite que quand je dis une chose impossible, je ne puis avoir d'idée que de la négation du contraire de ce que je dis, & je ne puis avoir l'idée de rien que de la nécessité du contraire, ce qui me fait sentir la différence qu'il y a entre un *impossible relatif*, & un *impossible absolu*.

Impossible absolu ou proprement dit Impossible.

Impossible relatif.

Le premier véritablement possible en soi & tel qu'on peut en avoir des idées très distinctes, n'est impossible que *par rapport à une puissance trop bornée pour le produire* (a); le second, négation parfaite de ce qui est, & de ce qui peut être, ne donne aucune idée positive que celle de la chose niée: C'est une négation qui n'a d'objet que la réalité même, & la nécessité de ce qu'elle nie; c'est dans l'esprit *deux idées si nécessairement opposées, & de choses si nécessairement séparées l'une de l'autre*, que l'idée de l'une est nécessairement destructive de l'idée de l'autre, & que quelqu'effort que l'esprit fasse il ne peut les unir dans un même objet: C'est par conséquent dans les termes une proposition inintelligible qui nie ce qu'elle affirme, & qui affirme ce qu'elle nie, & qui par cela est contradictoire (b). C'est delà, ainsi qu'on l'a déjà observé, que *tout ce qui est contradictoire est impossible*, ce qui prouve ce qui a été dit N°. LV.

CXXXVI.

Remarque.

JE ne suis parvenu à toutes ces diverses idées (c) que par la reflexion sur ma propre existence, & je sens bien que sans sortir de chez moi, je
veux

(a) N°. LXI.   (b) N°. CXX.
(c) Observation N°. LXV.

veux dire, sans chercher d'autres idées que celles que je puis ainsi acquerir par la seule reflexion sur moi-même, je puis découvrir une suite infinie d'idées dont celles que j'ai déjà désignées par des termes seront la source féconde. Je n'ai supposé dans mon existence que celle d'un Etre *sensible* & *actif*, c'est-à-dire, celle d'un *Etre capable de sentir, de raisonner, de juger, de vouloir, & d'agir*, toutes propriétés qui se supposent si nécessairement & si mutuellement, qu'il me semble que pour définir un Etre qui les possede, ce seroit assez que de le nommer *intelligent* ou *actif*, ou de tel autre nom pris d'une de ces propriétés. Desorte que si ce n'est ni mes yeux, ni mes oreilles, ni aucun de mes autres sens qui pensent, & que mon cerveau ne soit que d'une substance semblable qui ne pense point, il me semble que je n'aurois que faire de tout cela pour penser à une infinité de choses, & que *moi qui pense* suis ce qu'on entend communément par un *Etre spirituel*, par le mot d'*Esprit*, ou d'*Ame*, & non point ce que j'appelle mon *Corps*, c'est-à-dire, un *Etre* ou, pour mieux dire, un *Composé mobile que je distingue par des formes & par des couleurs, ou par de la solidité impénétrable*.

Etre spirituel, Esprit, Ame, Etre corporel.

CXXXVII.

Remarque.

EN effet un Philosophe, c'est DESCARTES, voulant aller à la Vérité par une certitude telle qu'il lui fût impossible de douter du contraire, crut d'abord qu'il devoit se jetter dans un doute universel (1). Dès ses premieres années il avoit reçu quantité de fausses opinions pour véritables, & il crut que tout ce qu'il avoit fondé sur des principes si mal assurés ne pouvoit être que fort incertain. Il prit ainsi la résolution d'entreprendre

(1) *Méditations de* DESCARTES, Premiere Méditation, & *Discours de la Méthode*, IV. Part.

prendre sérieusement une fois en sa vie de se défaire de toutes les opinions qu'il avoit reçues jusqu'alors, & de commencer tout de nouveau dès les fondemens à établir quelquechose d'assuré. Il pensa donc, que *le Ciel, l'Air, la Terre, les Couleurs, les Figures, les Sons, & toutes les choses extérieures que nous voions*, n'étoient qu'illusion. Il se considera lui-même comme *n'aiant point de mains, point d'yeux, point de chair, point de sang, comme n'aiant aucun sens, mais croiant faussement avoir toutes ces choses*. Il fit plus. Il supposa qu'il n'y avoit point un Etre Tout-Puissant qui fût la source de la Vérité, mais *un certain mauvais Génie, non moins rusé & trompeur que puissant, qui avoit employé toute son industrie à le tromper* (1); ou même, que sans qu'il y eût quelque Dieu ou quelque Puissance qui lui mît en l'esprit toutes ces pensées il étoit capable de les produire de lui-même. Cependant, quelquechose qu'il pût faire, il ne put parvenir jusqu'à douter de son existence, parce que quoiqu'il n'y eut ni Ciel, ni Terre, qu'il n'eut point de Corps, ou soit qu'il ne fît qu'imaginer & rêver sans cesse, & qu'il y eut même un Etre très-puissant qui prit plaisir à le tromper, il ne se pouvoit pas faire que lui qui pensoit ne fut rien lorsqu'il pensoit ; d'où il conclut, qu'il étoit *une chose vraie & vraiment existante*: Mais quelle chose ? *Une chose qui pense qu'il n'étoit point, cet assemblage de membres que l'on appelle le corps humain qu'il n'étoit point, un air délié & pénétrant répandu dans tous ses membres qu'il n'étoit point, un vent, un souffle, une vapeur, ni rien de tout ce qu'il pouvoit feindre & imaginer*, puisqu'il avoit supposé que *tout cela n'étoit rien*, & que sans changer cette supposition il trouvoit qu'il ne laissoit pas d'être certain qu'il étoit quelquechose.

CXXXVIII.

Quoiqu'il en soit, je suis du moins très-sûr que moi qui sens, qui examine, qui doute, qui compare, qui raisonne, qui juge, qui veux,

(1) *Seconde Méditation.*

ne puis ni me représenter à moi-même ma propre existence sous des formes & des couleurs, ni aucune de mes propriétés, non plus que ce que j'entends par *éternité*, *infinité*, & *puissance*. Aussi outre ces sortes d'idées que des Philosophes ont appellé *pures intellections* ou *pures perceptions* (1), pour les distinguer de celles qui font appercevoir une *figure* ou *image*, & qu'à cause de cela on a appellé *imaginations*, j'ai divers sentimens de differens objets que j'ai vû, ou que je vois, ou du moins que je crois avoir vû, ou voir; & j'en imagine d'autres que je n'ai jamais vûs, que vraisemblablement je ne verrai jamais & dont j'ai néanmoins un sentiment très-distinct. Que sont ces objets que j'imagine, où font-ils, & comment est-ce que je vois ceux que je n'imagine pas? Je n'en sai rien: Tout ce que je sai, c'est que j'imagine & que je vois sans l'aide des yeux, des objets qui ne sont point présens à ma vûë, & que sans imaginer, j'en vois d'autres par le moyen de mes yeux & avec le concours de la lumiére, de laquelle j'ai un sentiment très-vif quoique je ne sache ce que c'est.

Je ne vois ces objets que par des formes & sous des couleurs, ou, ce qui revient à la même chose, les sentimens que j'éprouve par l'organe de la vûë ne sont que des sentimens de variété de couleurs & de différence de forme; mais par le toucher je reconnois que sous ces couleurs & ces couleurs & ces formes il y a une réalité quelconque telle qu'il y a plus ou moins de solidité, & par conséquent plus ou moins de résistance: C'est cette réalité quelconque, sans laquelle ce que j'apperçois ne seroit point, que je regarde comme le fonds de l'existence effective des Etres materiels & que j'appelle leur *Substance*. Ainsi par le mot de *Substance* j'entends, *ce sans quoi nul Etre qui existe n'existeroit* (a), ou, ce qui est la même chose, *ce sans quoi il n'y auroit rien, sans quoi rien ne peut exister*.

Les

---

(1) MALEBRANCHE, de la Recherche de la Vérité. Chapitre 4. Liv. I.
(a) N. CXVIII.

CXXXIX.

Etre.
Etre simple & proprement dit un être.
Etre composé ou multiple.
Un Collectif.

LEs objets que je distingue ainsi, & en général tout objet que je conçois exister séparément & actuellement en soi indépendamment de l'existence d'un autre, est ce que j'appelle *un Etre* ; desorte que j'appelle *un*, un *homme*, un *oiseau*, un *arbre*, un *rocher*, de même que je dis *un* régiment, *une* forêt, *une* plume, *une* branche, *une* muraille. Alors la signification du mot *un*, ne marque qu'union, assemblage, unité d'assemblage, & non une unité simple. *Un être proprement dit*, *un être simple est indivisible* ; mais un objet composé & considéré seulement séparément à d'autres objets, c'est un *un collectif*, desorte qu'on peut appeler de tels êtres, des êtres *multiples*, ou *composés*.

CXL.

Remarque.

Espace, ou Vuide.
Situation.

JE vois ainsi divers objets ou divers êtres distincts les uns des autres, mais je les vois cependant tous dans un autre, dont j'ai un sentiment & même *une idée si necessaire que sans cela* il me semble que je ne pourrois *concevoir l'existence de deux objets, distincts, bornés & mobiles* ; & cet objet dont je crois que j'ai besoin d'avoir si necessairement l'idée, pour concevoir ou pour appercevoir l'existence actuelle des autres, est ce que j'appelle *l'Espace* ou *le Vuide*, ainsi qu'il a été nommé par quelques Philosophes : Et comme tous les objets qu'on voit y sont placés, on l'a aussi appellé *le lieu des corps*, ainsi qu'on appelle leur *situation*, la disposition dans laquelle ils s'y trouvent.

CXLI.

J'Ai non feulement l'idée de l'Efpace comme d'une étenduë dont je ne connois pas les bornes ; mais encore comme d'une *etendue infiniment pénétrable*, parce que j'y vois que quelques uns des objets que j'y confidere non feulement changent de formes, mais encore de fituation ; ils s'approchent *Etendue pénétrable. Mouvoir, Mouvement.* ou s'eloignent les uns des autres quelquefois même avec une rapidité inconcevable. J'imagine auffi des objets qui n'ont jamais exifté & que je fais ainfi mouvoir dans l'idée que j'ai de l'efpace. Car j'appelle *mouvoir* un objet, *le changer de lieu ou de fituation, ou d'état* ; & *mouvement*, fon etat lorfqu'il change ainfi.

CXLII.

Remarque.

CE mouvement lorfque j'y penfe bien me paroit quelquechofe de plus inconcevable que l'exiftence de chofes mêmes : Il me femble qu'il fuffit d'être pour être ; mais qu'il faut quelquechofe de plus que l'être, pour fe mouvoir. Cependant, comme il ne faut point m'etourdir par un vain affemblage de mots, ceci au fonds ne veut rien dire fi non, qu'il me femble que l'existence ne fuppofe pas neceffairement le mouvement, & qu'ainfi un être peut exifter fans fe mouvoir ; mais que pour fe mouvoir il faut être tel être, c'eft-à-dire, il faut avoir *une propriété quelconque capable de produire le mouvement.*

CXLIII.

LE fentiment que j'ai de mon exiftence me fait croire, que je fuis un *être actif*, c'eft-à-dire, un être *capable d'agir quand il veut* (*a*), & même de mettre en mouvement des chofes qui font en repos, ce que j'appelle être un *agent libre*. *Etre actif, Agent libre*

CXLIV.

CXLIV.

Mais je vois des Corps se mouvoir, sans qu'il me paroisse que leur mouvement soit causé par l'action d'un agent libre lors même que je suppose qu'un tel agent est le créateur & l'ordonateur de l'existence de ces choses. Je vois, par exemple, l'eau couler sans que je voye rien qui la pousse, une pierre que je lache du haut d'une tour, tomber; une horloge se mouvoir, une boule que je pose doucement au haut d'un plan incliné, se précipiter, jusqu'à ce qu'elle trouve quelquechose qui l'arrête; ce qui me fait concevoir qu'il y a quelque chose qui produit le mouvement & qui cause le repos. Et comme il y a action, & que j'ignore si cette action est l'effet volontaire de la puissance d'un agent libre, ou l'effet d'un agent necessité à agir, quelle qu'en soit la cause je la nommerai *Puissance agissante*, nom qui convient egalement à un agent libre & à un agent necessité, en tant qu'agissans, puisque ni l'un ni l'autre ne peuvent agir sans être agissans quelle que soit la cause de leur action.

Puissance agissante,

Par *agent volontaire* ou *Libre* j'entends un agent, *qui par cela seul qu'il veut agir peut agir, ou n'agir pas s'il veut ne pas agir;* & par *agent necessité,* j'entends un agent, *qui agit sans pouvoir s'empecher d'agir.* J'entends par le mot d'*action, ce par quoi un être se donne à soi-même ou donne à un autre un état different, ou une nouvelle maniere d'être,* ce qui est la même chose; & j'entends par *cause,* une chose *sans laquelle une autre ne seroit point,* & par *effet* une chose *qui sans une autre ne seroit point.*

Agent libre, Agent necessité, Action, Cause, Effet.

Je ne finirois jamais ce chapitre si je m'étois proposé d'y faire l'enumeration de tous les divers sentimens ou idées dont je suis affecté. Car sans parler de ceux que mes sens me font eprouver à l'occasion des corps, & qui se varient à l'infini, tels que sont les sentimens des couleurs, des odeurs, des saveurs, des sons; ceux qu'ils me donnent de l'adhæsion, de la dureté, de la flexibilité, de l'elasticité, & des effets

PHILOSOPHIQUES.

effets qui en refultent; de ce nombre infini de figures & de formes que je conçois dans l'étendue, & dont les configurations effectives dans la formation des corps produifent tant d'objets differens & merveilleux; ces poids, ces nombres, ces mefures, ces differences, ces rapports, qui forment toute la mechanique de l'Univers: Je fens encore en moi des fentimens de plaifir, d'inquietude, de douleurs, de regrets, de defefpoir, & tels autres que les Philofophes ont nommés *Senfations* & *Paffions*. Sur quoi je ne ferai pas mal d'examiner encore ce que fignifient certains termes.

CXLV.

QUand je reflechis fur ce que j'appelle *Bonheur*, il me femble, que c'eft (a) un *fentiment d'approbation de l'état où je fens que je fuis*; d'où nait ce que j'appelle *contentement, joye, tranquillité d'ame*: Car tant que je n'approuve pas l'état où je fuis, je ne fuis pas *content*, ni *joyeux*, ni *tranquille*.

Bonheur

CXLVI.

Remarque.

OR je puis approuver mon état à certains egards & le defapprouver à certains autres, ainfi être content & par conféquent heureux & tranquile à un egard, mécontent & par conféquent malheureux & inquiet à un autre.

CXLVII.

L'Approbation ou le mecontentement de l'état où je fuis dependent du jugement que je porte fur le fentiment que j'ai de ce qui me convient ou de ce qui ne me convient pas, & ce jugement nait de la comparaifon que je fais du fentiment que j'ai de l'état où je me trouve, & du jugement que je fais de certaines chofes que je crois m'être convenables.

Q

Bon,
Mauvais,
Indifférens.

ou de telles autres que je crois m'être contraires. Je nomme les premieres *bonnes*, les secondes *mauvaises*, & celles que je juge n'avoir aucun rapport avec moi, je les appelle *indifférentes*.

CXLVIII.

Quand je suis tel que je me sens privé des choses que je juge m'être convenables, je ne puis approuver l'état où je me trouve, parce que je me sens dans un état de *Besoin*, dans un état défectueux par rapport à celui où je voudrois être. Je

Désir. suis mécontent, inquiet, & *je desire*. Le *Désir* est donc une marque de besoin, & peut se définir un *sentiment de besoin*, lors même que souffrant de la douleur je desire d'en être délivré; car le desir vient alors du besoin d'un état différent à celui où je me trouve lorsque je souffre, & du défaut de la puissance de m'en délivrer.

CXLIX.

Plus je juge qu'une chose m'est convenable plus je sens donc le besoin de l'acquérir, plus par conséquent je la desire; & lorsque le desir que j'en ai est si grand que je la juge plus convenable à l'état où je suis que quelquechose que ce soit, c'est

Passion. alors que ce desir peut être appellé *Passion*. Les Passions ne sont donc que *des sentimens de besoin si vifs qu'ils l'emportent sur tout autre sentiment*.

CL.

Par où il paroit qu'à moins que l'objet de ma passion ne soit tel que la possession de cet objet me mette dans un état d'approbation où je sente que rien ne me manque, & par conséquent que je suis tel que je ne puis être mieux, toute passion sera d'autant plus opposée à mon bonheur que la possession de son objet sera moins capable de me faire sentir que je suis tel que je ne puis être mieux, moins par conséquent pourrai-je m'approuver dans le jugement que j'aurai porté de l'objet de cette passion; & de là naitront les Remords, c'est-à-dire, *des sentiments vifs de desapprobation de moi-même, sur ce que j'ai cru ou fait, comparé avec ce que j'aurois du croire & faire,* & par conséquent un etat de malheur.

Remord.

C L I.

Remarque.

LE sentiment de la desapprobation ou l'etat de malheur, de même que le sentiment d'approbation ou l'etat de bonheur, depend donc du sentiment que j'ai de moi-même, du jugement que je porte à l'égard des choses que je me crois convenables ou contraires, & de ce que je fais pour me procurer les unes & m'exempter des autres.

Si je me trompe je me desapprouve & je suis malheureux, je m'approuve & je suis heureux si je ne me trompe pas.

Mon bonheur depend donc de la connoissance de ce qui me convient & de ce qui ne me convient pas, & de savoir à quel degré, quand, & comment les choses me conviennent & ne me conviennent point, & d'agir conformément à ce qui convient pour me procurer & me conserver celles qui me sont convenables, & pour me delivrer ou m'exempter de celles qui me sont nuisibles.

C L I I.

Ainsi *les remords ne viennent que d'un defaut de connoissance, c'est-à-dire, de l'erreur,*
& *l'Erreur n'est qu'un acte de l'esprit par lequel j'attribue à une chose ce qu'elle n'a point, ou par lequel je la prive de ce qu'elle a; ou bien, ce qui est la même chose, c'est un acte de l'esprit qui unit des choses réellement separées, ou qui separe des choses réellement unies, & qui juge que ces choses sont telles qu'il se les represente.*

Erreur.

CLIII.

CLIII.

Remarque.

SI donc l'esprit avoit une idée distincte de ce que sont les choses, rien de plus naturel ni de plus facile alors que de n'en pas porter *un faux jugement*, c'est-à-dire, *des jugemens fondés sur ce qui n'est pas*; il les connoîtroit telles qu'elles sont & en jugeroit de même, ce qui s'appelle *connoître la verité*, & *juger selon la verité*: Car j'entens par *la verité*, *ce qui est*, (a) *& par la connoissance de la verité*, *l'idée distincte ou la connoissance de ce qui est*.

Desorte que si, exempt d'erreur sur ce qui me convient, j'agis comme je le dois pour y parvenir, je ne puis que m'approuver & par conséquent être heureux.

CLIV.

OR, *agir conformément à la verité des convenances preferables*, c'est-à-dire, *selon ce qui peut procurer un plus grand bonheur*, est ce que j'appelle *agir raisonnablement*, entendant par *la Raison*, *la faculté de connoître la verité & de s'y conformer*, comme j'entens par *Vertu*, *le courage de pratiquer ce que la raison exige*, c'est-à-dire, *la conformité des sentimens & des actions selon ce qui est le plus convenable au bonheur*.

Raison,

Vertu.

D'où il paroit, que le sentiment d'approbation qui fait le bonheur de l'homme n'est fondé que sur le temoignage interieur qu'il se rend à lui-même qu'il fait le meilleur usage qu'il peut de son être; ou, ce qui est la même chose, *qu'il fait ce qu'il doit faire & qu'il le fait*, & qu'ainsi la Vertu & la Raison reviennent à la même chose & sont la cause de l'approbation interieure qui fait le Bonheur.

CLV.

(a) No. LII. & LIV.

CLV.
Remarque.

C'Est ainsi que DESCARTES a dit dans une de ses Lettres à la Princesse Palatine ELISABETH (a), *Que pour avoir un contentement qui soit solide il est besoin de suivre la vertu, c'est-à-dire, d'avoir une volonté ferme & constante d'executer tout ce que nous jugerons être le meilleur, & d'employer toute la force de notre entendement à en bien juger ;* & qu'il dit encore dans un autre Lettre à la même Princesse (b), *Le vrai office de la raison est d'examiner la juste valeur de tous les biens dont l'aquisition semble dependre en quelque façon de notre conduite, afin que nous ne manquions jamais d'employer tous nos soins à tacher de nous procurer ceux qui sont en effet les plus desirables; en quoi si la fortune s'opose à nos desseins & les empeche de réussir, nous aurons au moins la satisfaction de n'avoir rien perdu par notre faute & ne laisserons pas de joüir de toute la béatitude naturelle dont l'acquisition aura été en notre pouvoir.*

CLVI.

SI cependant avec cette approbation interieure un homme se trouve attaqué de la goute ou de telle autre maladie aigue, ou qu'ayant besoin de ses bras pour gagner sa vie il devienne paralytique, il est constant qu'il ne sera pas parfaitement heureux à moins qu'il ne trouve dans la douleur même un sujet d'augmenter l'approbation qui fait son bonheur. Si la vertu peut aller jusques-là, c'est une question qui n'est pas denuée de preuves ni d'exemples pour l'affirmative qu'une Secte entiere de Philosophes a fait gloire de soutenir. Quoiqu'il en soit, c'est une espece de malheur qui ne doit pas être confondu avec celui que cause la desapprobation de soi-même; c'est un mal Physique involontaire. Je ne puis me desapprouver d'avoir la goute à moins que je ne me l'aye procurée, auquel cas le mal Moral est joint au mal Physique ; mais si je ne me la suis pas procurée je ne puis desapprouver que mon etat de gou-

---

(a) *Lettres de* DESCARTES, T. I. Lettre 5.
(b) Lettre 6.

gouteux, & non pas moi-même, ainsi que je ne m'approuve pas de ce que je n'ai pas la goute, si ce n'est que j'aye été assez sage pour resister à ce qui pouvoit me la donner. Il en est de même des avantages tels que les Richesses (a), la Puissance, & les Plaisirs, qu'on met au rang des *biens Physiques* par opposition aux privations & à la douleur qu'on appelle *maux Physiques*. Je puis être très-malheureux avec tous ces avantages, y gouter du plaisir, & eu égard au plaisir que je goute, je ne suis pas malheureux quoique je le sois en moi-même par un sentiment de desapprobation qui me dechire. TIBERE, maitre de l'Empire Romain au milieu des delices de Caprée, se trouve l'ame agitée d'une maniere si violente & si cruelle qu'il ne peut cacher au Senat même les maux interieurs qu'il souffre, *quid scribam vobis, aut quomodo scribam, aut quid omnino non scribam, hoc tempore, Di me Deæque pejus perdant, quam perire quotidie sentio, si scio*; tandis qu'ÉPICTETE, esclave d'un fou qui lui cassa la jambe en se divertissant à lui faire du mal, dit tranquillement à ce fou, *je vous avois bien dit que vous me la casseriez*. La raison de cela c'est, que le vrai TIBERE, ce qui sentoit, ce qui pensoit, ce qui agissoit dans ce corps qu'on appelloit TIBERE, ne pouvoit s'empecher de sentir l'abus de sa raison, & qu'il en étoit déchiré, lui, malgré la puissance exterieure dont il étoit environné ; au lieu qu'ÉPICTETE interieurement heureux par sa façon de penser ne sentoit du mal qu'à sa jambe qui n'étoit pas lui.

Aussi ne puis-je non plus m'approuver de gouter des plaisirs Physiques que de me desapprouver de sentir des maux Physiques. C'est un mal, c'est un bien, ce n'est bonheur, ni malheur, proprement dit. J'approuve l'état où je goute cette espece de plaisir, je desapprouve l'état où je sens cette espece de mal, mais ce n'est point moi que j'approuve où que je desapprouve ; il se peut même faire que je me desapprouve lorsque je goute de tels plaisirs ou que je me les procure, & que je m'approuve, lorsque je sens ou que je me procure de tels maux aux plus grands desquels on se reprocheroit même de ne s'être pas

(a) Nº. V.

exposé, s'ils avoient pu contribuer à l'approbation de soi-même. Qu'est-ce qui fait le courage & la constance des Martirs ; qu'est-ce qui fait l'ardeur & la bravoure des Militaires ?

CLVII.

Ainsi on peut distinguer dans un être, *ce qu'il est, ce qu'il peut être, & ce qu'il ne peut pas ne pas être* ; d'où suit ce qu'il n'est pas & ce qu'il ne peut être ; Ce qu'il ne peut pas ne pas être, est ce que j'appelle *son état nécessaire, essentiel,* Etat nécessaire, *propre, ou sa manière d'être par rapport à soi-même,* pour être tel être. Ce qu'il peut être, est ce que j'appelle *son état possible, re-* Etat possible, *latif, ou accidentel, ou sa manière d'être relativement à quelque chose qui n'est pas lui.* Ce qu'il est, est ce que je nomme Etat actuel. *son état actuel ou sa manière d'être actuelle.*

A l'égard de son premier état, puisque c'est ce qu'il ne peut pas ne point être, son actualité est continuelle & ne peut finir qu'avec sa destruction, elle peut au contraire varier sans cesse à l'égard de son état relatif ou accidentel.

CLVIII.

Remarque.

LE mot de *besoin* signifie *privation de quelquechose qui convient* (a), & c'est le sentiment de ses besoins qui fait les desirs d'un être capable de bonheur ; ainsi le *Besoin* est *une négation de ce que* Besoin. *doit avoir un être pour être tel qu'il doit être, pour être bien en tant que tel être.*

Le mot de *parfait* vient du vieux verbe François, *parfaire,* synonyme de *parachever,* autre vieux verbe, c'est-à-dire, *faire entièrement, finir,* mais finir desorte qu'il ne manque rien de ce qu'il convenoit de faire, qu'il n'y a plus rien à faire.

(a) N°. CXLIX.

> J'ay *parachevé* de ma main
> Un ouvrage plus dur qu'airain,
> Un œuvre j'ay *parfait* que le feu ny la fouldre,
> Ny le fer, ny le temps ne pourront mettre en pouldre,

dit *Joachim du* BELLAY dans les Vers qu'il a traduits des citations de LE ROY dans la Traduction du *Symposé* de PLATON (*a*); aussi on entend par *Parfait*, ce qui *est tel qu'il n'y manque rien pour être tel qu'il doit être, ce qui est tel qu'on n'y peut rien changer, soit ajouter ou diminuer, sans le rendre imparfait.*

Parfait

CLIX.

Observation.

D'Où il paroit que puisque le premier état ou l'état essentiel & propre d'un être, est ce qu'il ne peut pas ne pas être (*b*), un être tel qu'il soit a toujours tout ce qui lui convient à l'égard de cet état; puisque s'il lui manquoit quelquechose de ce qui est necessaire pour être tel être, il ne seroit point : Or, avoir tout ce qui convient, c'est n'avoir besoin de rien, ainsi *le besoin*, est une marque d'imperfection qui ne peut regarder que l'état possible ou accidentel d'un être, ou, en deux mots, qui ne peut regarder l'être, mais seulement les manieres d'être ou les Relations possibles d'un être.

Ainsi l'actualité d'un être, parfaite en ce qui convient à cet être pour exister, peut être imparfaite

---

(*a*) LE SYMPOSE *de Platon, ou De l'Amour & de Beauté*, Traduit du Grec en François avec trois Livres de Commentaires extraits de toute Philosophie & recueillis des meilleurs Autheurs tant Grecs que Latins & autres, par *Loys* LE ROY, dit *Regius*. Au Roy Dauphin & la Royne Dauphine. Plusieurs passages des meilleurs Poëtes Grecs & Latins cités aux Commentaires, mis en Vers François par *J. du Bellay Angevin*. A Paris pour Jehan Longis & Robert le Manguier. 1559. 4°.

(*b*) N°. CLIII.

faite en egard à ce qui lui convient par rapport à ses proprietés.

CLX.

UNe *imperfection* ou un *besoin* n'etant donc en soi qu'*une privation*, c'est-à-dire, la negation de quelquechose, ne peut être un objet, puisque ce seroit avoir le rien pour objet; ce ne peut être en soi qu'un état ou qu'un sentiment de quelque chose qui manque, & c'est ce quelquechose qui est l'objet du desir ou de l'action. Un être ne peut donc agir *qu'en vue de quelquechose qu'il regarde comme lui étant convenable & qu'il considere par conséquent comme un bien qui lui manque, c'est-à-dire, comme une perfection de l'etat où il se trouve; ainsi la perfection, le bonheur, ou le bien-être*, de quelque nom qu'on le nomme, *est l'objet de l'être, son terme & son veritable but*: Tout ce qui s'y oppose est *nuisible*, tout ce qui y contribue est *convenable*. C'est de là que nait *l'amour de soi-même & la haine* pour tout ce qui s'oppose *à la perfection ou au bien-être*. L'effet que font les choses selon ce degré auquel elles contribuent ou nuisent au bonheur, est ce qu'on appelle leurs *convenances*, ou leurs *disconvenances*, & en ce sens on peut dire, que les choses ont plus ou moins de convenances eu egard à l'etat auquel elles conviennent; mais à proprement parler, comme ce qui convient est toujours *ce qui contribue au plus grand degré de perfection de l'etat où on est*, & que cet etat même peut être regardé comme un etat de convenance ou de disconvenance par rapport à un autre où l'on peut être mieux, on peut dire, que les choses *n'ont plus de convenance lorsqu'elles contribuent moins au bien être*.

Perfection, Bonheur, Bien-être

Convenances, Disconvenances.

CLXI.

C'Est sur ces convenances ou ces disconvenances & sur la necessité que le bien être soit le but de l'être l'être, que sont fondés ce qu'on appelle *le Bien & le Mal Moral, le Bien & le Mal Physique, l'Ordre & le Desordre, la Vertu & le Vice, la Raison & l'Extravagance, le Juste & l'Injuste, les Droits & les Devoirs* d'un être. Car par *juste* ou *injuste*, par *raison* ou *extravagance*, par *vertu* ou *vice*, par *ordre* ou *desordre*, & enfin par *droits* & par *devoirs*, on ne peut entendre que ce qui convient au plus grand bien, à la plus grande perfection ; c'est ce qui a fait que ces *droits* & ces *devoirs* ont été appellés *naturels* & que la raison sur laquelle ils sont fondés, c'est-à-dire, *cet amour du bonheur*, cette *tendance de l'être à sa perfection*, a été nommée *Loi de nature*, car on entend par *Nature*, l'essence des choses, c'est-à-dire, *les propriétés necessaires à leur existence & ce qui en resulte necessairement*, & c'est de là qu'on a dit que les droits & les devoirs naturels étoient *inalterables & inviolables*, parce qu'ils resultent des propriétés necessaires à un être capable de bonheur & de perfection, une Tendance necessaire à se procurer tout le bonheur & la perfection dont il est capable & à s'y conserver s'il y étoit parvenu.

Bien & Mal Moral. Bien & Mal Physique.

Loi de nature, Nature

CLXII.

OR un être capable de se perfectioner par le bon usage de ses proprietés, un être pour qui il y a quelquechose de *juste & d'injuste*, de *raisonable* & de *deraisonable*, & qui en consequence a des droits & des devoirs, est necessairement un être *sensible, intelligent, & actif*, c'est-à-dire, un *Agent Libre*, qu'on nomme à cet egard un *Etre moral*, parce qu'on appelle *Mœurs*, les *dispositions d'un être qui agit pour sa perfection*.

Etre Moral, Mœurs.

CLXIII.

EN effet, pour faire ce qu'on doit faire ou pour s'abstenir de faire ce qu'on ne doit pas faire, il faut non seulement connoitre ce qui doit être fait ou ce qui ne doit

doit pas être fait, mais il faut encore avoir la *puissance de faire ce qu'on veut ou de s'abstenir de ce qu'on ne veut pas.* Et comme le Bonheur depend de faire ou de ne pas faire certaines choses, j'entens par *Droit* ce qu'un être moral peut faire ou ne faire pas, & par *Devoir* ce qu'il doit faire, ou ne pas faire. D'où il resulte que *le Devoir devient la regle du Droit.*

Droit,
Devoir.

CHAPITRE VII.

Reflexions occasionnées par ce qui a été dit touchant le Bonheur depuis l'Article CXLVII. *au Chapitre precedent.*

CLXIV.

CE que je viens d'observer au sujet du Bonheur me jette dans une reflexion très-naturelle, & très-importante : Elle est telle que je sens que quand je n'aurois pas déjà pris la resolution d'eclaircir mes doutes à la lumiere de l'evidence, cette Reflexion seule devroit m'y determiner & m'y encourager presentement. Je veux être heureux & tout être raisonnable ne doit & ne peut tendre qu'au bonheur, rien ne seroit plus fou que d'agir pour se rendre malheureux. Cependant il est vrai, que les convenances des choses ne sont convenances que relativement à l'etat où un être moral se trouve, puisque l'etat possible d'un être Moral peut extremement varier, & que ce qu'on appelle *Raison, Vertu, Justice, Droit, & Devoir* ne sont determinés que par ce qui contribue au plus grand bien d'un être. Il suit, que ce qui est *Raisonnable, Juste, Vertueux,* dans un certain Etat, ne l'est plus dans un autre, comme ce qui passe pour Juste dans un Païs ne l'est pas dans un autre, & qu'ainsi la justice, ni la vertu, ni la raison ne sont rien de fixe, à moins qu'il n'y ait quelquechose de si parfait & qui convienne si necessairement au plus grand Bonheur d'un être Moral qu'il soit dans tous les cas aussi deraisonnable qu'injuste de ne pas preferer ce quelque

chose

chose de si parfait à tout autre bien possible. En effet, ou tout mon Bonheur se borne à l'Etat où je me trouve en cette Vie, ou après cette Vie je serai dans un autre état de bonheur ou de malheur selon que j'aurai fait certaines choses, ou que je me serai abstenu de certaines autres. Si tout mon bonheur se borne à cette Vie, tout ce que je puis faire pour me le procurer est vertu & raison, quelque nom que l'opinion donne aux choses que je ferai, ou que je m'abstiendrai de faire. Une action que l'on nomme *criminelle* est dans la nature des choses même une action de vertu dès qu'elle me rend plus heureux. Si au contraire en faisant certaines choses, qui me rendroient plus heureux dans cette vie, je me privois d'un plus grand Bonheur pour un autre état de Vie, & que pouvant être heureux en m'abstenant de les faire, je m'attirasse de nouveaux malheurs, je serois non seulement criminel de les faire, mais je serois un extravagant, un fou; je dis *criminel & fou*, lors même qu'on en jugeroit autrement selon l'opinion publique. C'est par cette raison sans doute que tous les Legislateurs ont cru devoir inculquer dans l'esprit des peuples la croyance d'une autre Vie & celle de l'existence d'une ou même de plusieurs Divinités à qui rien n'étoit caché. Ils ont dit que ces Dieux, Justes, Remunerateurs de la vertu, couronneroient dans un sejour de delices ceux qui auroient été fidèles aux Loix, tandis que les crimes de ceux qui les auroient violées les feroient punir de divers supplices dans un sejour affreux qu'on a nommé *l'Enfer* ou *le Tartare*. On ajoute, que pour donner plus de force à leurs loix les Legislateurs ont même dit qu'ils les recevoient des Dieux. C'est ainsi, remarque-t-on, que Moyse assuroit que le Créateur du ciel & de la terre lui dictoit de vive voix ou même gravoit de ses propres doigts sur la pierre les ordres auxquels le peuple Juif devoit se soumettre, & que toutes les ordonnances se faisoient au nom de Dieu, ce qui a fait nommer le Gouvernement de ce peuple une *Théocratie* jusqu'à ce qu'il devînt une Monarchie par l'Election de SAUL pour Roi. C'est ainsi que NUMA, n'osant se dire instruit directement par

Dieu

Dieu même, qu'il enseignoit ne pouvoir être connû par les sens ni representé sous aucune forme, dit aux ROMAINS, que les Loix qu'il leur donnoit lui étoient dictées par une Nymphe qu'il nommoit EGERIE. C'est ainsi que MAHOMET longtems après s'assujettit les ARABES en leur faisant recevoir comme envoyés du Ciel les Chapitres d'un Livre qu'ils ont nommé *Alcoran*, c'est-à-dire, *le Livre par excellence*. C'est ce qu'ont fait aussi ZOROASTRE, MINOS, & les autres Legislateurs : Marque qu'ils étoient persuadés qu'il falloit qu'il y eut quelquechose au delà de cette vie qui determinât à l'observance des Loix par l'Esperance d'un très-grand Bonheur ou par la Crainte d'une grande Punition dans une autre vie. Ils ont vû, *qui n'y avoit point d'obligation de faire une chose ou de ne la pas faire lorsqu'il n'y avoit point d'inconvenient à la faire ou à ne la faire pas*; qu'il y avoit souvent des occasions où un très-grand crime pouvoit être très-utile à celui qui le commettroit, desorte que s'il le pouvoit faire impunément la raison vouloit qu'il le commit, puisque d'un coté il ny avoit rien à craindre & que de l'autre il y avoit beaucoup à gagner; qu'il y avoit de même plusieurs actions de vertu qui devenoient très-prejudiciables à ceux qui les faisoient, desorte que puisque le bien-être étant le but de l'être, c'étoit folie que d'agir pour se rendre malheureux ou que de s'empêcher de faire ce qui pouvoit le rendre, *la Vertu, le Vice, le Juste & l'Injuste*, n'étoient que des affaires d'opinion aussi variable que l'Etat de l'homme varié dans differentes circonstances d'une Vie sujette à des vicissitudes continuelles; mais que s'il y avoit *un juge à qui rien ne peut être caché*, s'il y avoit après cette Vie un Bonheur si superieur à tous les biens du monde, & si convenable à l'état essentiel & non variable d'un être Moral qu'il ne put, soit en faisant certaines choses, soit en negligeant d'en faire certaines autres, se priver de ce Bonheur sans se rendre très-malheureux; alors le juste & l'injuste étoient determinés par les raisons même des *Convenances Invariables* & *des Inconvenients Inevitables*. Si l'homme consideré en tant qu'être Moral est un être immortel; s'il y a plusieurs Dieux ou même un seul Dieu remunerateur

rateur du bien ou du mal, c'est-à-dire, *un être eternel & tout-puissant* qui recompense & qui punisse un agent libre selon le bon ou mauvais usage qu'il aura fait de ses facultés; c'est une question bien décidée pour l'affirmative lorsque l'on compare le nombre de ceux qui la soutiennent avec le nombre de ceux qui la nient, quoiqu'on ne voye pas que cette affirmative produise de grands fruits chez ceux mêmes qui l'admettent. Cependant on entend par *Mortel*, ce qui *se détruit*, & par *Immortel*, ce qui *ne peut se détruire*, de même que l'on entend par *anéanti*, ce qui *a passé de l'état de l'être au néant*, c'est-à-dire, ce qui a *cessé d'avoir l'existence*. D'où il me paroit qu'il resulte en effet que si l'homme en tant qu'être Moral n'a point d'autre vie que celle-ci, toute sa felicité se bornant aux biens de cette vie, c'est imbecillité, c'est sottise, que de ne pas faire tout ce qu'il peut, quelquechose que ce soit, pourvu que ce qu'il fasse contribue à son plus grand Bonheur, autrement ce seroit manquer de raison & de vertu puisque l'une & l'autre ne consistent qu'à nous faire faire ce qui doit nous rendre heureux, qu'ainsi un être raisonnable doit toujours

<small>Mortel, Immortel, Anéanti</small>

„ Fuir comme un deshonneur la Vertu que le perd,
„ Et voler sans scrupule au Crime qui lui sert".

P. CORNEILLE, Pompée Sc. 1.

Que si son temperament, ses prejugés, son éducation l'arretent, qu'il se souvienne sans cesse de ces vers d'un autre Poëte:

„ Des plus sacrés devoirs etouffer le murmure
„ C'est à ses passions asservir la nature.
„ Cet effort ne part point d'un courage abbatu,
„ Et pour faire un Grand Crime il faut de la Vertu".

T. CORNEILLE, Stillic. Act. I. Sc. 6.

Que s'il se trouve retenu par l'opinion qu'en auront les autres hommes, qu'il sache que l'homme raisonnable ne doit avoir égard à l'opinion des autres qu'autant qu'elle peut lui être avantageuse;
qu'ain-

qu'ainfi c'eft prudence que de paffer pour ce qu'ils appellent *être vertueux*, mais fottife que de l'être dans tous les cas où il eft avantageux de ne l'être point, ainfi qu'ils le pretendent, puifqu'en effet ce n'eft pas l'être veritablement que de facrifier la raifon à l'opinion, & qu'en general, ainfi que le dit encore le même Poëte:

„ La plus noire action que l'audace produit,
„ Ne prend que du fuccès la honte qui la fuit,
„ C'eft lui feul qui la rend Injufte ou Legitime,
„ Heureufe, elle eft Vertu, malheureufe, elle eft Crime".

T. Corn. Berenice Act. III. Sc. 6.

Mais auffi faut-il avoüer, que fi l'homme en tant qu'Etre moral eft un Etre Immortel, que fi ce qui agit non feulement en foi mais qui fait même mouvoir un corps par un acte de volonté, que ce qui penfe, ce qui fent, ce qui juge, ce qui eft capable de former tant de deffeins, d'acquerir tant de connoiffances, de jouir de tant de felicité, n'eft pas un Etre materiel ou multiple, mais un Etre vraiment un, un Etre *fimple* qui n'admet aucun melange, aucun affemblage de partis, & qu'il foit ainfi indeftructible puifqu'il eft indivifible, & qu'après fa feparation d'avec le corps ou il n'aura été que dans un etat d'épreuve il foit comptable à un Etre ou à plufieurs Etres Touts-puiffants de l'ufage qu'il aura fait de fes facultés; c'eft le plus grand excès de demence où un Etre moral puiffe tomber que de ne pas facrifier toutes les convenances des biens de cette vie lefquelles fe trouvent en oppofition avec celle qu'il y a de faire ce que cet Etre où ces Etres Touts-puiffants exigent. *Il ne faut pas avoir l'ame fort élevée*, dit PASCAL (a), *pour comprendre qu'il n'y a point ici de fatisfaction veritable & folide, que tous nos plaifirs ne font que vanité, que nos maux font infinis, & qu'enfin la mort, qui nous menace à chaque inftant, nous doit mettre dans peu d'années & peut-être en peu de jours dans un etat Eternel de Bonheur ou de Malheur ou d'anéantiffement.*

(a) *Penfées de Mr.* PASCAL, Art. I. p. 5. Edit. des *Wefteins.*

néantissement…. Faisons tant que nous voudrons les Braves, voilà la fin qui attend la plus belle vie du monde… Voilà un doute d'une terrible conséquence & c'est deja assurément un très-grand mal que d'être dans ce doute, mais c'est au moins un devoir indispensable de chercher quand on y est; ainsi celui qui doute & qui ne cherche pas est tout ensemble & bien injuste & bien malheureux. Que s'il est avec cela tranquile & satisfait, qu'il en fasse profession, & qu'enfin il en fasse vanité, & que ce soit de cet état même qu'il fasse le sujet de sa joye & de sa vanité. Je n'ai point de terme pour qualifier une si extravagante créature.

Après avoir fait attention, *que l'immortalité de l'ame est une chose qui nous importe si fort, & qui nous touche si profondement qu'il faut avoir perdu tout sentiment pour être dans l'indifférence de ce qui en est; que toutes nos actions & toutes nos pensées doivent prendre des routes si différentes selon qu'il y aura des biens Eternels à esperer, ou non; qu'il est impossible de faire une démarche avec sens & jugement qu'en la reglant par la vûe de ce point qui doit être notre dernier objet. Je ne dis point ceci,* ajoute-t-il quelques lignes après, *par le zèle pieux d'une devotion spirituelle; je pretends au contraire que l'amour propre, que l'interest humain, que la plus simple lumiere de la raison nous doit donner ces sentiments.*

Concluons donc, qu'en effet je dois savoir à quoi m'en tenir à cet égard, soit pour éviter d'être dupe, soit pour m'empecher d'être extravagant. Dupe, lorsque par la crainte & l'esperance d'une vie à venir qui ne peut être que chimerique, je me gêne dans plusieurs choses & me prive de plusieurs autres qui pourroient faire mon bonheur ou du moins y contribuer en celle-ci; soit pour m'empecher d'être un extravagant & le plus grand ennemi de moi-même, si je neglige de faire ce que je dois dans cette vie pour m'assurer dans un autre qui est peut-être très-certaine un état de bonheur, ou me garantir d'un état de malheur inevitable. Si je reste à cet égard dans l'imbecillité & dans l'indolence ne suis-je pas une vile & miserable créature qui neglige également son bonheur & sa raison?

Fin du Livre troisième.

RECHERCHES PHILOSOPHIQUES,

LIVRE QUATRIEME:

Des Moyens & des divers Degrés de nos Connoissances.

Cum ergo interiores oculi judices sint oculorum exteriorum, isti autem illis quodam officio nuntiandi & ministerio famulentur; multaque illi videant quæ isti non vident, nihil isti non videant unde non illi tanquam præsides judicent.

AUGUSTIN.

Reflexions sur les Expositions ou Definitions précédentes.

CLXV.

ON ne peut me disputer les Definitions ou Expositions de termes que je viens de donner dans le Livre précedent ; car outre que les termes étant arbitraires je suis le maitre de me servir de ceux que je veux pour exprimer mes sentimens ou mes idées, c'est que toutes les Expositions de termes que je viens de marquer sont exactement conformes au sens que leur donne l'usage.

A l'egard des Definitions des choses, j'ai commencé par examiner quel étoit le sentiment des choses que j'ai definies & je ne fais par la définition qu'exprimer ce sentiment, c'est encore ce qu'on ne peut me disputer, soit que mon sentiment soit confus, soit qu'il ne le soit pas ; parce que ma définition sera conforme à mon sentiment, *confuse* s'il est confus, *claire* s'il est distinct, & que par l'examen de ce qui se suppose necessairement je pourrai en demêler la confusion. Quand je dis que je sens une chose ou que je la sens d'une telle maniere, comme personne ne peut mieux sentir ce que je sens que moi-même, on ne peut nier que mes sentimens sont tels que je dis qu'ils sont, à moins que je ne dise des choses absurdes & qu'il ne m'arrive comme on le voit en certaines personnes, qui, par envie de contredire ou de soutenir leurs opinions, commencent par agir de mauvaise foi avec eux-mêmes & assurent qu'ils ont ou qu'ils n'ont pas certains sentimens, certaines idées. Cependant la definition même que je donne doit servir à faire voir, que le sentiment des choses que j'ai définies sont des sentimens confus qui renferment un jugement faux par l'union des choses qui ne se supposent pas necessairement ou par la séparation des choses qui sont necessairement unies : Ainsi la fausseté de ma definition doit conduire à en donner une bonne par la raison des contraires. Voilà l'utilité des Definitions. Comme elles doivent servir de fondemens aux principes d'identité qu'on en tire & ensuite aux conséquences qu'on tire de ces principes, si la definition n'est pas conforme à la chose qu'on prétend definir parce qu'elle n'est pas la definition d'un sentiment simple mais plutôt celle d'un jugement fondé sur un sentiment confus, on tombe dans l'absurdité & la contradiction, & cette absurdité ou contradiction amene à la verité. Les definitions que j'ai données pourroient peut-être se faire d'une manière plus claire & plus concise & qui mettroit les choses dans un plus beau jour, mais quoiqu'il en soit il sera toujours vrai, que j'ai le sentiment d'une chose telle que je l'ai definie.

CHA-

CHAPITRE VIII.

Des Idées occasionnées par les Sens & les Objets exterieurs: Ce que c'est que Connoître.

CLXVI.

JE me demande, *si de ce que j'ai le sentiment d'une chose il suit qu'il y ait telle chose*, qu'elle exifte effectivement? Je reponds, que je n'en fai rien, fi cette chofe n'eft que *poffible*, puifque par la définition (N°. CXXX.) *le poffible eft ce qui peut être ou n'être pas effectué*; mais que fi elle eft *neceffaire* par rapport à l'exiftence, c'eft-à-dire, que fi je conçois qu'il eft impoffible qu'elle n'exifte pas réellement ou effectivement, il eft indubitable qu'elle exifte par la definition (N°. CXXXIV.), *le neceffaire étant ce qui ne peut pas ne pas être.* Il eft contradictoire qu'une chofe exifte neceffairement & qu'elle n'exifte pas.

Mais comment puis-je favoir *fi elle n'exifte que poffiblement ou fi elle exifte neceffairement?* Comme je conçois ma propre exiftence, ma propre penfée & toute autre chofe, par le fentiment que j'en ai & par l'impoffibilité de fentir autrement cette chofe, fi je puis la concevoir comme non neceffaire de façon qu'il n'implique point contradiction qu'elle n'exifte pas, elle n'eft par les termes mêmes que *poffible*; fi au contraire je ne puis la concevoir comme fimplement poffible, mais feulement comme abfolument *neceffaire*, il eft evident qu'elle exifte, puifque par les termes mêmes il eft contradictoire qu'elle n'exifte pas.

CLXVII.

Demonftration.

IL faut faire attention,

Lemme Premier.

QUe je ne puis connoitre l'existence des choses, ni ce qu'elles font, que par le sentiment que j'en ai:

Lemme Second.

QUe (*a*) sentir rien, connoître rien, concevoir rien, c'est, par le terme même, ne point sentir, ne point connoitre, ne point concevoir:

Lemme Troisieme.

QUe les choses sont telles qu'elles sont, & non autres:

Lemme Quatrieme.

QUe le sentiment ou l'idée d'une chose n'est pas le sentiment ou l'idée d'une autre chose. D'où il resulte,

Corollaire I.

QUe tout sentiment, toute idée, est le sentiment & l'idée de quelquechose qui n'est pas rien:

Corollaire II.

QUe tout sentiment, toute idée, est exactement conforme à la chose qui est sentie, à la chose qui est connue puisque sans cela (*b*) ce ne seroit ni l'idée ni le sentiment de cette chose, mais d'une autre, ce qui est contradictoire.

CLXVIII.

Observation.

QUoi qu'une Objection (*c*) contre une chose démontrée n'en puisse infirmer la vérité, puisque
toute

(*a*) N° LXXXVI.   (*b*) LXXXIX——XCI.
(*c*) LXXXIV·· LXXXV.

toute Demonſtration ſuppoſe l'évidence, & que ce qui eſt évident ne peut pas ne pas être vrai, deſorte qu'une objection inſoluble ne montreroit en moi qu'un défaut de lumiere & non une fauſſeté dans la demonſtration; je m'objecte toutefois ceci, & je dis: *Demonſtration*

CLXIX.

Objection.

A une lieue d'eloignement je vois une tour ronde, il y a en effet une tour, mais cette tour eſt quarrée, le ſentiment ou l'idée que j'ai eſt donc different de la tour que je vois; ainſi le ſentiment ou l'idée d'une choſe n'eſt pas égal à ce que la choſe eſt en ſoi.

Je prends mon doit du milieu, je le paſſe ſur le premier qu'on nomme *index* de façon que les deux extremités ſe trouvent jointes à coté l'une de l'autre; je mets ſous ces deux bouts de mes doits une petite boule que je preſſe un peu en la faiſant mouvoir circulairement. Il n'y a qu'une boule, c'eſt moi qui l'y ai miſe, j'en ſuis bien ſûr; cependant je ſens ſi parfaitement deux boules, que j'ai beſoin de verifier que je n'en ai mis qu'une, pour croire qu'il n'y en a effectivement qu'une. Voilà un ſentiment different de ce que la choſe eſt en ſoi, puiſqu'il n'y a qu'une boule & que je ſens qu'il y en a deux: Ainſi le ſentiment ou l'idée d'une choſe n'eſt pas egal à ce que la choſe eſt en ſoy; & ſi je conclus de ce que j'ai le ſentiment d'une tour ronde à la vue d'une tour, que cette tour eſt ronde, ou de ce que j'ai le ſentiment de deux boules, qu'il y a effectivement deux boules, je me trompe, je fais un faux jugement; ſi faux, qu'eu egard à la forme & au nombre je me trompe du tout au tout.

CLXX.

CLXX.

Examen de cette Objection.

Qu'eſt-ce que c'eſt que *voir*? C'eſt *être affecté d'un ſentiment de couleur, de forme, & de diſtance*, ce n'eſt rien autre choſe; & comme le *rien n'a point de propriétés*, que le rien n'eſt pas viſible, qu'il n'a point de forme (a) & qu'ainſi *toute* Propriété ſuppoſe *un être*, je juge par tels ſentimens de couleur, de forme, & de diſtance, qu'il y a un être formé d'une telle maniere qui ſubſiſte hors de moi à telle diſtance, car je ne vois point l'interieur de cette être, je ne vois point la ſubſtance, je ne vois que des couleurs & des formes. Ainſi quand je dis qu'il y a là une tour, que je la vois, c'eſt dire, que par certains ſentimens je juge qu'il y a une tour, ce qui n'eſt pas une *ſimple idée* mais un *jugement*.

L'experience m'apprend, 1°. que la Couleur depend de la *Lumiere*, 2°. du *Milieu* par lequel la lumiere vient à mes yeux, 3°. de la *Diſpoſition* de mes yeux; de façon que le même objet me paroit dans un jour pur d'une couleur differente de celle ſous laquelle il me paroit dans un jour nebuleux; que la couleur eſt differente à la lumiere du ſoleil, de ce qu'elle eſt à la lumiere de la lune ou à celle d'une bougie ou à celle d'une liqueur qui ſeroit bien enflammée; qu'elle eſt très-differente ſi je vois cet objet à travers un verre rouge, jaune, ou verd; & on dit qu'il eſt demontré que ſi j'avois les yeux ou plus ronds ou moins applatis, ou faits enfin d'une autre façon, je verrois d'une autre maniere que je ne vois; ce que je crois d'autant plus volontiers que ſans en examiner la demonſtration, je ſai qu'il y a des hommes qui voyent beaucoup plus loin que moi, qu'il y a d'autres animaux qui voient plus loin encore, qu'il y en a qui voient même la nuit, ce qui n'arriveroit pas ſi leurs yeux étoient exactement égaux aux miens. Moi-même ayant trop ſouvent & trop longtems tenu un de mes yeux fermé,

(a) N°. CXXII. & CXXIII.

fermé, j'en perdis l'usage au point que quand je voulois lire avec cet œil-là seulement chaque ligne me paroissoit se mouvoir en zigzague, & que quand je considerois l'estampe d'une medaille je ne voyois la ligne circulaire qui la formoit que comme un composé de portions de cercles toutes mouvantes.

CLXXI.

DE là je conclus, 1°. Que *je ne vois point les objets par eux-mêmes*, & qu'ainsi un objet n'est qu'une occasion ou cause occasionelle du sentiment qu'on appelle *Vision* ou *Vue* : Par *Cause Occasionelle* on entend ce qui ne produit point un effet directement par soi-même, mais ce qui est une occasion que quelqu'autre chose produit un effet. Et 2°.

Cause Vision, Vue.

CLXXII.

QUe je ne vois un objet que par le secours de la lumiere & celui de mes yeux, desorte que l'une est le moyen & les autres l'instrument par lequel je vois, & que lorsque je dis que je vois un objet, c'est dire simplement, conformément au No. CLXX. & CLXXI., que *par le moyen de la lumiere & de mes yeux je suis affecté d'un sentiment qui me porte à juger qu'il y a à telle distance un être tel*.

Ce par quoi on sent l'existence ou les propriétés de quelquechose à quoi on n'est pas immediatement uni ou qu'on ne touche pas immediatement, est ce que les Philosophes appellent le *Sensorium* ; desorte que la lumiere peut être considerée comme le *sensorium* des yeux & les yeux comme le *sensorium* du *moi* qui sent. Un bâton peut être consideré comme le *sensorium* de la main d'un Aveugle, comme la main le *sensorium* du *lui* qui sent.

Sensorium.

CLXXIII.

PUisque *voir n'est qu'être affecté d'un sentiment de forme, de couleur & de distance*, lorsque je vois une tour ronde il est certain que je vois une tour ronde & que mon idée est exactement celle

R 4

d'une

d'une tour ronde, & qu'ainsi mon idée n'est point différente de ce que c'est qu'une tour ronde ; mais la tour que je vois est quarrée, & par conséquent mon idée n'est pas conforme à la tour que je vois. Il faut qu'en cela il y ait une equivoque de terme ; car assurément si ce que je vois est *rond*, je ne vois pas une chose quarrée.

CLXXIV.

EN effet, puisque je ne vois qu'une tour ronde ce n'est pas une tour quarrée que je vois, & puisque la tour en question est quarrée, ce n'est donc pas elle que je vois, je la regarde seulement, c'est-à-dire, que *mes yeux sont tournés du coté où elle est*, & qu'à cause qu'elle est là & que mes yeux sont tournés de son coté, je suis affecté du sentiment d'une tour ronde, par où il est clair, que *cette tour n'est pas visible par elle-même & qu'elle n'est que la cause occasionelle du sentiment que j'ai*. Si je la voyois je la verrois telle qu'elle est ; car elle est telle qu'elle est & n'est point autre, par conséquent la voir autre qu'elle est, c'est ne la pas voir. Je vois une tour ronde, & l'objet de mes regards est une tour quarrée ; donc l'objet de mes regards n'est pas visible par lui-même, & le sentiment que j'ai d'une tour ronde est l'effet de la lumière conformément à la figure de la tour quarrée, de la distance où j'en suis, de l'air ou des vapeurs qui occupent cette distance, & de la disposition de mes yeux, lequel sentiment est exactement conforme à une tour ronde. Si on peut dire, que je vois la tour que je regarde, ce n'est qu'en partie & confusément ; mais, exactement parlant, je ne la vois point, ni elle, ni aucun objet, tant que je ne vois que des couleurs & des formes incertaines ; car les objets ne sont point des couleurs, ils ont leurs formes actuellement determinées : Ainsi de ce que j'ai le sentiment d'une chose il est toujours vrai de dire que la chose est telle que le sentiment que j'en ai, le sentiment d'une tour ronde est toujours conforme, toujours égal à une tour ronde ; mais de ce qu'à l'occasion d'un objet j'ai le sentiment d'une tour ronde ou de quelqu'autre chose de même

même espece, il ne suit nullement que cet objet est une tour ronde, parce que les objets ne sont point visibles par eux-mêmes.

Une nouvelle experience qui m'assure que nous ne voyons point les objets par eux-mêmes mais par les differens effets de la lumiere selon la disposition des milieux & des organes, c'est qu'à mesure que j'avance vers cette tour, non seulement la figure ronde dont j'avois le sentiment commence à perdre de sa rondeur, mais cette tour me paroit ou plus haute ou plus grosse, plus proche ou plus éloignée, selon la disposition du terrain, uni ou montagneux, & selon d'autres objets interposés, tels que des eaux, des bois, ou des batimens; desorte que plus j'y fais attention plus je suis convaincu, que le sentiment que j'appelle *vûe* ou *vision* n'est que le sentiment des effets de la lumiere, & le sentiment que j'ai est egal à l'effet qui le cause, puisqu'il n'est que le sentiment de cet effet, ce qui doit être, (*a*) puisqu'il est contradictoire que le sentiment d'une chose, ne soit pas le sentiment de cette chose. D'où je conclus, que *voir* n'est autre chose *qu'éprouver certains sentimens à l'occasion de tels ou tels objets ou peut-être même à l'occasion de tels ou tels mouvemens, à l'occasion desquels sentimens nous jugeons que tels ou tels objets existent tels;* & c'est en quoi nous pouvons nous tromper: Mais il est visible que l'erreur ne vient que de notre jugement & non pas de notre idée; parce qu'il est certain que l'idée d'une tour ronde ne peut être l'idée d'une tour quarrée, & qu'ainsi l'idée d'une tour ronde n'étant point differente d'une tour ronde, l'idée est conforme à son objet. Mais il suit aussi que de ce que j'ai un sentiment à l'occasion de quelquechose, je ne puis evidemment en conclure que quelquechose de réellement effectué existe hors de moi conforme au sentiment que j'ai, s'il est possible, que ce quelquechose-là n'existe pas; parce que tout sentiment d'une chose *possible* l'est necessairement d'une chose qui peut être ou n'être pas effectuée, & que de ce que j'ai le sentiment d'une chose possible, je ne puis point conclure qu'elle est réellement effectuée,

mais

(*a*) N°. CLXVII.

mais seulement qu'elle peut l'être, desorte qu'il me faut une preuve de son existence pour être sûr qu'elle existe réellement effectuée.

A l'egard du sentiment que j'ai de deux boules quoiqu'il n'y en ait qu'une que deux de mes doits qui la touchent font mouvoir ou même sur laquelle ils se reposent avec pression après l'avoir mue, je dois dire la même chose que de la tour quarrée. De même que je ne vois point la superficie, ni la forme des corps immediatement par elles-mêmes, de même je ne sens point la réalité de leur substance par elle-même, je ne la sens que par le toucher, c'est-à-dire, par l'application de quelques parties de mon corps sur un objet qui fait une resistence quelconque à la partie qui la presse, d'où je conclus qu'il y a une réalité effectuée d'existence. Or l'expérience m'apprend, que toutes les parties de mon Corps, mais sur tout mes doits, sont des *sensoriums* qui me donnent des sentimens de l'existence réellement effectuée des corps quelconques qui leur font quelques degrés de resistence ou qui agissent sur eux avec quelques dégrés de force proportionellement à la dureté ou à la délicatesse de ma peau, & que chacun de mes doits étant également capable de me causer ce sentiment, il doit arriver que si deux de mes doits touchent egalement, quoique chacun en son particulier, une partie d'un corps, chacun d'eux me fera avoir le sentiment de ce corps conformément à la partie touchée, desorte que mes deux doits touchant une boule ainsi qu'on l'a dit, chacun d'eux me fera avoir le sentiment parfaitement semblable d'un corps rond, parce que chacun touchera des parties d'un corps rond parfaitement semblables : Ainsi j'aurai un double sentiment du même corps, sur quoi je jugerai qu'il y a réellement deux corps, lors cependant qu'il n'y en aura qu'un. Mais, si j'y pense bien, je vois que l'erreur vient de mon jugement, sans pour cela que mon sentiment soit faux. Je dis que j'ai le sentiment de deux boules, & il est certain que j'ai le sentiment de deux boules, & que ce sentiment est parfaitement conforme à deux boules; d'où je conclurai comme ci-devant, savoir, que de ce que j'ai le senti-

sentiment de deux boules je ne dois pas conclure que je touche deux boules réellement existantes, mais seulement qu'elles peuvent l'être, desorte qu'il me faut une preuve plus particuliere & plus exacte de leur existence actuelle pour croire qu'il y en ait deux. L'existence de deux boules non plus que celle d'une tour quarrée n'est qu'une existence possible. De ce que j'ai le sentiment de deux boules ou d'une tour quarrée il ne suit pas qu'elles soient réellement effectuées. Il faut donc une preuve plus sure de leur existence que le sentiment que j'en ai, quoique ce sentiment soit exactement tel, qu'il est conforme à deux boules & à une tour quarrée.

Il en est de même des autres sens. Il n'y a personne qui, ignorant ce que c'est que l'Echo, ne croye la premiere fois qu'il l'entend que quelqu'un contrefait la voix ou les sons dont il entend la repetition, *alternæ deceptus imagine vocis* (1). Les odeurs varient selon les distances & la disposition des organes, les saveurs varient selon la disposition des organes & des humeurs. Nous ne sommes sûrs que de nos sentimens, & les sentimens que nous avons des corps ne sont que les effets occasionés par des corps que nous ne sentons point par eux-mêmes & rarement même immédiatement par le seul moyen des sens qui sont eux-mêmes des corps.

Mais les erreurs où nos jugemens nous exposent sur le rapport des sens exterieurs sont encore moins dangereuses que celles auxquelles nous exposent nos sens internes, d'où naissent nos appetits, nos passions. Comment un jeune homme à qui le sang bout dans les veines juge-t-il de la possession d'une femme dont il est eperdument amoureux & dont il n'est point ou que foiblement aimé? Si elle jette sur lui quelques doux regards, il voit les cieux ouverts, tout est grace, tout est charme chez elle, il découvre l'amour caché sous ses traits:

Hor sotto a l'ombra
Delle palpebre, Lor tra minuti rivi

D'un

___
(1) Ovid. Metam. Lib. III.

*D'un biondo crine; bor dentro le pazzette
Che forma un dolce rifo in bella guancia.*

Il Tasso, Amint. Atto II. Sc. 1.

Nulle fortune, nul bonheur ne lui paroit egal à celui de la posseder, il donneroit sa vie pour obtenir une fois seulement toutes les faveurs qu'il désire.

Devient-il epoux, quelle tiedeur succede à tant d'amour? Ces charmes, ces graces, ces beautés, dont il étoit si eperdu, diminuent chaque jour. Il decouvre des defauts où il n'avoit vu que des perfections, ses sens ne lui causent plus les mêmes desirs, l'objet ne lui paroit plus le même, bientot il le trouvera aussi insipide qu'il lui paroissoit ravissant. Il s'affligera des liens qui l'en ont rendu le libre possesseur. Faut-il s'ecriera-t-il qu'un *oui* qui me lie m'assujetisse à être pour toujours malheureux,

Eque brevi verbo ferre perenne malum?
Joan. Secundus, Eleg. I. VII.

Sans même que le joug du marriage fasse perdre aux plaisirs de l'amour les charmes qu'ils ont étant faveur & grace, que ce jeune homme tombe malade, que par beaucoup de saignées on le rende aussi foible qu'il étoit impetueux, il ne verra plus que comme un objet de degout tout ce qui lui paroissoit une source de delices. Il en est ainsi des autres appetits: On voit tout differemment les objets, selon la circulation du sang, ou les circonstances, selon l'age, & les reflexions dont on est prévenu.

Dirons-nous que les sens nous trompent en nous donnant des sentimens qui ne sont pas conformes aux objets qui les occasionnent? Il ne me paroit pas encore qu'on puisse le dire : Car si ces sentimens sont conformes aux objets qui les occasionent, les sens ne nous trompent pas en nous faisant sentir les objets tels qu'ils sont, si ces sentimens ne sont pas conformes à ces objets; parce que ne les voyant pas par eux-mêmes nous ne les voyons que par des milieux

lieux, par des *senforiums* qui peuvent nous donner des sentimens qui ne seront pas conformes à ces objets, & que nos sens nous en ayent avertis par cent experiences, nos sens ne nous trompent pas encore. Un homme qui m'a dit *je mens toujours* ou même *je mens quelquefois*, ne me trompe point quelquechose qu'il me dise : Il m'a averti de ne me pas fier à sa parole. Tout ce que nous pouvons conclure, c'est qu'il est certain que les objets sont ce qu'ils sont & non point autres, que nos sentimens sont aussi tels qu'ils sont, que *peut-être* ils sont conformes aux objets qui les ont occasionés, parce qu'il est *possible* que ces objets soient conformes à nos sentimens, mais que sur des simples sentimens nous ne dévons pas juger que les objets exterieurs soient tels ou tels. C'est cependant une question qui méritera bien d'être examinée ; mais il faut attendre que j'aye fait quelques progrès, si j'en puis faire, dans des vérites qui servent efficacement à la discuter.

Il est en effet d'autant plus important de l'examiner qu'il y a des Philosophes qui soutiennent que nous ne connoissons rien que par l'entremise des sens, & que d'autres prétendent qu'à l'egard de la Verité ce ne sont que des relateurs infideles qui nous trompent sans cesse. PASCAL dit (1), qu'ils égarent la raison au point de la rendre aussi fourbe qu'eux. *Les deux principes de vérité la raison & les sens outre qu'ils manquent souvent de sincerité s'abusent reciproquement l'une & l'autre*, dit-il. *Les sens abusent la raison par de fausses apparences, & cette même piperie qu'ils lui apportent ils la reçoivent d'elle à leur tour, elle s'en revenge, les passions de l'ame troublent les sens & leur font des impressions facheuses. Ils mentent & se trompent à l'envie.*

(1) *Pensées de M. PASCAL, sur la Religion & sur quelques autres sujets.*

CLXXV.

CLXXV.

JE viens de dire, qu'il y a des Philosophes qui soutiennent que nous ne connoissons rien que par l'entremise des sens. *Les Peripateticiens* en avoient même fait un axiome, *nihil est in intellectu, quod non prius fuerit in sensu*. Ceux qui sont d'un sentiment contraire disent, que rien n'est plus faux que ce pretendu axiome, puisque loin de concevoir comment des sentimens ou des idées des choses purement intellectuelles peuvent être communiquées par les sens, on conçoit au contraire, qu'entre les sens & de tels sentimens ou idées il n'y a rien d'analogue; ce qui fait que des personnes qui passent pour avoir beaucoup d'esprit trouvant qu'en effet il n'y a aucune ressemblance entre les corps & leurs effets & des idées de choses purement intellectuelles, rejettent toutes ces choses intellectuelles, toutes les connoissances Metaphysiques comme des chimères, & soutiennent qu'il n'y a de connoissances réelles que celles des choses qu'on voit, qu'on touche, qu'on entend.

CLXXVI.

QUoique je remette l'examen de ce qui regarde les sens, je ne puis m'empêcher de considerer ici ce que c'est donc que la connoissance que j'ai des choses que je vois, que je touche, que j'entends, ou que j'aurois pu voir, toucher & entendre; & je me demande ce que c'est que l'idée de ces choses?

Par exemple, je viens de citer PASCAL & je m'en fais une idée. Je me demande qu'est-ce que c'est que l'idée de PASCAL, en quel sens puis-je dire que je m'en fais l'idée, comment puis-je la faire, est-elle vraye, est-ce une idée claire & distincte?

Je n'ai jamais vu PASCAL, il étoit mort avant que je fusse né ; j'ai vu une estampe qu'on vendoit pour l'image de cet homme révéré dans un parti, detesté dans un autre, en general consideré comme un homme d'un esprit superieur & qui écrivoit bien. J'ai lu la vie écrite par Madame PERIER sa
sœur,

sœur, j'ai lu ses Ouvrages, j'ai oui conter de lui ce qu'on appelle des particularités ou Anecdotes, & sur tout cela je me suis fait une idée à laquelle j'attache le nom de PASCAL, desorte que ce nom reveille en moi cette idée.

Mais cette idée, est-elle vraie? Si j'entends ici par *vraie* une idée réelle, c'est-à-dire, *le sentiment distinct de quelquechose qui peut être & que je me represente*, cette idée est vraye sans doute; mais dans la question que je me fais ce n'est pas là ce que *vraie* signifie: Je veux dire, cette idée que je nomme *l'idée de Pascal*, est-elle conforme à ce qu'étoit le PASCAL dont j'ai lu les Ouvrages & qui mourut en 1662? A quoi certes je me trouve fort embarassé de repondre. C'est pourquoi il faut que j'examine auparavant ce qu'on entend par *connoitre un homme* & ce qu'on entend par PASCAL, & par là ce que sont donc les connoissances réelles de ceux qui pretendent qu'on n'a de *connoissances réelles que des choses qu'on voit, qu'on touche, qu'on entend*. Quand PASCAL vivoit, ceux qui le voyoient familiairement, tels que quelques Messieurs de *Port-Royal*, ou Madame PERIER sa sœur chez qui il est mort, le connoissoient-ils? Ils le connoissoient sans doute, puis qu'ils l'avoient souvent devant les yeux, qu'ils l'entendoient parler, qu'ils le voyoient agir, que dans des discussions d'affaires ou dans diverses conversations ils pouvoient découvrir quels étoient ses sentimens, ses pensées, ses inclinations, ses desirs, l'étendue de ses connoissances & le jugement qu'il portoit des choses.

Un homme qui l'auroit vu dans la rue ou qui l'auroit bien examiné dans les diverses églises où il alloit faire ses dévotions, mais qui n'auroit point su que celui qu'il examinoit ainsi s'appelloit PASCAL, l'auroit-il connu? Il en auroit eu une idée distincte, (a) & l'idée distincte d'une chose en est la connoissance, puisque cette idée empêche qu'on ne prenne cette chose pour une autre, c'est-à-dire, pour ce qu'elle n'est pas. Il est vrai, que cet homme n'auroit point su que celui qu'il avoit examiné
s'ap-

___
(a) Nº. CXXV. & CXXVI.

s'appelloit PASCAL, mais ce n'auroit été qu'ignorer une dénomination arbitraire qui ne fait rien à la chose. Il n'auroit point connu PASCAL en tant que PASCAL, mais il l'auroit connu en tant qu'*homme*, si bien qu'il n'en auroit point pris un autre pour lui. Cet homme auroit donc connu PASCAL. Ce qu'on peut dire & ce qu'on dit en effet, c'est qu'il ne l'auroit *connu que de vuë*, c'est-à-dire, qu'il n'auroit connu que la taille, les traits, ajoutons si on veut, la demarche & la couleur de ce qu'on appelloit PASCAL. Mais aucune de ces choses n'étoit proprement PASCAL, & s'il lui fut arrivé que par quelqu'accident ou quelque maladie tout cela eut si fort changé que l'homme en question l'eut méconnu, ses amis de *Port-Royal* & sa sœur l'auroient néanmoins toujours connu. Quel étoit donc le PASCAL qu'ils connoissoient & qu'ils n'auroient point méconnu malgré le changement que je suppose ? Ce ne peut être qu'un PASCAL qu'ils ne voyoient point & qu'ils aimoient sous ces enveloppes, qu'on distinguoit aussi par son nom, mais qui ne pouvoient le faire connoitre que de vuë. C'est ce qui pensoit, ce qui jugeoit, ce qui raisonnoit avec eux, ce qu'ils estimoient pour son savoir & pour sa vertu, l'Etre Moral qui pouvoit augmenter en science & en piété & accroitre son bonheur lors même que l'Etre Physique diminuoit de fraicheur & de force & dépérissoit par la maladie.

Le PASCAL qu'ils connoissoient étoit donc ce qu'ils ne voyoient pas, mais ce qu'ils jugeoient exister & être present lorsqu'ils voyoient une certaine forme & figure qu'ils supposoient resulter de l'arrangement de quelque substance qui se deroboit de même à leurs yeux. Car ils ne voyoient que des formes & des couleurs dont même tous ceux qui les voyoient n'avoient pas la même idée, du moins à ce que prétendent ceux qui ont etudié l'Optique; & quoiqu'il en soit, ce n'étoit ni ces couleurs ni ces figures qu'ils croyoient PASCAL. C'est ainsi qu'on disoit dans l'Ecole de SOCRATES, *ce que tu vois de l'homme n'est pas l'homme*; & qu'au rapport de XENOPHON (a) CYRUS au lit de la mort disoit à ses

---

(a) *Cyropedie*, Liv. VIII.

PHILOSOPHIQUES.

ses enfans: *Je ne pense pas que parce que vous ne me verrez plus vous croirez que je ne suis plus rien. Moi qui pense vous ne m'avez pas vu jusqu'à présent, vous n'avez pourtant pas laissé de connoître que j'existois veritablement.*

En quoi consistoit donc la connoissance que ceux qui voyoient le plus souvent PASCAL pouvoient avoir de lui? Ce n'étoit que dans une idée qu'ils se faisoient en joignant l'idée d'homme avec des idées de quelques autres choses que l'homme peut avoir ou n'avoir pas, & dont la privation ou la possession du plus au moins fait des differences, lesquelles choses ainsi unies à l'idée d'homme & jugées actuellement existantes leur représentoient un être nommé PASCAL. Ainsi leur connoissance de PASCAL n'étoit qu'un assemblage d'idées Metaphysiques dont ils jugeoient la réalité effectuée en un quelquechose qui leur occasionnoit divers sentimens, mais qu'ils ne voyoient point en lui-même; Voilà comme ils connoissoient PASCAL. Si je me demande ensuite, comment ils étoient parvenus à se faire cette idée, & ce qui les y avoit engagés? Je n'ai donc rien à me repondre sinon que c'étoit, par des sentimens dont ils avoient été affectés à l'occasion d'un être qu'ils avoient jugé réellement existant & tellement existant; ce qu'ils avoient jugé par ces sentimens-là même dont ils le regardoient la cause parce qu'ils étoient involontaires: Sentiments qui n'étoient que des signes de l'existence de PASCAL & qu'ils savoient bien n'être pas son existence même. Ainsi connoître PASCAL n'est qu'*avoir une idée d'homme unie à de certaines qualités qu'on juge exister dans un être qu'on nomme* PASCAL; laquelle idée est toute Metaphysique.

Cela étant ainsi, qui peut m'empêcher de connoître PASCAL à ma maniere, comme ses amis le connoissoient à la leur? Ils s'en faisoient une idée sur certains sentimens, que sa conversation, ou ses manieres excitoient en eux; je m'en fais une idée sur certains sentimens que la lecture de ses Ouvrages & de sa Vie excitent en moi; & puisque la connoissance de ce qui étoit veritablement PASCAL ne consistoit point dans une figure exterieure qui s'alteroit à chaque instant & qui pouvoit être tout à fait changée quoique PASCAL subsistât toujours, je suis tenté de dire, que je connois PASCAL aussi parfaitement que ses amis l'ont connu, du moins ne pouvoient-ils s'assurer qu'ils le connussent plus parfaitement que moi, à la figure près qui n'étoit pas lui.

Je juge quels étoient ses sentimens à l'égard de diverses choses sur lesquelles il s'explique ; quelles étoient ses dispositions, ses desirs, ses craintes ; quelles idées il avoit de la Religion & de plusieurs vérités morales ; quelles idées il avoit de la vertu & de la perfection ; quelle force il avoit pour pratiquer l'une & tendre à l'autre, & quantité d'autres choses particulieres ; sur quoi joignant à l'idée d'homme les idées des choses que tout cela suppose necessairement, je me fais une idée distincte de PASCAL & j'en ai une connoissance aussi vraie pour moi que la connoissance qu'en avoient ses amis étoit vraie pour eux. Je le connois de la même maniere qu'ils le connoissoient & de même que je connois mes amis, par l'idée que je m'en fais sur ce que je crois savoir de leurs sentimens, de leurs dispositions, de leurs habitudes, de leur amour pour la verité, de leur raison, de leurs vertus, & même de leurs defauts : Car c'est de tout cela que se forment les traits qui distinguent un Etre Moral d'avec un autre ; c'est delà que vient sa beauté où sa difformité, d'autant plus parfait qu'il a plus de vertus, d'autant moins parfait qu'il est moins raisonnable. On n'a jamais dit d'un Avare, ni d'un Lache, ni d'un Traitre, c'est une belle ame.

En effet, quand je pense à mes amis ce n'est point par les traits du corps que j'y pense. Que si leur figure exterieure se presente à mon imagination ce n'est qu'un accessoire de même que leurs habits. Ce n'est ni le nez, ni les yeux, ni la bouche que j'appelle *mon ami*, c'est l'Etre Moral en qui je découvre ces traits aimables qui m'attirent & qui l'assureront d'autant plus de mon attachement qu'ils seront plus parfaits & que je serai plus sensible à ce qui fait la perfection de l'homme.

Ainsi on entend par PASCAL un homme dont on

se fait une idée particuliere sur ce qu'on a vu ou entendu de lui, & PASCAL n'est autre chose pour ceux qui le connoissent que l'idée d'homme unie, ainsi que je l'ai déja remarqué, à l'idée de quelques choses qui le distinguent de l'idée d'un autre homme, parce que l'idée de l'homme peut être unie avec ces choses-là ou en être séparée. Car si ces choses étoient telles que ce qu'on appelle *homme* ne pût point ne les point avoir, on ne pourroit distinguer PASCAL ni quelqu'homme que ce fût que par la place qu'il occuperoit; ainsi on ne pourroit avoir d'idée distincte de PASCAL.

Ce que je dis de la connoissance de PASCAL peut se dire de toute connoissance d'homme. Ainsi la connoissance de l'homme n'est que *la connoissance de l'état essentiel de l'homme; & de l'état possible qui le distingue d'un autre;* c'est l'union de ce qui ne peut pas ne point être avec ce qui peut être ou n'être pas, de laquelle union indefiniment variable resulte un nombre indefini de differences.

Desorte que dans la connoissance que j'ai d'un grand nombre d'hommes je ne fais que ce qu'on fait avec un jouet de feuilles de Talc sur lesquelles on a peint diverses figures d'habits. Toutes ces feuilles sont de même forme; sur une seule un visage est peint, sur toutes les autres la place où devroit être le visage n'a point de peinture & laisse au talc sa transparence; desorte qu'en faisant glisser chacune des autres feuilles sur celle où est le visage, & l'appliquant de maniere que l'endroit transparent soit sur le visage peint, on voit toujours les mêmes traits; mais cependant, selon la feuille qu'on fait glisser, c'est tantôt un Turc, tantôt un Chinois, tantôt une Femme de qualité, tantôt une Païsane, tantôt une Moine, une Religieuse, un Heros, un Scaramouche.

L'idée essentielle de l'homme, c'est-à-dire, d'un corps formé en general d'une certaine maniere & animé par quelquechose qui sent, qui pense, qui veut, qui agit, est toujours la même; sans cette idée je ne puis concevoir d'homme. Mais la difference de ses sentimens, de ses pensées, de ses desirs, qui quoiqu'essentiellement fondés sur ses proprietés essentielles peuvent indéfiniment varier, font ce qui fait tel homme ou tel autre.

Suivant ceci je puis donc dire, que Philosophiquement parlant je connois aussi bien PASCAL que ses amis le connoissoient, quoique vulgairement parlant on entende par *connoitre*, avoir vu un homme & avoir conversé avec lui; ce qui me paroit une connoissance plus legere que celle que je puis avoir de PASCAL par la lecture de ses Ouvrages & par celle de sa Vie.

C'est ainsi que je puis connoitre PLATON, LUCIEN, CICERON, PLUTARQUE, OVIDE, HORACE, CORNEILLE, LA BRUYERE, DESCARTES & tant d'hommes celèbres dont les Ouvrages conservent encore les sentimens, les pensées, les actions: Tous gens sans doute de bonne compagnie, avec qui je puis m'entretenir en les écoutant & les examinant, mieux que je ne suis entretenu lorsque je me trouve avec diverses personnes que je vois, que je ne puis toutefois si bien connoitre, & dont il faut essuyer beaucoup de mauvais discours sans oser leur imposer silence.

Cependant avec tout ceci je ne vais point au fait. Je trouve bien que je connois ce que j'appelle PASCAL aussi parfaitement que ses amis l'ont connu, puisqu'ils ne le connoissoient que sur l'idée qu'ils s'en faisoient selon la maniere dont ils le voyoient penser & agir. Mais leurs idées & la mienne sont-elles conformes à ce qu'étoit veritablement PASCAL? C'est ici la question.

Mais par ce que j'ai deja remarqué c'est une question à laquelle je ne puis repondre sinon que *cela peut être*, mais que je n'en sai rien, à entendre par *savoir*, être evidemment sûr d'une chose; non plus qu'en ce sens je ne sai pas si la connoissance que j'ai des gens que je vois tous les jours est veritablement conforme à ce qu'ils sont.

Premierement, je ne sai point au juste l'idée que chacun des amis de PASCAL en avoit, ainsi je ne puis comparer leurs idées avec la mienne. *Secondement*, c'est qu'à moins que ses amis ne fussent exactement semblables les uns aux autres tant par les organes des sens que par la façon de
pe-

penser & par le dégré de savoir, ils avoient sans doute de differentes idées de ce qui se voyoit & de ce qui se connoissoit de PASCAL, & qu'il étoit ainsi impossible que leurs idées étant differentes elles fussent exactement conformes à ce qu'étoit veritablement PASCAL. Or l'experience apprend, que non seulement on ne trouve point deux hommes qui soient en tout parfaitement semblables, mais qu'on ne trouve pas même ni deux feuilles d'arbre ni deux grains de blé qui soient parfaitement les mêmes, ainsi que LEIBNITZ assure l'avoir exactement vérifié. Les amis de PASCAL le voyoient donc differemment, & avoient tous par conséquent des idées plus ou moins differentes de sa taille, de ses traits & de sa couleur. Si on ne trouve pas deux grains de blé en tout semblables, à plus forte raison ne trouvera-t-on pas deux personnes dont la vuë soit la même, puisqu'on remarque en effet qu'on voit differemment de l'œil droit & de l'œil gauche. Il en est ainsi des autres sens, & sur ce principe on pourroit assurer, qu'il n'y a pas deux hommes qui voyent, qui sentent, qui goutent, qui entendent les choses de la même maniere, ou, pour s'exprimer en termes plus Philosophiques, il n'y a pas deux hommes qui ayent les memes sensations à l'occasion du même objet, desorte qu'il n'y a pas deux hommes à qui le meme objet puisse faire éprouver exactement le même plaisir ou la même douleur. Mais ce n'est pas de quoi il s'agit ici. J'ai deja remarqué, que les figures, les formes, les couleurs, qu'on appelloit PASCAL, n'étoient point, à proprement parler, celui que ses amis connoissoient & qu'ils n'auroient point méconnu sous une autre forme. Il s'agit de l'Etre Moral qui étoit, à proprement parler, le vrai PASCAL. A cet égard il me semble que si ceux qui le voyoient ne s'en formoient une idée que sur ce qu'ils remarquoient en lui, il pouvoient d'autant mieux le connoitre qu'ils ne l'auroient point remarqué ni imposteur, ni hypocrite, & qu'ils lui auroient trouvé un ferme attachement à des principes dans lesquels il se seroit confirmé par la reflexion & l'habitude. Comme la Vertu n'est fondée que sur la vérité, elle hait

l'hypol'hypocrisie & l'imposture, ainsi plus un homme est vertueux, plus il est aisé de le connoitre. Mais quel est l'homme assez vertueux pour oser se montrer parfaitement tel qu'il est ? Quel est l'homme assez degagé du faux amour-propre pour ne pas vouloir qu'on croye un peu plus de bien en lui qu'il n'y en a? Quel est l'homme assez parfait pour que sa vertu ne peche pas par l'admission de quelqu'erreur dont il s'entête, ou par quelque foible qu'il dissimule, qu'il cherche même à justifier ?

Si on vouloit pousser ces reflexions plus loin, ne pourroit-on pas encore dire, que l'homme ne se connoit point lui-même, qu'il ignore l'étenduë de ses facultés ? Il ne voit point de bornes à ce qu'il peut connoitre; en voit-il à ce qu'il peut faire, & peut-il déterminer le terme de sa volonté & de sa félicité? D'ailleurs, toujours sensible, toujours actif, toujours aimant son bonheur, qui peut repondre qu'en éprouvant de nouveaux sentimens il ne changera pas d'objet & de principe ? PASCAL lui-même dit (1), que *l'homme est un paradoxe à soi-même*, que *l'homme passe infiniment l'homme*. Dans un autre endroit (2), il l'appelle une *chimere*, un *cahos*, un *sujet de contradiction*. Il faut donc conclure, que la connoissance qu'on peut avoir de PASCAL, comme de tout autre homme, soit qu'on le voye, soit qu'on ne le voye point, soit qu'on ne l'ait jamais vu, ne peut être que *probablement*, mais jamais *évidemment* conforme à ce qu'il est.

Car on entend par *Evidence* (a) une *Connoissance si certaine qu'on n'en puisse douter*; ce qui ne peut être à moins qu'on ne connoisse une chose *telle qu'elle est necessairement*, desorte qu'il implique contradiction qu'elle soit autre. Et par *Probabilité*, on entend, une connoissance dont *le contraire n'est pas impossible*, desorte qu'il n'implique point de contradiction que ce qu'on juge être tel ne puisse être autrement.

Or il est evident, que l'existence actuelle d'une chose possible ne peut être evidemment connue par

---

(1) Dans ses *Pensées* Art. III. Pag. 33.
(2) Art. XXI. pag. 140.   (a) Chap. IV. N^o. XC.

par l'idée de la chose même, puisqu'il implique contradiction que l'idée d'une chose possible renferme nécessairement la nécessité de son existence; & qu'ainsi quelqu'idée qu'on se fasse d'un homme, quand même cette idée seroit parfaitement conforme à ce qu'il est, on ne pourroit jamais en être évidemment sûr, puisque l'idée distinctive de tel ou tel homme n'est distinctive qu'en conséquence des choses que l'homme par sa nature même peut avoir ou n'avoir pas, & qu'il implique contradiction que des choses qu'on peut avoir ou n'avoir pas soient des choses qu'on ne puisse pas ne point avoir.

Ainsi la connoissance d'un homme quelque juste idée qu'on en ait, ne peut être évidente mais l'existence même de quelqu'homme que ce soit, pas même la mienne propre en tant qu'homme ne peut être connue évidemment, à moins que ce ne soit par des conséquences si nécessaires, que l'actualité de l'existence de l'homme ne puisse se nier sans contradiction. Ainsi quoiqu'il soit contradictoire que l'homme ne soit pas un corps d'une certaine organisation & animé par quelquechose de sensible & d'actif, desorte qu'on peut assurer qu'il est aussi impossible qu'un homme sans cela soit un homme, qu'il est impossible qu'un cercle soit un cercle si tous les points de la circonference ne sont également éloignés du centre; il est cependant vrai de dire que l'actualité effective de l'homme ni du cercle n'étant point nécessairement renfermée dans l'idée qu'on en a, ces idées sont nécessairement ce qu'elles sont quand même n'y auroit ni aucun homme ni aucun cercle effectivement existant. Desorte que ce *n'est pas par l'existence des choses possibles que je puis juger de la necessité des idées, mais que c'est au contraire par la necessité des idées que je juge de ce que sont ou de ce que peuvent être les choses possibles.*

Ainsi lorsque je dis que je me fais l'idée d'un homme ou d'un cercle, ce n'est pas que je me crée des idées qui soient en elles-mêmes arbitraires, je les ai, & elles sont telles qu'elles sont independamment de ma volonté, & de l'existence des choses mêmes, trop variables & trop peu connues pour me donner des idées distinctes & invariables. Mais j'unis seulement

lement à l'égard d'un même objet des idées dont il n'implique point contradiction que les choses se trouvent réunies dans une existence commune. Voilà ce que c'est que se faire une idée, & ce qui fait que les idées sont vraies & toujours necessairement vraies; desorte que la fausseté d'une idée ne consiste point dans les idées mêmes, mais dans leur union jointe à l'attribution qu'on en fait à un objet qui pourroit y être conforme mais qui n'y est pas conforme, parce que son existence ne les suppose pas necessairement. D'où l'on pourroit dire, qu'à proprement parler il n'y a point de *fausses idées*, il n'y a que de faux jugemens. Mais le maitre des Langues c'est l'Usage,

Quem penes arbitrium est & jus & norma loquendi.
HORAT. Art. Poet.

CLXXVII.

LA plupart des choses qui existent ne peuvent donc être gueres connues exactement qu'à certains égards déterminés par les idées necessaires de ce qu'elles ne peuvent pas ne point être, mais non par les idées distinctes de ce qu'elles sont effectivement en égard à ce qu'elles peuvent être ou n'être pas. C'est pourquoi les hommes peuvent se faire des Idées si differentes relativement au même objet qu'on a eu raison de dire *tot capita, tot sensus*, autant d'*Opinions que de Têtes*, & que si à l'egard des objets exterieurs leurs jugemens varient si fort quoiqu'ils conviennent de l'essentiel, c'est parce que l'essentiel ou l'etat necessaire d'une chose est invariable, au lieu que son état relatif peut être tel qu'il varie sans cesse, & que sans contradiction dans les idées on peut en cent manieres differentes le supposer autre qu'il n'est veritablement en soi.

Tout ce qui n'a qu'une existence possible peut par cela même que son existence n'est que possible cesser d'être & changer peut-être en effet à chaque instant; outre que par rapport à moi l'état possible d'une chose varie autant que le mien même varie, & ainsi à l'égard de tout ce qui s'y rapporte,

*Et nova sunt semper: & quod fuit ante, relictum est:
Fitque, quod haud fuerat: momentaque cuncta novantur.*
           Ovid. Metam. Lib. XV.

Mutation quelquefois si rapide mais toujours si continuelle qu'elle a fait dire, que *les choses ne sont point, mais qu'elles se font*; du moins qu'aucune n'existe de maniere qu'on puisse dire qu'elle est quelquechose de fixe dans un état déterminé qui ne puisse cesser d'être. C'est ce qui donnoit un grand avantage aux Sceptiques sur les Dogmatiques, qui prétendoient déterminer ce que les choses étoient en elles-mêmes selon les sentimens qu'ils éprouvoient à l'occasion de ces choses par le moyen des sens ou de l'imagination: Sentimens qui ne sont peut-être jamais accompagnés de l'idée distincte de ce que les choses sont en elles-mêmes, & qui sont toujours relatifs à l'état de celui qui les reçoit & par conséquent toujours aussi variables que cet état varie. Les *Dogmatiques* étoient forcés de reconnoitre cette mutation perpétuelle. C'est ainsi que Seneque commente la pensée d'Héraclite qui pour marquer le changement continuel des choses offroit l'image d'une eau courante: „ Personne de nous, „ dit Seneque, n'est dans sa vieillesse ce qu'il é- „ toit dans sa jeunesse, personne n'est aujourdui ce „ qu'il étoit hier: nos corps se dissipent sans cesse, „ tout ce que vous voyez s'échape avec le tems „ qui fuit. Rien de ce que nous voyons ne demeure; „ moi-même pendant que je dis que ces choses sont „ changées, je suis changé. C'est ce qu'Heraclite „ exprimoit en disant, qu'on entroit deux fois dans „ le même fleuve sans y entrer pourtant deux fois. „ L'eau est écoulée, il n'y a que le nom du fleuve „ qui reste le même. Ce changement est plus sensi- „ ble dans le fleuve que dans l'homme, cependant „ le courant qui nous entraine n'est pas moins rapi- „ de. C'est pourquoi notre folie m'étonne quand je „ considere que nous aimons à l'excès une chose „ aussi fugitive que notre corps, & que nous crai- „ gnons la mort lorsque chaque instant est la mort „ de l'instant qui le précede. Voulez-vous craindre „ qu'il n'arrive une fois ce qui arrive tous les jours?

„ Ceci regarde l'homme, matiere fluide & cadu-
„ que, exposée en but à tout ce qui l'environne.
„ Mais le monde même, quoique ce soit une chose
„ éternelle & indestructible, change & n'est point
„ toujours le même; quoiqu'il ait en lui tout ce
„ qu'il a eu, il l'a autrement qu'il ne l'a eu. L'or-
„ dre change". (1) *Nemo nostrum idem est in senectute, qui fuit juvenis; nemo est mane qui fuit pridie. Corpora nostra rapiuntur fluminum more: quidquid vides, currit cum tempore, nihil ex his quæ videmus manet. Ego ipse dum loquor mutavi ista; mutatus sum: hoc est quod ait Heraclitus, in idem flumen bis descendimus, & non descendimus. Manet enim idem fluminis nomen, aqua transmissa est: hoc in amne manifestius quam in homine, sed nos quoque non minus velox cursus prætervehit, & ideo admiror dementiam nostram, quod tantopere amamus rem fugacissimam, corpus, timemusque ne quando moriamur, cum omne momentum, mors prioris habitus sit. Vis tu timere ne semel fiat quod quotidie fit; de homine dixi, fluida materia & caduca, & omnibus obnoxia causis. Mundus quoque æterna res & invicta mutatur, nec idem manet: quamvis enim omnia in se habeat, quæ habuit; aliter habet, quam habuit; ordinem mutat.*

Ce ne sera donc pas sur le rapport de mes sens que je pourrai connoître avec certitude ce qui fait même la mutabilité des choses, non plus que ce qui fait leur existence. Mes sens ne pourront tout au plus que m'avertir ou me faire penser à des choses auxquelles je n'aurois peut-être pas pensé sans leur secours. Ce ne me sera qu'un sujet de reflexion pour découvrir la verité puisqu'ils me seroient une cause d'erreur si je précipitois mes jugemens sur leurs rapports.

Je ne puis être sûr de la verité que par des connoissances évidentes, qui soient la regle de tout ce qui est, comme de tout ce qui peut être, en conséquence desquelles tout ce qui est est tel qu'il est ou necessaire ou possible; d'où vient qu'on appelle ces connoissances du nom de *Raison* tant par rapport à l'homme que par rapport aux choses mêmes.

Quel-

(1) *Epist.* Lib. VIII. Epist. 1.

Quelques variables que soient les choses, quelque violent que soit ce flux ou ce reflux qui en détruit & qui en refait sans cesse ; il faut qu'il soit possible que cela soit puisque cela arrive. Quelques fausses que soient les apparences, quand une chose passeroit avec une rapidité invisible d'un état à un autre, pour passer d'un état à un autre il faut qu'elle y passe, & lorsqu'elle y passe elle est telle qu'il faut qu'elle soit pour y passer, autrement elle n'y passeroit pas ; la necessité d'être telle pour passer d'un état à un autre, est immuable, puisque ce qui est necessaire ne peut point ne pas être. Cette necessité ne depend point de la chose qui passe, puisqu'au contraire la chose qui passe depend de cette necessité pour y passer & que tout ce qui se trouvera dans ce même état passera necessairement.

Qu'un homme voye traverser avec une rapidité presqu'imperceptible ou même qu'il entende seulement qu'un corps quelconque est poussé d'un certain coté, ses yeux, ni ses oreilles ne lui apprendront point précisément la ligne que ce corps décrira, ni quel sera précisément l'endroit de son repos ou de sa chute. Mais sans rien voir, ni sans rien entendre, telle force impulsive, telle pésanteur, étant données, la figure du corps & la resistance du milieu au travers duquel il doit passer étant connus, un *Géometre* déterminera la partie de la ligne qu'à chaque instant ce corps décrira, & d'où resultera la toute ou la ligne entiere que ce corps aura décrite depuis l'endroit de son depart jusqu'à celui de sa chute. Ou même sans égard à l'actualité de toutes ces choses qui peuvent varier à l'infini, *le Géometre* selon l'idée de force, de pesanteur, de figure & de resistance, déterminera par une théorie generale pour tous les cas possibles ce qui doit précisément arriver & ce qui arrivera en effet, non parce que les corps poussés selon les suppositions du *Géometre* auront décrit la ligne qu'il aura marquée, mais parce que ces corps ne pourroient pas ne la pas décrire, suivant la necessité qui resulte des demonstrations. Car une *Démonstration*, terme dont tant de discoureurs abusent, n'est qu'*une preuve si evidemment vraie que*

Demonstration

la

le contraire est impossible, desorte qu'une demonstration ne peut être meilleure qu'une autre eu égard à la verité demontrée, mais seulement eu égard à la maniere plus ou moins propre à faire connoitre facilement la vérité. Ce qui fait que *la verité des choses qui ne sont que possibles ne peut jamais être demontrée, si même elle le peut, que consequemment à quelquechose de necessairement vrai*, ce qui fait qu'elles ne sont que probables, & que les raisons dont on se sert pour les prouver peuvent être plus fortes les unes que les autres, & approcher toujours de la demontration sans jamais y parvenir.

Les hommes ne peuvent donc avoir des opinions differentes que sur l'etat possible des choses mais non sur leur état essentiel, & la diversité d'opinion à cet égard n'est qu'une équivoque dans les termes, n'est que ce qu'on appelle une dispute de mots, ou c'est opiniatreté, un refus volontaire d'éclaircir ses idées en ne voulant pas demêler ce qui se suppose necessairement d'avec ce qui ne se suppose pas.

CLXXVIII.

IL paroit, que les objets exterieurs ni même les sens ne peuvent être les causes directes des idées que nous avons des objets corporels ; mais que ces objets & les sens en soient les causes occasionelles, & qu'il n'y a rien de plus imprudemment avancé que de dire, que tout ce qui est dans l'esprit a passé par les sens. Cela paroit certain quoique les sentimens ou idées que nous avons soient purement Metaphysiques & que les connoissances que nous avons des objets exterieurs ne soient que des jugemens par lesquels nous déterminons que ces objets sont réellement effectués conformément aux sentimens ou idées que nous avons. C'est de là que les sentimens distincts, les idées claires sont toujours vraies & exactement conformes aux choses dont elles sont les idées, exactement conformes à une tour quarrée si c'est l'idée d'une tour quarrée, exactement conformes à deux boules si c'est le sentiment distinct de deux boules, & que les jugemens à l'égard des Objets exterieurs peuvent être faux. C'est ce qui fait la certitude de la
Mathe-

Mathematique pure qui n'est qu'une science speculative, qu'une Syllogismique ou Science de calcul appliquée selon des idées Metaphysiques à la consideration des proprietés de l'Etenduë, aux rapports du plus & du moins. Sa certitude ne vient point des objets Physiques auxquels on l'employe. Ce ne sont ni les astres, ni la mer, ni les pierres, qui font la science de *l'Astronome*, du *Gnomoniste*, du *Navigateur*, de *l'Architecte*; leur science n'est fondée que sur les vérités idéales & necessaires auxquelles tout ce qui est & tout ce qui peut être ne peut pas ne pas être conforme. L'objet n'est jamais que supposé tel, c'est à l'experience à établir ou à confirmer la réalité actuelle de ce qui est supposé, c'està-dire, de l'existence effective de l'objet; mais il est sûr que si l'objet est tel, il en sera tout ce qui aura été démontré. Que le Soleil tourne autour de la Terre ou que la Terre tourne autour du Soleil, dans l'une & dans l'autre supposition ou hypothese, car c'est la même chose, un *Gnomoniste* determinera, en quelque lieu de la terre que ce soit & dans quelque position qu'une pierre soit au Soleil, l'endroit où doivent être marqués les chiffres qui signifient les heures, & le point où le stile doit être placé pour faire l'ombre qui les distingue en les parcourant. Les *Mathematiciens* ne connoissent donc pas mieux leur objet Physique que les amis de PASCAL connoissoient PASCAL, & que je le connois moi-même, & si on peut mieux marquer la ligne que parcourra un Corps inanimé supposé d'une telle masse dans un tel mouvement & passant par tel milieu, qu'on ne marquera la conduite que tiendra un homme supposé dans tels principes & dans telles circonstances, c'est que les objets Physiques sont necessités en quelque état qu'ils soient à être tels qu'ils sont par une détermination qui ne depend pas de leur volonté puisqu'ils n'en ont point, au lieu qu'un homme, étant supposé un Agent Libre, peut à chaqu'instant changer son état possible par un acte de sa volonté, & qu'ainsi on peut moins surement déterminer ce qu'il fera qu'on ne peut déterminer une Eclipse de Soleil ou de Lune.

Aussi *la Morale* ne determine pas ce que l'homme fera,

fera, mais ce qu'il doit faire & ce qu'il fera par conféquent d'autant plus furement quil fera plus raifonnable, deforte que dans tous les cas qu'on peut connoitre on peut déterminer ce que fera & ce que ne fera pas un être infiniment raifonnable. La Mathematique ne determine pas non plus ce qui arrivera à un objet Phyfique eu égard à fon état propre ni à fon état poffible mais à fon état actuel tel qu'il eft fuppofé, felon les cas où on le fuppofe. Un *Mathematicien* dans la fuppofition que le cours des Aftres fubfifte tel qu'il le connoit, determinera pour autant de millions d'années qu'on voudra le tems des Eclipfes & les points correfpondans où fe trouveront tous les Aftres; il en donnera facilement la demonftration: Mais ce même MATHEMATICIEN ne pourra pas demontrer qu'il fera néceffairement jour demain, ni que le Syfteme de l'Univers ne fera pas changé par l'affaiffement de la Terre interieurement minée d'une feu dont les Volcans font les indices, ou detruite par l'effet de quelque Caufe inconnue, ainfi que les EPICURIENS croyoient que cela devoit arriver un jour.

Una dies dabit exitio, multofque per annos
Suffentata ruet moles & machina mundi.

LUCRET. Lib. V.

Mais quand toute la terre feroit diffipée par éclats; que la machine du monde feroit detruite, les demonftrations du Mathematicien n'en feroient pas moins vrayes, ni le courage de l'homme vertueux moins conftant, à ce que dit HORACE;

Si fractus illabatur orbis
Impavidum ferient ruinæ.

HORAT. Od. III. 3.

Il eft inutile après ceci de faire voir à quel point ceux qui foutiennent qu'il n'y a point de Connoiffances intellectuelles d'idées Metaphyfiques fe trompent groffierement & volontairement.

CLXXIX.

Nos Connoiſſances des choſes exterieures ne ſont donc que des jugemens formés ſur les ſentimens que nos ſens ont excités en nous ; jugemens ſouvent formés avec trop peu de précaution.

Mais ſi nous ne pouvons être determinément aſſurés qu'une choſe eſt exactement conforme aux ſentimens que nous avons, nous ſommes cependant ſurs que nos ſentimens ſont tels & que l'objet qui y eſt conforme eſt neceſſairement tel, puiſqu'il eſt evident que *mon idée eſt telle qu'elle eſt & qu'elle n'eſt point autre* (a), *qu'il eſt contradictoire qu'elle ſoit telle & qu'elle ſoit autre*, qu'il eſt de même contradictoire que *la choſe dont j'ai l'idée ne ſoit pas conforme à l'idée que j'en ai*, puiſque ſi la choſe étoit différente de l'idée, l'idée ne ſeroit pas l'idée de cette choſe.

C'eſt ce qui fait le fondement du premier & vrai principe de DESCARTES, *Qu'on peut aſſurer d'une choſe tout ce qui eſt renfermé dans l'idée claire & diſtincte de cette choſe.*

CLXXX.

Puiſque l'Evident (b) eſt ce que l'on conçoit néceſſairement être & qu'on ne peut concevoir qu'une choſe eſt néceſſairement ſi le contraire n'implique pas contradiction, le Poſſible effectué ne peut jamais être évident par ſoi-même, il ne peut jamais le devenir, ſi même il peut le devenir, que conſéquemment à quelquechoſe de neceſſaire, deſorte que ſans cela une choſe n'eſt que poſſible, ne peut jamais être que probable, au lieu que ce qui eſt néceſſaire d'un neceſſité abſolue deſorte que le contraire implique contradiction eſt évident par ſoi-même. C'eſt par cette raiſon que les vérités évidentes par elles-mêmes ſont dites *Eternelles*, parce qu'étant d'une neceſſité abſolue il eſt impoſſible qu'elles n'ayent pas toujours été vraies & que le propre du néceſſaire abſolu eſt d'être éternel.

Remar-

(a) N°. LXXXV.　　(b) N°. LXXIX.

Remarque.

LOrsque je dis, que la Lune étant une masse de matiere est habitée, je dis une chose qui peut être, mais non une chose qui est necessairement. La Lune peut être conçue sans habitans, l'existence d'une masse de matiere quelle qu'elle soit ne suppose pas des animaux qui y vivent. Ainsi je ne dis qu'une chose possible & non necessaire, & quoique si l'on pouvoit décider le pari qu'on feroit à ce sujet on pût peut-être parier cent millions de millions contre un qu'elle est effectivement habitée, ce ne pourroit jamais être qu'un pari fondé sur des probabilités, mais il n'y auroit point d'évidence, parce qu'il n'implique point contradiction, que la Lune ne soit point habitée. Ainsi quoiqu'assurément la Lune soit habitée ou sans habitans, la négation de l'un ou de l'autre n'est à notre égard que la negation de ce qui est ou peut être, c'est-à-dire, du possible, mais non de ce qui est nécessairement, tant qu'on n'aura pas de quoi le demontrer puisque cela ne peut être que conséquemment necessaire.

Si je dis qu'une boule de cire que je tiens peut devenir une lozange sans cesser d'être cire, je dis ce qui est nécessairement possible, parce qu'il est contradictoire qu'un composé d'une grande quantité de parties mobiles ne puisse pas prendre toutes sortes de figures, à plus forte raison quand elles sont aussi ductiles que celles qui composent la cire; mais quand je dis que cette boule est ronde je dis ce qui est necessairement, parce qu'il est contradictoire qu'elle soit boule & qu'elle ne soit pas ronde & tant qu'elle est boule elle est nécessairement ronde, comme elle est nécessairement boule tant qu'elle est boule parce qu'il est impossible que ce qui est ne soit pas, que ce qui est tel soit autrement, mais dès qu'elle devient lozange elle cesse aussi nécessairement d'être boule qu'elle étoit nécessairement boule lorsqu'elle étoit boule, & elle ne devient lozange que parce qu'elle n'étoit nécessairement boule que conséquemment à quelqu'arrangement qui l'avoit rendue telle & qu'il n'implique point contradiction qu'une

quan-

quantité de cire exiſte ſans être boule, puiſque l'exiſtence même de la cire n'en peut-être que poſſible non plus que celle des parties dont elle eſt compoſée, ainſi que le prétendent ceux qui croyent que la matiere n'eſt pas éternelle; mais quand je dis avec EUCLIDE, *deux quantités qui ſont égales à une troiſieme ſont égales entre elles*, il n'y a plus alors ni probabilité ni néceſſité conditionelle, cela n'eſt ni probablement ni conſéquemment vrai, mais cela eſt néceſſairement vrai d'une neceſſité abſolue parce qu'il eſt impoſſible que cela puiſſe ne pas être, ſoit qu'il y ait des quantités quelconques actuellement exiſtantes ou ſeulement poſſiblement exiſtantes. Il en eſt de même quand je dis *quatre & quatre ſont égaux à huit, toute proprieté ſuppoſe un être, l'idée d'une choſe eſt conforme à la choſe dont elle eſt l'idée*, ce qui ſe ſuppoſe néceſſairement ne peut pas exiſter l'un ſans l'autre, enfin toute propoſition dont le contraire implique contradiction eſt néceſſairement vraye.

CLXXXI.

Obſervation.

Puiſque le Vrai eſt (*a*) ce qui eſt, tout ce qui eſt eſt vrai en ſoi, parce qu'il eſt tel qu'il eſt & qu'il ne peut être tel & être autrement; mais puiſque je ne ſai que les choſes ſont & que je ne connois ce qu'elles ſont que par le ſentiment ou les idées que j'en ai, les choſes dont je n'ai point de ſentiment ni d'idées m'étant totalement inconnues ſont par rapport à ma connoiſſance comme ſi elles n'étoient pas ; ainſi elles ne ſont pas vraies pour moi.

Or, bien loin de connoître tout ce qui eſt, le fonds de ma miſere ne m'apprend que trop que je ne connois preſque rien de ce qui eſt. J'ai des idées confuſes de beaucoup de choſes qui ſont ſans doute par cela même que j'en ai des idées confuſes, puiſque je ne puis avoir l'idée que de ce qui eſt néceſſaire ou poſſible ; mais je ne connois cependant pas

(*a*) Def. Nº. LIII. LIV.

pas ce que ces chofes font en elles-mêmes par cela même que je n'en ai que des idées confuses. Car, de ce que j'ai des idées je puis bien conclure que ces idées font les idées de chofes qui exiftent néceffairement, foit comme néceffaires, foit comme poffibles; mais je ne puis decider, ce que ces chofes font néceffairement en particulier, fi je n'ai point d'idée diftincte de ce qu'elles font: D'où il fuit, que je ne puis affurer qu'une chofe eft que par une idée diftincte qu'elle eft. Quoiqu'il en foit, ce Principe Metaphyfique eft evident.

CLXXXII.

Principe Metaphyfique.

Tout ce qui eft, peut être connu ou entierement ou non entierement, conformément aux idées qu'on en a.

CLXXXIII.

Obfervation.

CE que je dis ici du tout qui comprend l'univerfalité des chofes, je puis le dire de chaque chofe qui en renferme d'autres qu'on peut confiderer par abftraction. Car comme en confiderant quelques uns des êtres qui exiftent ou peuvent exifter actuellement je fais abftraction à l'univerfalité des chofes dans laquelle ils exiftent & que cette univerfalité ne m'eft connuë que par l'idée confufe de l'affemblage de tous les êtres dont j'ai des idées, foit diftinctes, foit confufes, mais idées qui fuppofent néceffairement une realité quelconque; ainfi je puis confiderer par abftraction les parties ou les proprietés d'une chofe qui, quoique je n'en aye point une idée fi complette qu'il n'y ait plus rien à defirer, n'eft pas une realité moins néceffaire que celle que fuppofe l'idée de l'univerfalité des chofes, parce que le rien n'a point de proprietés, & que ce qui fe fuppofe néceffairement ne peut pas ne pas être.

Exem-

Exemple.

JE prends un morceau de cire, je fai que j'ai quelquechofe dans les mains, que ce quelquechofe eft feparable, fufceptible d'une infinité de figures, qu'il fe mollifie aifément jufqu'à devenir bientôt fluide s'il eft expofé au feu ; je connois ainfi ce que c'eft que la cire. Mais qu'eft-ce que c'eft que l'arrangement ou la configuration des parties qui font ce que je nomme *cire*? Je fai que c'eft quelquechofe de très-exiftant puifque fans cela la cire n'exifteroit pas, mais ce quelquechofe m'eft inconnu ; ainfi la connoiffance de la cire confifte dans les *fentimens diftincts* des propriétés *d'un Corps qui m'eft en lui-même inconnu.*

Que fi je ne regarde le morceau de cire que comme un corps fimplement poffible, & qui n'eft peut-être pas actuellement exiftant, cela ne fait rien à l'exemple ; car il fera toujours vrai que la propriété d'être divifible, de recevoir diverfes figures, de fe mollifier, de fe fondre, fuppofe une fubftance réelle quelconque que je puis ignorer en partie lors même que j'en connois les propriétés. Soit donc cet autre

Principe Metaphyfique & Ontologique.

CLXXXIV.

Dans ce qui eft connu non entierement il y a encore quelquechofe qui n'eft pas entierement connu, mais néanmoins ce qui eft connu eft connu & eft véritablement tel qu'il eft connu.

CLXXXV.

Obfervation.

PUifque ce qui eft, eft tel qu'il eft, & n'eft pas autrement, on peut favoir d'une chofe, 1°. Qu'elle eft. 2°. Ce qu'elle eft. 3°. Comment elle eft ce qu'elle eft. 4°. Comment elle eft telle qu'elle eft. 5°. Ce qu'elle n'est pas. 6°. Ses rapports & ses differences avec les autres choses.

CLXXXVI.

J'Appelle ces diverses connoissances les dégrés de connoissance auxquels une chose peut être connue, & je dis, que connoitre ainsi une chose c'est la connoitre si entierement, si parfaitement, qu'il n'en reste plus rien à connoitre, & c'est ce que j'appelle en avoir une connoissance totale, *comprehensive*, entierement parfaite, en un mot, une *Connoissance complette*; au lieu que ne connoitre une chose qu'à quelques uns de ces dégrés c'est n'en avoir qu'une connoissance limitée, non comprehensive, non entierement parfaite, en un mot, une *Connoissance incomplette* : Desorte qu'on ne connoit entierement une chose, que lorsqu'on la connoit si parfaitement qu'il n'est pas possible de la connoitre mieux, & qu'on la connoit imparfaitement tant qu'il en reste quelquechose à connoitre. Mais comme (a) *ce qui est connu est veritablement tel qu'il est connu*, il suit que la Connoissance incomplette d'une chose n'est point imparfaite *eu égard à ce qui en est connu*, mais seulement *eu égard à la connoissance du tout*. Desorte que quoique le reste d'une chose me soit inconnu, quand je n'aurois de cette chose qu'un seul dégré de connoissance, je suis aussi sûr que cette chose existe & que ce que j'en connois est tel que je le connois, que s'il ne me restoit rien de plus à connoitre de la chose entiere. C'est ce qu'il falloit demontrer.

Exemple.

JE connois qu'un espace a cent piés de longueur, mais je n'en connois point la largeur; je n'ai qu'une connoissance imparfaite de toute l'étendue de cet espace, mais assurément j'ai une connoissance très-parfaite de sa longueur.

(a) N°. CLXXXIV.

CLXXXVII.

CLXXXVII.

Lemme Premier.

L'Affirmation d'une chose étant la négation du contraire (a) parce qu'il est impossible que les choses soient telles & qu'elles soient autrement, dès qu'une chose est connue, par cela même on sait ce qu'elle n'est pas.

Lemme Second.

LE Nécessaire étant (b) ce qui ne peut pas ne pas être, les choses qui pour être ce qu'elles sont en supposent nécessairement d'autres, ne peuvent pas être sans elles. Et de même,

Lemme Troisieme.

LE Possible (c) étant ce qui peut être ou n'être pas, les choses qui ne se supposent pas relativement & nécessairement ne peuvent être indépendamment les unes des autres.

Corollaire I.

DOnc, si ce qui est connu suppose nécessairement quelquechose qui soit inconnu, ce quelquechose d'inconnu n'est pas moins réellement vrai en soi que ce qui est connu, puisqu'il est impossible que ce qui ne peut exister séparément puisse exister séparément; & puisque je ne dois rien admettre pour vrai que ce qui implique contradiction, je ne dois point admettre qu'il y ait des choses qui me soient inconnues qu'autant que celles que je connois en supposent nécessairement d'autres que je ne connois pas, ni dire que je ne connois pas entierement

(a) N°. CXIX. (b) N°. CXXXIV. (c) N°. CXXX.

ment une chose dont je connois quelque partie ou quelque propriété que lorsque ce que je connois y suppose nécessairement quelquechose qui m'est inconnu.

Corollaire II.

Ainsi, quoique je ne puisse pas connoitre ce qu'une chose est sans savoir qu'elle est, puisque pour être tel il faut être (a), je puis savoir très-certainement qu'une chose est & ignorer comment elle est ce qu'elle est, desorte que je suis evidemment sûr qu'elle est sans la connoitre entierement.

Corollaire III.

Ainsi, savoir n'est pas connoitre. La connoissance d'une chose suppose non seulement un sentiment, mais encore un sentiment distinct (b), desorte que toute connoissance suppose au moins deux sentimens.

Corollaire IV.

Ainsi, on peut savoir qu'une chose est sans connoitre entierement comment elle est ce qu'elle est ; mais on ne peut connoitre qu'elle est qu'on ne connoisse distinctement ce qu'elle est.

CLXXXVIII.

Theoreme.

L'Etre ou l'Existence d'une chose & par conséquent sa substance ne peut être connu que par ses propriétés & qu'autant que les propriétés seront connues.

Par les termes mêmes, la distinction des choses ne nait que de leurs differences ; ainsi rien ne peut être distinctement connu que par ce qui lui est si particu-

---

(a) N°. LXXXVIII. (b) N°. CXXIV. CXXV.

ticulierement propre (*a*) que cela ne lui foit point commun avec quelqu'autre chofe que ce foit.

L'Exiftence en tant qu'exiftence eft également propre & commune à tout ce qui exifte; ainfi le fentiment de l'exiftence ne peut être que le fentiment de quelquechofe de pofitif, de vague, & de non diftinct. Car la non exiftence (*b*) ou le rien n'étant que la negation de l'exiftence, la non exiftence ne peut être comparée avec l'exiftence, puifque le rien n'a point de proprietés, & que comparer rien, ou ne point comparer, eft la même chofe.

Une chofe en tant que fimplement exiftante n'eft donc point diftincte de quelquechofe que ce foit qui exifte, elle n'en peut être diftincte que par des differences qui foient particulieres à fon exiftence & que par cela même on appelle fes *proprietés*.

Toute connoiffance fuppofe une idée diftincte (*c*) & toute idée diftincte une chofe réelle dont elle eft l'idée, les proprietés d'une chofe ne font point differentes de la chofe même dont elles font les proprietés. Ainfi l'exiftence d'une chofe ne differant de celle d'une autre que par fes proprietés, l'exiftence d'une chofe, & par conféquent fon être & fa fubftance qui ne font point autres qu'elle, ne peut être connue diftinctement que par les proprietés, & plus on en connoitra de proprietés plus on en connoitra l'exiftence.

Ainfi la connoiffance, quelqu'imparfaite qu'elle foit, qu'une chofe exifte, fuppofe le fentiment de l'exiftence & celui de quelque propriété qui determine cette exiftence à être telle que la propriété qui la diftingue la fait connoitre.

(*a*) N°. CXXV, CXXVI, CXXVII.
(*b*) N°. CXXI, CXXII, CXXIII.
(*c*) N°. CXVIII, CXXIII, CXXVII.

CLXXXIX.

Theoreme.

D'Une chose sue ou connue on peut en savoir ou en connoitre une autre, ou parfaitement ou imparfaitement. Cela est deja demontré par ce qui precéde. Car 1°. Puisque l'affirmation d'une chose est la negation du contraire, étant impossible que les choses soient telles & qu'elles soient autrement, dès qu'une chose est connue on sait ce qu'elle n'est pas.

2°. Puisque le necessaire est ce qui ne peut pas ne pas être, les choses qui pour être ce qu'elles sont en supposent necessairement d'autres ne peuvent être sans ces autres; & de même les choses qui se supposent relativement & nécessairement ne peuvent subsister indépendamment les unes des autres.

Ainsi, dès que l'on connoit une chose on peut par des conséquences tirées de la nature même de la chose parvenir à decouvrir ce qu'elle suppose & ce qu'elle exclud, & ainsi par la nécessité des conséquences affirmatives & négatives parvenir non seulement à la mieux connoitre mais à connoitre encore d'autres choses, & ainsi de suite.

Exemple.

SI je sai qu'un espace a cent piés de longueur, je sai que sa largeur a moins de cent piés, puisque par *la longueur* d'un espace on entend *sa dimension la plus étendue*. Si je sai que tous les côtés d'un espace sont égaux, droits & paralelles, je sai alors que cet espace est parfaitement quarré, qu'ainsi ces côtés ne peuvent être plus de quatre ni moins de quatre, que les quatre coins de cet espace que les Géometres appellent des *angles* seront des angles droits, qu'ils seront tels que la grandeur d'un seul étant connue je connoitrai la grandeur des trois autres. Que si je tire une ligne droite qui traverse d'un de ces angles à un autre, cette ligne inscrite dans le quarré sera toujours plus longue que quelqu'autre que ce soit qui le partage, & qu'elle divisera

sera le quarré en deux triangles égaux, desorte que qui en connoit un connoit tout le quarré. Il y a une infinité de choses que je puis ainsi examiner & connoitre dans un quarré par rapport au quarré même, & ensuite en particulier chacune de ces choses que j'y aurai remarquées m'en fournira encore une infinité d'autres.

C'est ainsi qu'avec la seule idée de l'Etendue divisible on peut parvenir à connoitre toutes les verités de la Géometrie : Desorte qu'un homme qui les ignore, qu'un homme qui les sait médiocrement, qu'un homme que les connoit bien, ne different à cet égard qu'en ce que le premier ne s'est pas appliqué à considerer ce que les Mathematiciens appellent les rapports & les differences & ce qu'un Logicien appelleroit l'affirmation & la négation des proprietés de l'étendue divisible ; que le second ne s'y est appliqué que médiocrement, & que le troisieme a beaucoup examiné dans une idée claire & distincte ce qui étoit l'affirmation d'une figure & la négation d'une autre.

Ainsi, comme dans la nature des êtres il resulte de la necessité & de la possibilité un enchainement nécessaire de convenances & de disconvenances, ou, si l'on veut, de differences & de relations, qui fait l'accord du tout ; de même toutes les Sciences ne sont qu'une chaine de Connoissances qui se rapportent si parfaitement les unes aux autres qu'il est presqu'impossible d'en savoir une bien si on ne sait beaucoup de toutes les autres & que par les rapports qu'elles ont entre elles on peut parvenir à une sorte d'Encyclopedie toujours à la verité très-limitée parce que pour y assigner un terme il faudroit pouvoir en assigner un à la cause qui fait que tout ce qui est, est ou peut être.

CXC.

Theoreme.

A Quelque petit degré qu'une chose soit connue, quelqu'inconnue qu'elle soit d'ailleurs, il est évidemment certain qu'elle est telle que le peu qu'on en connoit exige nécessairement qu'elle soit.

Comme la réalité des choses ne depend point de nos idées, puisqu'au contraire nos idées dependent de la realité des choses, de ce que nous n'avons pas l'idée d'une chose, il ne s'ensuit pas qu'elle n'est point; (*a*) il suit seulement qu'elle est par rapport à notre connoissance comme si elle n'étoit pas : Mais puisque dès que l'on conçoit quelquechose distinctement il suit nécessairement qu'on a l'idée de quelquechose tel que l'idée qu'on en a; si ce dont on a l'idée suppose nécessairement quelquechose sans quoi il ne pourroit être, étant contradictoire que ce qui est ne soit pas ce qui est, ou puisse être sans ce sans quoi il ne seroit pas; il est évident, qu'à quelque petit degré qu'une chose soit connue, ne fut-ce que par un effet qui n'est que la proprieté d'une proprieté, l'existence de cette chose est évidemment certaine, & il est de même évident qu'elle est telle que l'effet ou la proprieté connue l'éxige nécessairement.

CXCI.

Corollaire.

ON peut donc savoir qu'une chose est, sans savoir comment elle est ce qu'elle est, desorte qu'à cet égard on sait qu'elle est sans la connoitre; mais on ne peut pas connoitre ce qu'elle est sans savoir qu'elle est. Ainsi on n'a point le sentiment non distinct de ce qui reste inconnu dans une chose, que lorsqu'on a un sentiment distinct de quelque autre chose qui le suppose nécessairement; ainsi la certitude d'une chose inconnue suppose celle de quelquechose de connu.

Remarque.

C'Est une remarque importante contre la crédulité qui fait admettre indistinctement beaucoup de choses fausses qui ne sont que plausibles, & qui
fait

(*a*) N°. LXXXII. & suiv.

fait souvent qu'on s'y livre avec d'autant plus d'empreſſement qu'elles paroiſſent merveilleuſes; mais c'eſt auſſi une remarque importante contre l'incrédulité qui porte à ne vouloir pas recevoir pour vraies les choſes les plus certaines dès qu'on n'a pas une idée complette de tout ce qu'elles ſuppoſent. On ſe garantira de l'égarement dangereux où l'un & l'autre de ces excès nous jette, ſi on fait attention, qu'on *ne doit recevoir pour indubitable que ce qui eſt évident*, c'eſt-à-dire, *que ce que la néceſſité nous force d'admettre par l'impoſſibilité du contraire*; & qu'il *eſt évident, que lorſque ce qui reſte d'inconnu dans une choſe eſt néceſſairement ſuppoſé par ce qui en eſt connu, il eſt impoſſible que ce qui reſte d'inconnu ne ſoit pas ce que l'on conçoit qu'il doit néceſſairement être*. C'eſt ainſi que les gens faciles à croire éviteront les pieges de l'impoſture, & que ceux qui ſe piquent de ſavoir & d'eſprit s'exempteront du ridicule qu'il y a à decider qu'une choſe n'eſt point parce qu'elle ne leur eſt pas connue. Les uns & les autres ſuſpendant leur jugement ne nieront ni n'affirmeront qu'après avoir examiné ſi les choſes connues ſuppoſent néceſſairement celles qu'on leur propoſe, & s'il y a les moyens de s'en aſſurer par l'évidence; c'eſt après cet examen qu'ils ſeront en droit de prononcer.

Exemple.

JE vois l'eguille d'un Cadran qui marque regulierement les heures, mais je ne vois que le cadran & l'eguille. J'ai une idée diſtincte de l'un & de l'autre & du mouvement de l'eguille, c'eſt-à-dire, de l'éguille tournante ſur ce Cadran, ce qui la fait tourner m'eſt inconnu; c'eſt peut-être un homme qui a la patience de la faire ainſi mouvoir, c'eſt peut-être un poids de fer, de plomb ou de pierre, c'eſt peut-être un reſſort, c'eſt peut-être du feu, de l'eau, ou du ſable, enfin la cauſe m'en eſt inconnue. Mais aſſurément il y en a une cauſe quelconque, car le rien d'a point de propriétés, & quelqu'inconnue qu'elle me ſoit, je

ſuis

suis sûr qu'elle existe & que c'est une cause mouvante; desorte qu'il n'est pas plus évident pour moi que l'éguille montre les heures marquées sur le Cadran, qu'il est sûr que ce qui fait mouvoir cette éguille est quelquechose capable de la mouvoir & de la mouvoir regulierement; desorte que la pesanteur de cette éguille m'étant connue avec la distance des heures marquées sur le Cadran, je pourrai determiner quelle est la force de la chose quelconque qui la fait mouvoir; desorte que s'il ne pouvoit y avoir dans la nature qu'une seule chose capable de donner à l'éguille un tel mouvement, je pourrois aussi surement decider quelle seroit & ce que ne seroit pas cette chose, que je puis assurer que cette éguille marque les heures; & quoique je ne connoisse pas cette chose, parce qu'il peut y en avoir plusieurs capables de produire le même effet, je puis aussi surement déterminer qu'elle a tel dégré de force relativement à l'éguille & qu'elle ne peut en avoir ni moins, ni plus, que si cette chose m'étoit parfaitement connue.

CXCII.

Observation.

IL y a lieu de croire que quelqu'étendue que soit notre connoissance, elle ne va point jusqu'à pénétrer le fonds de l'existence des choses (a). Mais puisque *ce qui est est tel qu'il est & ne peus être autrement* & qu'on peut savoir qu'une chose est, *ce qu'elle est, & ce qu'elle ne peut être, sans savoir comment elle est en soi*; il suit, qu'on peut connoitre *les propriétés d'une chose, son existence, & savoir ce qu'elle n'est pas* (b) sans connoitre entierement l'être intime, la substance, le fonds de l'existence de cette chose; & comme (c) les propriétés d'une chose ne sont rien que la chose même en tant que telle, c'est-à-dire, la chose telle qu'elle est en conséquence & par la necessité reciproque de sa substance & de ses propriétés, il suit, que

(a) N°. CLXXXIV. & suiv.
(b) N°. CXVIII—CXXIII. (c) CXXVIII.

que le fonds de l'éxistence d'une chose n'étant point different de la chose même, les proprietés d'une chose & la chose même ne sont qu'un, & qu'il n'y auroit point de propriétés s'il n'y avoit pas une substance éxistante, ni de substance éxistante s'il n'y avoit point de propriétés, & qu'ainsi plus on connoit de propriétés d'une chose plus on connoit qu'elle est, l'espece de sa substance, le fonds de son existence, ce qu'il n'est pas, ce qu'il ne peut pas être, & qu'ainsi par les termes mêmes à moins que de connoitre très-distinctement toutes les propriétés d'un être la connoissance qu'on en a ne merite pas le nom de connoissance absolument parfaite, totale, comprehensive; qu'ainsi dans la supposition que nous n'ayons la connoissance complette d'aucune chose, supposition qui n'est peut-être que trop juste, nous ne pouvons rien connoitre que par abstraction (a), puisque quand bien même nous considerrions sous une seule idée, par un seul sentiment, toutes les propriétés connues d'une chose, notre idée, notre connoissance ne laisseroit pas que d'être une idée, une connoissance abstraite de la totalité d'un être quelconque, puisque cette totalité resteroit encore inconnue; mais quelqu'inconnue que soit la totalité d'un être il n'y a pas lieu de douter qu'il existe lorsqu'on sent qu'il doit nécessairement exister, puisque dès que l'on connoit quelquechose par quelqu'endroit, c'est-à-dire, dès qu'on en connoit quelques propriétés, il est impossible qu'il n'y ait pas une réalité quelconque. Ainsi, quoi qu'on n'ait pas une connoissance comprehensive d'une chose, *ce qu'on sait ne pouvoir pas ne point être, tout inconnu qu'il est, est quelquechose d'aussi réel & d'aussi vrai que ce qui est le mieux connu.* C'est ce qui a été demontré par tout ce qui précede, & d'où il resulte par rapport à nous, *que la nécessité d'une chose ne depend point de la connoissance parfaite de ce que la chose est en soi, mais seulement de la connoissance distincte de quelquechose qui la suppose nécessairement.*

CXCIII.

――――――――

(a) N°. CXIV.

CXCIII.

Theoreme.

Dès qu'il se trouve deux ou plusieurs propriétés dans un être, ces propriétés sont différentes.

Cela est évident par les termes. Où il y a pluralité il y a nombre, par conséquent, répétition d'unités; mais une seule propriété qui ne seroit que répétée plusieurs fois ne seroit, par les termes mêmes, qu'une seule propriété plusieurs fois répétée, ce qui ne seroit que plusieurs répétitions & non plusieurs propriétés. D'ailleurs, où il n'y a point de différence il n'y a, par les termes mêmes, ni distinction ni pluralité; ce qui est est tel qu'il est & n'est pas autre. Si un & un font deux, c'est parce que l'un n'est pas l'autre. Il est contradictoire que le même un soit deux uns, & qu'il ne soit pas le même s'il n'y a point de différence.

CXCIV.

Theoreme.

Les propriétés qui se supposent nécessairement sont les propriétés d'un même être.

Puisqu'il est contradictoire qu'une chose ne soit pas ce qu'elle est, il est impossible qu'elle ne soit pas ce qu'elle est, par conséquent, elle est nécessairement ce qu'elle est. (*a*) Les propriétés d'un être ne sont que l'être même en tant que tel. Il est contradictoire & par conséquent impossible qu'il soit tel & qu'il soit autrement, & qu'étant nécessairement tel les propriétés qui le font tel ne se supposent pas nécessairement, puisqu'il s'ensuivroit que cet être seroit nécessairement tel en n'étant pas nécessairement tel, ce qui est absurde.

(*a*) Obs. CXCII.

CXCV.

CXCV.

Corollaire.

Donc, toutes propriétés dont les unes ne supposent pas nécessairement les autres sont les propriétés de differens êtres, soit simples, sont composés.

CXCVI.

Theoreme.

Toutes propriétés contraires à d'autres propriétés supposent des Êtres de nature differente.

Puisque ce qui implique contradiction est non seulement faux mais impossible, & que par conséquent il est impossible qu'une chose soit differente d'elle-même ; puisque d'ailleurs les propriétés d'un être ne sont rien autre chose que l'être même, il est donc impossible que le même être puisse avoir deux propriétés contraires ; & puisque toute propriété suppose un être, & un être une substance qui lui soit propre, puisque rien ne peut subsister sans substance ; il suit, que deux propriétés contraires supposent nécessairement des êtres de substances contraires, c'est-à-dire, *de nature differente.*

Fin du Livre Quatrieme.

RECHERCHES PHILOSOPHIQUES,

LIVRE CINQUIEME:

Des Etres possibles & nécessaires. Des Causes & des Effets.

Felix qui potuit rerum cognoscere caussas.

VIRGIL.

CHAPITRE IX.

Observation sur les Mots. Recherches sur l'existence du Possible & du Necessaire.

CXCVII.

Observation.

Puisque les mots sont les signes de mes sentimens ou de mes idées (a) & que tout signe est arbitraire, il suit, ainsi que je l'ai deja remarqué, que les mots ne peuvent à proprement parler *donner des idées*, mais simplement *les réveiller*; desorte que si je n'avois pas en moi independamment des mots les idées dont ils sont les signes, & que je n'entendisse pas précisément ce dont ils sont les signes

(a) N°. LVII.

signes, je n'entendrois non plus ce qu'on me diroit qu'un aveugle quand on lui parle des couleurs; mais puisque les mots sont des signes & que sans cela ce ne seroit que des sons, il faut de même, ainsi que je l'ai encore remarqué, que chaque mot exprime quelquechose qui soit; & comme rien ne peut être sans avoir une existence quelconque; il faut donc que, *quelquechose que ce soit qu'un mot exprime, ce quelquechose existe nécessairement de quelque maniere que ce soit* (a). Or, comme l'impossible n'est que la négation absolue de ce qui est ou peut être dans la nature des choses, il suit que rien d'impossible ne pouvant être exprimé que par des termes negatifs ou les termes contradictoires qui affirment la chose niée; tout mot signifie donc quelque chose de *possible* ou de *nécessaire*, quelquechose dont l'existence est possible ou nécessaire. Soit donc ce

Principe Ontologique.

CXCVIII.

*T*out ce qui est, est quelquechose de nécessaire ou de possible. Et cet autre

Principe Metaphysique.

CXCIX.

*O*n ne peut avoir d'idée que de ce qui est ou de ce qui peut être, du possible, ou du nécessaire. Et cet autre

Principe Logique.

CC.

*T*out mot signifie quelquechose qui peut être ou qui est nécessairement, c'est-à-dire, quelquechose de possible ou de nécessaire.

(a) N°. CXXXV.

Observation.

Une chose simplement possible (a) est une chose qui n'est pas rien, ce n'est que la négation d'une existence effectuée, mais l'affirmation de quelquechose qui peut devenir actuel ou effectué. Ainsi dès qu'elle n'est pas rien elle existe, par conséquent, de quelque maniere que ce soit, elle n'est point effectué, par conséquent, elle n'existe pas actuellement & de fait. Où est donc son existence? Ne tombé-je point ici en contradiction? Non: Car je ne dis pas qu'elle existe & qu'elle n'existe pas, ce qui seroit contradictoire & impossible; desorte que je ne pourrois pas avoir d'idée de la chose dont je parle, & j'en ai une. Quelle est donc l'idée que j'ai du *possible*? Voyons sur quoi elle est fondée, & comment je puis l'avoir.

Je me leve, & je sens que je puis rester assis, que je puis me promener ou faire des choses que je ne fais point, & je dis (b), qu'il est *possible* que je me leve, que je reste assis, que je me promene, ou que je fasse quelqu'autre chose; & même quand je les fais, je dis qu'il m'est *possible* de ne les pas faire, parce que je puis cesser d'agir.

Je vais dans une maison où je dis que je pourrois bien trouver un Cavalier de ma connoissance avec une Dame de ses amies s'ils ne sont point allés à l'Opera, & je dis qu'il *est possible* que je les trouve ou que je ne les trouve point, parce qu'il est *possible* qu'ils soient allés à l'Opera. Je vois d'ailleurs plusieurs autres choses qui varient presque sans cesse, qui changent de forme & de situation, & je dis que puisque ces choses varient & changent de forme & de situation, il n'est pas impossible qu'elles puissent changer & par conséquent qu'il est *possible* qu'elles changent; mais comme il seroit contradictoire qu'elles pussent changer si elles ne pouvoient point changer, je dis que lors même qu'elles sont telles elles ne sont nécessairement telles que *conditionellement*

(a) N°. CLXXXIX.   (b) N°. CXXX.

ment à quelquechose qui les fait telles & qui *peut cesser de les faire telles puisqu'elles peuvent être autrement*; desorte qu'elles ne sont nécessairement ce qu'elles sont que lorsqu'elles sont actuelles, mais qu'elles sont toujours *essentiellement possibles*, & c'est ainsi que je dis que *le possible est ce qui peut être ou n'être pas actuel ou effectué*, en prenant ces termes l'un pour l'autre.

Si je ne sentois pas que je puis faire toutes ces choses que j'ai remarqué que je peux faire & qu'en effet je ne pûs les faire, ces choses me seroient *impossibles* (a), puisqu'il seroit contradictoire que je ne pusse faire une chose & que je la fisse; ainsi ce n'est que dans *le sentiment de mon pouvoir* que *je connois les choses qui me sont possibles*, ce n'est que dans *le sentiment de mon pouvoir* que *j'en trouve les idées*, & *l'existence possible de ces choses n'est que dans le pouvoir que j'ai de les faire*, & elles n'ont une existence actuelle que lorsque je les fais ou que je les ai faites.

Ainsi l'existence du simple possible non effectué n'est rien de *réel que* (b) *la propriété qui se trouve dans un être actuel*, & *l'idée du possible n'est que le jugement de l'esprit fondé sur l'idée de cette propriété si une seule suffit, ou l'union de deux ou même de plusieurs propriétés si une seule ne suffit pas*. Et comme les propriétés d'un être ne sont que des idées abstraites de l'être même, (c) l'existence du possible non effectué ne consistant que dans ces propriétés, il suit, qu'il ne consiste que dans l'être même, ce qui doit être, puisque conformément aux principes (N°. CXXII, CXXIII,) le rien n'a point de propriétés, & que *toute propriété suppose un être*.

Mais puisque par la définition (d) *le possible est ce qui peut être ou n'être pas effectué*, il suit par les termes mêmes, que ce qui n'est que possible ne le seroit pas s'il ne pouvoit être effectué. Devenir ce qu'on est c'est une contradiction, on devient ce qu'on n'est pas; ainsi le possible qui devient effectué devient ce qu'il n'étoit pas.

(a) N°. CXXXII.   (b) N°. CXXX.
(c) N°. CXV.   (d) N°. CXXX.

CCI.
Observation.

Soient A & B deux objets quelconques. Je dis que je puis considerer A par ce qu'il est en lui même, par le seul rapport que tous les traits qui le composent ont entre eux, ou je puis le considerer par rapport à B; & j'appelle *ce qu'est A ainsi consideré par ce qu'il est en soi-même, l'état d'A par rapport à lui, l'état de l'A par rapport à l'A*; & j'appelle *ce qu'est A consideré par rapport à B, l'état d'A par rapport à B*, c'est-à-dire, *ce qu'est A relativement à B*: Maniere d'être. Ainsi j'entends par l'état d'un être *la maniere dont cet être existe par rapport à soi ou relativement à d'autres êtres*. Si A persiste dans le même état je dis qu'il ne lui arrivera aucun changement, puisqu'il est contradictoire qu'il se trouve dans un autre état & qu'il soit toujours de même, soit par rapport à soi ou relativement à d'autres.

CCII.
Remarque.

J'Appelle *Action, ce par quoi un être se donne actuellement à soi-même ou donne à un autre un état different ou une nouvelle maniere d'être*, ce qui est la même chose. Ainsi je dis:

Lemme Premier.

ON ne passe point d'un état dans un autre sans changement, & tout changement suppose une action.

Lemme Second.

L'Action est l'effet d'un pouvoir agissant, & le pouvoir agissant est la proprieté d'un être actif ou agissant.

Corol-

Corollaire.

Donc, tout possible suppose un être agissant; puisque tout possible étant ce qui peut être ou n'être pas effectué, tout possible doit pouvoir passer d'un état à un autre, & que tout changement suppose une action & une action un être agissant.

CCIII.

Remarque.

Quand je dis, j'appelle une *action* ce par quoi un être se donne actuellement à soi-même ou donne à un autre un état different ou une nouvelle maniere d'être, je définis ce que j'entends par *action* & je sens évidemment, que rien ne peut changer d'état, de simple possible par exemple devenir un possible effectué, sans une action qui opere ce changement. Mais quoique cela soit évident & que les termes dont je me suis servi expriment le sentiment que j'ai de ce qu'on appelle *action*, il me semble que j'entends bien le mot, & que j'ai un sentiment très-vif de la chose, mais que je ne ferois pas mal encore de l'examiner; de façon que si je n'en ai pas un sentiment plus vif, j'en aye cependant une connoissance plus distincte.

CCIV.

Remarque.

L'Idée d'action devroit-elle être mise au rang de ces idées dont il est parlé dans le VIII. Chapitre de la Premiere Partie de la *Logique de Port-Royal*, où on dit, qu'*une idée peut être claire & confuse?* Voici ce qui se lit dans ce Chapitre. *On peut distinguer dans une idée la clarté de la distinction, & l'obscurité de la confusion; car on peut dire, qu'une idée nous est claire quand elle nous frappe vivement, quoiqu'elle ne soit pas distincte, comme l'idée de la douleur nous frappe très-vivement,*

ment, & selon cela peut être appellée claire, & néanmoins elle est fort confuse en ce qu'elle nous représente la douleur comme dans la main blessée, quoiqu'elle ne soit que dans notre esprit. Néanmoins on peut dire, que toute idée est distincte en tant que claire & que leur obscurité ne vient que de leur confusion, comme dans la douleur le seul sentiment qui nous frape est clair, & est distinct aussi, mais ce qui est confus qui est que ce sentiment soit dans notre main, ne nous est point clair, l'idée que chacun a de soi-même comme d'une chose qui pense, est très-claire, & de même aussi l'idée de toutes les dépendances de notre pensée, comme juger, raisonner, douter, vouloir, désirer, sentir, imaginer.

L'Auteur met encore au rang de ces idées celles de *la substance étendue*, de *la figure*, du *mouvement*, du *repos*, de *l'être*, de *l'existence*, de *la durée*, de *l'ordre*, du *nombre*; & il ajoute, que *toutes ces idées-là sont si claires que souvent en les voulant éclaircir d'avantage, & ne se pas contenter de celles que nous formons naturellement, on les obscurcit.*

Je ne sai pas si tout ceci est exactement vrai; il y a lieu de le croire. La *Logique de Port-Royal* est un Ouvrage qui vient de bonne main; & comme les idées de *juger*, *raisonner*, *douter*, *vouloir*, sont mises au rang des idées claires, celle d'*agir* y doit sans doute être mise; mais je ne vois pas qu'en voulant éclaircir d'avantage des idées claires & ne se pas contenter de celles que nous formons naturellement, on les obscurcisse, à moins qu'on ne les confonde avec d'autres idées qui ne les supposent pas nécessairement, & ce n'est que dans ce cas qu'on peut souvent les obscurcir, mais je vois au contraire, que si sans perdre une idée claire de vuë, on s'en sert pour examiner ce qu'elle suppose nécessairement, les autres idées qu'elle suppose & qu'on n'appercevoit que confusément devenant alors plus claires, il en résulte un plus grand dégré de lumière & qu'une idée très-claire le devient encore plus par la clarté de celles qu'elle suppose & qui reflechissent nécessairement sur elle. N'arrive-t-il pas qu'on prend souvent pour des idées claires ce qui ne l'est pas, & que même souvent on combat des idées claires? Il y a des Philosophes qui ne doutent pas que l'idée de de la Péſanteur, de l'Attraction, & du Vuide ne ſoient ſi claires, que j'en connois qui aſſurent que la péſanteur ſuppoſe un corps peſant, qui ſoutiennent que l'idée de l'impulſion n'eſt pas plus claire que l'idée de l'attraction, & que l'idée d'une eſpace vuide de matiere eſt la plus ſimple, la plus claire, & la premiere de toutes nos idées après celle de notre exiſtence; tandis que d'autres Philoſophes regardent l'Attraction comme une choſe dont l'impoſſibilité eſt bien prouvée, qu'ils croyent que la Péſanteur n'eſt que l'action d'un corps ſur un autre qu'il pouſſe, & qu'une boëte pleine d'or ou de plomb eſt plus remplie de matiere que ſi elle n'étoit pleine que d'air ou de plumes; preuve qu'il ne faut pas admettre aiſément pour idées claires, les idées même les plus claires, & qu'il ne faut les recevoir, pour telles qu'après en avoir démontré la néceſſité par l'impoſſibilité du contraire, ce qui ſuppoſe qu'il ne faut pas ſe contenter de celles que nous formons naturellement, parce que naturellement nous ſommes ſujets à l'erreur & que ce n'eſt que par l'évidence que nous pouvons nous aſſurer de la clarté des idées même qu'elle ſuppoſe.

Deſorte qu'au hazard de ne voir que ce que j'ai deja vu, & malgré le ſentiment très-vif que j'ai de ce que j'entends par *action*, duſſé-je ne retomber que dans des repetitions, je vais encore examiner ce que ce peut être que ce *ce* par quoi un être ſe donne ou donne à un autre un état different ou une nouvelle maniere d'être.

C C V.

Obſervation.

QU'il y ait de l'action, qu'il y ait quelquechoſe par quoi un être ſe donne ou donne à un autre une nouvelle maniere d'être, je le ſens ſi parfaitement que je ne ſens pas mieux ma propre exiſtence, & que ce que j'appelle en moi la vie ne me paroît être autre choſe que l'effet d'une action continuée, comme ce que j'appelle changement ou mouvement, dans les êtres que je vois.

En effet, je sens que je pense & que je reflechis sur mes pensées, que je compare deux ou plusieurs idées, que je m'empêche de juger, que j'examine de nouveau, que je juge ensuite, qu'en conséquence de mes jugemens je m'approuve ou je me condamne, je sens de la joie ou de la tristesse, c'est-à-dire, que je *deviens* joyeux ou triste. Or *moi comparant diverses idées ou suspendant mon jugement je suis dans un état different de moi jugeant de ces idées.* Le sentiment que j'ai de moi-même lorsque je passe ainsi d'un état à un autre est un sentiment de vie ou d'activité si vif & si clair que je ne sens pas mieux ma propre existence & que ce n'est même que par là que je la connois: D'où je conclus, que *j'agis* ou que je fais un *acte* ou une *action* quand je passe ainsi d'un état à un autre. Il m'arrive même quelquefois de me sentir si porté à faire certaines choses ou à juger d'une certaine maniere, qu'il me semble que quelquechose m'attire & par conséquent *agit sur moi*, & que j'eprouve alors un sentiment tout different des simples actes de penser, de reflechir, de juger, non seulement par l'attrait que je sens, mais par l'*effort* que je fais pour y resister. Or, *faire un effort suppose une puissance* capable d'employer plus ou moins de force, d'où est venu le mot *d'effort*, c'est-à-dire, *une puissance capable d'agir plus ou moins*; car une puissance incapable d'agir, seroit une puissance qui ne pourroit rien faire, une puissance qui *ne seroit pas puissance*, ce qui est contradictoire. Or, une puissance capable d'agir est une puissance active, une puissance active est *la propriété d'un être*, puisque *le rien n'a point de propriétés*; ainsi, qui dit *puissance active* dit un *être actif* (a), c'est-à-dire, un être capable d'agir, par conséquent un être capable de produire une action. Ainsi *l'action n'est que l'effet d'un être actif qui agit pour se donner ou donner à quelqu'autre chose ce qu'il n'a pas*: Je dis *ce qu'il n'a pas*, parce qu'on ne se *donne point ce qu'on a*. Quand je suis assis & que je me

---

(a) N°. CXLIII—CXLIV.

me leve, je me donne en me levant une nouvelle maniere d'être que je n'avois pas; j'étois assis, je me fais être debout, si j'avois été debout je n'aurois pu me lever. Je jette une balle à plus de cinquante pas de moi & même avant sa chute je lui fais décrire en l'air une fort grande courbe. Cette boule n'avoit pas le mouvement que je lui ai donné, & ce qu'il y a de plus surprenant, *c'est que je ne l'avois pas moi même quoique je le lui ai donné.* Cependant quelque surprenant que cela soit, cela doit être, puisque ce mouvement n'est qu'un *effet de l'action possible d'une puissance capable d'effectuer ce qui n'est que simplement possible & qu'elle ne le peut rendre tel que par une action capable de le produire*, puisqu'autrement ce qui lui seroit possible ne pourroit être effectué, c'est-à-dire, que ce qui lui seroit possible ne seroit pas possible, ce qui est une contradiction bien evidente. Soit donc ce

Principe Ontologique.

Tout ce qui n'est possible que par l'action d'une puissance active suppose une puissance active capable de le produire.

Remarque.

MAis si le possible est tel qu'il suppose deux ou plusieurs puissances actives, comme dans l'exemple du Cavalier & de la Dame que je trouverois dans une maison s'ils n'alloient point à l'Opera, (car il est clair dans cet exemple que leur rencontre que je regarde comme possible suppose deux ou plusieurs puissances actives, c'est-à-dire, celle du Cavalier, de la Dame & la mienne, & celles d'autres encore, si le Cavalier, la Dame, ou moi en dependions), il seroit donc vrai, que cette rencontre que je regarde comme possible exigeroit plusieurs puissances actives & qu'ainsi il faut ajouter au principe précedent ces paroles, *ou plusieurs puissances actives,* & même je sens qu'on doit encore y ajouter celles-ci, ou *plusieurs puissances passives* ; & exposer ainsi ce

CCVI.

Principe Ontologique.

Tout ce qui n'est possible que par l'action d'une ou de plusieurs puissances actives & passives suppose ces puissances pour être simplement possible & pour devenir actuel. En effet, puisque je remarque que plusieurs choses varient sans cesse, qu'elles changent de forme & de situation, il faut ou qu'elles se changent par leur propre puissance active, ou qu'elles soient changées par la puissance active de quelqu'autre être, ou du moins par une puissance agissante quelle qu'elle soit, car le rien n'a point de propriétés.

J'imagine une statue de marbre qui n'existe point actuellement; mais par cela même que je l'imagine (a), il faut qu'elle existe possiblement, il faut qu'elle soit possible. Je ne puis avoir d'idée que de ce qui est ou de ce qui peut être; cette statue peut donc être sans doute puisque je l'imagine, & elle est deja possiblement. Mais où est-elle? La question est aisée à resoudre. Puisque cette statue doit être de marbre, il faut donc qu'elle existe possiblement dans du marbre qui n'est pas elle, mais dont elle peut être formée, puisqu'elle y existe, possiblement, si le marbre n'est pas un être actif, s'il ne peut pas lui-même changer son état de bloc, par exemple, en celui de statue, il faut donc qu'un être actif ou agissant lui donne ce changement, & pour que cet être actif ou agissant le lui donne, il faut qu'il ait le pouvoir de le lui donner; ainsi cet *Etre actif ou agissant* sera la puissance active ou agissante & le *bloc de marbre* la puissance passive que la statue possible que j'imagine suppose nécessairement pour devenir effective, & l'existence de cette statue supposoit celle du marbre & celle de l'être actif ou agissant qui l'en a formée.

Ainsi

(a) N°. CLXXXIX, CXXXV.

Ainsi c'est dans le pouvoir actif ou agissant de l'un & dans le pouvoir passif de l'autre qu'étoit l'existence de la statue que j'imaginois (*a*), conformément au princicipe precedent. J'avoue que le mot de *puissance* excite si naturellement l'idée d'un être actif, que ce mot ne paroit pas convenir à un être qui ne peut être qu'agité & non pas agissant par soi-même. Cependant comme il est vrai que *ce sur quoi un être actif agit* doit pouvoir être le sujet de l'action de l'être actif, on peut regarder *ce pouvoir d'être le sujet* comme une *puissance passive*.

CCVII.

Remarque.

C'est sur ce principe, *tout possible suppose une ou plusieurs puissances actives ou passives*, & conséquemment à quelques autres principes d'Ontologie & de Théologie Morale, que *Saint* AUGUSTIN *a dit*, Qui te creavit sine te, non te salvabit sine te, celui qui t'a créé sans toi ne te sauvera pas sans toi. Ce Saint qui croyoit que l'homme étoit un composé de deux substances differentes, dont l'une n'étoit que passive & destructible, c'est *le Corps*, & l'autre active & immortelle, c'est *l'Ame*; que l'homme, dis-je, n'étoit qu'un être possible dont l'existence actuelle étoit l'effet de la puissance d'un Dieu Créateur & juste remunerateur du Bien & du Mal, regardoit le salut de l'homme comme un bonheur possible dont Dieu ne feroit jouir l'ame qu'en conséquence du bien qu'elle auroit fait lors de son union avec le corps; desorte que si l'homme faisoit mal au lieu de faire bien, ce bonheur possible ne deviendroit point pour lui actuel. Ainsi la puissance active de l'homme devenoit une des puissances necessaires à l'état du salut, & sans le bon usage de cette puissance son salut qui n'est que possible ne sera jamais actuel; au lieu que l'homme n'étant qu'un simple possible avant que d'être actuel il ne pouvoit coöperer à son existence.

(*a*) N°. CXCVI.

tence. Il est vrai toutefois, qu'il y a des personnes qui exposent la Doctrine de *Saint* AUGUSTIN de maniere qu'il semble que ce Saint n'ait pas regardé l'homme comme maître de ses actions, même à raison d'une puissance bornée, & par conséquent comme n'étant point un être actif par lui-même, auquel cas l'homme ne contribueroit à l'operation de son salut que comme un bloc de marbre contribue à la formation d'une statue.

Quoiqu'il en soit, sans m'écarter de mon sujet, ce que je viens de trouver à l'égard du possible prouve bien qu'on ne peut ni examiner avec trop d'attention, ni demontrer avec trop de soin, ni avoir trop de scrupule à admettre les choses qui paroissent les plus claires & les plus simples, crainte que sous prétexte qu'il ne faut point definir ni demontrer des choses claires, il arrive qu'on ne demêle pas assez tous les sens & les rapports d'un terme ou d'une proposition. Par exemple, ce Principe *on ne donne point ce qu'on n'a pas*, nemo *dat quod non habet*, est cité par DU HAMEL (*a*) comme un de ces principes qu'un homme raisonnable ne doit point chercher à demontrer. Cependant ce principe a beau être regardé par DU HAMEL comme un Axiome & être même muni de l'autorité de PLATON & de CLAUBERG que DU HAMEL cite. Si l'on fait attention à la simple definition du possible & au premier principe qui en resulte, on trouvera que ce Principe *on ne donne point ce qu'on n'a pas* est faux & ne peut être vrai qu'à l'égard des êtres purement passifs, encore renferme-t-il une equivoque dans le mot *donne*; car on ne peut pas proprement dire, qu'un être non actif *donne*, puisqu'il n'agit point par lui-même, tout ce qui peut lui arriver c'est de *trans-mettre* ce qu'un être actif lui a veritablement donné.

Lorsqu'il arrive que par une boule mise en mouvement une autre est aussi mise en mouvement, il n'arrive à la premiere que de *transmettre* à cette autre le mouvement qu'un Etre actif lui a *donné*, c'est-à-dire,

(*a*) *De Mente humana.*

à-dire, que la seconde boule n'est mise en mouvement que mediatement par la premiere en conséquence de l'action d'un être actif; ainsi c'est en ce sens seulement que ce principe *on ne donne point ce qu'on n'a pas*, est vrai. Mais quand un être agit par lui-même, qu'il se donne ou donne à un autre une nouvelle maniere d'être, il est évident, que le principe *on ne donne point ce qu'on n'a pas*, est faux, parce qu'en ce cas, *donner* ne veut pas dire *transmettre*, mais *produire*, lequel verbe *produire* marque une veritable action par laquelle, non ce qu'on avoit est donné, mais ce qui n'étoit pas est produit.

Or, comme il faut qu'un principe à moins que d'être un principe d'erreur soit une proposition necessairement vraie & par conséquent evidente par l'impossibilité du contraire, & qu'ainsi elle n'admet ni équivoque ni fausseté, au lieu de dire, *on ne donne point ce qu'on n'a pas*, il faut dire, *on ne donne point ce qu'on n'a pas le pouvoir de donner*, ou, *rien ne donne ce qu'il ne peut donner*. Car quand même il n'y auroit aucun possible effectué dans la nature, & qu'il n'y auroit aucun être actif, il sera toujours vrai, que *rien ne donne ce qu'il ne peut donner*, parce qu'il implique contradiction qu'on donne ce qu'on ne peut pas donner; au lieu que s'il y a des choses possibles dans la nature & qu'il y ait des êtres actifs ou même un seul, *rien ne donne ce qu'il n'a pas* seroit un principe equivoque & propre par conséquent à jetter dans l'erreur. Soient donc ces

Principes Metaphysiques.

CCVIII.

Rien ne donne ce qu'il ne peut donner.

CCIX.

On ne donne qu'à ce qui n'a pas ce qu'on donne.

CCX.

CCX.

ON ne reçoit que ce qu'on n'a pas.

CCXI.

ON n'aquiert que ce qu'on n'a pas.

CCXII.

ON ne produit que ce qui n'est point.

Comme je ne produis point cent louis je ne puis les donner si je ne les ai pas, desorte qu'il faut que je les reçoive avant que de les donner, quelqu'envie que j'aye de les donner : Ainsi je ne suis qu'une puissance passive à l'égard de cent louis, & quand je les donne moi à un autre je ne fais Physiquement que transmettre ce que j'ai reçu quoique j'agisse en les donnant. Mais lorsque je reflechis, que je compare, que je juge, ou que je me leve, que je jette une pierre, que je peins un tableau, je donne à moi, à la pierre, aux couleurs, une nouvelle maniere d'être, je produis en moi ce qui n'étoit pas, je donne à la pierre & aux couleurs ce qu'elles n'avoient pas & que je produis.

Ceci prouve l'attention qu'il faut faire aux termes & la précaution qu'il faut avoir de demontrer plutôt inutilement des choses très-claires que de s'exposer faute de cette precaution à être surpris par un terme equivoque ou non suffisamment déterminé. Il me semble que de tous les Verbes il n'y en a point qui soient plus propres à induire en erreur que les Verbes *se mouvoir, agir, faire, & donner*, sur tout ce dernier, parce que ne signifiant proprement en soi qu'*agir relativement à quelqu'un ou à quelquechose*, on peut l'appliquer à tout, desorte qu'il ne tire sa determination que de l'idée des termes qu'on lui adjoint: Ainsi, tantôt il signifie *s'occuper*, comme lorsqu'on dit *donner son tems*; tantôt *juger*,

comme

comme lorsqu'on dit *donner gain de cause*; tantôt *instruire*, comme lorsqu'on dit *donner des lumieres, des nouvelles*; quelquefois il s'employe pour *exciter*, comme *donner du courage, donner des idées*; quelquefois pour *inspirer*, ou *être l'occasion que quelqu'un fasse quelquechose, ou soit affecté de quelque passion*, comme lorsqu'on dit *donner du gout pour l'etude, donner de l'amour, donner de la joie*; il signifie *promettre*, quand on dit *donner sa parole*; & *donner des paroles* signifie ou *tromper*, ou *ne pas repondre positivement*, ou *parler sans entendre ce qu'on dit*. On ne finiroit point au sujet de ce Verbe; mais je ne fais pas ici un Dictionaire, je cherche seulement de quoi contribuer à en faire un bon : Des recherches où on seroit assez heureux pour decouvrir la Verité & l'exprimer clairement, serviroient bien au fonds d'un excellent Dictionaire.

CCXIII.

Observation.

Dans la supposition qu'il n'y eut point de marbre existant dans l'univers, l'existence possible d'une statue de marbre ne pourroit exister dans du marbre existant actuellement, elle ne seroit donc que dans ce qui pourroit devenir marbre; & si rien de ce qui peut devenir marbre n'existoit, la statue de marbre ne seroit pas possible, conformément au Principe CXCVI, à moins qu'il n'y eut quelqu'être capable de produire ce qui pourroit devenir marbre, & sans cela je ne pourrois avoir aucune idée de cette statue, puisqu'on ne peut avoir d'idée de ce qui n'est ni ne peut être. Or, puisqu'il est impossible que *ce qui est ne soit pas*, que *ce qui est tel soit autrement*, qu'il est impossible d'avoir l'idée de ce qui n'est ni ne peut être, que j'ai l'idée d'une statue de marbre, & qu'ainsi l'existence possible de cette statue est nécessairement possible ; il faut necessairement, ou que le marbre existe nécessairement, ou que ce qui peut devenir marbre existe nécessairement, ou qu'il y ait quelque puissance active ou agissante capable de produire ce qui peut devenir marbre. Le rien ne peut
être

être ni senti, ni connu, ni comparé, ni imaginé. Si donc une chose possible qui n'étant point réellement existante est cependant sentie, connue, ou imaginée, il faut nécessairement qu'il y ait une puissance réelle quelconque capable de la produire, & que cette chose tant qu'elle n'existe point en elle-même ne soit par rapport à moi qu'une conséquence que mon esprit tire de l'idée d'une puissance réelle quelconque. Et si, conformément à la supposition, ni le marbre, ni ce qui peut devenir marbre n'existe, l'existence du marbre ou de ce qui peut devenir marbre, n'étant que possible, mais nécessairement possible, l'existence possible du marbre ou de ce qui peut le devenir existe nécessairement; &, par conséquent, l'existence possible de ma statue existe nécessairement dans la puissance active ou agissante capable de produire ce qui devient marbre & statue de marbre, ce que je dis conséquemment aux Principes CXXII. & CXXIII. D'où je conclus, que l'existence possible de quelquechose que ce soit suppose une existence necessaire quelconque capable de rendre cette existence actuelle. Soit donc ce

CCXIV.

Principe Ontologique.

Tout possible suppose l'existence necessaire d'un ou de plusieurs êtres capables de le produire.

Mais si ni la statue, ni le marbre, ni ce qui peut devenir marbre n'existoit, & que l'être capable de les produire n'existât pas aussi; il est évident, par les termes mêmes, que ni la statue, ni le marbre, ni ce qui le devient, ne seroient pas possibles; puisqu'ils n'existeroient pas & que rien ne seroit capable de les produire, & qu'ainsi, où la statue & le marbre ou ce qui peut le devenir existe nécessairement, ou que n'étant que des êtres possibles il y a un être, ou plusieurs êtres capables de les produire, (a) puisque la statue ou le marbre ou ce qui peut

---

(a) Nº. CLXXXVIII, CLXXXIX, CXC.

peut le devenir, *ne peuvent être que nécessaires ou possibles & que le rien n'a point de propriétés.*

Lemme Premier.

DE ce qu'un être existe actuellement on ne peut pas conclure qu'il doive toujours exister, ni qu'il ait toujours existé, puisque si c'est un être simplement possible, quand même il continueroit à jamais d'exister, il est vrai de dire qu'il auroit commencé d'exister : Ainsi de l'actualité de l'existence on ne peut pas conclure la necessité éternelle de l'existence.

Lemme Second.

DE la possibilité de l'existence d'une chose on ne peut conclure son existence effectuée, mais nécessairement la nécessité d'une existence quelconque capable de la produire, & si la chose produisante n'est que possible elle suppose elle-même une existence nécessaire quelconque qui la produise ; desorte que s'il n'y avoit rien que de simplement possible dans l'univers il n'y auroit rien d'existant ni de possible, il n'y auroit jamais rien ; ce qui est contradictoire.

CCXV.
Corollaire.

DOnc, dès qu'il y a quelquechose de possible, il y a nécessairement une ou plusieurs puissances capables de le produire, par conséquent, un ou plusieurs êtres puissans, soit actifs, soit agissans, soit même passifs, (*a*) nécessairement existans,

CCXVI.
Observation.

IL est évident, (*b*) qu'étant contradictoire qu'une chose possible quelconque soit possible s'il n'y a quel-

---
(*a*) Princ. CXXII, CXXIII.
(*b*) N°. CCXIV. CXX.

quelque puissance capable de la produire, il est de même évident, qu'une chose possible qui existe effectuée existe nécessairement actuellement, (*a*) puisqu'il est contradictoire qu'elle existe actuellement & qu'elle n'existe pas actuellement. Mais il est de même evident, que cette chose n'étant de sa nature que possible, la nécessité de son existence lorsqu'elle est effectuée n'est qu'une necessité de conséquence, elle n'existe que parce qu'elle a été produite, elle n'existe nécessairement que parce qu'elle existe actuellement ; mais elle n'existe point par la nécessité d'une existence absolue essentielle (*b*) qui ne puisse pas ne pas être. Comme pour être effectuée elle a eu besoin de la puissance qui a été capable de la produire & dans laquelle elle existoit nécessairement (*c*) comme possible, elle peut de même être détruite par une puissance capable de la détruire, ce qui est contradictoire à l'existence absolue, à l'existence absolument (*d*) nécessaire, c'est-à-dire, à l'existence d'un être qui ne peut pas ne point être, & qui par cela même est eternel, improduit, & indestructible. Je conçois par exemple comme possible une statue de marbre haute de deux cens pieds ; pourquoi ne seroit-elle pas possible? Il ne faut pour l'effectuer que du marbre & des ouvriers. En la supposant actuellement effectuée il est certain qu'elle existeroit nécessairement, puisqu'il seroit contradictoire qu'elle existât & qu'elle n'existât pas ; mais il est évident qu'elle n'existeroit que conséquemment aux puissances actives & passives qui l'auroient produite & qu'elle pourroit être detruite & par conséquent n'avoir plus d'existence, ainsi qu'il est arrivé au Colosse de Rhodes.

CCXVII.

Probleme.

UNe question à examiner maintenant c'est savoir, *si quoiqu'il soit nécessaire que de certaines Puissances,*
c'est-

(*a*) Princ. LXXXIII.   (*b*) Princ. CCXIV.
N°. (*d*) Ibid. & Lem. I.-II.   (*c*) N°. CXXXIV.

c'est--à-dire, que de certains êtres existent pour que de certaines choses ou de certains êtres possibles soient effectués, tous ces êtres quelconques ne sont pas des êtres simplement possibles, dont l'existence necessaire lors même qu'elle est necessaire n'est cependant que conditionellement necessaire, desorte que tous ces êtres ne sont que des êtres possibles, produits ou effectués, & qui n'existent point par une necessité d'existence essentielle? Ce qui se reduit à cette proposition, savoir, s'il y a un ou plusieurs êtres existans d'une existence si necessaire qu'ils ne puissent pas ne point exister; ou ce qui revient au même, (a) s'il y a plusieurs êtres Coëternels?

Lemme Premier.

DE ce qu'un être existe actuellement on ne peut pas conclure qu'il doive toujours exister ni qu'il ait toujours existé; puisque si c'est un être simplement possible, quand même il continueroit à jamais d'exister, il est vrai de dire qu'il auroit commencé d'exister. Ainsi de l'actualité de l'existence, on ne peut pas conclure la necessité éternelle de l'existence.

Lemme Second.

DE la possibilité de l'existence d'une chose on ne peut conclure son existence effectuée, mais necessairement la necessité d'une existence quelconque capable de la produire & si la chose produisante n'est que possible, elle suppose elle-même une existence necessaire quelconque qui la produise desorte que s'il n'y avoit rien que de simplement possible dans l'univers, il n'y auroit rien d'existans ni de possible ni il n'y auroit jamais rien, ce qui est contradictoire.

CCXVIII.

Observation.

LA necessité de l'existence éternelle est donc fondée sur l'impossibilité qu'il y a que rien existe, & dès que quel-

(a) Lem. I. du N°. CCXIV.

quelquechose existe il faut d'une necessité absolue qu'il y ait quelquechose d'éternel, puisque le rien n'a point de proprietés. Il est évident par les termes mêmes, que

CCXIX.

Principe Metaphysique.

CE qui suffit est suffisant & que ce qui est suffisant n'exige nécessairement rien de plus.

CCXX.

Observation.

PAr la definition (a) *le rien étant la negation de l'existence*, il est contradictoire & par conséquent impossible que rien existe.

CCXXI.

PAr le Lemme II. ci-dessus, *il est impossible qu'il n'y ait pas quelque chose d'éternel, de nécessairement existant.*

CCXXII.

SOient $A+B+C+D+E+F+G$, plusieurs êtres coëxistans. Je puis dire $-G-F$, c'est-à-dire, G & F peuvent exister ou n'exister pas & par conséquent n'être que des êtres possibles (a) sans contredire aux principes sur lesquels la certitude de la necessité d'une existence éternelle est fondée; mais si je puis dire $-G-F$ je puis dire de même $-E-D-C-B$ sans contradiction à ces mêmes principes, ainsi E, D, C, B, peuvent sans contradiction exister ou n'exister pas & par conséquent ne sont que des êtres simplement possibles puisqu'il seroit contradictoire qu'ils existassent nécessairement & qu'ils pussent exister ou n'exister pas, puisque ce seroit exister sans necessité d'existence. Mais je ne puis dire moins A, parce qu'il ne resteroit que zero, c'est-à-dire, rien, qui

(a) N°. CXXI.   (b) CCXIX, CCXX, CCXXI.

qui ne peut exister & qu'il faut nécessairement que quelque chose existe, qu'il est contradictoire qu'il n'y ait pas quelquechose qui existe, qu'il est contradictoire qu'il n'y ait pas quelquechose d'éternel, & par conséquent de nécessairement & essentiellement existant. Soit donc pour

CCXXIII.

Principe Physique.

IL n'y a qu'un *Etre nécessairement essentiellement existant.* Il s'en presente une autre Demonstration.

Lemme Premier.

CE qui est nécessaire ne peut pas ne point être (a).

Lemme Second.

S'Il y a plusieurs êtres si nécessairement existans qu'il est impossible qu'ils n'existent pas, la pluralité de l'existence est par les termes mêmes d'une nécessité absolue, desorte qu'il est contradictoire que plusieurs êtres n'existent pas nécessairement, & qu'il n'y auroit point d'existence nécessaire s'il n'y avoit pluralité d'existence. Car s'il étoit possible qu'il y eut une existence necessaire sans pluralité d'existence, il est evident par les termes mêmes que puisqu'il seroit possible qu'il n'y eut pas une pluralité d'êtres nécessairement existans l'existence de cette pluralité ne seroit que possible.

Lemme Troisième.

S'Il y a plusieurs êtres nécessairement existans, ou chacun existe nécessairement par soi-même ou ils n'existent nécessairement que conjointement & conséquemment les uns par les autres :

Alterutrum fatearis enim sumasque necesse est,
Quorum utrumque tibi effugium præcludit,

dirai-je à LUCRECE en me servant de ses propres

(a) Def. CXXXIV.

pres paroles. Dire que des êtres nécessairement existans n'existent nécessairement que conjointement ou conséquemment les uns par les autres, c'est dire, qu'une pluralité d'êtres nécessairement existans n'est pas une pluralité d'êtres nécessairement existans, ce qui est une contradiction manifeste, c'est dire, que ce qui ne peut pas ne point exister n'existe que par ce qui peut ne pas exister, ce qui est une absurdité.

Si A n'existe que conjointement & conséquemment à B, à C, à D, A n'existe donc pas nécessairement par soi-même, & si B, C, D n'existent que de la même maniere ils n'existent donc point aussi nécessairement essentiellement par eux-mêmes. Les choses sont telles qu'elles sont & ne sont point (*a*) autres, une union d'êtres ou des êtres unis, une relation d'êtres ou des êtres entre soi relatifs, ce n'est que la même chose. Il est donc evident que soit qu'A, B, C, D soient unis ou relatifs, s'ils n'existent point essentiellement par eux-mêmes ils ne sont qu'une union ou une relation d'êtres *non nécessairement existans* & par conséquent d'êtres *simplement possibles*.

Si D ne peut exister sans C, C sans B, B sans A, mais qu'A existe nécessairement & essentiellement par lui-même, il est évident qu'il n'y a que l'existence de A qui soit necessaire à B, à C, & à D, & qu'A peut exister independamment de B, de C, & de D, puisqu'il ne les suppose point pour son existence nécessaire.

Si A ne peut exister sans B, C, D, & de même B, C, D, sans A, il est manifeste que A, B, C, D ne sont point quatre êtres puisqu'ils n'ont qu'une même existence & que par conséquent A, B, C, D ne sont que des attributs, des proprietés, des relations, des denominations ou des personalités d'un même être. Si A existe par soi-même nécessairement, B nécessairement par soi-même, C nécessairement par soi-même, D nécessairement par soi-même, A n'a pas besoin de B pour exister, B n'a pas besoin de C, C n'a pas besoin de D, & reciproquement

(*a*) Obs. XCVI

ment d'existence d'aucun n'a besoin de l'existence de l'autre, par conséquent, l'existence de l'un ne fait rien à l'existence de l'autre, par conséquent *la pluralité d'existences n'est pas nécessaire à l'existence nécessaire*, elle ne peut l'être que conditionellement à des existences possibles effectuées, par conséquent, *une pluralité d'êtres existans n'est qu'une pluralité d'êtres possibles qui en suppose seulement un seul de nécessairement & essentiellement existant*, par conséquent, supposer qu'il y a plusieurs êtres Eternels étant supposer que l'existence nécessaire suppose une pluralité d'êtres, c'est supposer une nécessité qui n'est pas nécessaire, supposer, contre le principe CCXX, que ce qui suffit ne suffit pas, que ce qui peut être ou n'être pas est pourtant ce qui ne peut pas ne pas être, ce qui est une contradiction perpétuelle.

Ainsi, j'ai eu raison de dire dans la premiere Demonstration, N°. CCXXII. que si A, B, C, D, E, F, G, sont un nombre d'êtres quelconques, je puis sans aller contre la necessité qu'exige l'impossibilité de la non-existance supposer tous ces êtres depuis G jusques à A exclusivement comme pouvant être ou n'être pas, c'est-à-dire, des *êtres possibles*, mais que je ne pouvois supposer A comme pouvant exister ou n'exister pas parce qu'en supposant qu'*il n'existât pas* ce seroit *supposer l'impossible* puisqu'il ne resteroit rien & qu'il est impossible que quelquechose n'existe pas nécessairement de toute eternité, étant contradictoire que le rien existe & puisse produire quelquechose.

Remarque.

CE qui fait qu'on ne s'apperçoit pas d'abord de la contradiction de cette proposition, *il y a plusieurs êtres eternels*, c'est qu'on à l'idée de plusieurs êtres qui existent & qu'il implique contradiction que ce qui existe n'existe pas; d'où il est aisé de joindre la necessité d'exister avec une pluralité d'existences & de ne pas appercevoir d'abord la contradiction qu'il y a entre une *Necessité conditionelle* qui fait qu'on n'existe necessairement que lors qu'on existe actuellement, & une *Necessité absolue* qui fait qu'il est impossible que ce qui existe d'une existence abfolument neceffaire n'exifte pas par foi-même de toute eternité fans aucun commencement d'exiftence. Un être qui exifte par la neceffité abfolue de fon exiftence, n'admet point de condition: *Il ne peut pas exifter ou n'exifter pas.* C'eft un être qui eft neceffairement neceffaire deforte qu'il implique contradiction qu'il n'exifte point; *il n'exifte pas parce qu'il exifte actuellement*, mais *il exifte actuellement parce qu'il ne peut pas ne point exifter*; au lieu qu'un être qui n'exifte neceffairement que parce qu'il implique contradiction qu'il n'exifte pas lors qu'il exifte, eft un être neceffairement poffible dont l'exiftence eft conditionelle, empruntée, dependante. Detruifez tous les êtres qui n'exiftent qu'actuellement effectuées il n'y a point de contradiction qui s'y oppofe, point de neceffité d'exiftence qui rendre leur deftruction impoffible; detruifez tout ce qui exifte vous ne le pouvez, la neceffité qu'il y ait quelquechofe d'exiftant s'y oppofe: Mais dès que vous avez un être abfolument neceffaire effentiellement exiftant & par conféquent eternel, la neceffité abfolue de l'exiftence de quelqu'autre être que ce foit n'eft plus neceffaire & par conféquent eft une contradiction. Deforte que s'il y a plufieurs êtres qui exiftent, tous ces êtres excepté un feul ne font que des êtres poffibles qui peuvent ceffer d'être comme ils ont commencé d'exifter. Or, dès qu'il n'y a qu'un être neceffairement exiftant tous les autres êtres n'etant que *poffibles* il fuit que c'eft dans la puiffance de ce premier être que refide neceffairement *la poffibilité de tout ce qui eft ou peut être & qu'ainfi l'Etre neceffaire eft neceffairement l'Etre Tout-puiffant*. Soit donc pour

CCXXIV.
Principe Metaphyfique.

L'*Eternité fuppofe l'Unité.* Et pour Principe Ontologique,

CCXXV.
Principe Ontologique.

L'*Etre neceffairement exiftant ou Eternel eft unique eft tout-puiffant.*

CCXXVI.

CCXXVI.

Remarques.

Ainsi, quand même le Vuide & les Atomes de DÉMOCRITE & D'EPICURE seroient nécessaires dans le système de l'Univers, DÉMOCRITE & EPICURE & leurs Sectateurs auroient tort de soutenir que le Vuide & les Atomes sont eternels. Ainsi tous ceux qui ont cru, comme THALES selon le rapport de DIOGENE LAËRCE, ou comme PLATON même selon l'accusation du même Ecrivain, que la substance dont les corps sont formés étoit coéternelle avec un être simple & tout-puissant, se sont trompés en communiquant à deux substances un attribut qui ne peut convenir qu'à une seule.

Ainsi, si les deux êtres rivaux, l'un bon, l'autre mauvais, que soutenoit le MANICHÉISME, ont été crus coéternels par les premiers pretendus Philosophes qui ont voulu les établir, la doctrine du MANICHÉISME étoit absurde dans ses principes.

Ainsi, tous les PANTHEISTES ou Materialistes, soit STOÏCIENS, soit STRATONICIENS, qui ont cru la matiere composée de parties & par conséquent un assemblage de differens êtres invisibles ou visibles, & qui en même tems ont cru l'univers eternel, ont été dans l'erreur.

Parmi les Materialistes, les Naturalistes ou les PANTHEISTES, il n'y a que ceux qui ont cru comme SPINOSA a pretendu le demontrer (1) que ce que nous appellons l'Univers n'est qu'une seule & unique substance simple, indivisible, eternelle, infinie; qu'il ne peut y en avoir d'autres; que ce que nous appellons *êtres* n'en sont que des modifications aussi necessaires & necessitées qu'elle-même est necessairement existante & necessitée à les produire; il n'y a, dis-je, que ceux qui ont cru cette doctrine & ceux qui la croyent encore dont le système ne soit pas renversé par l'impossibilité qu'il y ait plusieurs êtres éternels: Car pour la Toute-puissance

(1) Opera Posthuma.

fance il n'y a point de Philofophes, point de Materialiftes comme ZENON, de Naturaliftes comme STRATON, ou même de PANTHEISTES comme SPINOSA, qui ne foient obligés de l'admettre & qui ne l'admettent en effet, puifque ce qui eft poffible ne feroit jamais effectué ou plutôt ne feroit pas poffible, que ce qui arrive n'arriveroit pas, s'il n'y avoit aucune puiffance capable de le produire. Mais les Materialiftes on PANTHEISTES n'entendent point par cette *puiffance* l'attribut d'un être intelligent & actif qui agit volontairement. Ils entendent une force quelconque agiffante & neceffitée, *la vertu inherente dans la nature des chofes* felon STRATON, *la nature naturante* d'où fuit *la nature naturée* felon SPINOSA.

Pour attaquer le fyftême de SPINOSA en conféquence du principe CCXXV. qu'on vient de demontrer, il faudroit avoir prouvé, que *l'Etre eternel & toutpuiffant eft un être libre & actif dont la puiffance neceffaire n'eft point neceffitée*; faire voir enfuite que dans la fuppofition que l'Univers foit tel qu'il nous paroit & que SPINOSA le fuppofoit lui-même, à en juger par des expreffions dont il n'a pu eviter de fe fervir, ce qu'il appelle des Modifications de fon *Dieu*, d'une fubftance unique & éternelle, font de veritables êtres; que le Soleil & la Lune, que l'Air & la Terre, qu'un Chinois & qu'un François, qu'un homme, fa table, fa maifon ou fon chien, qu'un homme qui fe rejouit & qu'un autre qui fouffre des douleurs cruelles, qu'un fcélerat & un homme de bien, ne foit point le même être ni de fimples modifications d'un Dieu, ni d'une fubftance parfaitement une & fimple; mais que ce font des êtres fi réellement diftincts que l'état de l'un ne fait rien à l'état de l'autre, qu'ils peuvent être d'une fubftance exactement femblable fans être pourtant *la même fubftance*, leur fubftance fera *de même* mais non pas *la même*, comme on conçoit que toutes les aunes d'une piece d'etoffe font de la même foye & ne font pas la même foye, chaqu'aune ne pouvant exifter fans la propre foye dont elle eft faite, ainfi que nul être ne peut exifter fans fa propre fubftance quelqu'exactement femblable qu'elle foit à celle
d'un

d'un autre ; ce qui ne pourroit être s'il n'y avoit rien d'existant qu'une seule substance simple, Indivisible, & éternelle.

Mais je ne me suis proposé de refuter ni SPINOSA ni aucun autre Ecrivain. Mon but est de decouvrir la Verité, & si mes recherches ne sont point infructueuses les verités que je découvrirai seront par elles-mêmes la refutation ou la confirmation du système de SPINOSA ou d'un autre, independamment du penchant que je pourrois avoir, puisque je me verrai forcé par l'évidence.

Voyons par une exacte théorie des Causes *si la toute-puissance est necessitée à produire aussi necessairement qu'elle est unique & necessaire, desorte qu'elle ne soit qu'agissante & non active,* (a) c'est-à-dire, voyons *si la Toute-puissance est l'attribut de l'Etre Eternel, essentiellement existant,* desorte que cet Etre ne soit qu'un *être agissant comme un Automate ;* ou si la Toute-puissance de cet Etre est une puissance active, desorte que cet Etre soit *un Agent Libre,* un *Etre Actif :* C'est de là que depend la distinction qu'on doit faire entre ce que les ATHÉES de toutes les especes nomment *Dieu,* & le *Dieu* des DEISTES. Si la Puissance eternelle est necessitée, ceux qu'on nomme communément ATHÉES ont gain de cause ; c'est eux qui sont les veritables DEISTES, le vrai *Dieu* est un Etre Physique, c'est la Matiere, c'est l'Univers, c'est la Nature. Si au contraire la Puissance Eternelle n'est pas necessitée desorte que l'être eternel agisse parce qu'il veut agir, *Dieu* n'est point un Etre Materiel ce n'est point la Nature, ce n'est point l'Univers : Il en est le Créateur, il est *la cause necessaire, mais libre & non necessitée,* de tout ce qui est possible, c'est-à-dire, de tout qui est ou peut être.

(*a*) N°. CXLIII--CXLIV.   (*b*). N°. CXLIV.

CHAPITRE X.

Recherches sur les Causes & les Effets.

CCXXVII.
Definitions.

J'Entends (a) par *Cause* une chose sans laquelle une autre ne seroit point.

J'entends par *Effet*, une chose qui sans une autre ne seroit point.

CCXXVIII.
Observation.

Ainsi, tout ce qui produit quelquechose est *Cause*, & tout ce qui est produit est *Effet*, desorte que si un effet produit quelqu'autre chose il est effet à l'egard de ce qui le produit, d'où il arrive qu'une suite d'effets deviennent une suite de causes qui sont en même tems causes & effets. Qu'il me soit permis d'appeller ces sortes de Causes, *Causes Transferentes ou Intermediaires*.

CCXXIX.
Observation.

Lemme Premier.

LE Rien n'ayant point de proprietés, tout effet réel suppose une chose réelle qui la produit.

Lemme Second.

TOut effet possible suppose une chose réelle capable de le produire (b). Car il seroit contradictoire que cet effet fut possible s'il n'y avoit pas quelquechose capable de le produire.

Lemme Troisieme.

UNe chose qui ne produit rien n'est pas une Cause, puisque cause est ce qui produit quelquechose.

CCXXX.

(a) N°. CXLIV.
(b) N°. CXXII—CXXIII, CCXIV, CCXV.

CCXXX.

Corollaire.

Ainsi le mot de *cause* n'est que la Denomination d'une réalité quelconque *qui produit quelquechose*, & comme il faut exister pour être cause, il suit, que toute cause suppose une existence quelconque, & *que toute existence ne suppose pas une cause*; car c'est une contradiction que de dire que toute existence suppose une cause, puisqu'*être cause suppose une existence quelconque & qu'être cause réelle & n'exister pas est une contradiction*.

CCXXXI.

Observation.

Une chose qui peut produire quelqu'effet mais qui n'en produit aucun est une chose réelle qui n'est pas cause, mais qui est capable de l'être & qui par consequent peut le devenir. Ainsi cette chose considerée comme cause n'est qu'une *Cause possible*, car le possible est ce qui peut être ou n'être pas effectué, & que par la supposition cette chose peut être cause ou ne l'être pas.

CCXXXII.

Remarque.

Si cette chose elle-même n'étoit que possible sans être réellement existante, il est evident que tant qu'elle n'existeroit pas elle ne pourroit jamais être cause réelle (*a*) elle ne pourroit rien produire puisque pour produire il faut exister.

CCXXXIII.

Observation.

Une chose (*b*) qui ne seroit pas existante mais qui pourroit le devenir ne le deviendroit jamais

---

(*a*) N°. CCXIII.–CCXIV.
(*b*) Cor. CCXXX, Rem. CXXXII, Prin. CCXIV.

mais par elle-même & par conséquent *une chose possible n'est jamais que l'effet de quelque cause précédente*. Ainsi toutes les choses possibles ne peuvent jamais être que des *causes transferentes ou intermediaires* (a), c'est-à-dire, de *veritables effets*. Je reserverai le mot d'*intermediaires* pour des effets qui pourroient devenir causes non necessitées, si tant est qu'il puisse y en avoir; *transferentes* sera employé pour les causes necessitées qui ne sont jamais que de veritables effets.

CCXXXIV.

Observation.

Lemme Premier.

Une cause sans laquelle un effet ne peut pas être produit est une cause nécessaire à la production de cet effet.

CCXXXV.

Corollaire.

SI la production (b) est nécessaire, c'est-à-dire, conformément à la définition, si cette production ne peut pas ne point être produite, *la cause est necessairement necessaire & de plus necessairement necessitée*, c'est-à-dire, que la chose (c) qui produit doit non seulement exister pour produire cet effet, mais de plus, qu'elle ne peut s'empêcher de le produire; si la production n'est pas necessaire la cause n'est que possiblement necessaire & n'est pas necessairement necessitée.

Exemple.

SI D ne peut être produit sans C, C sans B, B sans A, A est la cause necessaire de B, B la cause necessaire de C, C la cause necessaire de D, puisqu'il implique contradiction que D ne puisse être produit sans C, & que C ne soit pas necessaire à la production de D.

Re-

(a) Obs. CCXXVIII.   (b) N°. CXXXIV.
(c) Rem. CCXXXII, Cor. CCXXX.

Remarque.

Ainſi (par le Lem. I. Obſ. CCXXVIII.) A, B, C ſont des cauſes réelles, ſi D exiſte réellement, & ne ſont à l'égard de D que des cauſes poſſibles ſi D n'exiſte pas mais peut ſeulement exiſter; & ainſi reciproquement A à l'égard de B, B à l'égard de C: Mais ſoit cauſes réelles, ſoit cauſes poſſibles, elles ſont toujours cauſes neceſſaires, puiſqu'il implique contradiction que D ſoit produit ou puiſſe être produit ſi ce n'eſt par C, comme C par B, & B par A, & qu'il ſoit produit autrement; ce qui fait voir au Theoreme XCVIII. qu'il y a des choſes poſſibles & neceſſaires en même tems de même que de neceſſaires & de poſſibles, & ce qui fait voir auſſi qu'une cauſe transferente ou intermediaire peut être *une cauſe neceſſaire.*

CCXXXVI.

Obſervation.

Mais en ſuppoſant que D ne peut pas ne point être produit & eſt par conſéquent une choſe (*a*) qui ne peut pas ne point être produite par C, & ainſi du reſte, il ſuivroit, que C, B, A, non ſeulement ſeroient cauſes *neceſſaires* de D, mais de plus ſeroient cauſes *neceſſitées* & neceſſairement exiſtantes deſorte que rien ne pourroit les empêcher d'être cauſes, puiſqu'il ſeroit contradictoire que D fut neceſſairement produit, qu'il ne put l'être que par C. ainſi que C. par B, & B par A, & que C, B, A, puſſent le produire ou ne le produire point, deſorte qu'*une cauſe neceſſitée ne peut point ne pas être cauſe.*

CCXXXVII.

Obſervation.

Un effet (*b*) ſelon la definition eſt ce qui eſt produit, ainſi nulle exiſtence produite n'eſt une exiſtence

---

(*a*) Obſ. CCXXXIII. Cor. CCXXXV.
(*b*) N°. CXLIV.

tence abſolument neceſſaire; car il eſt contradictoire qu'une choſe qui abſolument ne peut point ne pas exiſter ſoit une choſe qui puiſſe exiſter ou n'exiſter pas, ainſi qu'il eſt contradictoire & par conſequent impoſſible qu'on puiſſe produire la choſe même qui eſt produite; ce qui eſt fait n'étant pas à faire.

CCXXXVIII.

Obſervation.

Ainſi, conformément à tout ce qui precede, *tout être produit n'eſt qu'un Etre poſſible qui pouvoit être ou n'être pas & qui par conſequent ne ſeroit point ſi quelqu'être anterieur n'étoit devenu cauſe en le produiſant.*

Remarque.

COmme par la definition (*a*) il n'y a point d'effet ſans cauſe ni de cauſe ſans effet, & qu'ainſi la cauſe & l'effet ſe ſuppoſent neceſſairement & reciproquement, à n'avoir égard qu'à la ſimple denomination relative on ne peut pas dire que la cauſe en tant que cauſe precede ſon effet: Mais comme rien ne peut produire aucun effet, c'eſt-à-dire, ne peut être cauſe, ſans exiſter, à prendre le mot de cauſe pour la réalité de la choſe qui produit, il eſt vrai de dire, que toute cauſe precede ſon effet, c'eſt-à-dire, que l'exiſtence d'une choſe qui en produit une autre, eſt anterieure à l'exiſtence de celle qu'elle produit, non en tant que *cauſe* mais en tant qu'*être*; & comme il eſt etabli par l'uſage que la denomination abſtraite d'une choſe ſe prend ſouvent pour la choſe même, on peut dire en ce ſens que toute cauſe precede ſon effet & que tout effet ſuit ſa cauſe, quoi qu'à parler exactement, nulle cauſe ne precede ſon effet, puiſque par le principe LXXXII. les choſes qui ſe ſuppoſent relativement & neceſſairement ne peuvent ſubſiſter independamment les unes des autres & que par la definition (*b*) rien ne commence à etre cauſe que lors que l'effet commence à exiſter.

Lem-

(*a*) Nº. CXLIV.　　(*b*) Ibid. & ſuiv.

Lemme Premier.

Une chose qui ne pourroit pas produire ne produiroit rien, & par conséquent ne seroit jamais cause.

CCXXXIX.

Corollaire.

Ainsi tout effet réel ou possible suppose toujours une chose réelle anterieure capable de le produire.

Ainsi (*a*) tout effet pour exister depend de la *réalité préexistante* de quelquechose qui devient cause en le produisant, au lieu que la chose qui produit ou qui peut produire un effet ne dépend point de cet effet pour exister.

Remarque.

Par l'Observation CCXXXVII-CCXXXVIII, pour pouvoir être cause il faut pouvoir produire quelquechose qui ne soit pas mais qui puisse être. Le *necessaire* (*b*) est ce qui ne peut pas ne point être, & l'*impossible* ce qui n'est ni ne peut être. Ainsi (*c*) tout ce qui est *produit*, n'est ni *necessaire* ni *impossible*, mais est simplement *necessairement possible*; d'où il suit, que ce qui est produit peut être réellement actuel, continuer ou cesser d'être actuel, & n'être plus du tout, ainsi (*d*) qu'il a dû anterieurement ne pas être.

Corollaire I.

Ainsi nul effet n'est une chose nécessaire en soi, quoique toute chose produite soit, par les termes mêmes, necessairement un effet.

Ainsi un *effet necessaire* n'est *qu'une chose consequemment necessaire*, de même que les choses qui le produisent ne sont causes que *consequemment necessaires*, causes seulement parce qu'il implique contradiction qu'il y ait effet sans cause ou cause sans effet.

(*a*) Obs. CCXXIX, Lem. I. II. III. & suiv.
(*b*) N°. CXXXIV, CXXXV.
(*c*) Princ. CLXXXVIII. (*d*) N°. CCXVII. Lem. II.

Corollaire II.

OR, une chose qui n'existe pas nécessairement par elle-même mais qui a besoin pour exister d'être produite par une autre, est une chose qui par les termes mêmes n'a pas l'existence essentiellement nécessaire, & n'est qu'une production.

Par conséquent, *une suite quelconque de choses qui pour exister auroient besoin les uns des autres ne seroient jamais que des causes transferentes*, c'est-à-dire, *de veritables effets*, conformément à ce qui a déja été observé.

Corollaire III.

OR, comme *il est contradictoire que tout soit effet*, il y a nécessairement *une ou plusieurs causes quelconques qui ne sont point Causes transferentes ou intermediaires* mais qui est ou qui sont originairement *premieres causes* de toute production.

C'est tomber dans la recherche, savoir, s'il y a un ou plusieurs êtres nécessairement essentiellement existans; mais n'importe. S'il y a une ou plusieurs causes de toute production, il y a necessairement un ou plusieurs êtres qui produit ou qui produisent tout, lesquels n'étant point produits sont pas conséquent eternels, c'est-à-dire selon la definition, sont & n'ont point commencé d'être & ont par consequent une existence necessaire, distincte & independante; ou s'il n'y a qu'un seul être eternel & que cependant il y ait des *premieres causes* il faut par la definition, que ces premieres causes soient des *êtres actifs*. D'ailleurs si ces êtres coéternels sont tels que sans eux rien ne pourroit être produit, ils sont causes necessaires de toute production, non causes intermediaires puisqu'ils ne sont l'effet d'aucune cause, ni causes necessitées puisque rien d'anterieur ne peut les forcer à produire, & qu'il est contradictoire qu'ils puissent l'être. En effet rien d'anterieur ne pouvant les forcer à produire, s'ils étoient necessités à produire ce ne pourroit être que par la necessité de leur nature, *parce qu'il seroit aussi impossible qu'ils pussent produire ou ne pas produire qu'il est impossible*

sible qu'ils puissent exister ou n'exister point, desorte qu'il n'y auroit pas moins de contradiction à dire, qu'ils *peuvent exister sans produire*, qu'il y en auroit à dire, qu'ils *sont causes & qu'ils n'existent pas*.

Mais le contraire est trop evident par toute la Théorie précedente pour qu'on ne sente pas d'abord l'absurdité qu'il y auroit à dire, qu'un être éternel est une cause necessitée. Car puisque ce seroit alors une contradiction que de dire que cet être ne pourroit exister sans produire, il est evident que son *existence étant éternelle, ses productions seroient aussi éternelles* & comme Eternel *est ce qui est sans avoir commencé d'être* les productions étant *éternelles seroient des productions qui n'auroient point commencée d'être produites*, ce qui est une contradiction manifeste dans les termes, & de laquelle il resulteroit qu'il n'y a ni ne peut jamais y avoir de cause ni d'effet, puisque *pour pouvoir être cause* (a) il faut *pouvoir produire quelquechose qui ne soit pas mais qui puisse être* & que pour pouvoir être un effet, il faut *pouvoir être produit & ne l'être pas deja* & qu'il est contradictoire de pouvoir produire *ce qui est Eternel*, comme il est contradictoire que *ce qui est deja puisse être produit*; il s'ensuivroit encore contre les Observations précedentes, que *l'existence d'une chose qui produit ou qui peut produire un effet dépendroit de la production de cet effet*, ce qui n'est pas moins absurde: Enfin ce seroit dire, que *ce qui a par soi-même une existence eternelle essentiellement necessaire, independante de toute cause quelconque ne pourroit pourtant exister sans produire quelquechose qui ne peut pas être produit*, ce qui est le comble de l'absurdité, & ce qui doit être puisque c'est la conséquence d'une contradiction.

Corollaire IV.

Ainsi, soit qu'il y ait un ou plusieurs êtres causes necessaires de tout ce qui est ou peut être produit, *par cela même que ce qui est ou peut être produit n'est rien en soi de necessairement existant*. l'être ou les êtres qui produisent originairement ne sont que des causes

(a) Nº. CXLIV.

nécessairement possibles qui peuvent produire ou ne produire pas & non des causes nécessitées qui ne peuvent s'empêcher de produire, & ainsi toute cause nécessitée ne peut être qu'une cause transferente ou intermediaire & n'est réellement qu'un effet. Soit donc ce

CCXL.

Principe Ontologique & Metaphysique.

Tout ce qui est ou a été ou sera effectué, tout ce qui a commencé ou commencera d'être, n'est pas ou n'étoit pas auparavant & suppose nécessairement une existence anterieure à la sienne par laquelle il a été librement produit. Soit cet autre

CCXLI.

Principe Ontologique & Metaphysique.

Toute cause nécessitée ou intermediaire n'est réellement qu'un effet. Et ce troisieme

CCXLII.

Principe Ontologique & Metaphysique.

Toute cause qui n'est point transferente est une cause non nécessitée.

CHAPITRE XI.

Considerations plus particulieres sur les differences qui peuvent se trouver entre ce qu'on nomme Effet & ce qu'on nomme Cause.

Sans me presser de tirer de la Théorie précédente toutes les conséquences qui en résultent, il ne peut être qu'utile d'examiner plus particulierement
les

les differences qui peuvent se trouver entre ce qu'on nomme *effet* & ce qu'on nomme *cause*. Plus j'aurai d'idées claires sur ce sujet, plus je connoitrai la valeur de mes termes & moins par conséquent pourrai-je confondre les idées dont ils sont les signes.

CCXLIII.
Remarque.

SOit F necessité de produire G, G necessité de produire H, H de produire I, & ainsi de suite un nombre d'effets. Je dis conformément au principe CCXLI, que I étant necessairement produit par H, H par G, G par F, F, G, H, I, ne sont que de veritables effets ou même ne sont qu'un seul effet continué de F en G, de G en H &c. Car puisque l'un est necessairement déterminé à produire l'autre, il ne peut pas ne le point produire : Ainsi la même determination qui necessite F de produire G, necessite G de produire H & H de produire I, desorte que quoiqu'il y ait plusieurs choses produites ce n'est cependant qu'une seule détermination qui les produit, dès que la production se fait par une necessité consequente.

Exemple.

SUpposons par exemple qu'il y ait sur la table d'un Billard quatre ou cinq billes indifferemment placées ainsi qu'il arrive lorsqu'on joue à la guerre; qu'un joueur pousse sa bille sur une des autres qui par le coup dont elle sera frappée en frappe une autre & cette autre une autre ainsi que toutes soient mises en mouvement par differens coups ou contrecoups : Il est manifeste que tous ces differens effets ne sont proprement que *le seul effet* de l'action du joueur sur sa propre bille.

CCXLIV.
Remarque.

MAis si F, G, H, I, sont necessités à produire & ne sont ainsi qu'un veritable effet, F, G, H, I, sont

sont, conformément aux principes precedens (a), produits par un être quelconque qui est leur cause originaire & non necessitée.

Supposons que E soit cette cause originaire. Il est évident qu'elle n'est point une même chose avec F, G, H; qu'elle en est réellement distincte, puisqu'elle existe avant que F, G, H, existent; qu'elle en est la cause necessaire, puisque sans elle F, G, H, n'auroient point existé; & qu'elle en est en même tems cause absolument *possible*, puisque n'étant point necessitée à les produire *elle pouvoit exister & ne les produire jamais*, F, G, H, I, n'étant necessités que par l'effet de E qui les a produits sans necessité absolue de les produire, puisqu'elle n'est point une cause transferente.

CCXLV.

Remarque.

Supposons maintenant que E soit un effet de D, & qu'ainsi ce soit D qui ait produit E. Je dis que si on entend par *premiere cause*, (b) *une cause qui produit un effet immediatement & directement par elle-même, une cause qui donne par elle-même le commencement à une chose quelconque*, E quoique produit par D sera néanmoins veritablement *premiere cause* de F, G, H, puisque E n'étant point cause necessitée a pu les produire ou ne les produire pas, & qu'ainsi *un effet peut être une cause intermediaire & une cause intermediaire une premiere cause*; mais il suit toutefois que F, G, H, qui ont été produits par E n'auroient point été si D n'eut produit E & qu'en ce sens D peut être aussi regardé comme premiere cause de F, G, H, puisque si D n'avoit pas produit E, les effets F, G, H, I, n'auroient point été produits : Mais puisque E pouvoit produire ou ne pas produire il est manifeste que si on donne le nom de premiere cause à D, à raison de F, G, H, ce n'est qu'*indirectement*, puisque rien ne peut proprement être dit la cause de ce qu'il ne produit pas, & que par la supposition E produit par elle-

---

(a) Princ. CCXXXVIII, CCXXXIX.
(b) Prin. CCXXXIX.

elle-même F, G, H, I, puisqu'elle n'est point necessitée à les produire & que E, F, G, H, I, de sont point un seul effet continué puisque B existoit & pouvoit continuer d'exister sans produire F, G, H, I; desorte que tout ce qu'on pourroit dire, c'est que D étant la premiere cause de E comme C seroit premiere cause de D, supposé que C l'eut produit sans necessité, D considéré selon le rang des causes pourroit être appellée *cause antecedente*: Mais ce n'est qu'une determination de terme ; quelque nom qu'on lui donne, cela n'empechera pas que E ne soit suivant la supposition cause directement productrice de F, G, H, I.

CCXLVI.

Remarque.

Ainsi, quoique les causes intermediaires soient de veritables effets (*a*) *une suite de causes intermediaires n'étant point necessitées* ne peut être considerée que comme une addition d'effets réellement distincts les uns des autres & produits par autant de *causes premieres*, desorte que *si une de ces causes est effet par rapport à une précedente, il faut une nouvelle action pour qu'elle soit cause de celle qui la suivra.*

Cependant quelque loin qu'on puisse pousser une suite de causes libres ou necessitées il faudra pourtant, conformément au Coroll. III. & au Lem. I. Observat. CCXXXVIII. de la Recherche précedente, en venir à la nécessité d'une ou de plusieurs causes qui ne seront point transferentes, mais absolument antecedentes à leurs effets, *causes non necessitées mais sans lesquelles nulle cause intermediaire ou transferente, nul effet ne pourroient exister.*

CCXLVII.

Remarque.

Soient C & D deux effets très differens mais que B soit une cause qui puisse les produire. Je dis
qu'une

(*a*) N°. CCXXVIII.

qu'une autre caufe ne fera pas neceffaire à la production de C, & de D, une *caufe qui produit ainfi par foi-même un effet quelconque est ce que j'appelle une caufe directe*; & si cette caufe directe suppofe une caufe antecedente par laquelle elle a été produite avec la puiffance de produire un effet par foi-même, j'appelle cette caufe antecedente, eu égard à cet effet, une *caufe indirecte*.

Caufe Directe, & Indirecte.

CCXLVIII.
Remarque.

Soit C un effet qui ne puiffe être produit que par B & par A. Je dis que B feul ou A feul ne pourra produire C, & qu'il faudra que B foit uni avec A pour former la caufe de C, deforte que A & B ne feront point chacun en foi la caufe de C, mais l'union de A & de B de maniere que fans A & fans B l'effet C n'auroit point été produit quoique A & B ne foient point feparément la caufe de C. J'appelle ces fortes de *caufes*, *caufes mixtes*, & je dis qu'aucune en foi n'eft la caufe directe de l'effet.

Caufes mixtes.

CCXLIX.
Remarque.

Soient E, F, G, des effets qui d'eux-mêmes ne peuvent être caufes parce qu'ils ne peuvent être que caufes neceffitées & que rien ne les neceffite, mais néanmoins fans lefquels D qui peut être caufe ne peut produire les effets quelconques H, I, K. Je dis que dès que D produit H, I, K, les effets E, F, G, font elevés au rang de caufes felon la definition CXLVI., puifque c'eft avec eux que D produit H, I, K, & que fans eux il n'auroit pu les produire.

Ces fortes d'effets qui deviennent caufes ainfi que nous fuppofons E, F, G, font ordinairement appellés *caufes materielles*; & une caufe telle que nous fuppofons D, s'appelle ordinairement *caufe efficiente* ou *formelle*: Les premieres ne font que des caufes *neceffitées*, la feconde peut être une caufe *active*.

Caufe materielle,
Caufe efficiente.

CCL.

CCL.

Remarque.

SI l'effet C & l'effet D sont tels qu'ils n'y en ait qu'un des deux qui puisse être produit par B & l'autre par A, il y aura donc necessairement deux causes diverses & premieres de la production de C & de D, & ces deux causes seront A & B, toutes deux *causes premieres* par rapport à leur effets.

On peut donc admettre pour vrais les Principes suivans:

CCLI.

Principe Ontologique.

Toute suite d'une production necessitée n'est que la continuation d'un seul effet.

CCLII.

Principe Metaphysique.

Ce qui suffit n'exige rien de plus.

CCLIII.

Principe Metaphysique & Ontologique.

Ce qui passe la puissance d'une cause ou ce qui lui est contraire ne peut être produit par elle.

CCLIV.

Principe Ontologique.

Il y a cause premiere là où il y a commencement de production.

CCLV.

Principe Ontologique.

Là où il y a deux effets qui ne peuvent être produits par une seule cause, il y a necessairement deux causes premieres de leur production.

CCLVI.

CCLVI.
Principe Physique.

Tout effet est subordonné à la cause qui le produit, & en est différent.

CHAPITRE XII.

Recherches sur les Moyens de s'assurer s'il n'y a qu'une ou s'il y a plusieurs Causes necessairement antecedentes à toutes autres: Sur le Changement qui arrive à un Etre: Sur ce que doit être un Etre qui se procure du changement.

J'AI vu dans les Recherches precedentes qu'étant contradictoire que tout soit effet il y a necessairement une ou plusieurs causes originairement premieres causes de toute production. Et puisque rien ne peut être cause sans exister, il y a necessairement un ou plusieurs êtres qui produisent tout & qui n'étant point produits sont par conséquent éternels, ou lesquels s'ils sont produits sont des *êtres actifs* des *agens libres*. J'ai vu (par le Principe N°. CCLI.) *qu'il y a premiere cause où il y a commencement de production* (a), & par le Principe suivant, que *où il y a deux effets qui ne peuvent être produits par une seule cause, il y a necessairement deux causes premieres de leur production.* Mais j'ai vu (b) qu'une premiere cause pouvoit cependant avoir *des causes antecedentes* dont une seroit premiere cause à l'egard de celle qu'elle auroit produite, desorte qu'une suite de premieres causes dont l'une est produite par l'autre n'implique aucune contradiction pourvu que ces causes ne soient point necessitées à produire, mais qu'il faille au contraire pour la production de chacune d'elles un nouvel

acte

(a) N°. CCLI, CCLII.
(b) N°. CCXLIII, CCXLIV, CXLV.

PHILOSOPHIQUES.

acte de production : Après quoi toutefois j'ai été obligé de revenir à conclure que quelque loin qu'on pût pousser une suite de causes libres ou nécessitées, il falloit pourtant en venir à la nécessité d'une ou de plusieurs causes qui ne seroient point intermediaires mais absolument antécédentes à toutes sortes d'effets & à toutes sortes de causes, & sans quoi nulle cause ni nul effet ne pourroit exister.

Pour déterminer maintenant *s'il n'y a qu'une ou s'il y a plusieurs causes necessairement antecedentes à toute autre*, sans avoir égard à la demonstration sur la question N°. CCXVII. où il a été prouvé qu'il *étoit contradictoire qu'il pût y avoir plusieurs êtres dont l'existence fut essentiellement necessaire*; j'examinerai de nouveau s'il est possible qu'il n'y ait qu'une puissance unique antecedente à toute autre : Car s'il est possible qu'il n'y en ait qu'une, les autres s'il y en a ne seront que possibles & non point necessaires, elles ne seront necessaires que consequemment à des effets produits qui les supposeront; ainsi ce ne seroit que des *causes premieres qui seroient les veritables effets ou de quelqu'autre premiere ou de la seule necessairement antecedente à toute autre.*

Remarque.

IL y deux moyens de s'assurer s'il est possible qu'il n'y ait qu'une seule cause. L'un, c'est de faire une exacte analyse de tout ce qui est ou peut être effectué, & de tacher ainsi à découvrir par la nature des choses si une seule cause suffit à leur production. Mais ce moyen n'est pas le plus aisé ni le plus court, ni même le plus propre à l'evidence. Car premierement, suis-je assuré que je sai tout ce qui est ou peut être produit; & secondement, ai-je assez de connoissances pour me conduire surement dans l'examen de toutes les choses actuelles ou simplement possibles?

L'autre moyen c'est de suivre le procedé syllogismique que je crois avoir suivi jusqu'à present & que je serois même obligé de suivre dans les discussions du premier moyen si je voulois ne me rendre qu'à l'évidence, consulter donc la valeur des termes

mes pour savoir s'il implique contradiction, qu'*une cause quelconque ait une puissance infinie*; car s'il est possible, c'est-à-dire, *s'il n'implique point de contradiction* qu'une telle cause existe, l'existence de toute autre cause ne sera plus qu'une existence non necessaire, & par conséquent toute autre cause ne sera plus que l'effet d'une cause unique necessairement antecedente à toute autre cause directe ou indirecte de toute production; & pour déterminer encore plus particulierement mes idées, je dirai conformément à tout ce qui a été observé dans ce qui precede:

CCLVII.

Une cause n'est qu'un être quelconque qui produit ou qui a produit par soi-même directement ou conjointement avec quelqu'autre une chose quelconque qui n'étoit pas.

J'ai vu qu'il étoit contradictoire de dire qu'une cause premiere fut necessitée à être cause (*a*), & que c'étoit une absurdité que de prétendre qu'un être Eternel fut necessité d'être cause par la necessité de sa nature necessairement existante.

Lemme Premier.

Il est impossible que ce qui est ne soit pas, que ce qui est tel soit autre.

Lemme Second.

Les propriétés d'un être (b) & l'être même ne sont qu'une & même chose.

Lemme Troisieme.

Un être veritable ou proprement dit un, c'est-à-dire, un être qui n'est pas un composé d'êtres & qui est necessairement & essentiellement tel qu'il est, est par les termes mêmes inalterable & immuable dans son etat de tel être, puisqu'il seroit contradictoire qu'il fut essentiellement tel & qu'il pui être autrement.

CCLVIII.

(*a*) Cor. III. N°. CCXXXVIII.
(*b*) N°. CXIV, CXXIV, CXXV.
(*c*) N°. CXXXIX.

CCLVIII.

Observation.

SOit B un être actif qui produit C. Qu'arrive-t-il à B? Qu'il fait usage de sa puissance, (*a*) de la propriété qui le constitue un *être actif*, qu'il agit en vertu de ce qu'il est un *être actif* & qu'il se trouve un nouveau rapport de ses facultés, un nouveau rapport de son etat de B en egard à lui-même, une nouvelle maniere d'être, ou une nouvelle relation qui n'étoit auparavant que possible & qui devient effectuée, lequel rapport, ni laquelle relation, n'ajoutent, ne diminuent, n'alterent rien dans la nature de l'être B tel qu'il est necessairement pour être inmuablement & inalterablement B, etant de son état de B en tant qu'*Etre actif* de pouvoir se donner diverses manieres d'être desorte que lors même qu'il se donne de nouvelles manieres d'être, un nouvel etat qu'il n'avoit pas, il est inmuable & inalterable, parce qu'il est de sa nature essentiellement actif, c'est-à-dire, qu'il est de sa nature de pouvoir produire de nouvelles manieres d'être, de nouveaux rapports, de nouvelles relations, sans cesser d'être ce qu'il est necessairement, puisqu'au contraire il faut qu'il soit necessairement tel pour se donner ces nouvelles manieres d'être ou ces nouvelles relations.

CCLIX.

Observation.

SI B que je suppose au coté droit de C prend la place du coté gauche occupée par D, je dis que B ne change point en soi ni que D ne change point, leurs relations sont seulement changées, ce n'est qu'un rapport de situation qui resulte de la nature de ces êtres dont une des proprietés est de pouvoir être là ou ici, se conservant en soi toujours les mêmes

(*a*) N°. XCI. & suiv.

mes soit que leurs rapports changent ou ne changent point: C par exemple qui est supposé perseverer dans le même état a pourtant changé de relation par le changement de B & de D.

Ainsi lorsqu'on dit qu'il arrive du changement à un être c'est dire que ses manieres d'être ou que ses relations sont autres qu'elles n'étoient.

Ainsi le changement ne consiste que dans differens rapports (a) ou differentes relations qui resultent de l'action d'une Puissance active.

CCLX.

Lemme Premier.

IL n'arrivera aucun changement à un être s'il ne lui arrive aucun changement.

Il ne peut lui arriver de changement que de trois manieres. L'une, s'il s'en procure en agissant par lui-même; la seconde, s'il en reçoit par l'action de quelqu'autre; la troisieme, s'il y est necessité par la necessité de sa nature: Mais ce n'est pas de ceci dont il s'agit.

Lemme Second.

S'Il se procure du changement en agissant par lui-même il faut qu'il ait la puissance de s'en procurer.

Avoir la puissance de se procurer du changement suppose une puissance qui puisse par soi-même se determiner à agir. Car une puissance qui ne seroit déterminée par aucune autre & qui ne pourroit se déterminer par elle-même seroit une puissance qui ne pourroit agir par elle-même, ce qui est une contradiction; puisque ce seroit une puissance capable d'agir par elle-même & qui ne pourroit agir par elle-même, un être qui pourroit se procurer du changement & qui ne le pourroit pas.

Corollaire I.

Ainsi, un être qui se procure à soi-même quelque changement ne le peut sans une détermination

---

(a) N°. CXLIII.

nation quelconque, laquelle determination doit venir de lui seul, puisque c'est lui seul qui se procure ce changement. Or, toute determination qui vient de l'être même qui se determine ne peut être que l'effet d'une des propriétés de cet être laquelle est nommée sa Volonté.

Corollaire II.

Ainsi, tout être qui se procure quelque changement est donc un être qui a puissance & volonté c'est-à-dire, un être puissant & voulant, un être en qui la puissance est active, puissance qui peut agir par elle-même & qui par conséquent peut se déterminer à agir.

Corollaire III.

Ainsi, la puissance active ne peut exister sans la volonté, elle la suppose necessairement & par conséquent la volonté ne peut exister sans la puissance, autrement la puissance ni la volonté ne pourroient operer aucun changement ou pour mieux dire il n'y auroit ni volonté ni puissance.

Vouloir changer sans pouvoir changer, vouloir agir sans pouvoir agir, n'opereroit rien ; ce seroit ne point changer, ne point agir, on n'auroit point de volonté, ainsi qu'on a deja remarqué (a) qu'on ne veut que ce qu'on peut, la volonté étant toujours unie à la puissance, comme le desir l'est à l'impuissance.

Observation.

SI donc *la volonté produit quelquechose, il faut qu'elle soit suffisante pour le produire ; si elle est suffisante pour le produire elle en a donc la puissance*, c'est-à-dire, que l'une est essentiellement unie à l'autre & la volonté peut être regardée comme *un effet de la Puissance active sur soi-même*, c'est-à-dire, *la puissance active en tant que se determinant ou agissant sur elle-même pour produire ensuite une acte ou une action quelconque.*

─────────
(a) Nº. CXXVIII, CXLVIII.

Corollaire IV.

Ainsi la puissance & la volonté n'ont point d'existence séparée & sont les propriétés essentielles de l'être actif.

CCLXI.
Lemme.

Vouloir rien ou ne pas vouloir c'est la même chose.

Corollaire.

Un être qui veut a donc quelque chose pour objet.

Lemme.

On ne peut vouloir quelquechose & l'avoir pour objet sans connoissance, ni connoissance sans intelligence, c'est-à-dire, sans le pouvoir de distinguer une chose d'avec une autre.

Corollaire I.

Ainsi, l'être dont la puissance & la volonté sont des propriétés, est nécessairement connoissant & intelligent & n'est qu'un seul & même être.

Corollaire II.

Ainsi, l'être qui se procure de lui-même un changement quelconque est tel que *la puissance, la volonté, la connoissance, l'intelligence sont les propriétés essentielles de son existence, la cause nécessaire à l'action par laquelle il se procure du changement, ce qui le rend un être actif, ce qui fait* par les propositions précedentes *qu'il est lui-même la cause de son action.*

CCLXII.
Observation.
Lemme Premier.

La puissance de cet être sera sans borne ou sera bornée.

Lemme Second.

SI elle est sans borne elle est infinie (a) il n'y aura rien de plus puissant que cet être.

Lemme Troisieme.

SI elle est bornée il y aura donc un être plus puissant que lui ou du moins aussi puissant que lui.

Supposons qu'il n'y ait rien de plus puissant que deux êtres dont l'un borne la puissance de l'autre, & qu'il y en ait une multitude differente en degrés de puissance au-dessous d'eux, il est évident selon la définition de l'infini (b), que chacun de ces deux êtres sera infiniment puissant, puisqu'il n'y aura rien de plus puissant que lui; mais il est de même évident par la même définition, que puisque l'un borne la puissance de l'autre aucun d'eux n'est infiniment puissant, & que par conséquent c'est supposer une contradiction que de supposer que deux êtres dont l'un borneroit la puissance de l'autre pussent chacun avoir une puissance au delà de laquelle il ne pourroit y avoir rien de plus puissant.

En admettant même un être qui seroit lui seul aussi puissant que les deux qu'on vient de supposer, on ne pourroit encore dire que cet être fût infiniment puissant, puisqu'il n'auroit que le double de la puissance de l'un de ces êtres, c'est-à-dire, le double d'une puissance bornée.

Corollaire I.

OR, (c) puisque ce qui est borné en puissance suppose, par cela même qu'il est borné, quelquechose de plus puissant, & que le plus puissant de tous n'admet point d'egalité, ce qui est évident par les termes mêmes; il suit, que quelque puissant qu'on suppose un être, il faut en venir necessairement à un être infiniment puissant, à un être dont la puissance est telle qu'il ne peut y en avoir au delà, ce qui est la puissance infinie.

Corol-

(a) Nº. CXXXIII. (b) Nº. CXXXII, CXXXIII.
(c) Obs. Nº. CXXXIV.

Corollaire II.

OR, un être dont la puissance est infinie est un être qui a necessairement, selon les Observations precedentes (a), une intelligence & une connoissance infinie qui peut vouloir & faire tout ce qu'il veut, & qui par cela même que sa puissance est infinie ne peut être necessité à vouloir agir, si tant est qu'aucune volonté puisse être necessitée; car puisqu'il n'y a point de puissance superieure à la sienne, que c'est un être voulant, que c'est une absurdité de dire qu'il soit forcé par la necessité de sa nature à produire, ainsi qu'il est demontré N°. CCXXXIX. Corollaire III, cet être est une cause parfaitement libre de tout ce qu'il produit.

Corollaire III.

CEt être pourra donc faire tout ce qu'il voudra, & comme pour vouloir il faut un objet, que l'impossible ne peut être un objet puisqu'il est inconcevable, n'etant que la negation de ce qui est ou peut être (b), & que le necessaire ne peut être produit; cet être ne pourra vouloir & par consequent ne pourra produire que ce qui est possible; mais par cela même qu'il pourra le produire, il est la cause possible, c'est-à-dire, libre de tout ce qui peut être produit, cause necessaire & cause réelle, soit directe, soit indirecte, de tout ce qui est produit (c). Ce qu'il falloit demontrer.

Unde nil majus generatur ipso,
Nec viget quidquam simile aut secundum:

HORAT. Lib. I, Od. XII.

Verité dont la force s'est fait sentir à HORACE tout Epicurien qu'on dit qu'il étoit, & qui se fait sentir à tous ceux qui n'employent pas leur raisonnement à égarer leur raison; verité dont la demonstration s'étoit presentée (d) sans penser à la trouver lorsque je ne songeois qu'à l'exposition ou definition des termes. Desorte que non seulement il n'y a qu'une seule cause non necessitée mais necessaire

(a) Obs. CCLVIII, CCLIX.
(b) N°. CXXXIV, CXXXV. (c) N°. CCXLVII.
(d) Obs. CXXXIV.

faire à la production de toute chose soit directement ou indirectement & seule cause absolument & necessairement antecedente à toutes autres, soit que ces autres causes soient premieres causes de quelque production, ou que ce ne soit que des causes transferentes ou necessitées; mais de plus, c'est qu'*il est impossible qu'il y ait deux causes éternelles toute-puissantes & également antécédentes à toutes autres*. La demonstration est la même que celle qu'on a donnée (a) de l'impossibilité de plusieurs êtres coéternels.

Pourquoi est-il impossible qu'il n'y pas au moins une premiere cause antecedente à toute autre? C'est qu'*il est contradictoire que quelquechose soit produit par rien*. Mais dès qu'il y a *une cause essentiellement toute-puissante*, la contradiction ne subsiste plus, l'impossibilité cesse, & par conséquent la necessité d'une autre ou de plusieurs autres causes cesse aussi; ce qui sufsit est suffisant, *une toute-puissance*, par le terme même, *suffit à tout ce qui est possible*, soit en produisant directement des effets quelconques, soit en produisant d'autres causes capables de produire des effets qui les supposent. Il faut donc ajouter au Principe N°. CCXXV, & dire:

CCLXIII.
Principe Ontologique.

L'*Etre essentiellement existant ou eternel est unique, toutpuissant, intelligent, actif, cause directe ou indirecte; mais libre, de tout ce qui est ou peut être.*

SECTION VII.
CCLXIV.
Remarque I.

Ainsi, par le principe précedent fondé par toutes les Demonstrations antecedentes, le système des SPINOSISTES comme celui des autres PANTHEIS-

(a) Cor. III. N°. CCXXXIX. N°. CCXXII, CCXXIII.

THÉISTES OU NATURALISTES tombe, ce qui n'eſt pas étonnant, puiſque pour ſoutenir le ſyſtême de SPINOSA il faut maintenir comme vraies pluſieurs choſes qui ne ſont pas ſeulement fauſſes, mais contradictoires, impoſſibles, abſurdes, ne fut-ce que ceci:

1°. *Qu'on peut avoir des idées de choſes dont il eſt impoſſible d'avoir des idées; qu'on peut concevoir ce qui n'eſt pas concevable; & qu'il n'y a point en ceci même de contradiction dans les termes.*

2°. *Que (a) des mots intelligibles ne ſont les ſignes d'aucune idée, & que toute idée ne ſuppoſe pas pour objet quelquechoſe de poſſible ou de néceſſaire.*

3°. *Que les choſes qui ſe ſuppoſent relativement & néceſſairement peuvent ſubſiſter indépendamment les unes des autres.*

4°. *Que toute propriété contradictoire à une autre propriété ne ſuppoſe pas un être réellement différent d'un autre être; & qu'un être peut exiſter ſans avoir ſa propre ſubſtance.*

5°. Enfin, que moi qui lis ceci je ne ſuis point un *moi* particulier, je ne ſuis point un être, mais une modification d'être & d'un être unique & indiviſible dont je ne puis être ſéparé, avec qui je ne ſuis qu'une & même choſe, quoique je ne ſente ni ne ſache point tout ce qui s'y paſſe, qui ai des propriétés qui ne ſuppoſent point un être, pas même l'être éternel & unique dont je ne ſuis qu'une modification; propriétés cependant qui quelques bornées qu'elles ſoient ſont ſupérieures à celle de cet être: Car je ſens, que je ſuis, que je conçois, que je compare, que je raiſonne, que je juge, en un mot que je ſuis ſenſible & intelligent; propriétés, que le Dieu, le tout être, l'être infini de SPINOSA n'a pas ſelon SPINOSA même (b).

Remarque II.

Quelqu'inconcevable que ſoit un ſyſtême bâti ſur autant de contradictions qu'on veut lui donner de

---

(a) Obſ. CLXXXVII—CLXXXVIII—CXC.
(b) Opera Poſthuma, Propoſitio XVI. Scholium.

de fondemens, on pretend que l'opinion de SPI-
NOSA est contenue dans les Livres Mystiques des
EGYPTIENS, des PERSES, & des CABALIS-
TES (a). La question est de savoir si on les entend
quand on les lit, si on ne les admire peut-être pas
d'autant plus qu'ils sont obscurs, & si on ne s'entête pas d'autant plus des idées qu'on y trouve ou
qu'on croit y trouver que ces Livres ont couté plus
de tems & de peine à lire. D'ailleurs la lecture de
livres particuliers & peu connus & l'adoption d'une
opinion singuliere ne corrompent-elles point le jugement en flattant la vanité?

Un Athée Anglois, qui a refuté le Spinosisme
mais qui ne l'a refuté que pour fortifier un Athéisme d'une autre espece, accuse SPINOSA d'avoir
eu une passion immoderée de voir son nom honoré
par des Sectateurs & par la gloire d'être l'Auteur
d'un nouveau systeme de Philosophie. *I am*, dit cet
Ecrivain en parlant de SPINOSA, *inclin'd to sus-
pect, that his chiefest weakness was an immoderate Passion
to become the head of a Sect, to have Disciples and a new
system of Philosophy honor'd with his name*; & ce qui le
porte à le croire c'est, dit-il, que lorsqu'un homme
ayant bati un systeme sans premiers principes &
qu'étant averti de ses fautes & des difficultés qu'on
peut lui opposer, il compte les unes pour rien &
ne s'embarasse pas des autres: Il faut que l'amour
de la verité predomine moins chez lui que l'envie
de se conserver le créateur d'un systeme dont il s'in-
fatue. Cependant il est assez difficile de se representer comment un homme peut combattre contre
soi-même jusqu'à se forcer par raisonnement à admettre un systeme contre lequel sa raison & sa propre experience se revoltent à chaque instant. Car
SPINOSA a senti & connu toutes les verités dont
la simple notion renversent son systeme inconcevable; on le voit par les termes mêmes qu'il employe,

---

(a) RAPHTON de spatio reali seu Ente infinito, cc-
namen Mathematico-Metaphysicum, Londini 1702.
(b) TOLAND, *Letters to Serena*. London 1704. Lett. 4.
(c) Lett. IV. pag. 137.

ploye, & qui ont excité en lui du moins au commencement les mêmes idées que l'usage y a attachées. Assurément que sous les idées confuses qu'il avoit adoptées & sous les équivoques perpetuelles qui deguisent son systeme ou qui en conservent l'obscurité, il ne le voyoit point tel qu'il est, soit qu'il ait été seduit par l'envie d'être le Chef d'une Secte comme l'Athée Anglois l'en accuse peut-être mal à propos, soit que préparé à l'erreur par l'étude des extravagances mysterieuses des RABBINS l'idée que la Philosophie de DESCARTES donne de la matiere ait fait prendre à SPINOSA le parti où il s'est jetté, & qu'ayant ensuite entrepris de le soutenir par principe, il ait forcé sa raison à en admettre les consequences & à se trahir soi-même par une prétendue fidelité pour la verité. Plus on etudie son systeme plus on se trouve forcé de dire de SPINOSA même ces propres paroles de la 29. de ses Lettres, *nihilo plus agit quam si det operam ut sua imaginatione insaniat* (1). Du moins j'avoue qu'il me paroit qu'il faut qu'un homme se dépouille extremement de sa raison & de tout sentiment pour croire qu'il n'est pas en soi-même un être qui subsiste distinctement & réellement different d'un autre être, & qu'il puisse subsister ainsi sans avoir sa propre substance. Je sens pour moi que quand tout le systeme de SPINOSA seroit d'ailleurs aussi plausible qu'il est absurde, il me diroit en vain que je ne suis point un être. Je lui répondrois toujours comme le SOSIE de l'*Amphitrion* de TERENCE, *Vous avez beau dire, vous ne me tournerez jamais l'esprit au point de croire que je ne suis pas moi;*

Certe edepol tu me alienabis nunquam quin noster siem;

& tant que je sentirai que je suis capable de penser & de raisonner, j'espere que je ne cesserai point de me croire homme pour m'imaginer que je suis Dieu;

Quodque hominem exuerit se putat esse Deum.
VANIER, Epigram.

(1) Opera Posth. p. 468.

CHA-

CHAPITRE XIII.

De l'existence réelle des Verités; Du Necessaire & du Possible.

CCLXV.
Observation.

Lorsque j'ai dit, que *tout mot étoit le signe d'un sentiment ou d'une idée*, que *toute idée avoit un objet auquel elle étoit conforme*, que le rien ne pouvant être ni senti ni connu cet objet étoit par conséquent quelquechose de *réel*, quelquechose qui avoit *une existence quelconque*; lorsqu'en parlant du *possible* je trouvois, que le *possible* étoit *ce qui pouvoit être ou n'être pas effectué*, que *le necessaire* étoit *ce qui ne pouvoit point ne pas être*; que de là tirant des Principes fondés sur l'exposition des choses ou des termes, j'étois forcé d'admettre pour *indubitables des choses qui n'avaient ni forme, ni couleur, ni rien qui tombât sous les sens*; que même je trouvois que *pour juger des choses qui tombent sous mes sens je devois en juger par des idées primitives qui rectifiassent les idées peu exactes que les choses materielles peuvent occasionner*; necessité par l'evidence à admettre toutes ces choses, forcé de les croire très-réelles, je me sentois interieurement inquiet de savoir ce que c'étoit donc que leur réalité, ce que c'étoit que leur existence: Si dès lors je ne me suis point arrêté par des objections, c'est que je sentois que si je ne pouvois les resoudre ce n'auroit été qu'une preuve de mon insuffisance, mais non de la fausseté d'une verité demontrée par les termes mêmes, & j'esperois qu'en avançant je pourrois peut-être découvrir quelques vérités qui me gueriroient de mes scrupules. Je n'ai pas été trompé dans mes esperances. Cette verité, *l'être essentiellement existant ou eternel est unique, tout-puissant, intelligent, actif, cause directe ou indirecte, mais libre, de tout ce qui est ou peut être*, repand une lumiere qui leve tous mes scrupules, qui dissipe mes inquietudes. Je me dis, quelle est l'existence d'un *possible* *non effectué* & que je trouve necessaire en tant que *possible*? Qu'est-ce que c'est que ces verités que je ne puis imaginer sous aucune forme & que je conçois si necessaires qu'elles ne laisseroient pas que d'être necessairement telles quand il n'y auroit aucun terme pour les exprimer, qui forcent ma raison, qui la redressent, qui m'assurent que je ne puis m'égarer si je leur suis fidele? Elles ne sont point tout ce que je vois, mais tout ce que je vois n'est tel que conformément à elles. Un être rond est bien conforme dans sa maniere d'être à la regle qui fait la rondeur & à toutes les verités que l'être rond suppose, mais il n'est pas cette regle ni ces vérités, il se peut même faire qu'il n'y ait aucun être parfaitement rond qui existe, veritablement même il n'y en a point; mais s'il y en a, c'est par la regle, c'est par les vérités d'où resulte la rondeur, (*a*) qu'on peut juger s'il est parfaitement rond ou s'il ne l'est pas.

Ce sont donc des Regles eternelles, universelles, immuables que ces choses dont j'ai un sentiment lorsque je tire des principes ou des conséquences évidentes sur tout ce qui regarde *le possible ou le necessaire*. Qu'est-ce qu'une regle, si ce n'est *le sentiment de ce par quoi & selon quoi une chose peut être faite & cela si necessairement qu'il est contradictoire qu'elle puisse être faite autrement?* Or, une chose qui peut être faite ne se peut que par une puissance capable de la produire; un puissance capable de la produire ne la produiroit pas si elle n'agissoit comme il faut qu'elle agisse pour la produire. Ces regles ne sont donc que le sentiment des actes possibles de cette puissance. Les actes possibles d'une puissance n'ont point d'autre existence que celle de la puissance même, comme la puissance n'en a point d'autre que celle de l'être puissant; Donc, les regles eternelles, universelles, immuables, du necessaire ne sont que le sentiment des actes possibles, c'est-à-dire, de ce que peut la puissance de l'être eternel & tout-puissant; & le necessaire n'a d'autre existence que

dans

(*a*) N°. CLXXX.

dans celle même de cet être. C'est pourquoi toutes ces regles, toutes ces verités, tous les rapports même qui regardent l'exiſtence des êtres neceſſairement poſſibles ont été nommées *l'eſſence des choſes*, du Latin *eſſentia*, comme qui diroit *l'être de l'être*, ce qui conſtitue ſi neceſſairement un être pour être tel que ſans cela rien ne pourroit être.

CCLXVI.

Remarque.

Donc, ces verités eternelles, ces regles immuables de la nature des choſes n'ont d'exiſtence en tant que regles & verités que dans l'être eternel & tout-puiſſant, tout-intelligent, & ne ſont en moi que des idées ou des ſentimens de choſes neceſſaires. Si je ne les ai que par le ſentiment immediat de la toute-puiſſance de l'être neceſſaire, ainſi que *Saint* Augustin & le *Pere* Malbranche l'ont cru, ou ſi ce ſont ſeulement des idées abſtraires ou des jugemens pris des êtres qui, ne pouvant exiſter ni être conçus que conformément à ces verités, en ſont repreſentatifs, & peuvent ainſi exciter en moi des ſentimens dont ces idées eternelles ne me ſeroient d'abord que comme des conſéquences, quoiqu'enſuite le raiſonnement me forçât à les reconnoître pour des verités primitives & archetypes de la toute-puiſſance de l'être eternel; c'eſt ce que je ne ſai point & ce que je découvrirai peut-être à force de chercher. Mais toujours ſai-je bien que toutes les verités neceſſaires que je connois ſont des choſes très-réelles, que je ne fabrique point, qui ne dépendent point de moi, qui forcent au contraire ma raiſon à ſe ſoumettre; deſorte que les fauſſes idées que je me fabrique ne viennent que de ce que je ne les meſure pas ſelon ces regles immuables qui diſſiperoient la confuſion d'où naît l'erreur. L'illuſtre Archevêque de Cambrai, *François* de la Motte Fenelon, qui paroit adopter le ſentiment de S. Augustin & du P. Malbranche, dit à ce ſujet de ſi belles choſes dans quelques articles de ſa *Démonstration de l'Existence de Dieu*

Dieu (a) que je ne puis me refuser le plaisir de les rassembler & d'en embellir ici mes recherches. " O " que l'esprit de l'homme est grand, dit cet elo- " quent Prélat, il porte en lui de quoi s'étonner, & " se surpasser infiniment lui-même. Les idées sont " universelles, éternelles, & immuables. Elles " sont universelles ; car lorsque je dis, *il est impossi-* " *ble d'être & de n'être pas, le tout est plus grand que* " *sa partie, entre deux points donnés la ligne droite est* " *la plus courte, le centre d'un cercle parfait est également* " *eloigné de tous les points de la circonference, un trian-* " *gle equilateral n'a aucun angle obtus, ni droit ;* toutes " ces verités ne peuvent souffrir aucune exception ; " il ne pourra jamais y avoir d'être, de ligne, de " cercle, de triangle, qui ne soit suivant ces re- " gles ; ces regles sont de tous les tems, ou, pour " mieux dire, elles sont avant tous les tems, & " seront toujours au delà de toute durée compre- " hensible. Que l'Univers se bouleverse & s'ané- " antisse ; qu'il n'y ait plus même aucun esprit pour " raisonner sur les êtres, sur les lignes, sur les cer- " cles, & sur les triangles ; il sera toujours égale- " ment vrai en soi, que la même chose ne peut tout " ensemble être & n'être pas, qu'un cercle par- " fait ne peut avoir aucune portion de ligne droite, " que le centre d'un cercle parfait ne peut être plus " près d'un coté de la circonference que de l'autre. " Ces idées que nous portons au fonds de nous-mê- " mes n'ont point de bornes & n'en peuvent souffrir. " On ne peut point dire que ce que j'ai avancé sur " le centre des cercles parfaits ne soit vrai que pour " un certain nombre de cercles. Cette proposition " est vraie par une necessité évidente pour tous " les cercles à l'infini. Ces idées sans bornes ne " peuvent jamais ni changer ni s'effacer en nous, ni " être alterées ; elles sont le fonds de notre raison, " il est impossible quelqu'effort qu'on fasse sur son " propre esprit de parvenir à douter jamais serieu- " sement de ce que ces idées nous représentent. " Changer nos idées (b) ce seroit anéantir la raison " même. Je ne puis juger d'aucune chose qu'en les

con-

(a) *Art.* LII.   (b) *Art.* LIV.

" consultant, & il ne depend pas de moi de juger
" contre ce qu'elles me représentent. Mes pensées
" loin de pouvoir corriger ou former cette regle
" sont elles-mêmes corrigées malgré moi par cette
" regle superieure, & elles sont invinciblement as-
" sujetties à sa décision. Si je nie ces verités ou
" d'autres semblables j'ai en moi quelquechose qui
" est au-dessus de moi, & qui me ramene par for-
" ce au but. Cette regle fixe & immuable est si
" interieure & si intime que je suis tenté de la pren-
" dre pour moi-même ; mais elle est au-dessus de
" moi puisqu'elle me corrige, me redresse, me met
" en defiance contre moi-même & m'avertit de mon
" impuissance ; c'est quelquechose qui m'inspire à
" toute heure pourvu que je l'écoute, & je ne me
" trompe jamais qu'en ne l'écoutant pas. Ce qui
" m'inspire me préserveroit sans cesse de toute er-
" reur, si j'étois docile & sans précipitation, car
" cette inspiration interieure m'apprendroit à bien
" juger des choses qui sont à ma portée, & sur les-
" quelles j'ai besoin de former quelque jugement ;
" pour les autres elle m'apprendroit à n'en juger pas,
" & cette seconde sorte de leçon n'est pas moins
" importante que la premiere. Cette regle interieu-
" re est ce que je nomme ma Raison ; mais je parle
" de ma raison sans pénétrer la force de ces termes.
" A la verité ma raison est en moi (*a*), car il faut
" que je rentre sans cesse en moi pour la trouver ;
" mais la raison superieure qui me corrige dans le be-
" soin, & que je consulte, n'est point à moi, & elle ne
" fait point partie de moi-même. Cette regle est par-
" faite & immuable ; je suis changeant & imparfait.
" Quand je me trompe elle ne perd point sa droi-
" ture ; quand je me détrompe, ce n'est pas elle
" qui revient au but, c'est elle qui, sans s'en être
" jamais écarté, a l'autorité sur moi de m'y rappel-
" ler & de m'y faire revenir ; c'est une maitre
" interieur qui me fait taire, qui me fait parler,
" qui me fait croire, qui me fait douter, qui
" me fait avouer mes erreurs, ou confirmer mes ju-
" gemens. En l'écoutant je m'instruis, en m'écou-
" tant moi-même je m'égare. Ce maitre est par
 " tout,

(*a*) *Art.* LV.

„ tout ; & sa voix se fait entendre d'un bout de
„ l'Univers à l'autre, à tous les hommes comme à
„ moi. Pendant qu'il me corrige en *France*, il corri-
„ ge d'autres hommes à la *Chine*, au *Japon*, dans l'A-
„ merique & dans le *Perou*, par les mêmes principes
„ (1). C'est elle qui fait qu'une Sauvage du *Canada*
„ pense beaucoup de choses comme les Philosophes
„ Grecs & Romains les ont pensées. C'est elle qui
„ fait que les hommes, tous dépravés qu'ils sont,
„ n'ont point encore osé donner ouvertement le
„ nom de Vertu au Vice, & qu'ils sont reduits à
„ à faire semblant d'être justes pour s'attirer l'esti-
„ me les uns des autres. On ne parvient point à
„ estimer ce qu'on voudroit pouvoir estimer, ni à
„ mépriser ce qu'on voudroit pouvoir mépriser.

„ Le maitre interieur & universel (2), continue
„ ce savant Prelat, dit donc toujours & par tout les
„ mêmes verités; nous ne sommes point ce maitre.
„ Il est vrai que nous parlons souvent sans lui, &
„ plus haut que lui; mois alors nous nous trompons,
„ nous begayons, nous ne nous entendons pas nous-
„ mêmes, nous craignons même de voir que nous
„ nous sommes trompés. Sans doute l'homme qui
„ craint d'être corrigé par cette raison incorrupti-
„ ble, & qui s'égare toujours en ne la suivant pas,
„ n'est pas cette raison parfaite, universelle, & im-
„ muable, qui le corrige malgré lui. Chacun sent
„ en soy une raison bornée & subalterne qui s'éga-
„ re dès qu'elle échappe à une entiere subordination,
„ & qui ne se corrige qu'en rentrant sous le joug
„ d'une autre raison superieure, universelle & im-
„ muable. Où est-elle cette raison commune &
„ superieure tout ensemble (3) à toutes les raisons
„ bornées & imparfaites du Genre-humain? Où est-
„ elle cette raison qu'on a sans cesse besoin de con-
„ sulter & qui nous prévient pour nous inspirer le
„ desir d'entendre sa voix? Où est-elle cette vive
„ lumiere *qui illumine tout homme venant en ce monde* (4),
„ & qui se fait aimer par ceux mêmes qui craignoient

───────────

(1) *Art*. LVI.   (2) *Art*. LVII.   (3) *Art*. LVIII.
(4) St. *Jean* I, 9.

,, gnoient de la voir? Tout œil la voit & il ne ver-
,, roit rien s'il ne la voyoit pas. Comme le soleil
,, sensible éclaire tous les corps de même ce soleil
,, d'intelligence éclaire tous les esprits. La substan-
,, ce de l'œil de l'homme n'est point la lumiere,
,, au contraire l'œil emprunte à chaque moment la
,, lumiere des rayons du soleil; tout de même, mon
,, esprit n'est point la raison primitive, la verité u-
,, niverselle & immuable, il en est seulement éclai-
,, ré. Ce soleil des esprits nous donne tout ensem-
,, ble & la lumiere & l'amour de sa lumiere pour
,, la chercher. Il luit en même tems dans les deux
,, hemispheres, il éclaire les sauvages mêmes
,, dans les antres les plus profonds. Il n'y a que
,, les yeux malades qui se ferment à la lumiere, &
,, encore n'y a-t-il point d'homme si malade & si
,, aveugle qui ne marche à la lueur de quelque lu-
,, miere sombre qui lui reste de ce soleil interieur
,, des consciences. Cette lumiere universelle decou-
,, vre & represente à nos esprits tous les objets,
,, & nous ne pouvons rien juger que par elle (1).
,, Les hommes peuvent nous parler pour nous in-
,, struire, mais nous ne pouvons les croire qu'autant
,, que nous trouvons une certaine conformité en-
,, tre ce qu'ils nous disent & ce que nous dit le mai-
,, tre interieur. Après qu'ils ont épuisé tous leurs
,, raisonnemens, il faut toujours revenir à lui, &
,, l'écouter pour la decision. C'est au fonds de
,, nous-mêmes par la consultation du maitre inte-
,, rieur que nous avons besoin de trouver les véri-
,, tés qu'on nous enseigne, c'est-à-dire, qu'on nous
,, propose exterieurement. C'est un juge desinte-
,, ressé & superieur à nous; nous pouvons refuser
,, de l'écouter & nous étourdir, mais en l'écoutant
,, nous ne pouvons le contredire.
,, On ne peut donc point dire (2), que l'homme
,, se donne à lui-même les pensées qu'il n'avoit pas;
,, on peut encore moins dire qu'il les reçoive des
,, autres hommes. [Il ne peut tout au plus que
,, joindre ou diviser, & la raison alors s'égare s'il
,, ne suit pas les principes de la raison universelle.]
,, Voilà donc deux raisons que je trouve en moi;

l'une

(1) *Art.* LIX.   (2) *Art.* LX.

„ l'une est moi-même, l'autre est au-dessus de moi;
„ Celle qui est moi est très-imparfaite, prévenue,
„ précipitée, sujette à s'égarer, changeante, opiniâ-
„ tre, ignorante & bornée, enfin elle ne possede
„ jamais rien que d'emprunt; l'autre est commune
„ à tous les hommes & superieure à eux, elle est
„ parfaite, eternelle, immuable, toujours prête à se
„ communiquer en tous lieux, à redresser tous les
„ esprits qui se trompent, enfin incapable d'être
„ jamais ni épuisée ni partagée quoiqu'elle se don-
„ ne à tous ceux qui la veulent. Où est-elle cette
„ raison parfaite, qui est si près de moi & si diffe-
„ rente de moi? Où est elle? Il faut qu'elle soit
„ quelquechose de réel: Car le néant ne peut pas
„ être parfait, ni perfectioner les natures imparfai-
„ tes. Où est-elle cette raison supreme? N'est-elle
„ pas le Dieu que je *cherche*?

Je ne sai pas si on peut faire quelque discours contre ceci; mais j'ose assurer qu'on ne pourra jamais en faire que de mauvais, & que ceux qui auroient envie de l'entreprendre se trouveroient reduits à l'impossible s'ils font seulement attention que les mots n'étant que les signes des idées, les idées ont précédé les mots, & que l'homme n'est pas le maitre de changer la nature de la moindre idée.

Fin du Livre cinquieme.

RECHERCHES PHILOSOPHIQUES,
LIVRE SIXIEME:
De la nature des Etres. Recherches sur l'Infini & sur le Composé.

CCLXVII.
Definitions.

J'Entends par *Infini*, (a) ce qui est tel qu'il n'y a rien au delà, ce qui ne peut être susceptible de plus ni de moins.

CCLXVIII.

PArtie *signifie une chose quelconque separable d'une ou de plusieurs autres choses avec quoi elle fait un tout ou un composé.*

CCLXIX.

AInsi un *Composé*, n'est qu'un *assemblage de parties*.

CCLXX.
Remarque.

SI ces parties sont separément distinctes les unes des autres & sont chacune quelquechose de particulier, *le composé* est alors consideré (b) comme une *quantité numerique*.

Si ces parties sont adherentes les unes aux autres &

(a) No. CXXXIII.   (b) No. CXXVIII.

& forment par cette adhéfion un feul Tout etendu, le *Compofé* eft alors confidéré comme une *quantité mefurable ou continue*.

CCLXXI.

Obfervation.

Ainfi le *Nombre* (a) n'eft que *l'addition* ou *l'affemblage de deux ou plufieurs chofes féparément diftinctes*.

CCLXXII.

ET la *Mefure* n'eft rien que *la divifion de l'Etendue que forment deux ou plufieurs chofes réellement unies, ou la comparaifon de cette etendue avec un autre*.

CCLXXIII.

SUr quoi il faut obferver, que non feulement on peut confiderer comme quantité numerique plufieurs êtres étendus, plufieurs arbres par exemple, plufieurs hommes ; mais encore, qu'on peut & qu'on doit confiderer un compofé, quel qu'il foit, comme une quantité numerique, puifque tout compofé eft effectivement tel : Cela eft démontré par la feule définition du terme. Car puifqu'un Compofé n'eft rien (b) qu'un *affemblage de parties*, il eft evident *que s'il n'y avoit point de parties il n'y auroit point de Compofé*, & qu'ainfi tout Compofé n'eft que l'affemblage ou l'union de parties compofantes, c'eft-à-dire, de *parties fimples*, *d'unités quelconques*, puifqu'autrement il fuivroit qu'un compofé exifteroit fans parties principes de compofition, ce qui eft abfurde.

CCLXXIV.

Corollaire.

IL n'y a donc point de compofé (c) qui ne foit divifible & dont la divifion ne foit reductible à l'unité, par conféquent, qui ne foit un affemblage d'uni-

(a) N°. CXXVIII. (b) CCLXVIII, CCLXIX.
(c) N. CXXVIII. CXXXIX.

d'unités ; par conséquent, il ny a point de composé soit que ses parties existent séparément distinctes les unes d'avec les autres, ou qu'elles soient adherentes les unes aux autres, il n'y a point, dis-je, de Composé qui ne soit numerique.

C'est apparemment sur ce principe que quelques Philosophes de l'Antiquité ou dit, que *l'Univers n'est formé que par des nombres*.

CCLXXV.
Remarque.

SI tout composé est l'assemblage ou l'union d'unités quelconques ainsi qu'il est démontré, il est évident que nul composé n'est *au delà de toute mesure ni de tout nombre*, par conséquent, que tout composé est susceptible de plus & de moins (*a*), par conséquent que *nul composé n'est infini*.

Qu'ainsi les termes de *composé* ou de *tout* pris dans le même sens ne sont rien que des noms collectifs qui marquent *une pluralité quelconque* & jamais une infinité (*b*) puisqu'il n'y a point de nombre infini.

CCLXXVI.
Observation.

DOnc, puisque par *infini* on entend *ce qui est tel qu'il n'y a rien au delà, ce qui n'est susceptible de plus ni de moins*, l'infini n'est point ni *numerique*, ni mesurable. On ne peut pas dire la moitié d'un infini, le quart d'un infini, la millieme partie d'un infini, ce seroit ne rien dire d'intelligible ; à peine ces expressions peuvent elles s'entendre lorsqu'on s'en sert à l'égard de l'indefini, c'est-à-dire, à l'égard des choses dont le nombre ou la mesure ne sont point pour nous déterminés.

Si donc il y a deux sortes d'infinis (*c*), savoir un *infiniment grand* & un *infiniment petit*, il faut convenir qu'on ne peut rien *ajouter au premier* puisqu'il seroit

con-

(*a*) N°. CCLXV. (*b*) N°. CXXXI, CXXXXVI. (*c*) CXXXIII.

contradictoire qu'il fût *infiniment* grand & qu'il pût être augmenté ; & qu'on ne peut rien *diminuer du second*, puisqu'il seroit contradictoire qu'il fût infiniment petit & qu'il pût être diminué.

De même on ne peut rien rétrancher de l'infiniment grand qu'il ne cesse d'être infini, ainsi qu'on ne peut rien ajouter à l'infiniment petit qu'il ne cesse d'être tel.

Ainsi, s'il y a un infini ou des infinis quels qu'ils soient, ils sont nécessairement simples, par conséquent, *indivisibles & inaltérables*, puisqu'il est contradictoire qu'ils soient numériques ou composés de parties. Par conséquent

CCLXXVII.
Corollaire.

Toute grandeur mesurable ou numerique est au dessous de l'infiniment grand, & au dessus de l'infiniment petit ; & l'infini, soit grand, soit petit, est nécessairement un simple indivisible (a). En effet, si on disoit qu'un infini étoit divisible, il faudroit qu'il eut des parties & de là il consisteroit dans un nombre d'unités quelconques, seroit susceptible d'augmentation & de diminution, & par conséquent ne seroit pas infini.

CCLXXVIII.
Remarque.

Si par *le Tout* ou par *l'Univers* on entendoit *tous les êtres, la collection de tous les êtres* qui existent, & que dans la collection de tous ces êtres il y en eut un infiniment grand qui y fût compris, *le tout ou l'univers* ne marqueroit cependant alors rien d'infini quoique la collection que ces mots signifieroient renfermât un être infini, parce *que le tout ou l'univers* ne marqueroit qu'une collection numérique & par conséquent finie, une collection qui auroit des bornes. Car puisqu'il est contradictoire que l'infiniment grand

(a) Coroll. CCLXXIV.

grand soit susceptible d'aucune addition, tous les êtres finis n'ajouteroient rien à la grandeur de l'être infini, ainsi le fini compris avec l'infiniment grand ne peut l'augmenter, puisque l'infini est par lui-même au delà de toute augmentation, desorte que la collection de tous les êtres finis jointe avec l'être infini ne seroit qu'une augmentation numerique capable de plus ou de moins en nombre, mais non une augmentation de grandeur, ou pour mieux dire d'infinité, puisqu'une augmentation d'infinité est contradictoire. Soint donc ce

CCLXXIX.
Principe Ontologique.

Tout Infini est un simple, indivisible.

CCLXXX.

ET comme il est contradictoire qu'il y ait un composé sans parties principes, c'est-à-dire, sans parties exemptes de toute composition, *partes*, pour me servir des expressions de LUCRECE, *quæ nullis partibus extant & minima constant natura*. Soit

Principe Ontologique.

Tout Composé suppose des parties simples.

CCLXXXI.
Principe Ontologique.

Nul Composé n'est infini.

CCLXXXII.
Principe Mathematique.

Tout composé est plus grand que quelque grandeur que ce soit egale à une de ses parties,

Ce que pour abreger on exprime ordinairement quoiqu'un peu improprement *le tout est plus grand que la partie.*

Observation sur le terme de Substance, *sur l'infiniment* Grand, *sur l'infiniment* Petit.

CCLXXXIII.
Définition.

PAr *substance* on entend (*a*) ce qui constitue la réalité effective ou *actuelle d'un être*, ce sans quoi il n'existeroit point effectivement ou actuellement. C'est, ainsi qu'on l'a deja remarqué, ce qu'on ne peut concevoir ni regarder comme une propriété mais comme le sujet, le fonds, de l'être, de l'existence, & de toutes sortes de propriétés.

CCLXXXIV.
Corollaire.

Ainsi la substance est une réalité (*b*) que supposent nécessairement possible des propriétés possibles, & que prouvent nécessairement actuelle des propriétés actuelles.

Lemme Premier.

CE que l'on sent nécessairement être (*c*) est en effet, quelqu'inconnu que cela soit d'ailleurs.

Car on ne peut sentir qu'une chose est nécessairement à moins qu'il ne soit impossible qu'elle ne soit pas. Or, s'il est impossible qu'une chose ne soit pas, il est évident qu'elle est.

Lemme Second.

Toute propriété suppose un être.

(*a*) N°. CXVIII.
(*b*) Deff. CXVIII. Obs. CCXXXIII. Princ. CXXIII.
(*c*) Princ. LXXXII, LXXXV. Lemme II. Obs. LXXXVIII. Corol. LXXXIX. N°. LXXIX. Obs. XCVI.

Lemme Troisieme.

Les propriétés qui se supposent relativement nécessairement (a) *ne peuvent subsister indépendemmant les unes des autres*, par conséquent, ne sont nécessairement que les propriétés d'un seul & même être & ne peuvent être considerées séparément que par abstraction.

Lemme Quatrieme.

De même les propriétés qui ne se supposent pas nécessairement relativement (b) *peuvent subsister indépendemmant les unes des autres*, par conséquent, ne sont que des propriétés possibles qui ne constituent point l'essence d'un être, mais qu'un être peut avoir ou n'avoir pas.

Lemme Cinquieme.

Toute propriété contradictoire à une autre propriété suppose un être réellement différent d'un autre être. Le même être ne peut être en même tems fini & infini, rond & quarré, actif & privé d'action, par conséquent par le Lemme II. ci-dessus, dès que je conçois deux propriétés contradictoires il suit qu'il y a deux êtres dont nécessairement l'un n'est pas l'autre, & si ces propriétés sont telles qu'elles soient essentielles à ces deux êtres, ces deux êtres sont donc essentiellement différens &, par la Définition CCLXXXIII, sont d'une substance différente si ce sont en soi de véritables êtres, des êtres proprement dits & non pas des composés; car si ce sont des composés il n'y aura que le plus ou le moins de parties ou leur arrangement qui seront essentiellement & nécessairement différens.

(a) Lemme III. N°. CLXXXVII. Cor. I. Théo. CXCIV.
(b) Theo. CXCIV.

Corollaire I.

PAr le Lemme I. ci-dessus par le II. & le trois, il suit conformément à la Définition CCLXXXIII. que quelqu'inconnu que me soit comment une substance quelconque est en soi, l'existence de cette substance ne m'est pas douteuse (a) dès que je connois la propriété d'un être quelconque, puisque l'être & sa substance n'étant point différens l'un de l'autre je connois en partie cette substance dès que j'en connois une propriété, que plus j'en connois de propriétés plus je connois ce qu'elle est, & par conséquent ce qu'elle n'est pas, & par les propriétés mêmes, ce qu'il est impossible qu'elle ne soit; d'où il suit que je connois nécessairement & par conséquent évidemment qu'elle est, qu'elle est telle qu'il est impossible qu'elle soit autre, & qu'en conséquence elle a tels rapports, telles relations, d'où résultent telles convenances ou disconvenances, & dont par conséquent on a non seulement un sentiment de l'existence mais une idée, puisqu'on la connoit distinctement par ses différences, conformément à la Définition N°. CXXV.

Corollaire II.

IL suit par le Lemme IV. que des propriétés possibles ne supposant point en divers êtres des propriétés différentes ou pour mieux dire contradictoires, ne supposent point par conséquent en ces divers êtres des substances de différente nature, c'est-à-dire, essentiellement différentes, mais supposent seulement, conformément au Lemme II. & à la Définition CXVIII, ou CCLXXXIII, des substances semblables & qui par cela même qu'elles sont semblables, sont de même mais non pas la même substance, puisque chaque être ne pouvant exister sans sa substance dès qu'il y a deux êtres, il y a deux substances, semblables si ces deux êtres ont des propriétés essentiellement égales, & par le Lemme V. I. & III, substances essentiellement différentes si les propriétés de ces êtres sont contradictoires.

(a) Lem. II. N°. CLXXIV. Théo. CLXXXVIII.
( ). XX.

CCLXXXV.

CCLXXXV.
Remarque.

IL faut faire attention, que *substance, être, existence, nature, essence*, sont des termes qu'on employe assez communément l'un pour l'autre, c'est ce qui précede ou ce qui suit dans le discours qui détermine le sens ou les idées accessoires qu'on y attache; desorte que lorsqu'on se sert de ces mots d'une maniere generale, indeterminée, & abstraite de la particularité des choses, *substance, être, existence, nature*, non plus que *figure, mouvement, mesure*, ne laissent qu'une idée vague, generale, indéterminée à rien de particulier si on ne determine les termes par quelques autres; mais lorsque ces termes sont déterminés par quelqu'autre terme qu'on y joint, alors l'idée de *substance* ou *d'être*, ainsi que celui de *figure* ou de *mouvement*, reçoit les differences qui sont comprises dans les termes de sa détermination. Lorsque je dis *la substance* en general, le mot de *substance* comprend alors *toute substance*, par conséquent, toute celle des êtres dont l'assemblage compose l'Univers, par conséquent, toute la pluralité de substances différentes & semblables si tous les êtres sont essentiellement de même, ou dissemblables & d'une autre nature si ces êtres ont des proprietés réellement contradictoires; ainsi que le terme de *figure* en general comprend toute sorte de figure, par conséquent toutes celles qui sont semblables comme celles qui sont entr'elles essentiellement opposées.

CCLXXXVI.

S'Il y a un être infiniment grand que je nommerai seulement *infini* comme étant l'infini par excellence, si, dis-je, il y a un être infini, il est evident par les termes mêmes qu'il ne peut y en avoir, qu'un, puisque s'il y en avoit deux ils se borneroient mutuellement, ce qui est une contradiction, d'où resulteroit qu'aucun des deux ne seroit infini. La même démonstration qu'on a donnée (*a*) pour la nécessité

(*a*) Nº. CCLX.

cessité d'une puissance infinie doit servir ici. En effet, puisque *toute propriété suppose un être, la puissance infinie suppose un être infini*.

Ainsi les démonstrations de l'impossibilité de la non existence d'un être eternel (*a*), c'est-à-dire, de l'existence necessaire d'un être essentiellement existant qu'on a données N°. CCXIX & suivans, & celles qu'on a données d'une puissance & d'une intelligence infinies (*b*) sont en même tems des demonstrations de l'être infini. Ainsi il faut ajouter au Principe N°. CCLXI, & dire :

CCLXXXVII.

L'Etre essentiellement existant ou eternel est unique, infini, tout-puissant, tout-intelligent, actif, cause directe ou indirecte, mais libre, de tout ce qui est ou peut être.

Observation I.

EN effet, quoi de plus évident que ces propositions, le rien n'étant qu'un mot qui marque la negation de l'existence, rien ne peut avoir aucunes propriétés ; il y a quelque chose qui existe ; donc, puisque le rien ne peut rien produire, il y a quelque chose qui n'a jamais commencé d'exister, par conséquent, quelque chose d'éternel, d'essentiellement existant.

Observation II.

Quelque nombre d'êtres que je suppose existans deux ou d'avantage, tous excepté un seul peuvent être supposés n'exister pas, sans contradiction au Principe qui fonde la necessité de l'existence ; dès que j'en ai un & sur tout un infini en existence & en puissance, la necessité de l'existence est remplie, par conséquent, un plus grand nombre n'est pas necessaire, desorte que dire qu'ils existent necessairement c'est dire qu'ils existent necessairement sans necessité, ce qui est une contradiction, par conséquent une impossibilité : Donc, l'être essentiellement existant est unique.

Ob-

(*a*) N°. CCXIX. & suivans.　　(*b*) N°. CCLIX.

Observation III.

CE qui n'est ni ne peut être, c'est-à-dire, ce qui n'est ni possible ni nécessaire & par conséquent ce qui est impossible ne peut être conçu. J'ai l'idée de plusieurs êtres que je conçois très-distinctement, donc l'existence de plusieurs êtres est possible (*a*) ainsi ne renferme aucune contradiction.

Observation IV.

IL seroit contradictoire (*b*) que l'existence de ces êtres fut possible s'il n'y avoit une puissance capable de les produire ; & si l'être unique essentiellement existant n'avoit pas cette puissance, rien ne seroit possible : Donc, l'être essentiellement existant est tout-puissant, & c'est par sa toute-puissance qu'il y a quelquechose de possible.

Observation V.

LEs propriétés d'un être ne sont autre chose (*c*) que l'être même, par conséquent, un être ne peut exister & être tel être sans ses propriétés. La toute-puissance étant une propriété ou un attribut comme on voudra la nommer de l'être essentiellement existant, sa toute-puissance est aussi nécessaire à son être que l'existence. Si sa toute-puissance est nécessitée à produire, cet être est nécessité à produire par la nécessité de sa propre existence, laquelle existence étant eternelle, c'est-à-dire, sans commencement, ses productions sont eternelles & sans commencement (*d*) ce qui est une contradiction dans les termes comme dans les choses.

Observation VI.

LA toute-puissance n'étant point nécessitée par la nécessité de l'existence de l'être tout-puissant, la toute-puissance est donc l'attribut d'un être libre ; l'être eternel & tout-puissant est donc un *agent libre* qui se determine à agir ou à produire, & qui par cela

(*a*) Nº. CXXX, CXXXIV, CXXXV.
(*b*) Nº. CXXXII, CXXXIII. (*c*) Nº. CXXV.
(*d*) Nº. CCXXXVIII.

cela même qu'il se determine est un être actif, voulant & intelligent.

Observation VII.

Qui dit toute-puissance dit puissance infinie (a), l'être tout-puissant ne le seroit pas, s'il y en avoit un plus puissant. La toute-puissance peut donc produire infiniment, produire tout ce qui est possible. Pour pouvoir produire tout ce qui est possible il faut connoitre tout ce qui est possible. L'être tout-puissant est donc necessairement tout-intelligent. Ses propriétés ou attributs n'étant point divisibles, séparables, autres que lui-même, ses attributs étant infinis; l'être essentiellement existant, eternel, tout-puissant, tout-intelligent, cause libre de tout ce qui est ou peut être, est donc un être infini, & par conséquent, est le seul essentiellement & infiniment existant, dont la substance par conséquent est infinie, unique, une, simple, indivisible, inalterable, exempte de parties & de toute composition.

Unde nil majus generatur ipso
Nec viget quidquam simile aut secundum

Or, cet *Etre unique*, INFINI, *eternel, tout-puissant, tout-intelligent, cause directe ou indirecte mais libre de tout ce qui est ou peut être*, & que les Déistes croyent de plus *Rémunerateur du bien & du mal*, est

Dieu   l'être que j'appellerai DIEU, l'être adorable auquel l'illustre Archeveque de Cambrai s'écrie: (b) *Tous les faux infinis mis en votre place me laisseroient vuide, je m'écrierai eternellement au fonds de mon cœur, Qui est semblable à vous!* C'est le veritable Dieu, le Dieu par excellence, auprès de qui tous les Dieux du Polythéisme ne sont que des vrais fantomes, & le Dieu de tous les Panthéistes un pur Automate. Les Dieux du Paganisme *ont des yeux & ne voyent point, ils ont des oreilles & n'entendent rien.* Le Dieu des

(a) CXXXIV.
(b) François de Salignac de la Motte Fenelon, *Demonstration de l'Existence de* DIEU, Part. II. Chap. 2.

des Panthéistes fait des yeux & il ne voit pas, il fait des oreilles & il n'entend pas, ou plutôt, tout se fait & il ne fait rien, & les parties ou modifications sont incomparablement plus parfaites que leur tout. Est-ce là ce qui merite le nom de DIEU? Les Materialistes, les Naturalistes & les Panthéistes l'ont profané en le donnant à l'Univers qui n'est qu'un effet de sa puissance. Est-ce là le Dieu que tout annonce, & qu'on ne peut meconnoitre que par un abus de la volonté, en faisant ce que feroit un homme qui pour nier qu'il est jour fermeroit les yeux à la lumiere du soleil!

En effet, si la methode que je me suis proposé de suivre ne m'obligeoit pas à discuter les idées des termes dont j'ai donné une exposition dans le troisieme Livre de ces Recherches, & à voir les principes d'identité que j'en pouvois déduire pour assurer mes demarches; j'aurois pu dès les premieres définitions tirer une démonstration aussi directe que simple de l'être eternel & tout-puissant que j'appelle DIEU. La voici.

Demonstration.

Lemme Premier.

CE qui est contradictoire ou impossible ne peut être ni conçu ni imaginé (a).

Lemme Second.

L'Union de termes qui signifient des choses contradictoires (b) ne peut exprimer une idée ni former une proposition intelligible.

Lemme Troisieme.

LOrsque je dis, il y a un être unique, infini, eternel, tout-puissant, tout-intelligent, cause libre de tout ce qui est ou peut être, j'entends tout ce que je dis, j'en ai une idée claire & distincte; & loin que cet

(a) N°. CXXXV.   (b) Ibid.

ces termes soient contradictoires, je trouve au contraire que tout ce qu'ils expriment se suppose reciproquement.

Corollaire I.

DOnc il n'implique point contradiction que l'être eternel & tout-puissant que je nomme *Dieu* existe.

Lemme Quatrieme.

TOut ce qui n'implique point contradiction, est ou peut être, est necessaire ou possible (a).

Lemme Cinquieme.

L'*Existence necessaire d'un être éternel, infini & tout-puissant n'est pas possible* en ce sens qu'elle *puisse être produite*, puisque cela est contradictoire dans les termes mêmes.

Lemme Sixieme.

CEtte *existence n'est pas impossible* par le Corollaire I. ci-dessus.

Corollaire II.

DOnc, par le Lemme IV, *cette existence est necessaire*.

Corollaire III.

DOnc, non seulement l'être unique, eternel, infini, tout-puissant, tout-intelligent, cause necessaire mais libre de tout ce qui est ou peut-être *existe, mais il est impossible qu'il n'existe pas*; ainsi il est necessairement & essentiellement tel & existant.

Observation.

QUe si quelqu'un malgré l'évidence de cette Demonstration convenoit qu'il est vrai par les termes

(a) N°. CXXX, CXXXIV, CC, CCXXXVIII.

termes mêmes, qu'il est impossible qu'un être eternel, infini, & tout-puissant, n'existe pas, & qu'ainsi il est evident par les termes mêmes que cet être est necessairement & essentiellement existant, desorte qu'il ne peut pas ne point exister; mais que ce quelqu'un ajoutât, qu'il n'est pas de même évident que cet être soit tout-intelligent, & que sa puissance soit active; qu'on fasse attention, qu'on a l'idée d'intelligence & d'activité, que l'idée de l'infini jointe à ces deux idées n'ont rien de contradictoire; que par conséquent l'idée d'une intelligence infinie & d'une toute-puissance active est l'idée de propriétés dont la realité n'implique point de contradiction; qu'il est impossible qu'elles soient les propriétés de quelqu'être si elles ne sont celles de l'être eternel, infini, & tout-puissant; qu'ainsi l'idée qu'on a de ces propriétés, si la toute-puissance & l'intelligence infinies ne sont pas les attributs de l'être éternel, est l'idée de propriétés qui ne supposent point d'être, ce qui est contre les principes si évidens, *le rien n'a point de propriétés, toute propriété suppose un être*, que par conséquent l'intelligence infinie & la toute-puissance active ne pourroient se concevoir, & que puisqu'on les conçoit, elles sont, par les principes qu'on vient de rapporter, les propriétés essentielles de l'être eternel & infini.

CCLXXXVIII.

Observation.

D'Ailleurs, un être eternel & infini a par les termes mêmes la plenitude de l'être, il existe de la maniere la plus absolue & la plus parfaite. Comment auroit-il quelqu'imperfection ? Qui dit *imperfection*, dit *negation*, *défaut*, dit *quelquechose qui manque*. Comment peut-il manquer quelquechose à l'être infini, l'être essentiellement existant, l'être sans la volonté duquel il n'y auroit point d'être, à qui tout ce qui existe doit tout ce qu'il est & tout ce qu'il a de bon; comment, dis-je, cet être infini pourroit-il manquer de quelquechose qui pût lui con-

(*a*) N°. XII.

convenir? La souveraine perfection est donc son attribut essentiel, est un attribut que lui seul peut avoir, puisqu'il est contradictoire que ce qui est borné soit infiniment parfait. Or, on ne doutera pas je crois que la toute-puissance & l'intelligence infinies ne se trouvent necessairement dans la souveraine perfection.

Secondement, si le sens commun dicte naturellement ce principe, savoir que *tout ce qui marque un but, un dessein, marque également une intelligence & un pouvoir d'exécuter, & que cette intelligence & ce pouvoir sont d'autant plus grands que le dessein est plus grand & qu'il est plus parfaitement exécuté.* Je demande en bonne foi, quel est l'homme qui contemplant la structure de l'Univers, qui examinant la sienne propre, celle du plus petit animal, ou de la plante la plus commune, ne reconnoisse pas une intelligence infinie qui a ordonné les choses avec un dessein formé de les faire telles, pour repondre à un tel but, & qui, malgré l'imperfection inevitable à des êtres bornés, n'admire la puissance qui a pu exécuter un dessein si magnifique, si vaste, & si durable:

> Car de cet Univers la structure admirable
> Par ses justes accords d'un Dieu conservateur
> Publie incessamment la puissance adorable,
> Ce langage n'est point un langage imposteur,
>   Fidelle voix de la nature,
>   Intelligible à qui veut l'écouter,
>   Elle n'est point sujette à toute l'imposture
>   Que contre la verité pure
>   Le faux docteur vient debiter.

C'est ce que dit BUCHANAN dans ces quatre Vers de sa Paraphrase du Pseaume XVIII.

> *Nam tota concors fabrica personat*
> *Dei tuentis cuncta potentiam*
> *Non voce, quæ paucorum ad aures*
> *Perveniat strepitu maligno.*

Il faut donc que les hommes soient bien ingrats, bien stupides, & à la fois bien extravagans, pour attribuer à une nature aveugle ce qui ne peut être
que

que l'effet d'une intelligence & d'une puissance infinie.

Je dis d'une intelligence & d'une puissance infini. Car de même que l'on concevroit en vain le dessein du plus parfait tableau si on n'avoit une main propre à l'executer, & que la main la plus propre à bien peindre ne feroit jamais un excellent tableau si elle n'étoit conduite par l'intelligence ; de même cet univers auroit-il pu être produit sans une intelligence capable d'en former le plan & une puissance capable de l'exécuter. *Ce n'est pas avec la langue*, dit du FRESNOY (*a*) dans son Poëme sur la PEINTURE, d'où j'ai emprunté une partie de cette comparaison, *qu*'APELLES *a donné de si beaux modeles* ; il a fallu la science, de l'esprit & l'addresse de la main:

> *Utque manus grandi nil nomine practica dignum*
> *Assequitur, purum arcana quam deficit artis*
> *Lumen & in præceps abitura ut cæca vagatur ;*
> *Sic nihil ars opera manuum privata supremum*
> *Exequitur, sed languet iners uti vincta lacertos,*
> *Dispositumque Typum non lingua pinxit* APELLES.

En effet, qu'auroient produit des mouvemens qu'aucune intelligence n'auroit déterminés, quand même ces mouvemens seroient aussi essentiels à la matiere brute que l'Athée Anglois qui a refuté SPINOSA a voulu le prouver (*b*), & qu'EPICURE le pretendoit pour ses Atomes? Quel est l'homme, quel est l'Athée qui oseroit dire que ce n'est pas un Peintre qui a fait un Tableau où est representé un fait connu, lorsque toutes les figures sont dans la place & dans l'attitude où chacune doit être pour représenter ce fait, & où des pieces & des ornemens, qui pourroient paroitre inutiles aux yeux des ignorans, conviendroient cependant, soit directement, soit d'une maniere allegorique, au sujet?

S'il y a donc des hommes qui ne voyent pas l'existence de Dieu dans la preuve que leur presente à chaque instant & de mille manieres l'existence

de

(*a*) De Arte graphica.
(*b*) Toland, *Letters to Serena*, Lett. 5.

de l'Univers ou la leur propre; ce ne peut être que par l'aveuglement volontaire où ils restent, retenus par les préjugés auxquels ils se livrent, ou par la corruption de leur jugement séduit par les objections artificieuses d'un faux savoir, objections dont ils s'entêtent au point que l'opiniatreté à les soutenir prend la place de la conviction qui doit naître de l'evidence, ou qu'accoutumés aux merveilles qui les environnent ils en sont moins touchés que d'une sphere mouvante, & admirent moins la brillante suspension de tous les astres, qu'ils n'admirent un feu d'artifice.

CCLXXXIX.

Remarque.

LES EPICURIENS croyent, que si les Dieux avoient fait attention à ce qui se passoit dans l'Univers, leur béatitude auroit été troublée par de l'inquietude & des soins, ce qui est opposé à l'idée de la Divinité dont le bonheur doit être inalterable. Comme ces Dieux quoiqu'eternels n'étoient point les Créateurs de l'Univers, l'Univers ne dépendoit point de leur puissance, trop foible selon ces Philosophes pour regir l'infini. LUCRECE prend ces mêmes Dieux à témoins, ,, Que nul d'Eux n'au- ,, roit la main assez bonne pour tenir les rênes de ,, l'Univers; que nul d'Eux n'auroit la puissance de ,, regler les Mouvements des Cieux, de repandre ,, dans le sein de la terre les feux qui la rendent ,, feconde, & d'être en tout tems & en tout lieu ,, prêts à tout:

Nam, proh sancta Deum tranquilla pectora pace
Qua placidum degunt ævum vitamque serenam!
Quis regere immensi summam, quis habere profundi,
Endo manu validas potis est moderanter habenas?
Quis pariter coelos omnes convertere, & omnes
Ignibus ætheriis terras suffire feracis,
Omnibus inque locis esse omni tempore præsto?

LUCRET. Lib. II.

Cela n'est pas étonnant. Des dieux qui avoient une
forme

forme humaine, parce que selon les Epicuriens elle est la plus belle & est la seule propre à la Vertu & à la Raison; des Dieux qui selon ces Philosophes (1) n'avoient pas à la verité un *corps & du sang*, mais *comme un corps & du sang, des corps qui n'avoient point une certaine solidité qui fit qu'on put les compter un à un comme des corps veritablement solides*; il n'est pas, dis-je, étonnant qu'aucun de ces Dieux si parfaits ni même tous ensemble pussent suffire à gouverner l'infini, quand même, ce qui est contradictoire, l'infini ne seroit qu'une substance absolument passive; puisque quelque multitude d'êtres qu'on pût supposer, quelque puissance qu'on donnât à chacun d'eux, ce ne seroit pourtant qu'une multitude, qu'une addition, qu'un nombre toujours infiniment au-dessous du véritable infini, auquel rien de numerique ne peut jamais être égal ni comparé. Mais si DEMOCRITE, EPICURE & leurs Sectateurs eussent voulu n'admettre rien que d'évident, & que pour y parvenir, ils eussent debrouillé les idées confuses qu'ils avoient de la Divinité, de l'infini, de la toute-puissance, de la souveraine felicité, qui ne peut se trouver que dans la souveraine perfection; au lieu d'établir dans leur Vuide & dans leurs Atomes deux éspeces d'infinis aussi aveugles qu'impuissants, n'auroient-ils pas trouvé l'impossibilité d'admettre plusieurs êtres eternels par la nécessité qui n'en exige qu'un d'essentiellement existant? N'auroient-ils pas vu que l'infinité, la toute-puissance, l'intelligence, la parfaite liberté, etoient les attributs essentiels de cet être, attributs qui se supposent necessairement & reciproquement les uns les autres, & qui par cela même sont inséparables? Après avoir reconnu un être infiniment puissant & intelligent comme infiniment existant, ils auroient vu que l'Univers, qui n'est à l'égard du véritable infini que presqu'un atome, pouvoit être gouverné sans effort & par conséquent sans peine; que quelque grand que fut le nombre de quelques choses que ce fut, ce nombre n'étoi. de même presque rien pour une in-

(1) CICERO, *De Natura Deorum* Lib. 1.

intelligence infinie; qu'ainsi sans troubler sa felicité parfaite par l'inquietude & par les soins, cet être infini pouvoit tout regir & tout connoitre, puisqu'un acte de sa volonté suffit à tout. Ils n'auroient pas avancé cette these si choquante que les Athées les plus determinés glissent par dessus pour eviter en s'y arrêtant le murmure & les reproches de leur raison, savoir, *qu'il n'y a ni but ni dessein dans la formation de quelqu'être que ce soit*; que c'est une erreur grossiere que de croire que les parties d'un corps organique sont faites les unes par rapport aux autres pour la conservation & le bien de l'être qu'elles composent; qu'ainsi il faut bien se garder de l'erreur ordinaire qui fait juger que si les oiseaux ont deux ailes, c'est parce qu'ils sont destinés à voler. Il ne faut pas croire, „ que les yeux ont été faits
„ pour voir, que les cuisses, les jambes & les piés
„ ont été faits pour soutenir le corps, & qu'ils sont
„ unis par des liens flexibles afin de pouvoir être
„ employés à marcher; que la force & la disposi-
„ tion des bras & des mains ont pour objet les ser-
„ vices & l'utilité qu'on peut en tirer dans les be-
„ soins. C'est être trop credule que de penser ainsi.
„ Toutes ces choses ont été faites sans aucun des-
„ sein; mais ayant été une fois produites par le ha-
„ zard, l'experience en a fait connoitre la commo-
„ dité & en a établi l'usage".

Illud in his rebus vitium vehementer inesse,
Effugere illorumque errorem præmeditemur,
Lumina qui faciunt oculorum clara creata
Prospicere ut possimus: & ut proferre viâ
Proceros passus, ideo fastigia posse
Surarum ac feminum pedibus fundata plicari:
Brachia tum porro validis exapta lacertis
Esse manusque datas utraque a parte ministras,
Ut facere ad vitam possemus, quæ foret usus.
Cætera de genere hoc inter quæcumque præfantur
Omnia perversa præpostera sunt ratione:
Nil ideo quoniam natum 'st in corpore, ut uti
Possemus, sed quod natum 'st id procreat usum.

LUCRET. Lib. IV.

Cette These est si opposée au sens commun qu'on ne peut se persuader que ceux qui osent la soutenir puissent être de bonne foi. C'est cependant à quoi sont reduits tous les MATERIALISTES & les SPINOSISTES mêmes. J'ai oui dire que NEWTON, qui a augmenté la gloire qu'il s'est acquise dans la Physique & dans les Mathematiques par l'ingenuité avec laquelle il repondoit sur les choses qu'il ne savoit pas, *je n'en sai rien*, ne demandoit d'autre preuve de l'existence d'un Créateur intelligent que celle-ci, *les oiseaux ont deux ailes*; & le celebre BOERHAVE, qui sans doute avoit mieux examiné la Nature, que STRATON, ZENON, EPICURE & SPINOSA, remarque, qu'il n'y a qu'une folle présomption qui puisse porter quelqu'un à dire, que la formation des êtres est l'effet d'un concours aveugle. C'est une honte, dit il (a), qu'une opinion si extravagante ait pu tomber dans l'esprit de quelques Philosophes: *Verum pudor est ineptam adeo opinionem cecidisse in quemquam Philosophorum*. Il nomme cette présomption, *Vesana superbia fallacis consulta desidiæ, atque a labore quærendi proclivis, in licentiam fingendi*: ,,Une folle présomption ,, qui suivant les conseils d'une paresse trompeuse ,, fuit la peine de l'examen & s'abandonne à la li- ,, cence de feindre". C'est ce qu'il justifie admirablement par la description de l'oignon ou bulbe necessaire à la production du plus petit poil. Il a fallu pour cet ognon une membrane faite avec un art & un soin surprenant. Il y a des arteres, des veines, qui apportent & rapportent du sang & des humeurs; des nerfs tournés en spirale qui s'insinuent dans une infinité de vesicules de cette membrane où ils forment des racines & commencent le tissu du petit poil qui doit un jour percer la peau, enfin, tant de choses dont le detail que fait le Docteur BOERHAVE prouve très-bien ce qu'il a dit encore avant que d'y entrer, qu'il ne falloit pas moins d'ap-

(a) *Herm. Boerhave*, Sermo Academicus *De comparanda certo in Physicis*.

d'apparat & d'attention pour la formation de ce petit corps que pour la conſtruction de la machine la plus vaſte & la plus ingenieuſe.

CHAPITRE XVI.

De l'Infiniment-Petit.

CCXC.

CEpendant pour ne pas m'écarter plus loin de l'examen de l'infini qui eſt le principal objet de cette recherche, diſons, que s'il eſt évident par le terme même, qu'un être infiniment grand n'admet point de ſemblable, il eſt de même evident par le terme, qu'*un être infiniment petit* pourroit avoir des milliards de milliards d'êtres ſemblables

CCXCI.

IL eſt de même evident, qu'en ſuppoſant qu'un être *infiniment petit* exiſte, il a en ſoi une exiſtence diſtincte de tout ce qui l'environne. Car il eſt contradictoire qu'il exiſte & qu'il n'exiſte pas, qu'il exiſte ſans ſa propre exiſtence & par conſéquent ſans ſa propre ſubſtance, conformément à la Définition Nº. CXVIII.

CCXCII.

CEtte ſubſtance étant celle d'un être *infiniment petit*, ſi petit qu'on a peine à lui donner le nom d'*être*, étant de la derniere petiteſſe, d'une petiteſſe au delà de laquelle il n'y a rien de plus petit & par conſéquent d'une extreme ſimplicité, elle eſt par conſéquent indiviſible, par conſéquent impénétrable, inalterable, & de la derniere ſolidité: L'être infiniment petit étant *un* par ſa nature, ne peut pas *devenir deux* ou *être diviſé en parties*, puiſqu'il n'en a point

CCXCIII.

CCXCIII.

IL est de même evident, qu'entre un être infiniment petit & un être infiniment petit, il ne peut y avoir de difference que celle de la situation ; desorte que dans quelques millions de millions de tels êtres qu'on veuille supposer, il ne pourroit y en avoir un seul qui fut dissemblable d'un autre. Mais la difference de situation suffit pour distinguer la réalité de leur existence ; puisqu'étant contradictoire qu'un être existe où il n'est pas, il est évident, qu'il n'existe que où il est & que par conséquent il existe independemment de *ce* où il n'est pas.

CCXCIV.

Remarque.

SUr quoi il faut remarquer, que la parfaite ressemblance ne fait pas que les choses soient confondues desorte qu'elles ne soient toutes qu'une même chose. Elles sont plusieurs, elles sont semblables, & qui dit *plusieurs* où qui dit *semblables* dit distinction d'existence & par conséquent de substance, à moins qu'on ne prenne ce mot dans un sens abstrait, general, & collectif. Car puisqu'il est contradictoire (*a*) qu'un être existe sans ce qui le constitue existant, c'est-à-dire, sans sa substance propre, qu'il est de même contradictoire qu'il ne soit pas un être different d'un autre, s'il existe où une autre être n'existe pas ; il suit, que par tout où il y un être il y a donc une substance, & qu'ainsi il y a une substance particuliere & limitée où il y a un être particulier & limité quel que soit cet être.

Ainsi, supposé qu'il y ait une multitude d'êtres infiniment petits ou même des êtres quelconques essentiellement & parfaitement semblables, on ne peut pas néanmoins dire exactement parlant que tous ces êtres là sont *la même substance* ; on doit dire qu'ils sont de même substance, c'est-à-dire, de substance essentiellement semblable.

(1) N°. CCLXXXIII.

CCXCV.
Remarque.

L'Idée de l'infinité & de l'unité font du nombre de celles auxquelles l'imagination ne peut atteindre. L'infini lui echappe ou par son immensité ou par sa petitesse, & l'unité est trop simple pour devenir une image; c'est l'affaire de l'entendement & de la raison. Ceux qui n'ignorent pas ce que c'est que penser savent par les experiences les plus fréquentes, qu'en vain l'imagination veut être toujours la compagne du raisonnement. Elle ne va guere loin sans être épuisée; elle est eblouie, confondue, lorsque l'entendement ne fait que commencer à s'assurer distinctement de quelque objet. Cependant ces idées de l'unité & de l'infinité nous sont si presentes que quoique l'imagination ne puisse y atteindre, elle ramene autant qu'elle le peut toutes choses à l'unité & à l'infinité. Une forêt selon elle est composée d'une infinité d'arbres; une grande ville est remplie d'une infinité d'hommes; l'etendue de la mer est immense, & le sable de ses bords est sans nombre : Cependant l'imagination considere autant qu'elle peut toutes ces choses sous l'idée de l'unité; une *forêt*, une *ville*, *le sable*. C'est de là que sont venus les noms *collectifs*, ils sont *singuliers* & signifient une *pluralité*; & c'est de là aussi que les termes *d'un* & *d'infini* sont si usités dans un sens impropre ou figuré qu'il est superflu d'avertir de ne s'y point méprendre.

CCXCVI.
Observation.

MAis il n'est peut-être pas inutile de bien éclaircir ce qu'on entend par le terme de *Borne*, terme dont on se sert souvent en parlant du fini & de l'infini. Voici les deux sens auxquels il peut être pris.

Bornes

1. Ou

(*a*) N°. CXXXI.

1. Ou les *bornes* d'un être sont *les dernieres parties d'un être, celles au delà desquelles il n'est plus*; & en ce cas les bornes d'un être sont *ses parties terminantes*, & par conséquent cet être doit être un composé.

2. Ou les *bornes* d'un être sont les autres êtres dont il est environné; auquel cas les bornes d'un être supposent l'existence ulterieure de quelquechose plus grand que lui.

CCXCVII.

Observation.

DAns l'un & dans l'autre cas l'infiniment grand ne peut avoir de bornes. N'étant point un composé il ne peut avoir de parties terminantes, & n'ayant rien au delà de soi, puisqu'il est au-dessus de toute grandeur, il ne peut y avoir d'existence ulterieure qui l'environne.

Il n'en est pas de même de l'infiniment petit. Il est vrai, qu'il n'a point en soi de bornes, puisque n'étant point un composé il ne peut avoir de parties terminantes; son unité est une existence infinie en petitesse qui n'a rien au delà. Mais dans le second cas, il est ainsi que le composé borné par tout ce qui l'environne, desorte que tout infini & tout fini est à l'egard de l'infiniment petit une existence ulterieure qui le borne. C'est pour cela qu'on a remarqué, (a) que *tout composé est au-dessous de l'infiniment grand & au-dessus de l'infiniment petit*. Ainsi on pourroit appeller *l'infiniment petit, l'infini borné*, par opposition à l'infiniment grand qui est sans borne.

CCXCVIII.

Observation.

L'Infiniment petit considéré comme *borné* par ce qui l'environne, aura, ainsi que le composé, ce qu'on appelle un *dessus*, un *dessous* & *des cotés*, mais avec cette difference, qu'il n'aura un *dessus*, un *dessous* & *des cotés* que respectivement ou relativement à ce qui l'environne, que par la seule raison qu'il

(a) Nº. CCLXXVII.

qu'il est borné, & non respectivement à ses parties, puisqu'il n'en a point. Il est impossible qu'il soit borné & qu'il n'ait pas un dessus, un dessous, & des cotés; il n'y a que l'infini par excellence, l'infiniment grand qui soit exempt de toutes ces relations, parce qu'il n'y a rien d'ulterieur qui l'environne : Mais il est impossible à un autre être quel qu'il soit de n'avoir pas un dessus, un dessous, & des cotés, soit qu'il ait des parties, soit qu'il n'en ait point, parce que la necessité de ces relations vient de sa nature bornée. C'est donc *la nature bornée qui fonde la necessité d'un dessous, d'un dessus, & des cotés, & non une union de parties*; desorte que s'il resulte d'une union de parties un dessus, un dessous, & des cotés, c'est parce qu'une union de parties ne compose jamais qu'un être borné.

SECTION VIII.

Experiences concernant l'Infiniment-Petit.

POur savoir maintenant s'il y a quelquechose d'existant qui soit infiniment petit, c'est-à-dire, s'il y a réellement des *infiniment petits*, il s'agit de savoir s'il y a un composé divisible jusqu'à l'infini, & l'experience apprend que la matiere est ainsi divisible.

Faites dissoudre (1) dans 12 pintes d'eau commune un grain de vitriol & versez dans cette eau de la solution de noix de galles, toute cette eau se teindra d'un rouge leger & changera un peu de goût; cependant un grain de vitriol ne contient pas la quatrieme partie d'un grain de fer, & c'est le fer qui cause ce changement : Douze pintes d'eau contiennent 221184 grains de liqueur, ainsi la quatrieme partie d'un grain de fer est étendu en 221184 grains de liqueur, ou est divisée en 884736 parties de liqueur qui lui sont égales.

Ce qu'on appelle un fil d'or n'est qu'un fil d'argent doré.

---

(1) *Memoires de l'Academie Royale des Sciences*, An. 1708.

doré. Les Fileurs d'or prennent ordinairement un cylindre d'argent de 45 marcs qui ne peut être couvert que d'une once de feuilles d'or. Ce cylindre qui n'a ordinairement que 22 pouces de longueur vient par la filiere à en avoir 13963240, c'est-à-dire, qu'il est devenu 634692 fois plus grand qu'il n'etoit, & que ce cylindre de 22 pouces de longueur a acquis avec son once d'or une longueur qui s'etendroit à près de 97 lieuës à compter 2000 par lieuë. Ce fil se file sur de la soye, & pour cela il faut le rendre plat, ce qui l'allonge encore d'un demi-septieme au moins, desorte qu'il pourroit s'etendre ainsi jusques à cent onze lieues. M. de Reaumur trouve par le calcul que dans les endroits où le fil est le moins doré il faut que l'épaisseur de l'or soit d'un million cinquante millieme de ligne.

Le Microscope découvre dans l'oignon d'une Tulipe, la tige, les feuilles & la fleur formées dans le germe avant que le printems l'ait fait pousser. On découvre par le même moyen (1) la plante du Tabac dans la graine qui est très-petite. Il est visible que le bourgeon d'un arbre contient une branche qui est en quelque façon un arbre entier, & l'experience assure que ce bourgeon n'est que la production d'un germe invisible qui étoit caché dans l'ecorce de l'arbre & qui n'attendoit pour paroitre que des circonstances favorables. Ces petits grains blancs qu'on voit répandus si abondamment dans une figue sont chacun la semence d'un figuier. Le Microscope y a fait appercevoir la plantule (2). Il n'y a pas lieu de douter que la graine de la Fougere ne renferme de même la tige, les rameaux, les branches & les feuilles de la plante qu'on en voit naitre, & qu'on ne peut y découvrir parce que cette graine est une poussiere si déliée qu'elle en a été longtems meconnue.

Cependant une graine est non seulement la plante, mais elle est encore la pulpe, il n'y a que le germe qui soit proprement la plante, & ce germe contient

deux

---

(1) Leeuwenhoek, Epist. LXXXVIII.
(2) Leeuwenhoek, Epist. CII.

deux parties principales, la racine & la tige. La pulpe n'est qu'une espéce de *placenta* dans lequel la plantule à ses racines & duquel elle tire les premiers sucs qui servent à son developpement. Quel levain doit avoir cette pulpe, & quels organes, quels conduits, pour disposer & filtrer la seve generale de la terre d'une maniere propre à nourrir la plantule ? Quels doivent être les conduits des Racines de la plantule pour recevoir ces sucs, les transmettre & les modifier d'une maniere propre à l'accroissement de la tige, à les déterminer à former telles feuilles, à peindre telles fleurs, à produire tels fruits avec leur multitude étonnante de germes ? Mais quelle doit être elle-même la petitesse des premiers sucs qui se filtrent dans les premieres racines de la plantule & qui peuvent en dilater les pores ?

Si cela est incomprehensible dans la semence du Tabac ou du figuier dans laquelle on a néanmoins découvert & la pulpe & la plantule, que sera-ce si on est obligé de supposer la même chose non seulement dans la fougere mais encore dans ces prairies presqu'invisibles que nous prenons pour du moisi ou pour une simple mousse, bien que ce soit un assemblage prodigieux de Plantes de different genre qui ont leur tiges, leurs feuilles, leurs fleurs, leurs graines, & même quelques unes des capsules où plusieurs de ces grains sont renfermés ? Si à cela on ajoute encore seulement l'idée de la quantité de vaisseaux necessaires à la formation d'une simple feuille & des organes ou vaisseaux dont ces vaisseaux mêmes sont composés, l'imagination interdite laisse la raison conclure que la matiere est necessairement un composé d'infiniment petits.

Ce qu'on vient de dire des plantes doit être dit des animaux. On en voit d'aussi petits pour ne pas dire de plus petits encore dans leur genre, & les animaux, de même que les plantes, sont produits par un germe fixe qui détermine chaqu'espece & la distingue toujours invariablement de toute autre. En effet, à parler en general, les plantes sont des animaux immobiles dont les visceres que nous nommons racines sont exterieurs, & les animaux sont des plantes mobiles dont les racines que nous nommons

mons viſceres ſont interieures. Voilà leur difference generale: D'ailleurs même ordre, même mechanique dans leur production, variée ſeulement à raiſon de la diſpoſition de leurs organes.

Ceux qui ont la vue bonne voyent aſſez facilement de petits animaux qu'on nomme *mittes*, que ceux qui ont la vue foible ne voyent point ſans l'aide du microſcope ; mais les premiers ont même beſoin de ce verre pour s'appercevoir que ces petits animaux paiſſent dans les moiſiſſures d'un fromage ou y fouillent comme les pourceaux font dans nos campagnes. Ces moiſiſſures ſont en effet pour eux de vaſtes prairies, les inegalités du fromage, des colines, des vallées, des montagnes, des antres profonds.

Ces animaux ont des jambes, des piés, une tête, un groin, & même des yeux, à ce que diſent les Obſervateurs, par conſequent, ils ont les organes neceſſaires à la nutrition ; ils ſont couverts d'une peau très-luiſante tachetée communément d'une tache noire, & on découvre au milieu de leur dos un aſſez grand brin de poil. Quelles doivent être les particules de matiere qui leur ſervent d'aliment? Qu'elles doivent être les particules qui forment les organes des parties qui ſont employées à chercher, à prendre, à détacher, à avaler, à digerer, à filtrer les alimens qui ſervent à l'augmentation ou à la conſervation de leur individu? Que de veines, que d'arteres, de muſcles, de nerfs, avec les tendons, les ſoupapes, les fibres neceſſaires pour l'union, le maintien & l'extenſion des parties, la circulation du ſang & des humeurs, l'impulſion des eſprits d'où nait le mouvement, quel ſang, quelles humeurs, quels eſprits? Cependant, ce qu'il faut encore remarquer & qu'on eſt forcé de reconnoitre, c'eſt que ce ſang, ces humeurs, ces eſprits, ainſi que toutes les autres particules de matiere dont les veines, les arteres, les ſoupapes, les nerfs & tout le reſte eſt compoſé, ſont des particules de differente ſtructure & par conſequent deja des compoſés. Imagine-t-on l'extremité des nerfs qui forment le tiſſu de la peau de ces animaux, & les particules qui font le tiſſu des nouvelles veines, des arteres & des nerfs, ou qui compoſent les humeurs renfermées dans la

pel-

pellicule de l'oignon ou bulbe neceſſaire à l'accroiſ-
ſance de leurs poils ? L'imagination eſt confondue ſans
doute, & laiſſe la raiſon ſeule ſe rendre à des merveilles, qu'elle conçoit ſans pouvoir les imaginer.
Cependant cet animal eſt un éléfant ſi on le compare avec d'autres animaux qu'on découvre dans diverſes liqueurs, (*a*) & dont les formes ſont très-
variées & les mouvemens très-rapides.

Mais ſans quitter les mittes, quelle doit être la
petiteſſe de toutes les parties qui compoſent leurs
embryons enfermés dans des œufs, & celle des organes neceſſaires à la production de leur eſpece ?
On voit les mittes mâles s'unir avec leurs femelles
& ſi l'union des ſexes eſt le plus grand plaiſir de l'a-
nimal, on peut dire que la mere des CESARS, la
voluptueuſe VENUS ſans laquelle rien ne voit le
jour, ſans laquelle rien n'eſt joyeux, ni aimable,

Nec ſine te quicquam dias in luminis oras
Exoritur, neque fit lætum nec amabile quicquam,
LUCRET. Lib. I.

a traité moins favorablement les Empereurs Romains
ſes petits-fils qu'elle n'a traité les mittes. Leur union
dure plus de quatre ou cinq heures, ſe réitere fré-
quemment, & ces petits animaux commencent extrêmement jeunes. Leur force n'eſt pas moins pro-
digieuſe. Ils briſent & broyent avec leurs dents
des corps très-ſolides, ils ſoutiennent avec la pince
de deux ongles, qu'ils ont à l'extrémité de chaque
pié, un poids auſſi peſant qu'eux-mêmes. Si une mitte qu'on enleve ſaiſit pour ſe retenir une autre mitte
par un poil, elle l'enleve avec elle & la ſoutient
en l'air pendant longtems. Quelle force doit avoir
la patte d'une mitte, compoſée apparemment de
pluſieurs articles ; mais quelle force encore doit avoir
le brin de poil qui ſoutient ſans s'arracher ni ſe
rompre toute la maſſe où il eſt attaché par ſes racines, à moins que leur petiteſſe ne faſſe que l'air
qui les ſoutient n'en diminue le poids ? Si l'on
conſidere enſuite, ſoit dans la plante, ſoit dans l'a-
nimal, que la plupart des vaiſſeaux lymphatiques
dont

(*a*) Leuwenhoeck, Epiſt. LXXVII. & CII.

dont le nombre eſt preſqu'auſſi innombrable qu'il eſt neceſſaire, ſont anneléz ou ont des eſpeces de ſoupapes pour ſe communiquer les liqueurs, en augmenter ou en ſoutenir le cours, & que quelques uns de ces vaiſſeaux ſont ſi petits qu'il y a même dans une mouche des veines viſibles qu'on trouve par une exacte (a) ſupputation être 200000 fois plus petites que ne l'eſt un poil de barbe, l'imagination ne ſuccombe-t-elle pas? Cependant il y a lieu de croire qu'il ne faut pas un moindre nombre de ces vaiſſeaux pour la compoſition d'une mitte que pour celle d'un elefant.

Mais encore, plus on conſidere avec le Microſcope les parties organiques ou les vaiſſeaux dont le corps de l'animal ou de la plante eſt compoſé, plus on trouve que ce ne ſont que des compoſés de parties ou de vaiſſeaux ſemblables. Deſorte qu'un nerf par exemple n'eſt qu'un tiſſu ou un compoſé de pluſieurs nerfs, une membrane un compoſé de pluſieurs membranes qui toutes ſe nourriſſent & ſe maintiennent dans un état propre à l'accroiſſement ou à la conſervation du corps par la circulation & la filtration des liqueurs.

Ainſi, d'un coté on ſe trouve tenté de croire avec THALES que l'eau eſt le principe univerſel, le premier élément de tous les corps; & de l'autre, il ſemble qu'on doit penſer avec ANAXAGORAS que chaque corps n'eſt qu'un compoſé de corps toujours ſemblables de même eſpece & de même nature a l'infini. On diroit que ce dernier a connu l'uſage du Microſcope & s'en eſt ſervi pour établir le principe de ſa Phyſique, en obſervant la décompoſition des corps & que le premier au contraire n'en a obſervé que l'accroiſſement. Ce qu'on vient de dire de la multiplicité & de la compoſition des vaiſſeaux & des liqueurs qui y circulent, regarde tous les corps organiques, les cedres du Liban comme ces petites plantes qui font ce qu'on appelle du moiſi, l'eléfant de même que la mitte, la baleine de même que ces petits animaux pour qui une goute d'eau eſt un ocean qui en renferme des milliers;

(a) Leuwenhoeck, Epiſt. II.

je passe sous silence les preuves que LUCRECE apporte sur ce sujet dans le premier Livre de son Poëme lorsqu'en prenant les effets pour les causes il dit. Que ni les odeurs, ni le chaud, ni le froid, ni les sons, ne se voyent point; que cependant ces choses sont necessairement corporelles puisqu'elles frappent nos sens:

> *Tum porro varios rerum sentimus odores,*
> *Nec tamen ad nares venientes cernimus unquam;*
> *Nec calidos æstus, hiemis nec frigora quimus*
> *Usurpare oculis, nec voces cernere suemus:*
> *Quæ tamen omnia corporea constare necesse est*
> *Natura, quoniam sensus impellere possunt.*

Mais je ne puis m'empecher de rapporter encore les experiences suivantes. LEUWENHOEK, de la Société Royale de Londres, homme qui joignoit à la patience d'un phlegmatique Hollandois la vuë la plus propre à l'usage du Microscope & qui possedoit mieux l'art de s'en servir, rapporte dans la 83. de ses Lettres publiées en Latin sous le titre d'*Arcana naturae detecta*, que la cornée de l'oeil d'une mouche est comme taillée en plus de 8000 facettes dont la superficie est eminente & parfaitement ronde, quoique les cotés de la baze qui les separent les unes des autres soient au nombre de six & parfaitement égaux. LEUWENHOECK regardoit avec son Microscope au travers de ces facettes une bougie allumée, & il en voyoit une multitude qui étoient toutes renversées extremement petites, mais dont le mouvement de la flamme se faisoit pourtant appercevoir. Il voyoit de même une Tour haute de 299 piés & éloignée d'environ 150 pas de sa maison. Elle lui paroissoit comme de petites pointes d'éguilles renversées, mais il voyoit si distinctement une maison voisine de la sienne qu'il distinguoit par chaqu'une des facettes eminentes de cette cornée non seulemant tout le frontispice de cette maison, mais encore la porte, les fenêtres, & même si ces fenêtres étoient ouvertes ou fermées.

LEUWENHOECK a trouvé aussi que les Naturalistes qui par la petitesse des fourmis ont jugé qu'elles

les n'avoient point d'yeux, non seulement se sont trompés, mais même que chaqu'oeil de fourmi est composé d'environ 50 facettes rondes & eminentes. En effet leur petitesse peut-elle les empêcher d'avoir des yeux, puisqu'au rapport du même Auteur les mittes n'en sont pas destituées? Non que Leuwenhoeck l'ait vu, il en juge ainsi parce que la mitte ayant été manquée lorsqu'on veut la prendre suit après cela l'instrument qui la veut saisir (*a*).

On trouve dans les Memoires de l'Academie Royale des Sciences, que les parties de la lumiere penetrent le mercure exposé au grand feu du verre ardent, qu'elles augmentent le poids du mercure & en changent les particules jusqu'à le rendre un metal solide.

Quelles doivent être les parties de la matiere qui viennent sur chacune des surfaces de la cornée des yeux d'une mouche peindre une tour de 299 pies de haut, representer distinctement une maison & les mouvemens de la flamme d'une bougie, ou pénétrer les petits grains du mercure plus petits que les parties de l'air puisque le mercure passe là ou l'air ne passe pas?

La petitesse des rayons de la lumiere est-elle moins incomprehensible que la soudaineté de leurs mouvemens, si vifs que j'ose hazarder ce mot pour en exprimer la vitesse?

Ceci suffit pour nous faire juger que la matiere est un composé d'infiniment petits, & que notre imagination est bien éloignée d'aller jusqu'aux parties indivisibles dont elle est formée, puisqu'elle ne va point même jusqu'à nous representer des êtres qui sont vraisemblablement composés de plusieurs millions de ces parties indivisibles.

Mais puisque *le composé est plus grand que sa partie*, (*b*) il suit, que nulle portion de matiere n'est un infini en petitesse puisque les parties en quoi elle peut être réduite sont necessairement plus petites que la portion qu'elles composent ; & puisque *tout composé suppose des parties simples* (*d*), il suit de même, qu'il

(*a*) Epist. LXXVII.   (*b*) Princ. CCLXXXIII.
(*c*) Pr. CCLXXX.

qu'il faut necessairement qu'il y ait des parties quelconques infiniment petites & par conséquent indivisibles, des parties exemptes de parties & qui sont ainsi les parties composantes, les parties principes dont l'union forme l'existence de la matiere. Sans cela, il faudroit dire que la matiere n'est qu'un composé de composés, ce qui seroit dire que la matiere n'est qu'un composé de composés qui n'ont nul principe d'existence, qu'une chose existe sans pouvoir exister, qu'elle est telle quoique rien ne la rende telle ni ne puisse la rendre telle. Car en supposant même que l'Etre Tout-puissant veuille faire un composé, il est contradictoire par les termes qu'il puisse le faire sans parties composantes & qu'ainsi supposer un composé de composés à l'infini c'est supposer une contradiction & par conséquent une impossibilité, puisque c'est supposer que sans parties composantes il peut y avoir des composés.

SECTION IX.

Sur la Divisiblité de la Matiere.

CCXCIX.

Observation.

CEs parties composantes seront de veritables êtres puisqu'elles existent, mais des êtres infiniment petits, des points Physiques que je nommerai *Semilles* pour eviter la circumlocution. Ainsi la *semille* sera un être infiniment petit, par conséquent, veritablement *un*, *simple*, *indivisible*, par conséquent *impenetrable*, de la derniere *solidité*, de la derniere *dureté*, comme elle est de la derniere *petitesse*.

MOSCHUS Philosophe Phénicien, LEUCIPPE, DEMOCRITE, DIODORE surnommé *Cronus*, EPICURE & de nos jours GASSENDI, ont soutenu si non cette necessité des infiniment petits du moins une

une necessité d'atomes réellement distincts en soi. Une opinion contraire, qui paroit également repugner à l'imagination, à l'experience, au sens-commun & à l'évidence du raisonnement, je veux dire l'opinion que la plus petite particule de matiere ne peut être reduite en parties indivisibles, & qu'ainsi la matiere n'est qu'un composé de composés à l'infini,

Nec prorsum in rebus minimum consistere quicquam,
LUCRET. Lib. I.

a été de même soutenue par EMPEDOCLES il y a plus de 3000 ans, maintenue toujours quoique toujours combattue jusqu'à DESCARTES qui l'a confirmée de nouveau, desorte que c'est un dogme que la Philosophie moderne regarde comme incontestable & que sans faire attention que les demonstrations Mathematiques ne sont que des demonstrations de la façon de penser du Mathematicien & non point de la verité de la chose lorsque la nature de cette chose ne lui est pas bien connue, les Philosophes modernes pretendent donner des demonstrations Mathematiques que *la plus petite particule de matiere n'est jamais reductible à des parties indivisibles.* L'absurdité des conséquences devoit du moins leur faire faire attention, que puisque la Démonstration d'une verité ne pouvoit rien prouver d'absurde il falloit que ces Demonstrations fussent fondées ou sur une fausse notion de la matiere ou sur une equivoque de ce terme. Car s'il est vrai que la matiere ne peut être reduite en des parties indivisibles, il est vrai d'assurer comme font les Professeurs en Philosophie, qu'il y a dans le pié d'une mitte de quoi occuper Dieu à diviser pendant toute l'eternité sans jamais parvenir à des parties qui ne soient pas encore des composés d'autres parties sans nombre toujours divisibles en quatre autres parties parce qu'elles sont toujours etendues. Or cette proposition, *le pié d'une mitte est composé d'une infinité de parties toujours divisibles en quatre autres parties à l'infini parce qu'elles sont toujours étendues,* est egale à cette proposition, *le Pie d'une mitte est un composé d'une infinité d'étendue toujours divisible.* Or, une infinité d'étendue ou une étendue infinie c'est la même chose par les termes mêmes: Un millier de toises d'étendue divisible ou une étendue de mille toises divisibles ne different en rien. La divisibilité ne fait rien à la chose, puisque la divisibilité ne fait pas l'étendue, qu'au contraire elle la suppose. Selon ces Philosophes si chaque partie est étendue & qu'il y ait une infinité de parties, il faut donc qu'il y ait une infinité d'étendue; ainsi le pié d'une mitte qui contient une infinité de parties étendues contient une étendue infinie, c'est-à-dire, une absurdité, „ contre laquelle la raison reclame, que l'esprit „ ne peut croire; desorte qu'il faut necessairement „ se rendre & avouer qu'il y a des parties qui ne „ sont point des composés, mais des êtres simples, „ des infiniment petits, qui sont le terme de la di- „ visibilité.

> *Quod quoniam ratio reclamat vera, negatque*
> *Credere se animum, victus fateri necesse est*
> *Esse ea que nullis jam prædita partibus extent,*
> *Et minima constent natura.*
>
> Lucret. Lib. I.

Il est inutile de repondre, qu'on ne doit pas juger de l'étendue par le nombre des parties, mais par leur nombre & leur grandeur particulier pris ensemble, & que les parties divisées du pié d'une Mitte décroissant toujours en étendue à mesure qu'elles augmentent en nombre, leur étendue réelle, quelques divisées qu'elles soient, ne sera jamais plus grande que celle qu'elles avoient dans la composition du pié d'une Mitte. Cela est vrai sans doute; mais cela n'est vrai qu'autant que la division d'un composé a un terme au delà duquel les parties qui le composoient, ne sont plus divisibles. Car, puisqu'elles ne sont divisibles que parce qu'elles sont étendues, il est evident par les termes mêmes, que s'il y a une infinité de parties il y a une infinité d'étendue; que si les parties divisibles sont sans nombre & toujours sans nombre leur étendue doit être sans mesure. Cela est si sensible qu'il faut avouer, que si la divisibilité de la matiere à l'infini a pu trouver & peut avoir encore tant de gens qui se font honneur de la soutenir, ce ne peut être que

que par la prévention qui détourne leurs yeux des abſurdités de cette opinion, à quoi peut-être on peut ajouter le puerile & orgeilleux penchant qu'ont des hommes qui ſe diſent même Philoſophes; à vouloir dire du merveilleux, comme d'autres en ont à le croire & à le repeter. Qu'auroit dit LUCIEN, lui qui s'eſt mocqué des Philoſophes qui s'occupoient à meſurer le ſaut d'une puce, s'il avoit vu un celebre Profeſſeur en Philoſophie, grand Mathematicien, qui après avoir prouvé contre un autre Profeſſeur que le point Mathematique n'eſt point une ſimple ſuppoſition des Géometres mais un veritable point Phyſique & par conſéquent qu'il y a des infiniment petits Phyſiques, c'eſt-à-dire, materiels, qui après avoir reconnu la décroiſſance de l'étendue dans la diviſibilité de la matiere juſqu'à avoir pris la peine de demontrer Mathematiquement que dans un pié de matiere il n'y a d'étendue que pour un pié, n'auroit pas laiſſé de dire & de démontrer qu'*un grain de ſable peut ſuffire à remplir ſi parfaitement toute la diſtance qu'il y a par exemple, de la Terre aux Etoiles Fixes que les rayons du ſoleil ne pourroient s'y faire jour*. La diſtance eſt cependant bien grande. Le celebre HUYGENS l'a fait 27664 fois plus grande que celle de la Terre au Soleil, qui eſt de 30,000,000 de Lieuës, ou environ. Faire de tels Problemes & les reſoudre, eſt-ce abuſer des notions des choſes & de l'uſage des Mathematiques? Quoiqu'il en ſoit revenons à ceci qui eſt très-ſimple: Tant que l'on conçoit une étendue diviſible, on conçoit de l'étendue; par conſéquent, ſi on conçoit une infinité d'étendue diviſible on conçoit une étendue infinie diviſible; que les parties de l'étendue décroiſſent tant qu'il vous plaira; la ſomme de leur etendue doit néanmoins être infinie en grandeur, ſi leur nombre eſt infini, puiſque par les termes mêmes une infinité d'etendue de parties quelconques fait une étendue infinie de parties quelconques. Pour éviter la contradiction & l'abſurdité que cette propoſition enferme, *La moindre petite partie de matiere eſt diviſible à l'infini*, il faut donc convenir, que la décroiſſance des parties diviſibles tend à un terme auquel elle ceſſe d'être diviſible, c'eſt-à-dire, à l'infiniment petit qui eſt l'element ou le principe de leur composition, & que par conséquent un corps quelconque croit en étendue à proportion des semilles ou infiniment petits qui s'y unissent.

CCC.

Remarque.

Ainsi, le Point Mathematique qu'il a plu aux CARTESIENS de regarder comme une simple supposition dont la réalité Physique étoit impossible, la ligne & la surface qu'ils ont considerées de même, sont autant de réalités Physiques qui par cela même étoient prises par les anciens Mathematiciens pour les extremités & les elemens des corps (*a*), & *Keil* a eu raison de soutenir (*b*) contre DU HAMEL que le point Mathematique existoit réellement & Physiquement indivisible comme les Mathematiciens le supposent. Ce qu'il y a de surprenant après cela, c'est que KEIL ait soutenu que quelque nombre que ce soit de points Physiques unis les uns aux autres ils ne formeront jamais d'étendue. Il est vrai, qu'ils n'en formeront jamais une qui nous soit connue & qu'on puisse ni déterminer ni mesurer par rapport aux points mêmes, parce que l'étendue de l'extreme petitesse, de la petitesse indivisible, du Point Physique, n'étant que conçue necessaire sans pouvoir être imaginée ni determinée par aucune mesure, on ne peut dire quelle grandeur resultera de l'union d'un nombre quelconque de points Physiques. Mais il est pourtant évident qu'un point Physique uni à un point Physique font le double d'une petitesse infinie, c'est-à-dire, le premier degré de la grandeur, & que cette grandeur augmentera à proportion des infiniment petits qui s'uniront

---

(*a*) SEXTUS EMPIRICUS, *Institutions Pyrrhoniennes* Liv. 3. Chap. 4.

(*b*) *Introductio ad veram Physicam*, Autore JOAN KEILL, Lect. 3.

ront les uns aux autres. Le point Physique n'est pas rien, il est donc quelquechose, il existe en soi, & il existe où il est. S'il y a un espace, il occupe d'autant mieux le plus petit lieu possible dans l'espace que l'impenetrabilité est l'essence du point Physique. Or un point Physique joint à un autre point Physique occuperont un lieu double ou le double de l'espace qu'un point Physique occuperoit & ainsi de suite & formeront enfin cet étendu composé que nous appellons *matiere*, cette pâte dont tous les corps sont formés & dont les semilles ou infiniment petits seront comme la farine dont elle est faite, si je puis me servir d'une comparaison peu noble mais assez juste.

Enfin, comme dans les choses Physiques tout bon raisonnement doit être confirmé par l'experience, s'il se trouve quelqu'esprit obstiné qui ne veuille pas se rendre à l'évidence de cet axiome fondé dans la nature de la chose même, savoir, que *tout composé suppose des parties composantes*, & qu'ainsi s'il n'y avoit pas de parties simples, il seroit impossible qu'il y eut ni un premier ni le plus petit composé; faisons lui toucher au doit & à l'œil que ce qu'il apelle *matiere* n'est qu'un composé, de points, de lignes & de superficie, chacune indivisible dans leur espece. Voilà une Table de marbre, mettez votre main dessus, & repondez-moi, Touchez-vous quelquechose, ou rien? Vous touchez la table sans doute. Mais non: Vous n'en touchez qu'une partie, dont vous ne touchez même que la superficie, c'est-à-dire, ces parties terminantes; ces parties terminantes appartiennent à la table & sont quelquechose sans doute puisqu'elles sont ce que vous touchez. Je demande à present, ce que vous touchez peut-il être séparé, par la toute-puissance, par exemple, d'avec ce que vous ne touchez pas? Il faut convenir, ou qu'il en peut être séparé, ou qu'il n'en peut être séparé:

Alterutrum fatearis enim sumasque necesse est.

Il n'y a point de milieu. Si les parties terminantes

que vous touchez ne peuvent être séparées de celles qui sont dessous, **voilà plus que je ne demande;** car voilà des parties unies & inséparables, c'est-à-dire, un composé indivisible, ce qui est contre votre sentiment & le mien & contre la nature des choses mêmes. *Si ce que vous touchez peut être separé des parties de dessous*, (& c'est le seul parti qu'il nous reste à prendre), *vous touchez donc des parties simples, une superficie indivisible dans son epaisseur*, puisqu'elle n'a point d'autres parties dessous celles que vous touchez; elle a néanmoins un dessous comme vous voyez, mais un dessous seulement parce qu'elle est bornée, & non point parce qu'elle a des parties; ce qui confirme ce qu'on a deja remarqué (*a*), que *dessus*, le *dessous*, les *cotés* viennent non de ce qu'un être a des parties, mais de ce qu'il est d'une grandeur bornée.

Ce que je dis au sujet de la superficie, je le dis de ces cotés. Vous n'en toucherez que les parties terminantes & par conséquent vous n'aurez qu'une ligne indivisible dans sa Largeur. Et enfin ce que je dis de la ligne je le dis à l'egard du point: Touchez la ligne à une de ces extremités & que Dieu separe ce que vous touchez d'avec ce que vous ne touchez pas, vous n'aurez qu'une semille, qu'un point Physique indivisible, qu'un infiniment petit; & si vous continuez toujours de toucher l'extrémité de cette ligne & que Dieu enleve toujours ce que vous touchéz, la ligne se trouvera reduite en points. J'ose donc dire, qu'il faut vous rendre; le raisonnement & l'experience s'unissent contre vous.

. . . . . Victus fateare necesse est
Esse ea, quæ nullis jam prædita partibus extent,
Et minimâ constent naturâ.

LUCRET. Lib. I.

Ce qu'il y a de surprenant & ce qui fait voir ce que peut la prevention, c'est, que la simple vuë des parties qui terminent les corps n'ait pas été une Démonstration de la necessité des parties simples & par

(*q*) Obs. CCXCVIII.

par conséquent indivisibles, puisqu'elles ne pouvoient être les dernieres sans être aussi simples & indivisibles.

CCCI.

Remarque.

ON ne peut attribuer l'erreur où on a été à cet égard qu'à l'idée vague & generale sous laquelle les Philosophes qui ont soutenu cette opinion ont consideré la matiere. Ils l'ont regardée comme *une substance étendue, divisible, & dont les parties étoient egalement propres au mouvement & au repos* ; & c'est ceux qui ont pensé le plus raisonnablement. DESCARTES, ce Philosophe immortel à qui ceux mêmes qui en remarqueront les méprises seront redevables de l'esprit Philosophique qui les leur fera remarquer, a établi l'étendue pour l'attribut essentiel de la matiere & la cause de sa divisibilité. En quoi il paroit que DESCARTES & ceux qui ont suivi ou qui ont soutenu avant lui cette opinion, se sont extrêmement eloignés de la verité.

1°. *La matiere* n'est point *une substance* proprement dite, ce n'est point *un être*, mais un assemblage d'êtres dont l'union ou l'adhésion les uns aux autres fait une masse ou un composé, & c'est pour cela que la matiere est divisible en parties, de substance exactement semblables il est vrai, mais substances néanmoins dont l'une n'est pas l'autre, puisque les parties divisées sont effectivement distinctes & differentes l'une de l'autre. *Une substance* proprement dite, n'est point divisible ; on ne peut pas dire la moitié d'une substance, le quart d'une substance, ainsi le terme de matiere est un nom collectif qui ne signifie point une seule chose, si ce n'est en la considerant par abstraction comme l'union de plusieurs êtres ; mais l'union de plusieurs êtres ou plusieurs unis c'est la même chose.

Je sai que dans l'usage on dit quelquefois *substance* pour *matiere*. Les Medecins, par exemple, disent, que tous les maux qui sont l'objet de la Chirurgie viennent des changemens qui arrivent *dans les tuyaux & dans les vesicules qui composent* la substance

des

des parties solides (a); qu'on doit *trouver de l'eau dans la substance du cerveau de ceux qui sont étranglés ou noyés*. Mais *substance* alors est pris pour matiere & est un nom collectif, & ce n'est pas dans ce sens qu'on peut l'employer pour expliquer ce que c'est que *la matiere*, puisque ce seroit ne dire autre chose si non que *la matiere est matiere*. Cette remarque est plus importante qu'elle ne paroit. En definissant la matiere *une substance étendue*, on s'imagine en effet que ce n'est qu'une seule & unique substance; & comme on ne peut concevoir de substance sans Etendue & qu'on est prevenu selon l'opinion des CARTESIENS que toute Etendue est matiere, sans faire l'attention necessaire aux absurdités que cette idée suppose, on se trouve aisément porté à croire que tout est matiere, qu'elle est une, qu'elle est infinie, puisqu'on n'imagine point de borne à son étendue, qu'ainsi elle suffit à tout, & que toutes les choses qui existent n'en sont que des modifications. Ainsi cette idée que la matiere n'est pas un nom collectif mais qu'elle signifie une *seule substance, un être*, & non une pluralité d'être, fait une source & la plus grande de l'Athéisme. C'est ce qui a fondé le Panthéisme des anciens Materialistes & le Spinosisme de nos jours; ainsi que malgré les Démonstrations que DES CARTES a données de l'existence necessaire de Dieu & de la distinction de l'Ame & du Corps, ce grand homme en a été accusé d'être l'Architecte de l'Athéisme (b). Au lieu de dire que *la matiere est une substance étendue*, il auroit donc dû dire, que c'est *un composé de parties infiniment petites, solides & mobiles*, ainsi que lui-même l'a conçue, puisqu'il dit qu'elle est divisible & impenetrable. Une chose n'est point divisible parce qu'elle existe. L'existence ne suppose pas necessairement la divisibilité; le correlatif du *divisible c'est le composé*. L'un suppose necessairement l'autre, mais *l'Etendue* ne suppose
pas

(a) *Pathologie de Chirurgie*, par VERDUC, Preface & Chap. 23. T. 1.
(b) J. REGIUS, Cartesius verus Spinosismi Architectus Cap. 6

pas necessairement le divisible. Quand même le divisible supposeroit l'etendu, *étendu* & *divisible* ne sont point correlatifs. Si un être est divisible il ne l'est que parce qu'il a des parties; ainsi lorsque je parle d'un être divisible, *un* est necessairement collectif. S'il étoit veritablement *un* simple & non composé, il est évident qu'il ne seroit point divisible, puisqu'il n'auroit point de parties. Ainsi la matiere puisqu'elle est divisible n'est point *un* être proprement dit, n'est point *une* substance, mais un composé d'êtres un composé de *substances*, dont l'addition ou la soustraction sont le plus ou le moins d'Etendue materielle. C'est ce que DESCARTES reconnoit lui-même lorsqu'il dit dans la II. Partie de ses *Principes de Philosophie*, Article VII, *Denique plane repugnat aliquid nova quantitate vel nova extensione augeri quin simul etiam nova substantia extensa hoc est novum corpus ei accedat neque ullum additamentum extensionis vel quantitatis sine additamento substantiæ, quæ sit quanta & extensa, potest intelligi:* „Car enfin il est absolument contradictoire que
„ quelquechose soit augmenté en nouvelle quantité
„ ou en nouvelle étendue sans qu'alors même une
„ nouvelle substance étendue, c'est-à-dire, un
„ nouveau corps ne lui soit ajouté, on ne peut
„ concevoir quelqu'augmentation d'étendue ou de
„ quantité sans l'addition d'une substance qui est de
„ la quantité ou de l'étendue.

Il suit de ce qu'on vient de remarquer & de ce que DESCARTES reconnoit, que la matiere n'est point *une étendue* proprement dite, mais un composé d'étendues, ce qu'il faut necessairement admettre par les propositions précédentes & par l'experience que nous avons des proprietés de la matiere.

Demonstration.

SI la matiere n'étoit qu'une substance étendue elle seroit ou *totalement penetrable*, ou *totalement impenetrable*; car n'étant qu'une & même substance sans difference de parties puisqu'elle n'en auroit point elle seroit totalement ce qu'elle est. Elle ne pourroit être penetrable dans un endroit & impenetrable

trable dans l'autre, molle & fluide ici, là dure & solide. Ses propriétés differentes supposent ou des parties differentes ou du moins un arrangement different de parties & de parties très-petites, ce qui ne seroit point dans la matiere si ce n'étoit qu'une substance étendue. Si donc la matiere étoit totalement penetrable, elle seroit privée de la diversité des propriétés que nous lui connoissons, ce qui contredit le raisonnement & l'experience.

Si elle étoit *totalement impénétrable* elle seroit de même privée de la diversité de ces propriétés, & de plus, comme elle ne seroit que *totalement solide* elle seroit par conséquent inseparable & indivisible ce qui est contre la divisibilité que soutiennent les CARTESIENS, qui par leur Definition tombent ainsi necessairement en contradiction avec eux-mêmes.

Remarque.

COmment le Pere MALBRANCHE a-t-il donc pu dire (1) *que l'etendue étant donnée, sous les attributs que l'on conçoit appartenir à la matiere sont donnés, que la matiere n'est rien autre chose que l'étendue, qu'elle n'est qu'un seul être, véritablement un être, qu'elle n'est point la maniere d'aucun être, qu'elle est donc elle-même un être, & qu'ainsi elle fait l'essence de la matiere, puisque la matiere n'est qu'un être & non pas un composé de plusieurs êtres, qu'il se moque de ceux qui voyent distinctement que l'étendue suppose quelque chose, que pourvu qu'on laisse l'Etendue on laisse tous les attributs & toutes les propriétés que l'on conçoit distinctement renfermées dans l'idée de la matiere, car il est encore certain,* dit il, *qu'on peut former avec de l'étendue toute seule un ciel, une terre, & tout le monde que nous voyons & encore une infinité, donc ce quelquechose qu'ils supposent au delà de l'etendue, n'ayant point d'attributs que l'on conçoive distinctement lui appartenir, & qui soient clairement renfermés dans l'idée qu'on en a, n'est rien de réel, si l'on en croit la raison, & même ne peut de rien servir pour expliquer les effets naturels.*

Ne

---

(1) De la Recherche de la Verité, Liv. 3. Chap. 8.

Ne pourroit-on pas demander, comment l'Etendue *étant donnée*, la solidité sera donnée? Comment n'étant *veritablement qu'un seul être & non un composé de plusieurs êtres* l'etendu sera divisible? Comment elle peut être solide & divisible, la solidité & la divisibilité paroissant deux propriétés contradictoires & l'étant en effet, la divisibilité supposant un composé, & la solidité un être simple? C'est ce que le P. MALBRANCHE auroit dû faire voir. D'ailleurs a-t-il pu croire effectivement, que l'Etendue n'est pas l'attribut d'une substance quelconque & n'a besoin que d'elle seule pour faire de si belles choses, quoiqu'il paroisse n'exiger qu'elle sans aucune autre chose qui en soit le sujet? Il paroit si absurde de ne pas prendre l'Etendue pour un attribut qui n'ait besoin d'aucun sujet qu'on ne doit pas croire que ce Philosophe l'ait fait. Ainsi quoiqu'il ne se serve que du mot *d'Etendue*, il faut croire que par ce mot il entend une *substance étendue*, ou qu'il s'est servi du terme *d'Etendue* pour determiner *l'idée vague de l'être en general* en supposant qu'on doit joindre toujours ces deux idées l'une à l'autre, desorte que l'être en general seroit le sujet dont l'Etendue seroit l'attribut. C'est ce qu'il me paroit qu'on a lieu de presumer par le commencement du Chapitre (1) d'où on a tiré ce qu'on vient de remarquer. On lit dans le titre de ce Chapitre ces mots: *La presence intime de l'idée vague de l'être en general est la cause de toutes les abstractions déreglées de l'esprit & de la plupart des chimeres de la Philosophie ordinaire qui empêchent beaucoup de Philosophes de reconnoitre la solidité des vrais principes de Physique.* Après quoi ce Chapitre commence par ces paroles très-remarquables, parce qu'elles contiennent le fonds & l'objet du Systeme que le MALBRANCHE a voulu établir. Cette presence claire, intime, *necessaire de Dieu, je veux dire de l'être sans restriction particuliere, de l'être infini, de l'être en general, à l'esprit de l'homme, agit sur lui plus fortement que la presence de tous les objets finis. Il est impossible qu'il se défasse entierement*

(1) De la Recherche de la Verité, Chap. 8. Liv. 3.

rement de cette idée generale de l'être, parce qu'il ne peut subsister hors de Dieu. Ainsi par *l'Etendue* ce Philosophe vouloit dire *l'être étendu*, *l'être en general*, *l'être sans restriction* particuliere, Dieu qui par son union intime avec le P. MALBRANCHE lui donnoit l'idée de *l'Etre* & de *l'Etendue*. Dans ce sens, quoique je ne voulusse pas appeller Dieu *l'être sans restriction particuliere*, *l'être en general*, ni dire, qu'il est *tout être*, *l'être infini & universel* qui renferme dans lui toutes les perfections de la matiere sans être materiel, & les perfections des esprits créés sans être esprit de la maniere dont nous concevons les esprits, ainsi que ce Philosophe le dit à la fin du IX. Chapitre du même Livre; je tombe d'accord, que *l'idée de l'Etendue* me semble n'être qu'une idée abstraite qui doit toujours être jointe à celle de l'être, que ces deux idées sont inséparables, qu'elles se supposent si necessairement qu'on ne peut avoir l'une sans l'autre, & qu'ainsi l'étendue est un attribut si essentiel à tout être qu'on ne peut concevoir l'existence d'aucun être sans une étendue convenable à son existence, c'est-à-dire, à la nature de son être, ou de sa substance. Dieu à son immensité qui est l'Etendue de l'être infiniment existant. Les semilles ont leur petitesse infinie qui est le dernier degré de l'Etendue. Les corps ou la matiere par l'union des parties qui la composent a une étendue mesurable & divisible ; & les esprits s'il y en a ainsi qu'on le dit qui ne sont point matiere, comme ils ne pourroit exister tels sans avoir leur substance particuliere, ils auront par conséquent une étendue quelconque conforme à la nature de leur substance. Mais ce n'est pas ce que veut dire le P. MALBRANCHE, que je ferai mieux de ne pas chercher à approfondir.

CHA-

CHAPITRE XVII.

Recherches generales sur la nature de la Matiere & des Corps.

JE prend à l'imitation de DESCARTES (1) ce morceau de cire, il vient tout fraichement d'être tiré de la Ruche, il n'a pas encore perdu la douceur du miel qu'il contenoit, il retient encore quelquechose de l'odeur des fleurs dont il a été recueilli, sa couleur, sa figure, sa grandeur, sont apparentes, il est dur, il est froid, il est maniable, & si vous frappez il rendra quelque son. Je considere sa figure il me paroit qu'il a un dessus, un dessous, & quatre cotés si parfaitement egaux en tous sens que je le crois un veritable cube, semblable à ces petits morceaux d'os ou d'ivoire qu'on taille pour faire des Dez à jouer; il est beaucoup plus gros, mais la figure ou la forme est la même du moins à ce qui me paroit.

Cependant, comme le P. MALBRANCHE m'a averti dans le premier Livre de sa *Recherche de la Verité* (2) que *nos yeux nous trompent generalement dans tout ce qu'ils nous representent dans la grandeur des corps, dans leurs figures, & dans leurs mouvemens, dans la lumiere & dans les couleurs..... Que nous nous trompons en mille manieres dans les figures* (3), *& que nous n'en connoissons jamais aucune par les sens dans la derniere exactitude..... Desorte que nous ne pouvons pas même nous assurer par la vue si un rond & un quarré ne sont point une ellipse & un parallelogramme quoique ces figures soient entre nos mains & tout proche de nos yeux*; Je veux encore, quoique mille experiences journalieres m'ayent confirmé dans ce que dit le P. MALBRANCHE, examiner si ce morceau de cire est un veritable cube. Je prends ma regle & mon compas & je trouve que le dessus & le dessous sont bien parfaitement egaux, mais qu'ils sont un peu
plus

---

(1) DESCARTES, *Medit.* 2. Art. 11.
(2) Chap. VI.   (3) Chap. VII.

plus étendus en un sens qu'en un autre, desorte qu'en prenant un point comme centre au milieu de ce morceau de cire, il y aura deux de ses cotés qui seront un peu plus éloignés de ce point que ne le seront les deux autres.

La distance qu'il y a depuis les parties qui terminent un de ces cotés les plus éloignés jusqu'aux parties qui terminent l'autre inclusivement est ce que j'appelle *la longeur* de ce morceau de cire comme de tout corps quelconque. J'appelle *largeur* la distance qui se trouve de même entre les deux cotés les moins éloignés; & je nomme *milieu* un point ou une ligne également éloignée de deux cotés, soit des deux cotés les plus distans & ce sera le milieu de la longueur, soit des deux cotés les moins distans & ce sera le milieu de la largeur.

Je mesure ensuite la distance qu'il y a depuis l'extrémité des parties du dessous de ce morceau de cire, jusqu'à celles des parties de dessus inclusivement, & je trouve que cette distance que je nomme *l'épaisseur* d'un corps & qu'on nomme en langage Philosophique *profondeur* est encore moindre que la largeur, ce qui me donne l'idée de trois étendues, grandeurs, ou dimensions inegales, que je puis comparer les unes avec les autres, distinguer par des noms particuliers, mesurer en les comparant avec des grandeurs que j'aurai déterminées & que j'aurai fixées par des noms.

Je tiens ce morceau de cire dont je compare la grandeur avec celle d'une loupe que voilà sur ma table, je mesure l'une relativement à l'autre & je trouve que la grandeur de ma loupe est si fort au dessous de celle de ma cire, que j'appelle ma loupe petite en comparaison de ma cire dont l'étendue est grande eu egard à celle de ma loupe, desorte que *longueur, largeur, profondeur, grandeur, petitesse*, sont des termes comparatifs & relatifs qui ne signifient rien de déterminé ni de positif en soi que comparativement ou relativement à d'autres grandeurs ou à d'autres petitesses.

Mais quand je dis, *rien de déterminé ni de positif en soi*, ne me trompé-je pas? Un être, soit un *être collectif*, soit un *être simple*, est ce qu'il est & est tel qu'il

PHILOSOPHIQUES. 415

est; il est impossible *qu'il soit & ne soit pas, ni qu'il soit autre qu'il est*. Si donc un être a l'étendue d'une grandeur que j'appelle un *pié* & qui contient douze fois une autre grandeur que j'appelle *pouce*, il est évident que la substance de cette être est *grande* ou ce qui est la même chose est *étendue d'un pié* & est egale à douze pouces, cela est vrai; tout être est en soi ce qu'il est, excepté l'être infini qui n'a point de bornes, tout être fini a une existence determinée & positive en ce qu'elle est & par conséquent est étendue d'un pié si elle a un pié d'étendue; mais cela n'empeche pas que le terme de grandeur & de petitesse ne soient des termes comparatifs & relatifs, c'est-à-dire, des termes qui ne signifient rien que par comparaison ou par rapport à d'autres choses étendues quelconques, *Mesure* ce que j'appelle un *pié* est une mesure & toute mesure suppose quelquechose de plus grand & de plus petit; ce qui est *infini* est au delà de toute mesure & par conséquent non mesurable.

En supposant qu'il n'y eut rien d'existant qu'un être étendu d'un pié, il est évident par la supposition qu'il n'y auroit rien de plus grand que lui, ni rien de plus petit s'il n'étoit pas divisible, mais il est de même évident que cet être seroit en soi ce qu'il seroit & tel qu'il seroit, quoiqu'on ne put pas dire qu'il fut grand ni petit puisqu'il seroit seul, & en supposant qu'il n'y eut rien d'existant que cent êtres d'un pié d'étendue, il seroit certain que chacun de ces êtres, ni en soi, ni par le rapport de l'un avec l'autre ne seroient encore ni grands ni petits, ils seroient simplement *égaux*; de même qu'il est certain que la somme de l'étendue de tous ces êtres seroit quatrevingt-dix neuf fois plus grande que l'étendue d'un pié qui n'en seroit alors qu'une petite partie quatrevingt-dix neuf fois plus petite que les autres ensemble.

Supposons maintenant ce qui étoit avant la production des êtres dont l'Univers est composé: Supposons qu'il n'y a rien d'existant qu'un être infini. Il n'y aura alors ni grandeur, ni petitesse. Car *la grandeur infinie* étant une grandeur au delà de toute grandeur n'est pas un terme comparatif, puisqu'il n'y n'y a aucune autre grandeur qui puisse être la moitié, le quart, la cent-millieme partie d'une grandeur infinie, qui ne pouvant être un composé de grandeurs ne peut être mesurée, puisqu'elle est au delà de toute mesure desorte que *la grandeur infini ou l'étendue infinie ne sont pas une grandeur une étendue proprement dites, mais l'infinité, ou l'immensité.* Et ceci n'est point se perdre dans des idées qu'on n'a pas, ainsi que l'assurent avec autant d'ignorance que de vanité des personnes qui ne consultent que leurs sens dans leurs raisonnemens & qui raisonnent sans savoir ce que c'est qu'idée. Car, puisque (*a*) *le rien n'a point de propriétés*, qu'ainsi *toute idée est le sentiment de quelque chose*, (*b*) qu'une idée n'est que que *le sentiment d'une chose joint au sentiment d'une propriété ou des propriétés qui distinguent cette chose d'avec une autre* (*c*), que par la premiere Position les hommes ont des sentimens & des idées, que par la seconde ils peuvent se servir de mots pour signifier & exprimer distinctement ces sentimens ou ces idées, que *ces mots une fois déterminés à signifier telles ou telles idées peuvent être pris pour les idées & par conséquent pour les choses mêmes*, de sorte que ce qui est contradictoire dans les termes est impossible dans les choses, qu'ainsi il est évident que *dès qu'on entend un terme on a l'idée d'une chose, & qu'il faut en avoir l'idée pour en parler, soit qu'on l'affirme, soit qu'on la nie*: Il est évident, qu'on a l'idée de l'Infinité ou Immensité, (*d*) puisque on voit necessairement que la grandeur ou l'étendue infinie ou immense ne peuvent être bornées ni par des lignes ni par des surfaces, ni mesurées par des mesures quelconques, ni contenues dans quelquechose de plus grand; toutes propriétés distinctives qui prouvent qu'on en a l'idée.

D'ailleurs, étant évident que hors de l'être il n'y a rien, puisque le rien est la négation de l'être, que la somme de plusieurs êtres bornés quelqu'étendus qu'ils fussent ne feroit jamais que la somme d'une quan-

---

(*a*) N°. CXXII--CXXVII. (*b*) N°. LVII--LXVI, LXIX.

(*b*) N°. LXII--LXXXVIII. XCI.

(*c*) N°. LXIII--LXXXII--LXXXV.

quantité bornée (*a*), il est évident, qu'il y a necessairement un être infini, immense, au delà duquel il n'y a rien, c'est-à-dire, un être dont l'infinité & l'immensité sont les attributs essentiels, comme l'étendue comparative de grandeur & de petitesse ou d'égalité sont les attributs essentiels des êtres bornées qui ne sont en rien comparables, ni en nature, ni en grandeur, avec l'être infini. En supposant donc, qu'il n'y eut rien d'existant que l'être infini, il n'y auroit ni grandeur ni petitesse réelles, elles n'existeroient que dans le sentiment de ce que sa puissance pourroit produire, & ce sentiment ne seroit que lui se connoissant en tant qu'infiniment puissant. Supposons maintenant que cet être Infiniment-puissant créât un être *Infiniment-petit* que j'appelle *semille*; cet être étant de la derniere petitesse, il n'y auroit rien de plus petit que lui, par conséquent ainsi que nous l'avons deja remarqué, il seroit sans parties, par conséquent, indivisible & infiniment solide; desorte qu'en le supposant entre deux globes plus gros que la Terre & formé du marbre le plus dur il seroit en vain compressé par tout le poids de ces deux globes. Il ne pourroit être écrasé, puisque n'ayant point de parties il est indivisible & par conséquent de la derniere solidité. Par la même raison aucun être ne pourroit s'insinuer dans cette semille, & par conséquent elle seroit impenetrable; desorte qu'un autre être ne pourroit occuper la place où seroit une semille sans la chasser toute entiere dans un autre place. Puis-je dire que cette semille auroit de la grandeur? Non; puisque grandeur est un terme comparatif qui suppose quelquechose de plus petit, & que la semille étant un être infiniment petit ne peut être comparée avec rien de plus petit qu'elle. Puis-je dire qu'elle a de l'*Etendue*? Non; si par *Etendue* on entend quelquechose de divisible & de mesurable: On ne peut pas dire la moitié d'un infiniment petit, le quart d'un infiniment petit; ce seroit une contradiction dans les termes comme une impossibilité dans la chose. Ainsi, en ce sens qu'on donne communément

(*a*) N°. CCLXXVIII.

au terme d'Etendue, la femille n'a point d'Etendue; mais fi, par une determination plus précife & plus conforme à la nature des chofes, on entend par *Etendue* la *forme ou la figure d'un être, foit fimple, foit compofé, un attribut fi effentiel à la fubftance d'un être borné que ne pouvant concevoir la réalité de l'exiftence d'un tel être fans le concevoir exiftant en foi & en quelque part, ou ne peut le concevoir fans une étendue réelle,* c'eft-à-dire, *fans une fubftance étendue;* la femille eft réellement étendue puifqu'elle exifte réellement en foi infiniment folide, qu'elle exifte *où elle eft* & qu'elle y eft bornée par tout ce qui l'environne. En effet *l'étendu* n'eft qu'*une idée abftraite de l'exiftence des chofes* & par conféquent n'a, ainfi que toutes les autres propriétés ou attributs, rien de réel que la fubftance même des chofes qui exiftent. La feule difference qu'il y a entre l'étendue & les autres propriétés telles que la fenfibilité, l'intelligence, l'activité, la folidité, la penetrabilité, l'impenetrabilité, la mobilité, c'eft, qu'elles peuvent être des propriétés particulieres qui diftinguent des êtres particuliers & même de nature effentiellement differente, au lieu que l'Etendue eft une propriété univerfelle qui convient à tout être exiftant, non pas à la verité de la même maniere, mais à raifon de la nature de leurs fubftances, puifqu'elle n'eft rien en foi de diftinct de la réalité de leurs fubftances.

Etendu

Ainfi, dans la realité des chofes l'Etendue n'eft divifible qu'autant que la fubftance eft divifible, & comme une fubftance proprement dite n'eft point divifible, une Etendue proprement dite n'eft point divifible; elle ne peut l'être qu'autant qu'elle fera un compofé d'etenduës, c'eft-à-dire, de fubftances: Ce qu'il falloit démontrer. C'eft ce que DES CARTES a reconnu, ainfi qu'on l'a deja remarqué, & ce que, malgré les expreffions peu mefurées auxquelles le P. MALBRANCHE s'eft abandonné au fujet de l'Etendue, ce Philofophe eft néceffité de reconnoitre dans le IX. Chapitre du Sixieme Livre de la *Recherche de la Verité*, lorfque parlant de l'union des parties des corps les unes avec les autres il dit:
„ Il y a deux chofes defquelles je ne me faurois
„ trop

„ trop défier. La premiere eſt l'impreſſion de mes
„ ſens, & l'autre la facilité que j'ai de prendre des
„ natures abſtraites & les idées generales de Logi-
„ que pour celles qui ſont réelles & particulieres,
„ & je me ſouviens d'avoir été pluſieurs fois ſéduit
„ par ces deux cauſes.

Il ajoute, en parlant des petits liens qu'on ſuppoſeroit pour l'union des parties de la Matiere:
„ Il ne m'eſt pas poſſible de concevoir comment
„ ces petits liens ſeroient indiviſibles par leur eſſen-
„ ce & par leur nature, ou par conſéquent com-
„ ment ils ſeroient inflexibles, puiſqu'au contraire
„ je les conçois très-diviſibles & neceſſairement di-
„ viſibles par leur eſſence & par leur nature. Car,
pourſuit-il, *la partie A eſt très-certainement une ſubſtance auſſi bien que B, & par conſéquent il eſt clair que
A peut exiſter ſans B puiſque les ſubſtances peuvent exiſter les unes ſans les autres, parce qu'autrement elles ne ſeroient pas des ſubſtances. De dire que A ne ſoit pas une
ſubſtance, cela ne ſe peut: car il eſt viſible que ce n'eſt
point ſeulement un mode, & que tout être eſt une ſubſtance ou un mode de ſubſtance. Ainſi puiſque A n'eſt point
un mode, c'eſt une ſubſtance: donc, il peut exiſter ſans B,
& à plus forte raiſon la partie A peut exiſter ſeparé-
ment de B.* Ce n'eſt donc point l'étendue qui fait le
fondement de la diviſibilité, c'eſt la compoſition, l'aſ-
ſemblage, la contiguité, l'union, ainſi qu'on l'a deja
remarqué; d'où reſulte ce Principe Phyſique, Arithmetique, & Géometrique, *Tout compoſé ſuppoſe des parties compoſantes*, c'eſt-à-dire, des parties ſimples; *partes
quæ nullis partibus extant & minima conſtant natura.*

Ceux donc qui objectent que tant qu'il y a de
l'Etendue il y a de la diviſibilité, ſe trompent; &
voici la cauſe de leur erreur. Sans avoir fait attention à ce que c'eſt que l'étendue dont ils ont
reçu une idée abſtraite de la coëxiſtence des êtres
viſibles & de la diſtance de ceux qu'ils apperçoivent dans l'éloignement, qu'ils ont vu ces êtres
diſtincts les uns des autres, terminés par des figures particulieres, ſeparables les uns des autres par
le mouvement; ils ont joint l'idée de l'Etendue &
de la diviſibilité ſi étroitement l'une à l'autre qu'ils
ſe ſont aiſément perſuadés qu'elles ſe ſuppoſoient

nécessairement, sans observer que quoique la divisibilité supposât l'Etendue, l'Etendue ne supposoit pas la divisibilité; qu'ainsi c'étoient deux propriétés qui *pouvoient* se trouver ensemble, mais qui pouvoient aussi ne s'y pas trouver. DESCARTES & tous ceux qui ont embrassé sa doctrine, aulieu de dire que l'*Etendue étoit un attribut essentiel à la matiere & la pensée un attribut essentiel à l'esprit*, ont dit, que l'essence de l'esprit consistoit dans *la pensée*, & l'essence de la matiere dans l'*Etendue*, & ils l'ont dit par opposition de l'être pensant à l'être materiel; comme si le propre ou l'essence de l'un étoit d'être étendu & le propre ou l'essence de l'autre étoit de ne l'être pas. En quoi ils ont confirmé l'impression des sens qui porte à joindre l'idée de la Divisibilité à celle de l'Etendue comme deux idées inseparables, & à n'avoir aucune idée de l'être pensant parce que, je ne dis pas l'imagination, mais le pur esprit ne peut concevoir une réalité sans etendue, & qu'une propriété fasse l'essence réelle d'un être; puisque toute propriété suppose un être, c'est-à-dire, une substance telle ou telle. DESCARTES & les CARTESIENS ont bien reconnu ces verités, que toute proprieté suppose un être, & un être une substance propre: Mais faire consister l'essence d'une substance dans ce qui la suppose & qui sert seulement à la distinguer, c'est un renversement d'idée d'où peut naitre une confusion de choses & de termes.

Je reviens à mon morceau de Cire, & je m'apperçois que pour mesurer plus commodement les côtés dont j'ai trouvé l'épaisseur moins grande encore que la largeur, j'ai tourné ce morceau de cire de façon que le dessous se trouve maintenant un des côtés; desorte que ce que je prenois pour son épaisseur peut être maintenant pris pour sa largeur, & ce que je prenois pour son dessus & pour son dessous peut être pris pour ses cotés, & qu'ainsi le dessus, le dessous, les cotés, & les bouts comme on nomme communément les deux cotés les plus distans l'un de l'autre, ne sont que des dénominations des rapports d'un être borné consideré en soi selon sa maniere d'être réelle, ou selon ses rapports
avec

avec les autres êtres qui l'environnent ; que de même, ce que je diſtingue par les termes de largeur & d'épaiſſeur n'eſt que la denomination de ce qu'un être eſt en ſoi pris d'un certain ſens ou relativement à ſa ſituation ; mais que par cela ſeul qu'il eſt borné il a neceſſairement toutes ces relations ou rapports avec ce dont il eſt environné, deſorte qu'un veritable être, je veux dire, un être proprement dit, un être indiviſible, auroit neceſſairement toutes ces relations dès qu'il ſeroit borné, parce qu'il eſt contradictoire (*a*) que *ce qui ſe ſuppoſe neceſſairement ne ſoit pas*, & qu'il eſt contradictoire qu'un être borné n'ait pas un deſſus, un deſſous, & des côtés ; choſes qui par conſequent ne ſuppoſent ni l'étendue ni la diviſibilité d'un être compoſé, mais ſeulement des bornes ſoit que cet être ſoit borné par des parties terminantes, ou qu'il ne ſoit borné que par ce qui l'environne. Par exemple, ce morceau de Cire eſt borné par les parties que je touche, car je ne le penetre pas. Je ne le touche que par ſes dernieres parties, par ſes parties terminantes, celles audelà deſquelles il n'eſt plus, & qui ſont ce qu'on appelle ſa *ſurface* ou ſa *ſuperficie*. Mais en ſuppoſant ainſi que j'ai deja fait (*b*) que Dieu ſeparât ce que je touche d'avec ce que je ne touche point ; comme il eſt évident que ne touchant que les dernieres parties, je ne touche point celles de deſſous & qu'ainſi ces dernieres parties que je touche ſont des parties ſimples par cela ſeul qu'elles ſont les dernieres, il eſt évident que la ſuperficie de ce morceau de cire ſeparée des parties qui ſont ſous elle ne ſeroit plus diviſible dans ſon épaiſſeur, c'eſt-à-dire, en tant que ſuperficie, & qu'elle auroit cependant un deſſus par où je la touche & un deſſous par où je ne la touche pas, que cette ſuperficie également enlevée auroit quatre cotés ainſi que le morceau dont elle auroit été enlevée, & que je puis dire la même choſe des lignes qui ſeroient les parties terminantes de ſes cotés & des points ou ſemilles qui ſeroient les parties terminantes des extremités de ces lignes, deſorte que

ces

(*a*) No. LXXIX. (*b*) No. CCC.

ces lignes n'auroient de parties terminantes qu'aux extremités de leur longueur, & que les parties terminantes de cette longeur, n'auroient en soi aucunes parties terminantes puisque ce seroit des parties sans parties, des parties infiniment simples, en un mot des semilles, & que ces semilles auroient neanmoins un dessus, un dessous & des cotés, non en soi bornées par des parties terminantes puisqu'elles sont sans parties, mais relativement à tout ce qui les environneroit en tant qu'êtres bornés.

Remarque.

AU fonds, les disputes qu'on peut avoir à ce sujet pourroient bien n'être que des disputes de mots sur quoi il ne convient pas de disputer, mais qu'il est important d'éclaircir pour éviter l'illusion.

Si on veut que toute étendue, c'est-à-dire, que tout ce qui est étendu, soit divisible, les semilles en ce sens ne seront point étendues, étant des êtres infiniment petits il est contradictoire qu'elles ayent des parties puisqu'il est contradictoire qu'elles ayent en elles quelquechose de plus petit qu'elles; mais étant de la derniere petitesse elles seront l'élement, le principe de l'étendue qui commencera par l'union de deux semilles parce qu'alors il y aura divisibilité.

De même si par longueur, largeur, & profondeur on entend des grandeurs mesurables, la semille n'a ni grandeur, ni largeur, ni profondeur, puisqu'elle est infiniment petite & par conséquent au delà de toute mesure, elle n'a que l'extreme petitesse; mais elle sera par cela même le principe, l'élement de la grandeur, de la longueur, de la largeur, de la profondeur, selon son union avec d'autres semilles.

Inde alia atque alia similes ex ordine partes
Agmine condenso naturam corporis explent.
LUCRET. Lib. I.

Ce seront ses parties similaires, des *homéomeries*, des *monades*, mais plus vraies que les *homéomeries* d'Ad'ANAXAGORAS & que les *monades* de LEIBNITZ.

Cependant il faut observer, que si toute étendue, c'est-à-dire, que si tout ce qui est étendu est divisible, on retombe dans la necessité de l'admission des semilles, puisqu'il n'y aura aucun être étendu qui ne soit, puisqu'il est divisible, un composé de plusieurs êtres, desorte qu'*étendu* & *composé* devenant alors synonymes de même qu'*union* & *étendu*, l'étendu ne sera plus qu'une des proprietés de l'être composé ou multiple; ainsi toute étendue supposera une union ou assemblage d'êtres & par conséquent de substances, & par conséquent l'étendue supposera la divisibilité sans que les parties divisibles supposent l'étendue, ce qui est la même chose que si on disoit que *ce qui peut être partie ne suppose pas un composé, mais que ce qui est composé suppose ce qui peut être partie*, ce qui revient à la necessité de l'existence des semilles conformément au Principe que *tout composé suppose des parties composantes*, c'est-à-dire, des parties *simples* & par conséquent *indivisibles*.

Ainsi donc, en definissant l'*Etendu* un *composé divisible* on pourra dire, que l'essence de la matiere consiste dans l'étendue parce que l'essence de la matiere consiste dans une union de parties, puisque la matiere est un être composé; & en ce sens definir *la matiere*, une *étendue divisible en parties solides & mobiles*, ce sera donner une bonne definition de la matiere puisque ce sera dire que la matiere est *un composé* ou *assemblage d'êtres solides & mobiles*, ou, en deux mots, *un composé de semilles*; &, conformément à cette definition, il sera vrai de dire que la matiere est toujours divisible puisqu'on ne peut appeller *matiere* que ce qui est un composé de parties solides & mobiles, & qu'un composé par cela seul qu'il est composé est toujours divisible. Ainsi la plus petite partie de matiere tant qu'elle sera matiere sera toujours divisible. Mais d'en conclure que *la plus petite partie de matiere contient une infinité de parties dont chaque partie divisée contient encore une infinité de parties qui en contiennent elles-mêmes une infinité d'autres toujours divisibles à l'infini*, c'est en conclure contre la definition même une abfurdité fi palpable que plus on y penfe, moins on peut concevoir comment des gens d'efprit n'y voient qu'un merveilleux qui les étonne & qu'ils admirent, que des Mathematiciens pretendent démontrer, & d'où ils tirent mêmes des Démonftrations pour d'autres abfurdités dont ils regardent les propofitions comme de merveilleux problemes.

Je ne repeterai point ici ce qui a été obfervé No. CCXCIX, je dirai feulement que c'eft conclure contre la definition même, puifque c'eft conclure qu'un compofé de parties folides eft un compofé toujours divifible de parties divifibles qui ne peuvent pas être divifées par quelque puiffance que ce foit, ce qui eft une contradiction; que c'eft dire auffi qu'un compofé n'eft qu'un compofé de compofés qui ne font compofés que d'autres compofés à l'infini, ce qui eft dire, qu'un compofé ou des compofés exiftent fans principes de compofition, ce qui eft impoffible; que c'eft dire encore, qu'un compofé d'êtres réellement diftincts l'un de l'autre & ayant par conféquent leur fubftance diftincte & propre, n'eft qu'un compofé d'êtres ou de fubftances dont chacune eft toujours divifible, ce qui eft abfurde. Ainfi, au lieu de dire que la matiere eft divifible à l'infini on doit dire, que la matiere eft divifible *jufqu'à* l'infini ce qui eft vrai puifqu'elle eft divifible jufqu'à l'infiniment petit, qui n'eft point matiere puifqu'il n'eft point divifible, mais l'element de la matiere ou principe materiel, puifque l'union de plufieurs infiniment petits font un compofé de parties folides & mobiles, & que l'union de deux feulement font le premier degré de la grandeur ou de l'étendue materielle.

Remarque.

UN faux principe mais qui a extremement l'apparence du vrai pour ceux qui font prévenus que l'effence de la matiere confifte dans l'étendue, & à qui le préjugé a fait recevoir comme une demonftration que tout ce qui avoit un deffus, un deffous, & des cotés étoit toujours divifible en longueur,

gueur, largeur, & profondeur, c'est ceci, que *la division n'anéantit point la matiere*; qu'ainsi on avoit beau diviser, la moindre petite partie de matiere ne pouvant point être annihilée par la division restoit éternellement divisible, ce qui seroit effectivement vrai, si le principe n'étoit pas faux. Mais il n'y a rien de plus faux que ce principe. Il est très-aisé de concevoir que la matiere peut être entierement detruite & anéantie par la division. La matiere en general n'est par la definition qu'un être composé de parties comme les parties des êtres materiels particuliers en sont composés. Or, rien n'est plus évident que tout être composé est anéanti par la separation des parties qui le composent, puisque par cette séparation, le composé cesse d'exister, & cesser d'exister c'est être anéanti.

Si on coupe un arbre, qu'on en fasse des fagots & des buches, l'arbre est anéanti, il n'existe plus; qu'on brule ces fagots & ces buches, le bois est anéanti. Supposons après cela qu'une main assez habile ou pour mieux dire que la volonté de l'être tout-puissant divise chaque particule de cendre jusques à la reduire aux semilles dont les parties des parties de la cendre sont composées, non seulement chaque particule de cendre & les parties de ses parties seront anéanties, mais la matiere même dont elles étoient composées sera anéantie, puisque le restant ne seront que des infiniment petits, des points Physiques indivisibles qui par cela même qu'ils sont indivisibles ne sont plus matiere, conformément à la definition. Or, ce qui se dit d'un arbre peut se dire de tout être materiel & par conséquent de toute la matiere.

A l'égard des infiniment-petits comme ils sont indivisibles & par conséquent de la derniere solidité ils sont non seulement indestructibles, mais même inalterables, rien ne peut affoiblir leur nature, rien ne peut leur nuire ni les detruire; il faut pour les anéantir une puissance égale à celle qui les a créés autrement leur durée inalterable égalera celle de l'éternité.

Desorte que la semille, cet être si petit qu'on a peine à l'appeller un être, cet être *voisin du rien*, pour me servir de l'expression d'un Poete, est cependant un être plus être que quelqu'être composé que ce soit. En effet, à proprement parler, un être composé n'est pas un être, c'est une union ou un assemblage d'êtres. Or, une union ou un assemblage d'êtres ne sont autre chose que des êtres unis ou assemblés. Rien ne peut rien composer. Un composé est donc une union de quelquechose qui existe, rien n'existe sans une réalité d'existence, & la réalité est la substance qui est le fonds de l'existence d'un être & des proprietés par lesquelles ou le distingue d'un autre. Si donc il n'y avoit point d'êtres simples, il ne pourroit y avoir d'assemblage d'êtres, puisque tout ce qui est étant ou simple ou composé, le composé n'étant point un être, il resulteroit qu'il n'y auroit point d'êtres & que par conséquent rien n'existeroit, ce qui est une absurdité.

Un être simple n'aiant point de parties ne peut être divisé, les choses sont ce qu'elles sont & ne sont point autres, on ne peut trouver de parties à ce qui n'en a point. Il est donc impossible de diviser un être, autant qu'il est impossible de faire un composé d'êtres sans un assemblage d'êtres; donc, tout composé suppose des parties composantes & ces parties puisqu'elles existent réellement sont des êtres & des êtres simples sans quoi il n'y auroit point d'êtres ni par conséquent de composés ; donc, les parties composantes des composés sont des parties simples, des parties sans parties & par consequent des indivisibles.

Corollaire.

ON ne divise donc aucun être, & la division des composés (a) n'est que la séparation d'un être d'avec un autre être: Unité & Divisibilité sont contradictoires.

N°. CXXXIX.

CHAPITRE XVIII.

De la Division des Corps: De la Penetrabilité de l'Espace.

CCCII.

Exposition de Termes.

Lorsqu'un être touche, c'est-à-dire, existe si immediatement près d'un autre qu'il n'y a rien d'existant entre eux, on dit que ces deux êtres sont unis, & la situation où ils se trouvent s'appelle leur union.

Ainsi *l'union n'est que la situation de deux ou de plusieurs êtres qui se touchent immediatement.*

CCCIII.

Lorsque des êtres sont situés de façon qu'ils ne se touchent pas & qu'ainsi il y a quelque chose d'existant entre eux, on dit qu'ils ne sont pas unis mais qu'ils sont *séparés*, & la situation où ils se trouvent s'appelle leur *éloignement*. L'éloignement d'un être d'avec un autre n'est encore que *la situation où sont ces êtres respectivement l'un à l'égard de l'autre*: Ainsi, les termes d'union & d'éloignement ne marquent dans les êtres qu'une differente situation dont l'une est la negation de l'autre. L'union marque des êtres qui se touchent, l'éloignement des êtres qui ne se touchent pas. Cette *éloignement* s'appelle aussi *distance*.

Remarque.

On donne le nom de *séparation* à ce qui se trouve entre deux êtres, à ce qui les empêche d'être unis; & lorsqu'étant unis, si on les sépare l'acte ou l'action, ou, pour mieux dire, l'effet de l'acte ou de l'action par laquelle on les desunit s'appelle aussi *séparation*. Desorte que dans le premier sens,

sens, le rien n'ayant point de propriétés & ne pouvant par conséquent séparer quelque chose, *séparation* marque *un être intermediaire quelconque*; & que dans le second sens, des êtres unis ne pouvant être séparés sans que quelque chose change leur situation, que tout changement suppose un mouvement quelconque (*a*) & tout mouvement une force mouvante ou active, *séparation* signifie alors l'effet de cette force mouvante ou active, & n'est rien que le mouvement qui fait changer ces êtres de situation. *Séparation* se prend aussi quelquefois pour ce qui résulte de cet effet, c'est-à-dire, pour *l'éloignement même où des êtres ont été mis*; comme *union* se prend quelquefois pour *l'effet d'une action qui approche deux êtres jusqu'à les faire se toucher immédiatement*; ce qui est un sens aussi différent de la signification où on prend ordinairement le mot *d'union* lorsqu'on le prend pour marquer *la situation de deux êtres qui se touchent immédiatement*, que celui de *séparation* pris pour marquer *l'éloignement déterminé où des êtres se trouvent*. Mais en quelque sens qu'on les prenne, *union* & *séparation* marqueront toujours ou des effets opposés à l'égard des êtres, ou des situations opposées.

CCCIV.

Remarque.

Ainsi, en supposant deux êtres d'une nature parfaitement semblable, (*b*) qu'ils soient séparés, qu'ils soient unis, ils ne different que de situation & restent toujours ce qu'ils sont en eux-mêmes: Ils sont séparés, ils sont unis, voila tout. Les situations, les relations peuvent varier, (*c*) l'être reste toujours le même. Mais il y a par rapport à nous cette différence, c'est que des êtres de même nature qui se trouvent parfaitement unis ne sont pas discerna-

(*a*) N°. CXLI—CXLIV—CXLI—CCII.
(*b*) N°. CCLVII, Lem. 3. CCLVIII—CCLIX.
(*c*) N°. CCI.

cernables les uns des autres; ils ne paroiſſent plus dans l'union qu'une ſeule & même exiſtence, ce n'eſt que par la raiſon & par l'experience qu'on peut s'aſſurer qu'il y en a pluſieurs. Il n'y a que les êtres ſéparés qui ſoient diſcernables au tact par leur ſéparation ou diſtance, & à la vue par la différence des couleurs. Deux morceaux d'or de même couleur, parfaitement unis, ne paroiſſent plus qu'une exiſtence d'or continuée; deux quantités de lait dont l'une exiſtoit auparavant dans une meſure, & l'autre dans un autre vaſe, étant mêlées enſemble ſont indiſcernables; ce morceau de cire par exemple ne me paroîtroit qu'un ſeul être ſi je ne ſçavois pas qu'il eſt diviſible & s'il étoit auſſi ſolide que l'eſt une ſemille, comme il ne ſeroit en effet qu'une ſeule ſubſtance puiſqu'il ſeroit indiviſible à la toute puiſſance même qui l'auroit crée. Je ſuppoſerois en vain des figures & des parties dans ſon étendue, ces figures ou ces parties que j'imaginerois ne ſeroient que des idées de choſes que j'attribuerois fauſſement à ce morceau de cire, parce que l'étendue ne ſuppoſe pas la diviſibilité, qu'elle ne ſuppoſe que l'exiſtence, & que la diviſibilité exige néceſſairement pluralité & union d'exiſtence. Deſorte que ce n'eſt pas parce que ce morceau de cire a une telle étendue qu'il eſt diviſible, mais parce qu'il eſt compoſé d'une multitude d'êtres unis, mais ſéparables; & que s'il étoit auſſi ſolide qu'une ſemille, comme il ſeroit totalement impénétrable il ſeroit donc auſſi indiviſible qu'elle.

CCXCVI.

Remarque.

MAis l'expérience m'apprend que ce morceau de cire n'eſt rien moins qu'impénetrable, & je vais à l'heure même le penetrer facilement dans ſa plus grande étendue en le ſéparant avec ce couteau par la diagonale. Je me trompe, ce que je fais en le coupant ainſi, c'eſt le diviſer, c'eſt le ſéparer, & non le pénétrer. *Pénétrer* ne ſuppoſe point la diviſion

sion ni la séparation des parties dans le sens attaché a ces deux mots. *Pénétrer* suppose au contraire qu'aucun obstacle dans un être ne s'oppose à un autre être qui s'y introduit sans le detruire en rien. Ainsi *la pénétrabilité* ne suppose point la divisibilité, ni la division des parties, mais seulement un *être qui sans rien perdre de ce qu'il est, se prête à l'introduction d'un autre.*

Un exemple me rendra cette idée plus sensible.

1°. Je dis que par *la division ou separation* des parties on entend la desunion des parties d'avec le composé ou le tout dont elles étoient parties; & c'est ce qui fait la diminution & même la destruction du tout ou du composé.

2°. Je dis ensuite que si *diviser* & *pénétrer*, ont la même signification, & qu'ainsi *la divisibilité* & *la pénétrabilité* marquent egalement la propriété d'être divisible, ces deux mots ne signifiant que la même chose, ne sont que les signes de la même idée, & cependant ces mots ont chacun leur idée particuliere: On en convient dans l'usage, les Philosophes les distinguent, & je le sens.

Il est vrai qu'une sorte de division se joint à l'idée de *pénétrer*, on ne conçoit point l'introduction ou l'intromission d'un être dans un autre, sans une sorte de separation dans la substance de l'etre qui reçoit; on conçoit qu'elle se retire, qu'elle cede, qu'elle se prête, pour donner liberté de passage. Or, c'est ce *retirement*, si je puis me servir de cette expression, cette *cession* que j'appelle *pénétrabilité*; ce que je ne puis concevoir sans une mobilité, une flexibilité essentielle à la nature de l'être penetrable, laquelle proprieté je nommerai *mobilité interieure*. Il en est de même de la division. On ne peut la concevoir sans une sorte de pénétrabilité. On ne pourroit separer les parties d'un être qui seroit impenetrable, puisqu'il faudroit que cet être fut indivisible, c'est-à-dire, sans parties; ainsi cette sorte de pénétrabilité dont l'idée se joint à celle de la divisibilité, n'est qu'une separation de parties qui ne regarde que les composés, un être proprement dit *un* étant en effet indivisible. Venons à l'exemple. Je prends un des morceaux de cire, je veux y enfoncer un doit. Mais ce morceau de cire eſt ſec & dur, quelqu'effort que je faſſe, quelque tenſion que je donne à mon doit, il plie plutôt que d'y penetrer; d'où je conclus, que ce morceau de cire n'eſt pas de ſa nature pénétrable. Cependant j'ai recours à ce poinçon de fer, je le preſſe avec force au milieu de ce morceau de cire, ce poinçon entre & le pénétre. Dirai-je maintenant que ce morceau de cire eſt pénétrable? Non: Car je n'y vois qu'une deſunion de parties, & non cette *ceſſion* que j'appelle *pénétrabilité*, cette mobilité interieure qui cede à la plus petite preſſion poſſible. Mon poinçon eſt environné de pluſieurs petites particules de cire qui ſe ſont détachés pour s'unir à lui, ou, pour mieux dire, qui y ont été unies par l'extrême preſſion & le mouvement de ſon introduction. Je vois que des parties aſſez conſiderables ſe ſont éclatées ſur la ſuperficie de ce morceau dont elles ſont entierement ſéparées, je vois même que le trou que mon poinçon a fait ne s'eſt fait que par une compreſſion de parties qui a du reculer celles qui étoient derriere ou du moins les unir & les preſſer plus qu'elles ne l'étoient, ce qui n'eſt qu'une veritable diviſion de parties & non cette ceſſion que j'appelle *Pénétrabilité*. Ce n'eſt qu'une Dureté qui cede par une diviſion de parties à la preſſion d'une plus grande Dureté. Ce trou que mon poinçon a fait demeure, la cire garde la ſituation où la preſſion du poinçon l'a miſe, & il eſt viſible par les parois liées de ce trou que la preſſion a rempli des particules de la cire même les pores qui étoient entre elles. Deſorte que je n'ai fait que ſéparer des parties qui étoient unies pour les unir plus totalement avec d'autres qui en étoient ſéparées par de petits intervales, qu'on nomme *pores*. Ce baſſin d'eau me paroit plus propre à repreſenter l'idée de la diviſibilité & de la pénétrabilité. J'ote un verre d'eau de ce baſſin; voila l'effet de la diviſibilité, voila des parties ſéparées du tout qui eſt dans ce baſſin. Je prends ce morceau de cire, je l'enfonce dans l'eau, elle cede & le reçoit ſans un effort ſenſible. Je le retire. A meſure que je le retire l'eau ſe rejoint; voila l'image de *la pénétrabilité*. Mais ce petit morceau

ceau de bois qui a plusieurs trous me paroît plus propre encore que de la cire. Je laisse tomber ce morceau de bois dans cette eau, il s'enfonce & reste au milieu de cette eau qui le couvre & qui passe au travers de tous ces trous qui en sont remplis. Ce mouvement qu'il a reçu par la chute continue encore avec cette différence que la ligne qu'il a parcourue en tombant étoit perpendiculaire à l'eau du bassin & qu'il l'a parcourue avec beaucoup de vitesse; au lieu que celle qu'il parcourt maintenant est horisontale & qu'il la parcourt lentement. Je l'examine. Le voilà qui s'approche du bassin, il augmente en vitesse, & s'est précipité en joignant le bord du bassin. Est-ce l'effet d'un mouvement qu'il aura communiqué à l'eau par sa chute, ou l'effet d'une tendance naturelle à se porter du côté où la résistance est moins grande? Car il s'est porté vers le bord dont il étoit le plus près & son mouvement a augmenté à proportion qu'il en approchoit. Mais quoique cela soit bon à remarquer, ce n'est pas de quoi il s'agit maintenant. Je dis, que ceci me donne une image de ce que j'entends par *pénétrabilité*. Quoi que cette eau ait fait place au bois pour le recevoir en soi, nulle partie de l'eau n'a été séparée de son tout. Les parties mêmes de l'eau qui passent au travers de ce bois, comme celles qui vraisemblablement penetrent ses pores, ne sont point séparées du reste de l'eau dans laquelle le morceau de bois nage: Voilà ce que j'entends par *pénétrabilité*. Cependant je ne puis dire encore, que cette eau soit un être pénétrable. Premierement, parce qu'originairement, en tant que divisible, cette eau est un composé d'infiniment petits qui sont inpenetrables. Secondement, parce que les parties qui lui sont propres, c'est-à-dire, les parties qui font que c'est de l'eau & non du bois ou tout autre chose, doivent être déterminées par une forme ou figure indestructible tant que l'eau subsiste, & qu'ainsi la pénétrabilité de l'eau n'est qu'une séparation de parties comme la pénétrabilité de la cire, à l'exception qu'elle resiste moins, c'est-à-dire, qu'elle est moins dure.

S'il y a donc un être pénétrable selon l'idée que
j'ai

j'ai de la pénétrabilité, & que l'eau en fut une image parfaite, il faudroit que cette eau ne fut qu'un seul être & non un Composé, une substance parfaitement simple sans aucune solidité, sans aucune force que celle qui lui est nécessaire pour exister & continuer d'exister telle qu'elle est, mais si *insolide* d'ailleurs, si je puis me servir de ce terme pour marquer une substance dont la nature seroit parfaitement opposée à celle de l'être solide; si insolide, dis-je, que je ne pusse supposer aucun point dans toute son étendue, c'est à-dire, dans tout son être qui ne fut infiniment pénétrable, & qui ne cedat si facilement à la pression de quelqu'être que ce fut, que le plus leger duvet la pénetrat plus aisément qu'une bale de plomb ne se précipiteroit au fonds de ce bassin d'eau; si insolide en un mot que, n'y ayant aucune comparaison de forces avec quelqu'être que ce fut, le moindre duvet la traversat aussi facilement & par conséquent avec autant de vitesse qu'une bale du metal le plus pesant, desorte que l'espece de division qui se feroit dans cet être pour ceder un passage libre à l'être quelconque qui le voudroit pénétrer, ne seroit point une separation de parties, puisque l'être pénétrable n'en auroit aucune, mais une modification de forme, une maniere d'être de sa substance.

La question est de sçavoir, si de supposer l'existence d'un tel être, ce n'est pas supposer l'impossible, & si l'idée que j'ai de la pénétrabilité n'est pas une idée abstraite qui m'est venue de la facilité avec laquelle je vois des corps se mouvoir, ou avec laquelle je me meus moi-même dans l'air où je ne trouve aucune resistance, quoique lorsqu'il est violemment poussé vers moi par la compression qu'on appelle *Vent* il puisse me jetter par terre, ce qui marque qu'il est composé de parties & de parties peut-être très-solides même en tant qu'air; alors l'idée que j'ai de la Pénétrabilité en la supposant la propriété d'un être simple ne seroit point une idée distincte, mais un jugement, un melange d'idée d'où resulte ce qu'on appelle une *idée fausse*, & des composés dont les parties pourroient se séparer suffiroient à la pénétrabilité lors même que quelques parties de ces composés ne seroient point pénétrables. Ainsi la Penetrabilité au lieu de supposer un être simple supposeroit au contraire un être divisible, dans le sens où on prend ce mot. Mais j'ai deja observé, que l'espece de division que la penetrabilité suppose n'est pas celle par laquelle des parties peuvent être séparées de leur tout. Et si je me demande, pourquoi l'existence d'un être simple dont la substance seroit penetrable à la plus petite pression possible dans tous les points qu'on pourroit supposer dans son existence ou dans son étendue, car c'est la même chose, pourquoi dis-je l'existence d'un tel être seroit impossible, je n'en puis trouver aucune raison. Je ne puis concevoir qu'il soit plus difficile à l'être infiniment puissant de créer une seule substance parfaitement une & simple sans aucune solidité & susceptible de toute sorte de formes par sa cession aux moindres pressions, qu'il est difficile à cet Etre de créer une fémille. Rien n'est difficile à un être infiniment puissant. Il n'a qu'à vouloir & les choses sont ce qu'il veut qu'elles soient: *Dixit & facta sunt.* Il n'y a rien d'impossible que ce qui implique contradiction, & la contradiction n'est que la negation d'une chose qu'on affirme être la même que celle qu'on nie, ce qui est inconcevable & qui par conséquent ne peut être fait. Mais tout ce qui n'implique pas contradiction est possible, & tout ce qui est possible peut être fait par une puissance infinie: pourquoi donc par exemple l'Etre infiniment puissant ne pourroit-il créer une substance simple, grande d'un pié, sans parties & ainsi egalement pénétrable dans tout son tout; car tout se dit aussi bien de l'être simple que du composé? Seroit-ce parce qu'elle auroit une étendue 2. fois egale à six pouces, 12. fois à douze, & qu'ainsi on pourroit la considerer comme un composé d'une infinité de lignes & de points & par conséquent divisible? mais l'étendue ne suppose que l'existence & non pas la divisibilité: Ainsi il n'est pas contradictoire qu'un être d'une seule & même substance, soit sans parties & par

par conséquent indivisible. La divisibilité ne suppose pas même l'étendue, elle ne suppose que l'union de parties, & si rien n'est divisible que ce qui est étendu, c'est que rien n'est divisible qu'il n'existe, qu'aucune être n'existe sans son étendue quelconque fut elle infiniment petite, & que l'union de deux etendues ou de deux êtres quelconques, forme une étendue plus grande que n'est celle de l'une d'eux, d'où nait alors la divisibilité ou l'étendue divisible. Si donc Dieu par un acte de sa Toute-puissance avoit créé un être vraiment Un & non composé d'une union de substances, lequel comparé avec d'autres êtres se trouveroit de la grandeur d'un pié d'existence, cet être seroit réellement indivisible, puisqu'il seroit sans parties; & quoiqu'en faisant abstraction à la simplicité de la nature & considerant seulement son étendue par abstraction, on puisse y imaginer un nombre de pouces ou de lignes, de figures ou de mesures quelconques; il est vrai que ce pié d'étendue aussi bien que ces figures ou mesures quelconques ne seroient qu'une union d'idées abstraites d'étendue, de figure & de mesure, prises de l'idée generale & abstraite d'étendue & de figures, ouvrage de l'imagination & attribuées faussement à l'être que nous supposons, puisqu'étant un par la supposition il seroit indivisible quoique par la mobilité intericure de la nature qui le rend pénétrable, il put être susceptible d'une infinité de formes, & que consideré dans la forme d'un pié d'étendue, la grandeur de son existence put être comparée avec celle de tout autre être plus ou moins grand. Ainsi ces pouces & ces lignes que je supposerois marquer des divisions & par conséquent des parties dans l'étendue de cet être pourroient bien marquer des rapports ou des situations de son existence tant par rapport à lui que par rapport aux autres êtres; mais non des distinctions de parties veritablement separables.

CCCVI.

OR s'il n'est pas contradictoire que Dieu puisse créer un être pénétrable, d'une nature en soi interieurerieurement mobile, & par conféquent fusceptible d'une grande varieté de formes & par conféquent d'une où il feroit d'un plé d'étendue; il n'y a pas de contradiction que Dieu puiffe créer un être dont l'exiftence feroit le double, le triple, le centuple, ou, pour mieux dire, un être dont l'exiftence feroit infinie dans le fens geometrique, c'eft-à-dire, auffi grande & plus grande qu'on pourroit fe l'imaginer. Car la creation de l'un ne coutera pas plus que l'autre à un être infiniment puiffant. Il femble même, s'il eft permis de dire il femble quand on veut raifonner philofophiquement, que plus un être pénétrable feroit étendu plus il feroit pénétrable, parce que plus il excederoit les êtres qui voudroient le penetrer moins il y auroit de compreffion de fon exiftence. Et en effet plus j'y penfe plus je trouve que ce *il femble* ne marque pas ici une vraifemblance, mais une verité.

Un être ne peut être penetrer par un autre qui feroit plus grand ou même auffi grand. Cela eft évident en fuppofant un être pénétrable dont la fubftance fut déterminée à prendre la forme d'un Cube par la preffion egale de fix êtres folides, parfaitement egaux, & que cette preffion durat toujours également; il eft encore evident que cet être pénétrable ne pouvant s'echaper par aucun paffage, ni s'étendre dans aucun pore, la preffion deviendroit enfin nulle fans produire aucun autre effet que celui de maintenir cet être dans la forme de cube où étant egalement preffé il acqueiroit alors une refiftance egale à toute la force des corps comprimans; deforte que quoique la compreffion ne put rien changer dans la nature de la Subftance de cet être, ni l'anéantir, cet être par la preffion feroit tel qu'il ne pourroit alors être pénétré: La Géometrie ne refuferoit pas fes figures, ni l'Algebre fes caracteres pour en donner des demonftrations mathématiques, fi cela n'etoit pas evident felon la fuppofition.

CCCVII.

SI donc la Penetrabilité eft la proprieté d'un être réellement exiftant, la Pénétrabilité n'étant point la proprieté des Corps, ni de la Matiere, ce ne peut être que la proprieté de ce que les Philosophes tant anciens que modernes ont appellé *le Vuide*, ou *l'Espace*, que ceux qui le croyent réellement existant regardent comme le *Lieu* des Corps.

Mais si des Philosophes anciens & modernes ont admis le Vuide, des Philosophes anciens & modernes l'ont rejetté, & le nombre de part & d'autre est si considerable que si on devoit juger une question de Philosophie à la pluralité des voix, il seroit bien difficile de décider celle-ci. Ceux qui n'admettent pas le Vuide disent, que l'idée qu'on croit en avoir n'est qu'un préjugé de l'enfance. Ceux qui l'admettent pretendent qu'on ne le nie que par un prejugé Philosophique, c'est-à-dire, parce qu'on s'est soumis à l'autorité d'un maitre qui le rejettoit sans raison. Que faire? Ce que doit faire celui qui aime la Vérité; ne s'embarasser point dans ce que disent les uns ni les autres, mais rechercher simplement la verité par des principes dont le contraire soit impossible. Premierement, plus je fais attention à mes idées, plus je sens que j'ai celles de la cession insensible que j'appelle *pénétrabilité*, que je ne puis la concevoir que je ne la conçoive totale dans l'être penetrable, parce que toute partie qui resisteroit & qu'il faudroit écarter pour se faire passage, seroit contraire à la pénétrabilité, & par conséquent un être penetrable ne peut avoir de telles parties. Secondement, je sens très-parfaitement qu'un être qui seroit moins grand qu'un autre n'en pourroit être penetré; d'où je conclus évidemment, que *l'être penetré est necessairement plus grand que l'être penetrant*. Je dis évidemment, parce que le contraire est impossible. Le contenant est plus grand que le contenu, d'où je conclus que la grandeur, c'est-à-dire, une grande existence est convenable à l'être penetrable.

Troisiemement, je sai & je vois par les termes mêmes, que l'unité ou simplicité de nature, c'est-à-dire, de substance, n'est point contraire à l'étendue, ni à la penetrabilité, ni à cette mobilité interieure que suppose necessairement la cession insensible que j'appelle *penetrabilité*, & qui n'est rien autre;

d'où

d'où je conclus evidemment, que puisqu'il n'y a rien de contradictoire dans toutes ces idées, l'existence d'un être qui réunit toutes les propriétés que ces idées signifient, n'est pas impossible. Or cet être c'est ce qu'on appelle le *Vuide*, ou l'*Espace*; donc, l'existence du Vuide ou de l'Espace est possible. Mais de plus, j'ai l'idée d'*impénétrabilité*, c'est-à-dire, de la propriété d'un être si solide que rien ne peut s'y introduire, l'écarter, le penetrer. J'ai celle d'une resistence à laquelle je donne le nom de *mollesse* quand elle est petite, de *fermeté* quand elle est plus grande, de *dureté* quand elle est plus grande encore, & de *solidité* quand elle est extreme; à laquelle resistence on donne aussi le nom de *force* en general, force plus ou moins grande selon que la resistance est plus grande ou plus petite.

L'extreme solidité est impenetrable, & c'est une propriété de l'être infiniment petit, d'un être parfaitement *un* & *simple*. *La dureté* est penetrable, mais ce n'est que par une division de parties qu'on separe entierement de l'être dur; desorte que la dureté n'est que la propriété d'un être composé.

La fermeté, ou la mollesse ne differant de la dureté que du plus au moins, leur penetrabilité ne differe que dans une division de parties plus ou moins facile; d'où vient que pour penetrer ainsi certains corps tels que ce petit morceau de sapin qui est un corps ferme, il n'est pas necessaire comme dans un Diamant ou du Marbre qu'on voudroit penetrer, de briser une infinité de petites parties qui sont ainsi totalement séparées de leur tout. Il suffit seulement d'écarter les parties du sapin qui cedent à une force mediocre.

Un corps mou est encore moins ferme, & sa mollesse peut s'étendre jusqu'à la fluidité, telle que deviendroit ce morceau de cire si je l'exposois quelque tems au feu, ou telle qu'est naturellement cette eau que voilà dans ce bassin.

J'ai d'ailleurs l'idée d'un mouvement local, c'est-à-dire, d'un corps qui change de situation & qui passe quelquefois d'un endroit dans un autre avec une si grande vitesse que mes yeux ne peuvent le suivre, ne peuvent même le voir passer. Mais je vois
aussi;

aussi; que si ce corps rencontre sur son passage un corps extremement dur, tel qu'une forte muraille par exemple, ce corps est arrêté, qu'il tombe, ou que si la force de son mouvement continue encore il est renvoié du coté dont il est parti.

Or je demande, si tout est matiere comment ce corps peut-il continuer à se mouvoir du coté où il n'y a point de muraille & être arrêté ou renvoié du coté qu'il y en a une? Si tout est matiere, tout est muraille pour lui. Je ne puis concevoir qu'une bale de fusil puisse sortir du canon où elle est enfermée. Si tout est matiere, ce canon est aussi rempli de matiere lorsqu'on dit qu'il est creux que s'il étoit rempli de plomb fondu, ou que s'il n'étoit qu'un seul morceau de fer non foré. Si tout est matiere, un corps *creux* n'est qu'un corps dont les parties interieures ne sont pas semblables aux parties exterieures, & un corps *vuide* n'est qu'un corps dont les parties interieures qui le remplissent ne se distinguent point, par la vue ni par le toucher, de l'air, qui l'environne; & s'il n'y a point de vuide il suit qu'un corps vuide est toujours plein, & qu'ainsi un corps vuide n'est pas vuide. Ou si on entend par *Vuide* un corps qui n'est plein que d'air; je demande, s'il n'y a point de vuide parmi l'air, d'où vient qu'une Boete pleine d'air est moins pesante qu'une Boete pleine de plomb, lors même que la premiere est beaucoup plus grande, & que puisque tout est matiere elle contient ainsi plus de matiere que celle de plomb? Comment même quelquechose peut-il peser dans le plein tout étant également soutenu? Comment se peut-il faire que des corps soient plus durs ou plus mous les uns que les autres & que toute la matiere ne soit pas une seule masse également solide, puisque ce n'est qu'un composé de parties absolument égales.

Vous vous trompez, me dira-t-on. La diverse configuration des parties fait seule toutes ces differences. Les parties de matiere qui composent le plomb sont formées très-differemment de celles qui composent l'air. Les premieres en repos, unies étroitement les unes aux autres, font un corps dense, grossier, malléable, pesant si vous voulez; les au- tres

tres toujours en mouvement, ne font par leur petiteſſe qu'un corps imperceptible, auſſi leger qu'agité, quoique capable de condenſation & de peſanteur, mais avec une élaſticité ou un reſſort que le plomb n'a pas.

Je reponds, que je conçois très-évidemment que toutes les parties élémentaires, c'eſt-à-dire, les ſemilles, ou les points phyſiques dont l'union compoſe la Matiere, étant parfaitement ſemblables, une matiere, celle du plomb par exemple, ou celle de l'air, ne peut différer de celle d'un autre corps que par le different arrangement de ces ſemilles qui ne ſont ſuſceptibles que d'arrangement, de repos & de mouvement, ce qui pouvant être infiniment varié par une intelligence & une puiſſance infinie, peut former une infinité de petits corps qu'on appelle *particules* ou *atomes*, à cauſe de leur extreme petiteſſe & de leur extreme ſolidité. Je conçois enſuite très-évidemment que ces petits corps quoiqu'imperceptibles peuvent par leur melange & leur union compoſer des corps très-ſenſibles & neceſſairement differents les uns des autres, conformément au melange & à la diverſe formation des particules dont l'union les compoſent. Je conçois cela ſi neceſſairement que le contraire eſt impoſſible, puiſque des compoſés n'étant qu'une union de parties compoſantes, ſi les parties compoſantes ſont toutes ſemblables & dans le même arrangement, les compoſés ſeront neceſſairement ſemblables, ſans aucune difference de forme, de peſanteur, de dureté, en un mot de toute ſorte de propriété ou de qualité. Toutes les parties principes, les ſemilles dont la matiere eſt faite, étant neceſſairement parfaitement ſemblables, ſi les corps ne conſiſtent que dans l'union de ces parties, tous les corps ſont donc ſi parfaitement ſemblables qu'ils ne peut y avoir entre un corps & un corps, entre l'air & le plomb, aucune difference. Si donc il y a de la difference entre l'air & le plomb, l'air & le plomb ne pouvant différer quant aux parties principes qui les font matiere, doivent donc différer par d'autres parties principes qui les font air ou plomb. Ces parties principes n'étant elles-mêmes que des

com-

composées de semilles parfaitement semblables, sont donc des composées parfaitement semblables quant aux parties qui les composent, & ne peuvent différer que par l'arrangement de ces semilles qui étant infiniment petites & solides peuvent former par leur union & leur divers arrangemens les plus petites masses & les plus petites figures possibles. Or quelque figure qu'on puisse imaginer, quelque masse qu'on puisse concevoir, il y aura toujours la plus petite masse & la plus petite figure possible dans chaque genre de figure, par l'union & l'arrangement du nombre quelconque d'infiniment petits nécessaires à leur formation; & dès lors on aura de petits corps insensibles par leur petitesse, on aura des atomes dont l'union formera des corps sensibles par leur grosseur & différents par la différence des petits corps qui deviennent leurs parties principes. Mais toute figure n'étant qu'un arrangement de parties terminantes, comment, si tout est plein de matiere & par conséquent de semilles, peut-il y avoir des corps distincts du tout, par leur masse & par leur figure, puisqu'il n'y a qu'une seule masse & par conséquent qu'une seule masse qui soit corps par la figure réelle de l'arrangement de ses parties terminantes. Il faut donc nécessairement qu'il y ait un interval entre un corps & un corps pour qu'ils soient distincts l'un de l'autre par leur masse & par leur figure, comme il faut, puisque la matiere est impenetrable, qu'il y en ait pour leur mouvement, & comme il faut de même qu'il y en ait entre les atomes qui par la diversité de leurs masses & de leurs figures sont les parties principes de la différence des corps. Car il est de même nécessaire que ces atomes conservent leurs figures autant que leur union peut le permettre pour que cette différence subsiste. Si ces atomes perdoient leurs figures par l'union intime de toutes leurs parties avec d'autres parties, ils seroient confondus dans une masse uniforme qui ne seroit plus qu'un simple composé de semilles, une pure matiere dont il ne pourroit resulter aucune différence. Aussi voit-on que tous les corps ont jusques dans l'interieur de leur masse de petits intervals qu'on nomme *Pores*, que les corps les plus pesans sont ceux qui en ont le moins, que lorsque des corps legers sont pénétrés par quelque matiere qui s'arrêté dans leurs pores, ils deviennent plus pesants. Je dois donc conclure évidemment que puisqu'il y a mouvement local, & difference de corps, il y a necessairement une substance pénétrable qui n'est point matiere mais qui est le lieu des corps, qui fait leur distinction exterieure & leurs differences internes, & c'est ce qu'on appelle le *Vuide* ou l'*Espace*.

Supposons que Dieu après avoir créé une substance pénétrable crée un nombre quelconque de petits corps angulaires ou poligones qui se touchent par le sommet de leurs angles, ou un nombre quelconque de petites boules qui se touchent toutes par un point ainsi qu'on peut le voir dans cette figure.

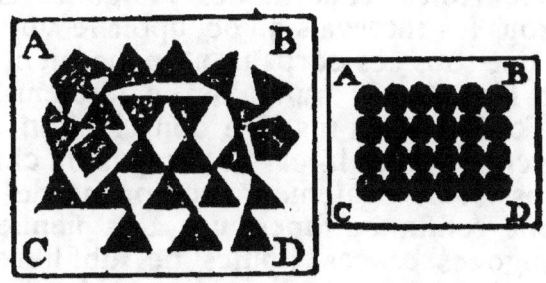

Tous ces corps seront alors distincts, parce qu'ils auront chacun leurs parties terminantes, que les uns ne se touchant que par leurs angles & les autres par un point il y aura entre chacun d'eux un interval qui n'étant point d'une substance semblable à celle de ces corps ne pourra s'unir avec eux par une union de nature qui ne seroit qu'une continuité d'existence semblable & nulle existence separée, desorte que cet interval leur conservera leur masse & leur figure & les empechera ainsi d'être confondues en ne faisant tous qu'un seul & même composé continu.

Que Dieu mette ces corps en mouvement, rien ne s'y oppose, la substance dans laquelle ils sont placés est si penetrable qu'elle cede à la moindre pression, au moindre effort, rien ne les arrêtera dans leur

leur mouvement que leur rencontre reciproque ; alors ils s'entrechoqueront, feront détournés dans leurs mouvemens, pourront fe brifer par le choc, & changer de figure.

Que Dieu aneantiffe cette fubftance que nous nommons *le Vuide* ; je dis que ces Poligones, ces Boules, tous ces Corps ne pourront plus fubfifter dans l'ordre où Dieu les avoit placés ni avec les figures qu'il leur auroit données, parce que l'interval qui fe trouve entre ces Corps & qui les diftingue fera anéanti, deforte que pour que ces corps confervaffent leur figure, il faudroit que le rien exiftât entre elles, ce qui eft une abfurdité. Ainfi Dieu ne pourroit conferver ces corps tels & ainfi qu'il les avoit placés fans le Vuide ou une fubftance équivalente.

Que Dieu rempliffe maintenant d'une matiere parfaitement femblable à celle de ces Poligones & de ces Boules tous les intervals qu'occupoit le vuide, il eft évident que tous ces corps 1°. ne pourroient plus fe mouvoir féparément puifqu'ils ne feroient plus qu'un feul Tout avec la matiere dont l'union avec eux auroit rempli leurs intervals, & qu'ainfi chacun de ces corps feroit également comprimé de tous cotés par une réfiftance fuperieure à la fienne. 2°. que ces Poligones & ces Boules ne fubfifteroient plus, puifque les intervals neceffaires à leurs figures étant remplis par des parties femblables à celles qui en les terminant font qu'ils ont telle ou telle figure, l'union de leurs parties terminantes avec celles qui fe joignent à elles feroit que ces premieres ne feroient plus terminantes, & ainfi de fuite ; deforte que tous les intervals étant remplis, tous ces corps ne feroient plus qu'un feul plein, qu'un feul corps, qui auroit une figure parce que lui feul auroit des dernieres parties. C'eft ce qui eft vifible dans la Figure precedente où tous les corps qu'on vient de fuppofer font reprefentés par des Poligones & des Boules noires & le Vuide par le blanc qui eft entre elles. Il eft manifefte que ces figures n'exiftent que par la diftinction que le blanc met entre elles, & que fi on le couvroit exactement de même ancre jufqu'aux lignes A. B. C. D, il n'y auroit

auroit plus ni Boules ni Poligones mais un seul quarré noir A. B. C. D.

Je conclus donc, *Qu'il y a dans la nature des Etres une substance extremement penetrable, très-différente de celle dont la matiere est composée, substance penetrable également nécessaire au mouvement des corps, à leur distinction extérieure & à leur différence interne, & qu'on nomme le Vuide ou l'Espace, qui est le Lieu des corps qu'elle pénétre & dont elle est penetrée.*

– – – – – – – – – Alterius sic
Altera poscit opem res & conjurat amice.
HORAT. A. Poet.

Ce n'est donc point un prejugé d'enfant qui fait admettre le Vuide, c'est le sentiment indubitable d'une chose si nécessaire au mouvement, à la distinction des Corps, & à la différence de leurs propriétés, qu'il fait impression dès l'enfance; on ne le nie donc que par un préjuge philosophique auquel on se livre par prevention pour ceux qui l'enseignent, & faute de remonter aux principes nécessaires des choses. *Aussi-tôt qu'un esprit est préocupé,* dit le P. MALBRANCHE, *il n'a plus tout a fait ce qu'on appelle le sens commun, il ne peut plus juger sainement de tout ce qui a quelque rapport au sujet de sa préocupation, il en infecte tout ce qu'il pense* (1). Ce Philosophe a été dans cette préoccupation lui-même: car il nie l'existence du Vuide, & ce n'est pas la seule chose qui fasse voir dans sa *Recherche de la Verité* que faute de remonter par l'intelligence des termes, jusqu'aux premiers principes des choses, sa préocupation l'a détourné de la Verité qu'on peut dire qu'il n'a recherchée que dans le Titre de son Livre. Il est bien éloigné d'être Philosophe Zététique; il n'y a point de Dogmatique plus dogmatique que lui. Il est facheux qu'au lieu de suivre la nature & de se diriger par ce qu'on y découvre clairement, c'est-à-dire, par ce qui s'y exige nécessairement, des gens de beaucoup d'esprit se livrent à leur imagination, fassent des systemes dont l'art cache la confu-

(1) *Recherche de la Verité.* L. 2. C. 7.

confusion & même la contrarieté des idées, & où ils passent pour d'autant plus grands Philosophes qu'ils s'éloignent plus du sens-commun. Il y a cependant lieu de croire que la vraye Philosophie ne doit tendre qu'a ramener l'Homme à cette simplicité de la Raison Naturelle qui verroit la verité toute nue si les passions ou les prejugés de l'éducation ne la cachoient sous une confusion d'idées aussi temerairement établies qu'injustement soutenues. Peut-on croire que l'homme soit moins fait pour la Verité que pour l'Erreur ? L'Erreur est l'effet de la Corruption & non de la Nature.

．．．． Per dir il ver, non han bisogno
Di Maestro, Maestra e la Natura.
AMINTA, Att. 2. Sc. 2.

Le Raisonnement doit donc nous ramener à l'Homme & non au Philosophe. Il est vrai qu'*Homme* & *Philosophe* devroient être le nom de la même chose, & que si on definit l'homme un *Animal raisonnable*, le definir *un animal Philosophe*, seroit en donner la même definition, à n'avoir égard qu'à la signification propre de ce terme. Il vient de deux mots Grecs qui signifient *amoureux de la Sagesse*: Or, être raisonnable & amoureux de la sagesse c'est la même chose. Mais ce nom comme presque tous les Appellatifs a acquis une signification bien equivoque par la vanité de ceux qui l'ont pris, ou par l'inconsideration de ceux qui le leur ont donné. Il faut suivre ce Precepte, qui fait la Devise de la Société Royale de Londres, *Nullius in verba magistri*, ne rien assurer sur la parole d'un autre, quelque grande que soit sa reputation & quelque nombreuse que soit la secte, il faut rentrer dans soi-même, distinguer ses idées & ne croire qu'elles nous présentent la verité que lorsque des Principes dont le contraire implique contradiction nous la font évidemment connoitre, ce qui n'est que le developpement,

De ce vrai dont tous les esprits
Ont en eux-mêmes la semence,
Qu'on ne cultive point, & que l'on est surpris
De trouver vrai quand on y pense.
LA MOTTE, Fable 8. l. 1.

CCCVIII.

CCCVIII.

CEpendant revenons à mon morceau de Cire. Je l'ai coupé en deux & ainsi d'une continuité d'existence en tant qu'un seul morceau j'en ai fait deux existences distinctes en tant que deux morceaux. La Cire subsiste, mais le premier Composé est détruit, il étoit quarré, il est maintenant triangulaire, & plus petit qu'il n'étoit. Je n'ai pû le détruire que par la séparation de la moitié dont l'union avec l'autre faisoit un tout quarré. Cette séparation n'a pu se faire sans un mouvement qui a transporté les parties par lesquelles ces deux Morceaux se touchoient immédiatement, & en effet je vois qu'il y en a d'attachées si fortement à la lame du couteau dont je me suis servi qu'elles y sont parfaitement unies. J'ai fait plus. Non content d'avoir détruit la situation où étoient ces parties, j'ai encore éloigné ces deux morceaux l'un de l'autre, en voici un là, & l'autre ici. Lorsqu'ils n'en faisoient qu'un par leur union, ils occupoient ensemble un plus grand espace que chacun d'eux en occupe maintenant en son particulier. Mais la somme de ces deux espaces pris ensemble seroit toujours egale à l'espace qu'ils occupoient étant unis, ce qui fait voir que s'il n'y avoit point de Vuide, la transposition des corps seroit impossible ; car chaque corps ayant en soi son étendue propre par la realité de sa substance, & cette étendue n'étant à l'égard de l'esprit que l'idée abstraite d'une propriété essentielle à cette substance & par conséquent l'étendue réelle n'étant point différente de la substance même laquelle est en soi impénétrable, il suit évidemment que si tout étoit matiere il n'y auroit point de vuide, ni d'espace, ni de lieu pour la transposition des corps, chaque corps occupant nécessairement un espace proportionné à son étendue, l'espace alors ne seroit pas différent de l'étendue du corps laquelle étendue n'étant point différente du corps qui est impénétrable, ne seroit donc point un espace qui pût être penetré ; il n'y auroit donc point d'espace pénétrable, point de lieu qui ne fut occupé par un corps impénétrable, point de lieu par conséquent féquent ni d'espace où un corps put se retirer pour ceder sa place à un autre, ni par conséquent point de lieu ni point d'espace où un autre corps put être transporté ni transposé.

Mais pour avoir à cet égard des idées plus distinctes encore s'il est possible, voyons ce qu'on entend par ces mots, *espace, lieu, ici, là, endroit, place, quelque part, nulle part*, & quelques autres. Tous les corps que je vois se touchent immédiatement & je dis que ces corps sont unis, qu'il n'y a rien qui les sépare; ou ces corps ne se touchent point, & je dis qu'il y a entre eux, du *vuide*, de *l'espace*, de *la place* pour un autre corps. Quand ils se touchent par une superficie plane ou par des cotés parfaitement égaux, je dis qu'ils sont unis sans interruption d'union, & qu'ils ne font ainsi qu'une existence continue, desorte qu'une *existence continue* est un terme collectif qui signifie *plusieurs êtres ou plusieurs existences qui sont unies sans aucune interruption*.

Quand des corps ne se touchent que par des angles ou que par quelques points, je dis qu'ils ne font qu'une existence continuée par les angles ou les points que les unissent, mais que c'est une existence interrompue par la séparation des autres parties qui ne se touchent pas, & qui ne font point une existence continue par une union de parties semblables.

J'appelle cette *existence* une existence *contigue*; j'appelle cette séparation, *pore, interval, interstice, distance*, ou *vuide*; & j'appelle les morceaux de la matiere qui sont composés d'une pareille union de parties des *corps poreux*, ou des *existences poreuses*. Ainsi *les corps poreux* ne font que *des composés de parties qui unies dans un sens & séparées dans un autre par le vuide ont bien une existence continuée, mais contigue & non continue*.

L'idée que j'ai quand je dis, qu'il y a *du vuide*, de *l'espace*, est l'idée d'une étendue qui n'est point celle d'un corps, mais d'une étendue qui cederoit sans effort sensible à celle d'un corps qui viendroit se joindre aux deux corps séparés par cette étendue que j'appelle *vuide* ou *espace*, ce qui est dire, que j'ai l'idée d'un être pénétrable & l'idée d'un
être

être solide ou impénétrable. Car le rien n'a point de propriétés, il ne peut ni contenir ni être contenu, l'étendue n'est qu'une proprieté qui suppose un être, une étendue penétrable est donc l'idée d'un être pénétrable, différente de l'étendue d'un être qui n'est pas pénétrable. Ainsi *le Vuide* ou *l'Espace* signifie un *être pénétrable*.

Remarque.

IL ne s'agit pas de dire que cette idée me vient non de ce que cet espace n'est pas plein de matiere, mais de ce que je ne vois aucun corps ni de ce que je n'en sens aucun entre les deux corps solides que je suppose séparés. Je conviens que dans cet interval il y a de l'air, il y a une infinité de petits corps qui me sont insensibles par leur petitesse. La Raison me le dicte & même je le sens lorsque j'oppose ma main à la petite fente d'un lambris ou au petit trou d'une porte. Je vois même les plus grossiers conformément à la remarque de LUCRECE (1). Lorsque la lumiere du Soleil entrant par une ouverture mediocre dans une chambre y forme un Rayon qui tombe depuis cette ouverture jusqu'au plancher, milles petits corps invisibles au delà de ce Rayon s'y font voir dans un mouvement inégal, les uns montent, les autres descendent, d'autres y forment de petits tourbillons qui s'entrechoquent, se croisent, se dissipent ensuite, & reparoissent avec des mouvemens différens.

> *Contemplator enim, cum solis lumina cunque*
> *Insertim fundunt radios per opaca domorum:*
> *Multa minuta modis multis per inane videbis*
> *Corpora misceri radiorum lumine in ipso;*
> *Et velut alterno certamine pralia, pugnasque*
> *Edere turmatim certantia, nec dare pausam*
> *Conciliis, & discidiis exercita crebris.*

Mais ce n'est pas par le toucher ni par la vue seulement

(1) De Rerum Natura. Lib. 2.

ment que je dois juger de cet espace, c'est par la Raison & la nature des choses.

*Non radii solis, neque lucida tela diei
Discutiant, sed naturæ species, ratioque.*
                                        LUCRET. Lib. I.

Car quelques subtils, quelques deliés qu'ils soient ces petits corps, s'il n'y a point d'interstices, c'est-à-dire, de vuide entre eux ils sont nécessairement unis & par conséquent font un corps aussi impénétrable que les deux entre lesquels ils sont. Si je m'objecte que ces petits corps, cet air, sont si fluides que glissant les uns sur les autres dans un mouvement perpetuel ils cedent à la moindre pression; j'avoue que je ne m'entends pas, à moins que je ne suppose du vuide. Car je ne puis concevoir de fluidité où tout est plein. Il est contradictoire que des corps qui sont nécessairement unis comme ils le seroient, puisqu'il n'y auroit entre eux aucun interval de vuide, puissent se mouvoir séparément. Je ne puis non plus concevoir, supposé qu'ils puissent se mouvoir séparément, comment ils pourroient se mouvoir en des sens différens, étant également pressés de tous côtés. Que s'ils fluent tous du même sens, ils doivent trouver plus de résistance à pénétrer cet interval d'un côté que d'un autre, puisque leur opposant un corps impénétrable, il faut que le choc les force à retrograder, à se mouvoir dans un sens contraire, ce qui ne peut se faire dès qu'il n'y a point de vuide, qu'en faisant mouvoir toute la colonne de matiere qui est depuis cet interval jusqu'à l'extremité du monde.

Soient les Lignes $a_y b_y c_y d$ des corps ou des parties de matiere quelconques, & les intervals y, y, y du vuide. Il est evident que je puis pousser a jusqu'à b sans que b soit poussé jusqu'à c, ni c jusqu'à d; parce que le mouvement par lequel a sera transporté jusqu'à b peut être tel qu'il n'aura de force qu'autant qu'il faut pour parcourir l'interval qui est entre a est b & unir l'un à l'autre sans avoir la force de les pousser tous deux. Mais si ce mouvement continue & qu'il uniſſe de même *a b* avec *c d*, n'y ayant plus d'interval il n'y aura plus de vuide, toutes ces parties de matiere ne ſeront plus par leur union qu'un ſeul & unique compoſé, & cette union ſera néceſſaire & parfaite puiſqu'il n'y aura point d'interval, deſorte qu'il ſera impoſſible de pouſſer *a* ſans pouſſer en même tems *b*, *c*, *d*.

Si donc il n'y avoit point de vuide il faudroit pour mouvoir un corps quelconque pouſſer toute la colonne de matiere qui ſeroit depuis ce corps juſqu'à l'extremité du monde, que dis-je, il faudroit mouvoir le monde entier : Car ce corps & cette colonne tiendroit egalement de toute la maſſe, ou pour dire vrai, il ſeroit impoſſible d'y rien mouvoir. La matiere ne pourroit être diviſée quoique diviſible, toute diviſion ſuppoſant une ſéparation de parties, & par conſéquent mouvement & interval. Le mouvement circulaire des parties dont la matiere eſt compoſée, & que ceux qui ſoutiennent le plein materiel veulent y ſuppoſer, ne ſeroit pas moins impoſſible que le mouvement en ligne droite. Car ſi les parties qu'on ſuppoſeroit ſe mouvoir circulairement dans la maſſe n'étoient pas parfaitement unies avec les autres parties, il y auroit donc un interval entre elles, & voilà du vuide. Si elles étoient parfaitement unies, comment pourroient-elles ſe mouvoir, tandis que celles avec quoi elles ſeroient unies reſteroient en repos, ou ſeroient peut-être meus dans un cercle oppoſé ?

Demonſtration.

Suppoſer des parties dans le plein materiel entre leſquelles il y ait un interval vuide, cela eſt contre la ſuppoſition & la detruit. Suppoſer un compoſé dont les parties ſoient néceſſairement unies ſans aucun interval de vuide, & dire que ces parties ſe meuvent independamment les unes des autres, comme il arriveroit ſi elles n'étoient pas mues toutes enſemble & dans le même ſens, c'eſt ſuppoſer des parties en même tems unies & ſeparées, ce qui eſt une contradiction dans les termes, & par conſéquent une impoſſibilité dans la choſe.

Corol-

Corollaire.

DOnc *s'il y a Corps & Mouvement, il y a nécessairement Matiere & Vuide.*

Demonstration.

LA figure des corps n'est que la disposition ou l'arrangement de leurs parties terminantes: La configuration de leurs parties n'est que la disposition ou l'arrangement de leurs parties interieures.

Ainsi la Configuration n'est que la figure des parties interieures, & la Figure ne consiste que dans la disposition de leurs particules terminantes. S'il n'y a point de pores, c'est-à-dire, de vuide dans les corps & que tout y soit également plein & materiel, il n'y a plus de configuration de parties: Ainsi tous les corps sont intérieurement semblables, il ne peut y avoir de difference entre un corps & un autre corps que celle de la figure, de la situation, & de la quantité.

Corollaire.

DOnc *si les corps différent par la configuration de de leurs parties, ils ont nécessairement des pores.*

Ainsi on peut dire avec l'Abbé GENEST dans sa *Philosophie de* DESCARTES que cet Abbé a mis en Vers:

> D'invisibles vapeurs se forment les Rivieres,
> Dont les flots sont roulés dans un lit spacieux;
> Les marbres sont produits au fond de leurs carrieres
> De parcelles qu'en vain voudroient chercher nos yeux;
> Et ces metaux si chers aux avares avides,
> Cet or & cet argent si massifs, si solides,
> Sont faits de petits corps l'un à l'autre attachés,
> Par qui nos sens ne seroient point touchés.

Mais il faudra convenir en même tems, que les petits corps qui forment les vapeurs & dont l'union fait les rivieres, que les parcelles dont les marbres sont produits, que les petits corps dont l'or & l'argent sont composés, aussi bien que les petites parties dont les corps des avares avides sont construits, ont tous des configurations différentes qu'ils conservent dans leurs unions, & que par conséquent tous ces corps ont des pores, c'est-à-dire, ont entre leurs parties internes de petits intervals qui ne sont point remplis de matiere, mais occupés par le vuide, sans quoi leurs parties ne pouvant conserver leurs configurations il n'y auroit point de différence entre les flots, les marbres, l'or, l'argent, & le corps des avares.

Lorsque cet Abbé dit ensuite :

> Quand la matiere ainsi sans fin est divisible,
> Le vuide est inutile aussi bien qu'impossible ;
> Sans lui le mouvement se laisse concevoir ;
> Tout sera plein, tout pourra se mouvoir.

Il faut conclure qu'il parloit sans s'entendre & qu'on doit ainsi parodier ses vers avec une mauvaise rime mais avec plus de raison :

> Sans doute on peut toujours diviser la matiere
> Mais pour la diviser le vuide est nécessaire ;
> Sans lui le mouvement ne peut se concevoir
> Si tout est plein rien ne peut se mouvoir.

Et lorsqu'il ajoute :

> Dans Athene où regnoit une raison profonde,
>   Ceux qui soutenoient que le monde
>   Comme nous l'assurons est plein,
> Faisoient voir qu'un poisson d'un mouvement soudain
>   Sans laisser après lui de vuide
>   Fend de Thetis le sein humide ;
> Et qu'enfin ses efforts ne sont point arretés
>   Parce que les flots obéissent,
> Et que les mêmes flots au même instant remplissent
>   Les lieux que le poisson en nageant a quités.

On peut assurer qu'il n'auroit point apporté cette autorité ni cet exemple s'il avoit fait attention que la matiere étant impénétrable & tout selon cette profonde raison d'Athene n'étant que matiere, on ne pouvoit par les termes mêmes *remplir* de matiere ce qui en étoit déja tout *plein*. Il auroit vu au contraire, que si les flots *obéissent* aux efforts du poisson il faut qu'il y ait nécessairement des interstices pénétrables aux particules qui composent ces flots, que s'il n'y en avoit point il n'y auroit pas lieu au moindre effort, la compression étant par tout égale, que le poisson même n'auroit pu avoir en soi ni mouvement ni vie, puisque sans intervals il n'y auroit ni circulation de sang, ni circulation d'humeurs, ni distinction de parties. Ainsi loin d'appeller le sentiment des Atheniens qui assuroient le plein comme les Cartesiens l'assurent une *raison profonde* il l'auroit appellé un *préjuge Philosophique*, une erreur fondée sur l'idée confuse de l'union de la matiere & du vuide, qu'il est si facile de distinguer puisque la raison & l'expérience y conduisent également.

Si donc les mêmes flots au même instant remplissent
Les lieux que le poisson en nageant a quités,

il falloit que ces *lieux* fussent pleins d'interstices, de vuide qui les rendissent fluides dans tous les sens que le mouvement pouvoit leur communiquer.

En effet qu'entendons nous par *lieu*? Ce mot n'a que deux significations propres: Celle de l'idée d'un rang, ou d'un *espace déterminé par abstraction de l'idée de l'espace indefini*, lequel *rang* ou *espace déterminé*, s'exprime aussi par le nom de *Place*. Lorsque je conçois un corps qui existe relativement avec d'autres corps, tels que seroient par exemple les corps marqués dans la Figure suivante:

Je dis, que le Quarré 4. est au *milieu*, c'est-à-dire, selon

selon la compofition grammaticale à la moitié du lieu occupé par les corps 1. 2. 3. 4. 5. 6. 7. Je ne dis pas qu'il eſt au milieu de l'eſpace ſans lequel je ne puis concevoir une ſuite de corps exiſtants: Car il ſe peut faire que les corps 5. 6. 7. occupent plus d'eſpace, ou ſi on veut ſoient plus étendus que les corps 1. 2. 3., auquel cas le corps 4. ne ſeroit pas au milieu de l'eſpace quoiqu'il fut au milieu de ces corps. Je dis donc ſimplement, qu'il eſt entre les corps 1. 2. 3. 5. 6. & 7.: Ainſi milieu marque *le rang ou la ſituation* où ce corps ſe trouve relativement aux autres.

Si je dis de même que le Triangulaire. 2. occupe le ſecond lieu, *lieu* ne marque encore que le *rang, la ſituation* où il ſe trouve relativement aux autres & à moi qui les conſidere. Car ſi je commence à les conſiderer par le corps 7., ce corps rond devient alors le premier & le Triangulaire 2. le 6eme. Or *le rang d'un corps ou un corps arrangé, la ſituation d'un corps ou un corps ſitué,* c'eſt la même choſe. Ainſi *lieu*, pris pour *le rang ou la ſituation* d'un corps, n'eſt que l'idée de ce corps jointe à celle d'autres corps ſans faire attention à l'eſpace où tous ces corps ſont contenus. Ainſi le *lieu d'un corps* ou le *corps ſitué*, c'eſt la même idée, & en ce ſens le corps eſt ſon propre lieu, comme il eſt ſa propre étendue, & ſa propre ſituation.

Il n'en eſt pas ainſi de *place*, lors même qu'on ſubſtitue ce terme à celui de *rang*, ou de *ſituation*. Quand je dis la premiere *place*, la ſeconde *place*, ce terme alors repréſente *l'eſpace* ou le *vuide* dans lequel un corps peut exiſter; & lorſque je dis, ce corps occupe la premiere *place*, cet autre occupe la ſeconde, ſi l'idée de ce terme n'eſt plus l'idée de *l'eſpace vuide*, c'eſt l'idée de *l'eſpace contenant*: Ainſi c'eſt toujours l'idée de *l'eſpace* qui eſt l'idée principale attachée au mot de *place*; & *la place d'un corps* ou *un corps placé* ne ſont pas la même idée. Le corps n'eſt pas ſa *place*, il l'occupe. Ainſi, *lieu* pris pour *place*, ou le mot *endroit* qu'on ſubſtitue quelquefois à l'un & à l'autre ainſi qu'on l'employe quelquefois pour *partie*, ne ſont que l'idée d'un *eſpace quelconque priſe par abſtraction de l'idée de l'eſpace ou du vuide*

vuide indefini. De même le mot de *part* pris dans le même sens pour le mot de *lieu*, comme lorsqu'on dit *quelque part, nulle part*, pour dire *quelque lieu, aucun lieu*, ne signifient que cette idée d'une espace quelconque prise par abstraction de l'idée de l'espace ou du vuide indefini. Ainsi comme tout être borné ne remplit qu'une *part* ou qu'un *espace* quelconque de l'espace indefini, mais que puisqu'il existe il est *où il est*, c'est-à-dire, qu'il occupe un *lieu*, ou une *place*, ou un *espace* conforme à son existence, on a raison de dire qu'un être est où il est & qu'ainsi il est en quelque lieu, (a) en *quelque part*, & qu'un être borné qu'on supposeroit n'être *nulle part* seroit un être qui n'existeroit pas, ce qui étant contradictoire, seroit supposer l'impossible.

Quand on dit *un être est où il est*, on a non seulement l'idée d'un être mais l'idée d'un être *placé* ou contenu. Or, tout être est en soi ce qu'il est, & il est ce qu'il est & n'est point autre en soi dans quelque lieu qu'il se trouve. Ainsi cet *où* marque l'Etre & ce qui le contient, ou la necessité d'être contenu, puisque cet Etre n'a en soi qu'une existence bornée. Ainsi quand on demande, *où est un Etre?* on peut repondre eu égard aux deux significations de ce *où*, que cet Etre est *en soi*, & dans le lieu qui le contient, puisque c'est un Etre borné: Car si c'étoit un Etre infini, on ne pourroit dire autre chose si non qu'*il est en soi*, parce qu'il est contradictoire qu'il soit contenu. Ainsi on peut dire de Dieu qu'il *n'est nulle part* étant l'Etre infiniment existant, l'Etre immense: Il n'y en a point de plus grand pour le contenir. Ainsi le *où* de Dieu n'est que son Immensité, son être immense, sa substance infinie, quand le *où* des Etres bornés ne peut signifier leur être qu'avec l'idée d'un lieu, soit determiné, soit indeterminé, dans lequel en supposant leurs existences réelles ils sont nécessairement contenus.

Ici ou *là*, comme quand on dit *ce corps est là & non pas ici*, ne sont que des Pronoms qui marquent un *lieu*, un *espace*, un *endroit* pris par abstraction de l'idée de l'espace

(a) CCC—CCCII.

pace indefini à quoi se joint l'idée d'une distance quelconque qui n'est encore qu'une abstraction de l'espace indefini; *ici* marquant un lieu où on est, un lieu voisin, *là* marquant un *lieu plus éloigné*.

C'est ce qui fait que je dis que ce sont des *Pronoms*, & non pas des *Adverbes*, ainsi que le prétendent les Grammairiens. Mais on sait qu'ils jugent ordinairement d'un mot par son apparence grammaticale plûtôt que par sa veritable signification, ce qui seroit pourtant la bonne maniere d'en juger. C'est ainsi qu'ils mettent au rang des Adverbes, *hier* & *avant-hier*, qui ne sont pas moins de veritables Pronoms qu'*ici* & *là* substitué à *y là* qu'on disoit autrefois, *hier* & *avanthier* n'étant pas moins pris pour un des jours de la semaine, qu'*ici* & *là* pour un lieu ou un espace determiné dans l'espace indefini.

CCCIX.

EN faisant ces réflexions je jette la vue sur mes morceaux de cire, & je m'apperçois que les surfaces que j'ai faites en les séparant sont beaucoup plus jaunes que les autres qui ont déja été maniées & exposées à l'air; j'y observe même qu'il y a sur toutes ces surfaces des veines de couleurs differentes. En voilà qui sont d'un jaune pale, celles-ci sont presque blanches, ces autres sont presque brunes. Parmi cette espece de jaune qui paroit la couleur principale j'y vois diverses nuances qui s'allient imperceptiblement, & je remarque de plus qu'en tournant differemment ces morceaux de cire ces couleurs s'affoiblissent ou changent & que quelques unes même disparoissent selon qu'ils sont exposés au jour.

C'est par mes yeux que je vois ces couleurs (a), ce ne sont pas mes yeux qui les voient; ils ne sont qu'un organe qu'un moyen par lequel je les vois, un *sensorium* par lequel je reçois le sentiment ou l'idée que j'ai de la couleur. Ils ne touchent pas cette cire, ainsi ce n'est pas immediatement par mes yeux

(a) No. CLXXVIII—CLXXI—CLXXIII.

yeux que je la vois. Si même mes yeux la touchoient je ne la verrois pas, & si j'étois sans lumiere je ne la verrois pas non plus. Je sai que c'est de la cire. Si je ne le savois pas je ne pourrois par la vue seule en juger. Car tout autre corps qu'on auroit peint des mêmes couleurs me paroîtroit de même & ne seroit cependant pas de la cire. Qu'est-ce donc que je vois? Des Couleurs. Qu'est-ce que c'est que des Couleurs? Ce ne sont pas des corps. Si c'étoit des corps, voir des couleurs, & voir des corps seroit la même chose. Si je voiois des corps en voyant des couleurs, je verrois comment ces corps sont faits: les voir sans voir comme ils sont faits ne seroit pas les voir. Or, je ne puis dire comment les petits corps dont l'union forme ce morceau de cire sont faits, quelle est leur figure, quelle est leur composition. *Voir* n'est donc autre chose (a) qu'*être affecté d'un sentiment ou d'une idée que je reçois par le moien de mes yeux & de la Lumiere à l'occasion de la disposition des parties dont un corps est composé.* Ainsi le Physique de la Couleur depend de la disposition des parties de la superficie d'un corps, de la reflexion des particules de Lumiere qui se fait conformément à la disposition des parties de ce corps, de l'effet que ces particules reflechies font sur mes yeux, & de la conformation de mes yeux mêmes. Ainsi la Couleur ne consiste que dans l'impression des particules de la Lumiere reflechie sur l'œil, & n'est point la propriété d'un corps, mais un effet dont je reçois le sentiment à l'occasion des corps. La visibilité d'un corps suppose donc des parties sur lesquelles la lumiere puisse reflechir & par sa reflexion frapper l'œil dont le mouvement se communique jusqu'à moi *qui vois*, c'est-à-dire, qui reçois l'impression de ce mouvement d'où naît le sentiment que j'appelle *des Couleurs*: Reflexion de particules, impressions, mouvements, dont je puis ne pas connoître les differences particulieres mais dont je sens les effets par les idées que je reçois de blanc,

Voir.

de

(a) No. CLXXI.

de jaune, de verd, de rouge, de bleu, de noir.

Je dis, de blanc, de jaune, de verd, de rouge, de bleu, de noir, & non en general de *couleur* prise par abstraction de toutes les couleurs en particulier; parce que *la couleur* en general n'est point une idée à moins que je n'entende par ce terme la complication du Physique à l'occasion de quoi je reçois le sentiment des couleurs. De l'idée des diverses couleurs bleues, jaunes, rouges, vertes, je ne puis me former une idée generale de couleur qui les renferme toutes, ainsi que par abstraction de toute étendue particuliere je puis me former l'idée de l'étendue en general qui comprendra toutes les étendues particulieres. Ce n'est pas que je ne puisse par abstraction aux termes de *bleu, rouge, vert, jaune*, me servir du terme de *couleur* ; mais ce n'est qu'une abstraction de terme à laquelle lorsque je veux avoir une idée je joins toujours celle d'une couleur particuliere ou de l'assemblage de plusieurs couleurs distinctes, parce qu'il n'y a point d'idée de *couleur en general*. Pourquoi cela ? C'est sans doute parce que la Couleur, quelle qu'elle soit, n'est point une propriété essentielle à l'existence, que ce n'est que la *visibilité des corps, c'est-à-dire, un effet qui rend par le moien des yeux un corps sensible à un être capable de sentiment*; au lieu que l'étendue est une propriété essentielle à l'être. Desorte que qui dit *étendu*, dit un *être étendu*, & que qui dit couleur ne dit point un être *coloré. Rouge, bleu, jaune* ne dit que le sentiment de divers mouvements de particules qui frappent les organes de la vue; & quand on dit un être *coloré*, c'est par *metonymie*, façon de parler figurée où on prend l'effet pour la cause ou la cause pour l'effet. Si cela est, la visibilité des corps ne differe pas de *la couleur*; couleur & *visibilité*, c'est la même chose. Ainsi les corps qui ne reflechissent pas la Lumiere ne doivent pas être visibles. C'est aussi, ce qui est. Nous ne voyons point le vuide, nous ne voyons point l'air, nous ne voions point le verre d'un paneau bien net lorsqu'il est entre nous & un air exterieur, nous ne voions pas de même l'eau pure mise dans un vase de verre ou de

cristal

criftal bien rincé lorfque ce vafe eft en repos & que nous ne regardons pas cette eau par fa furface. La fubftance du vuide étant pénétrable les raions de la Lumiere la penetrent fans qu'il fe faffe aucune reflexion. Les particules de l'air font trop en mouvement & trop petites pour que la Lumiere s'y reflechiffe, ou fi elle s'y reflechit elle ne fait rien de vifible que ce qu'on appelle un *raion de Lumiere*, c'eft-à-dire, une fuite de parties lumineufes qui perce entre des parties fur lefquelles elles ne reflechiffent point & qu'on appelle *ombres*. Paffant en droite ligne par les pores du verre la Lumiere ne vient point par reflection frapper l'œil de celui qui eft oppofé au coté d'où elle vient, nous ne voions le verre que lorfque quelques raions de lumiere viennent s'y reflechir du coté où nous fommes, parce qu'alors les parties qui ne traverfent pas les pores du verre frappant fur les parties folides du verre font renvoiées vers nos yeux. Quoique les Raions ou particules de Lumiere fouffrent en paffant au travers de l'eau qui eft dans une vafe de criftal ce qu'on appelle *Refraction*, c'eft-à-dire, qu'ils font détournés un peu de la ligne droite qu'ils décriroient, comme cette refraction n'agit point fur mon œil elle eft pour moi comme fi elle n'étoit pas; & l'eau refte invifible. Ainfi les femilles feules font invifibles, étant trop petites & trop mobiles pour reflechir les particules dont les mouvemens fur nos yeux font les couleurs. Elles ne font vifibles que lorfqu'elles font en corps, fi on peut dire qu'on voit une chofe quand on ne la voit pas feparément d'une autre.

Une experience continuelle prouve ce que je viens de remarquer. On n'a qu'à jetter les yeux fur un miroir pour y voir toutes les couleurs qui fe voient dans la chambre.

Si on regarde un objet par un verre taillé à facettes, on voit autant d'objets parfaitement femblables qu'il y a de facettes à ce verre. Cet objet qui n'eft qu'un & qui fe voit fi diftinctement multiplié, c'eft-à-dire, qui eft vifible en tant d'endroits où il n'eft pas, ne peut-être ainfi vifible que par la Reflexion ou la Refraction de la Lumiere, de même

même que les figures & les couleurs qui se voient dans un miroir.

Si deux liqueurs claires, ou même blanches, étant mêlées font un tout opaque & noir, il est certain que leurs parties confondues par ce mélange ne doivent plus reflechir la lumiere de la même maniere, qu'elles faisoient separément, & que c'est de cette différence de reflection que leur union les fait paroitre noires de blanches qu'on les voyoit auparavant. Que l'on considere au Soleil & en divers sens des fourrures qui ne paroissent que brunes à un jour mediocre, ou à un certain éloignement, on ne sera pas moins surpris de la beauté & de la varieté des couleurs qui y brillent que de leurs changemens à chaque differente exposition ou point de vue; ce qu'on remarque de même sur les plumes de la gorge des pigeons, & sur celles de plusieurs autres oiseaux, particulierement sur celles des oiseaux aquatiques.

Je conclus donc, que ce qu'on appelle *Couleur* n'est en soi que *la reflexion de particules quelconques*; & que ce qu'on appelle *rouge, verd, jaune, blanc*, n'est que *le sentiment de l'effet de ces particules reflechies sur l'œil conformément à la disposition de ces parties & de celles du corps d'où elles sont reflechies*. Mais qu'est-ce que c'est que la Lumiere? Est-ce la propriété d'un corps *lumineux*? J'avoue que plus j'y pense moins je puis concevoir la Lumiere comme une propriété. Je ne puis la concevoir que comme un effet. Je n'entends pas mieux un corps *lumineux* qu'un corps *coloré*; à moins que je ne le dise figurément, ainsi que je l'ai remarqué au sujet du *corps coloré*, en prenant l'effet pour la cause, ou à moins que je n'entende par *corps lumineux* un corps à l'occasion duquel je vois des objets, c'est-à-dire, *des couleurs*, ce qui peut dans le même sens se dire du corps coloré, car c'est aussi à l'occasion du corps coloré que je vois des couleurs. Ainsi ce corps lumineux & le corps coloré ne differeront en rien, si ce n'est que celui-ci reflechira par la grandeur de sa masse & la solidité de ses parties, & que l'autre par sa solidité & sa petitesse sera reflechi.

Couleur.

Qu'est-

Qu'eſt-ce que c'eſt donc que *la Lumiere ? C'eſt ce qui rend viſibles les êtres materiels.* Comment les rend-elle viſibles ? En ſe reflechiſſant de ces corps vers les yeux, ainſi qu'on l'a déja remarqué. De ceci & de ce que je vois des objets extremement petits, je puis conclure, que la Lumiere conſiſte donc dans un mouvement des corps preſqu'infiniment petits & ſolides qui par la maniere dont ils frappent mes yeux me font voir, c'eſt-à-dire, font que je ſuis affecté d'un ſentiment de diſtance, de figure, & de couleur, car *voir* n'eſt rien autre choſe.

Ainſi la Lumiere ne conſiſte que dans des mouvemens de particules que je ne vois pas, mais qui font que je vois lorſqu'elles ſont reflechies d'un corps juſques ſur les organes de ma vue avec aſſez de force pour mouvoir ces organes. Ainſi la lumiere du Soleil, celle du feu, celle des vers luiſans, celle des bois ou des poiſſons pourris, celle des diverſes eſpeces de phoſphores, celle que je vois lorſque je me preſſe le coin de l'œil ou que j'y reçois un coup violent, ne ſont que diverſes couleurs que j'appelle *lumieres*, & qu'on diſtingue fort bien les unes d'avec les autres ; c'eſt-à-dire, ne ſont que le ſentiment de l'effet des divers mouvemens de petites particules de matiere ſur mes yeux. Ainſi, il n'y a point de *corps lumineux* à moins qu'on n'entende par là un corps par le mouvement duquel je reçois le ſentiment qu'on appelle le ſentiment ou l'idée de la couleur qu'on nomme communément *Lumiere.* Ainſi la Lumiere n'eſt qu'une eſpece de couleur. C'eſt-à-dire, un ſentiment de couleur different d'un autre ſentiment de couleur: Ce qui étoit à demontrer.

Cependant, comme l'uſage a établi qu'on diſe un *corps lumineux*, des *globules de lumiere*, un *corps coloré*, la *couleur des corps*; & que l'imagination, en conſequence du faux jugement qui me fait ſouvent confondre les effets avec les cauſes ou leur attribuer ce qu'elles n'ont point, fait conſiderer les couleurs comme des choſes ſubſtancielles, comme des corps & non pas ſimplement comme des manieres de les appercevoir, c'eſt-à-dire, de ſimples ſentimens qui me les indiquent; qu'ainſi on dit qu'on *voit les corps,*

corps, les *objets*, que *cette fleur est rouge*, que *ce lis est blanc*: Je parlerai de même, sans oublier pourtant que ce n'est que par abstraction & par cette Figure ou Trope que les Grammairiens appellent *Metonymie*. Ainsi je dirai avec les Poetes que leurs Belles ont le Teint plus blanc que les lys, les levres plus vermeilles que des roses fraîchement *écloses*; comme si le Blanc & le Rouge du teint & des levres, des lys & des roses étoient des propriétés de la matiere & non un effet de la maniere dont les levres, le tint, les roses & les lys sont formés. Je nommerai les Drogues que les peintres emploient, du nom de la Couleur, c'est-à-dire, du nom de l'effet auquel elles contribuent par la reflexion de particules quelconques sur les yeux. Ainsi je dirai, du *noir de fumée*, du *jaune de Naples*, du *bleu de Prusse*, de même qu'on dit *du blanc d'œuf*; & avec les Teinturiers je dirai encore, une *cuve de bleu*, de *jaune*, de *rouge*. Je pourrai même dire, pour me servir d'une façon de parler usitée, que *la lumiere fait qu'on distingue les objets*; mais je le dirai sans oublier que toutes ces expressions sont figurées, que la Lumiere n'est qu'une couleur plus ou moins vive, c'est-à-dire, des particules plus ou moins vivement & diversement reflechies, par comparaison avec d'autres couleurs, & que cette façon de parler *la Lumiere fait qu'on distingue les objets* ne signifie point quelquechose qui fait qu'on distingue les couleurs par lesquelles on juge qu'un objet existe avec telle figure & à telle distance determinées ou indecises, mais simplement, que *la Couleur fait qu'on distingue les objets*. Un *corps lumineux* sera un corps qui par son mouvement met en mouvement des particules propres à frapper mes yeux pour me faire voir; un *corps coloré* sera un corps qui réflechit ces mêmes particules; & *la Lumiere* ou des *particules de Lumiere* ne seront que ces particules mêmes. Le Jour ne signifie donc Astronomiquement parlant que le retour du Soleil sur l'Horison, comme *la Nuit* en signifie l'absence; & lorsque figurément parlant on dit *Jour* pour *Lumiere*, comme quand on dit à quelqu'un qui considere une chose qu'il ne voit pas bien, *approchez-vous du jour*, *approchez-vous de la Lumiere*, c'est une expression

pression abregée pour lui dire *mettez-vous en situation où vous puissiez mieux recevoir l'impression du mouvement des particules reflechies d'où nait le sentiment des couleurs qui font mieux distinguer un objet.* Ainsi la *Lumiere du jour, la clarté* ne sont que le sentiment des couleurs en general que la reflexion des particules de matiere excite en nous par l'impression qu'elles font sur nos yeux à l'occasion des divers objets qui nous environnent, & *voir clair* n'est autre chose que le sentiment vague & general de cette impression; & quand on dit que les *tenebres* ou l'*obscurité* sont *la privation de la Lumiere* c'est dire que nos yeux sont privés de l'impression d'un mouvement assez vif pour nous faire sentir, c'est-à-dire, donner le sentiment ou la sensation des couleurs. Car en conséquence de tout ce qui vient d'être observé, le Physique des *tenebres* ou de l'*obscurité* consiste dans la cessation ou foiblesse du mouvement des particules de matiere propres à être reflechies sur nos yeux, & la matiere en soi n'est ni *tenebres* ni *lumiere* : Ce ne sont que des manieres d'être par rapport à elle-même & par rapport à nous.

Avant que de quitter ce sujet reflechissons un peu sur une Experience qui se fait tous les jours. Lucrece a fort bien remarqué qu'une petite chose pouvoit être prise pour exemple, & servir à l'instruction des plus grandes :

Duntaxat rerum magnarum parva potest res
Exemplare dare & vestigia notitiai.
De Rer. Nat. lib. 2.

Je suis dans une nuit profonde, je veux avoir de la lumiere, je prends à tatons ce qu'on appelle un briquet, je le bats, & par le froissement violent du morceau de fer & de la pierre de petits corps éclatent; je les vois lumineux, mais à peine ai-je le tems de les voir qu'ils disparoissent, & je reste toujours dans l'obscurité. Je recommence à battre jusqu'à ce qu'il arrive enfin qu'un de ces petits corps qu'on nomme étincelles tombe sur un morceau de toile fine qui a été brulée, & cette toile devient non seulement lumineuse, c'est-à-dire, visible comme l'étincelle, mais encore brulante, desorte que mettant dessus un peu de souffre dont est enduit le bout d'un petit morceau de bois très-sec, le souffre s'enflamme, communique le feu & la lumiere au petit morceau de bois, avec lequel je le communique ensuite à la mêche d'une bougie, & alors je vois tout ce qu'il y a dans ma chambre où je ne voyois rien auparavant.

1°. Comment vois-je ces petites étincelles ? Je ne les vois pas immediatement par elles-mêmes, mes yeux en sont à plus d'un pié de distance & on pouvoit même les voir à quelques toises d'éloignement. Dirai-je que je les vois parce qu'elles sont d'un rouge vif ou même d'un blanc éclatant au milieu des tenebres ? Mais ce n'est rien dire si non que je les vois dans un grand mouvement. Car l'éclat ne peut-être que la perception d'un mouvement subit, & le brillant d'une couleur ne peut être que le mouvement plus ou moins vif qui cause le sentiment de cette couleur en comparaison d'un mouvement plus ou moins foible qui cause le sentiment d'une autre couleur : C'est ainsi que la Lumiere d'une bougie très-brillante dans une nuit obscure est pâle & presqu'invisible à la Lumiere du Soleil. Quoiqu'il en soit, je ne vois point cette étincelle par elle-même je ne puis la voir que par le moien de particules quelconques repandues dans l'espace ou vuide médiaire entre mon œil & cette étincelle. Je le prouve. Avant cette étincelle je ne voiois rien. Si donc mon œil étoit resté dans le même état où il étoit avant cette étincelle, je ne verrois rien encore. Il est donc arrivé du changement à mon œil puisque je vois cette étincelle que je ne voiois pas auparavant, & que je ne verrois pas même à present si j'avois les yeux fermés. Il ne peut arriver de changement à mon œil que par un acte de ma volonté, ou par l'alteration des humeurs ou des parties dont il est formé, ou par l'impression de quelque corps étranger. Ma volonté peut bien le mouvoir, mais non pas lui faire voir une étincelle qui mette le feu à de la mêche. Ce n'est point une alteration des humeurs ou des parties de mon œil,

œil, puisque si mes paupieres étoient fermés je ne verrois point cette étincelle. Ce ne peut donc être que l'impression, c'est-à-dire, le choc du mouvement de quelque corps sur mon œil. Ce n'est point le choc immediat de l'étincelle même, puisqu'elle en est très-éloignée. Ce ne peut donc être que le choc de cette étincelle sur quelques particules qu'elle met en mouvement, & qui se communique jusqu'à mon œil en le communiquant subitement à d'autres particules intermediaires; ce que je conçois très-facilement dès que je conçois entre mon œil & cette étincelle une suite de petits corps infiniment petits & solides repandus dans un vuide qui ne retarde leur mouvement par aucune resistence, & où ils ne sont peut-être separés les uns des autres que par des espaces infiniment petits. Or ces petits corps infiniment petits & solides & ces espaces infiniment petits sont aisés à concevoir & sont confirmés par l'experience.

Il est demontré ainsi qu'on l'a vu, que sans pores il n'y auroit point de configuration de parties, par conséquent nulle difference interieure entre les corps, de même que sans l'espace il n'y auroit point de mouvement. Le Microscope decouvre des animaux beaucoup plus petits que le ciron que les Grecs à cause de sa petitesse ont appellé *acopos* comme qui diroit *sans parties*. Mais la Raison, qui est le meilleur Microscope dont on puisse se servir, voit que le ciron & des animaux beaucoup plus petits ne peuvent se mouvoir, se nourrir, se perpetuer, sans les organes necessaires au mouvement, à la nutrition, & à la propagation de l'animal, ce qui suppose non seulement differens organes mais encore differentes configurations de corpuscules pour former la difference de ces organes, par conséquent des interstices, des vuides, non seulement entre ces organes mais entre les corpuscules dont ils sont formés, d'où il est aisé de conclure, que la petitesse de la matiere & des interstices du vuide va presque jusqu'à l'infini. Si après cela on fait attention aux Experiences de *Leuwenhoek* qui regardant avec un Microscope au travers des facettes de la Cornée de l'œil d'une Mouche une bougie allumée en voyoit une multitude dont le mouvement de la flame se faisoit appercevoir, ou qui voyoit une tour haute de 299. piéds & eloignée d'environ 150 pas comme de petites pointes d'eguilles renversées; que de plus on se souvienne que l'experience a fait trouver à HOMBERG de l'Academie Royale des Sciences, que les particules de la Lumiere penetroient le mercure jusqu'à en augmenter le poids & le rendre un metal solide; on concevra sans peine la communication subite de la Lumiere au travers de l'espace. On sera moins surpris de la reflexion distincte de tous les objets d'une chambre sur les points de la surface d'un miroir, & on jugera que le feu ou les particules qu'on nomme Ignées ne sont que des particules de matiere mises dans un mouvement si violent qu'elle écartent les pores des corps contre lesquels elles sont poussées, qu'elles en desunissent les parties solides, qu'elles en enlevent des particules qui deviennent d'autres parties Ignées par le mouvement qui leur a été communiqué; mais que ces particules Ignées sont trop grosses pour être des particules de lumiere, qu'elles ne sont point visibles par elles-mêmes mais par le choc dont-elles frappent dans leur mouvement les petits corps donc l'impulsion ou la reflexion fait la Lumiere, c'est-à-dire, le sentiment de la couleur.

Si les particules de la Lumiere sont toutes semblables & que la seule maniere dont elle sont reflechies ou refractées fasse la difference des couleurs; ou si elles sont de figures diverses & que de la difference de reflexion & d'impression qui suit de la diversité de leurs figures naisse la difference des couleurs: Si telle figure par exemple, est necessaire à la reflexion qui cause le sentiment du bleu, telle autre au sentiment du Rouge: S'il y a des couleurs primitives que les Teinturiers appellent *maitresses*, dont toutes les autres derivent ou sont composées: Si ces Couleurs primitives sont en effet comme le disent les Teinturiers, le Bleu, le Rouge, le Jaune, le Fauve, & le Noir; ou s'il n'y en a que trois, savoir le Bleu le Rouge & le Jaune, ainsi que le prétend M. le Pere CASTEL: Si les nuan-

nuances de certaines couleurs, des noirs par exemple, vient du melange de particules differentes, ou seulement du plus ou du moins de particules de même espece reflechies: Si les experiences que le Chevalier NEWTON a fait sur les couleurs par le moyen du Prisme sont moins exactes que celles de M. Le P. CASTEL qui en a trouvé douze, savoir Cramoisi, Rouge, Orange, Fauve, Jaune, Olive, Verd, Celadon, Bleu, Violant, Agathe, Violet, lorsque NEWTON n'en a trouvé que sept, Rouge, Orangé, Jaune, Verd, Bleu, Indigo, Violet: Si les consequences qu'on peut tirer de la division des Couleurs par le Prisme sont appliquables à d'autes qu'à ces Couleurs Prismales: Si le Soleil est un globe de feu, ou de particules de lumiere qui se repandent de tous cotés dans un l'espace immense où cet astre est en mouvement, & dont il repare la perte par les vapeurs dont il se nourit; en cela semblable aux Dieux des Payens au nombre desquels Dieux il a été placé: S'il est simplement un globe de feu qui n'a besoin d'aucune nourriture pour s'entretenir, ainsi que l'a cru DESCARTES: S'il n'est qu'un globe de fer ardent, ainsi que le disoit ANAXAGORAS; Ou, si ces rayons qu'on pretend qu'il darde jusqu'à nous ne seroient point plutot des particules repandues dans l'espace & mises dans le mouvement propre à causer la lumiere par la pression ou le mouvement seul du Soleil, sans qu'il fut besoin que le Soleil fut un globe de feu ou de particules de lumiere qui s'en détachassent pour venir jusqu'à nous? Ce sont des choses dignes d'une Recherche qui ne seroit pas sans quelqu'utilité & qui seroit très-agreable, de même que celle de toutes les merveilles de l'Optique, la Perspective, la Dioptrique & Catoptrique dont on tire tant d'utilité. Mais ce n'est pas le tems de faire ces recherches; il faut auparavant savoir plus que je ne sai, & ne pas raisonner sur les effets que la matiere peut produire ou occasioner, avant que d'avoir connu la nature de la Matiere & des Corps en general, ce qui fait presentemant l'objet de ma Recherche.

Cependant ce que je viens de remarquer au sujet

des Couleurs, me dispense je crois d'entrer dans un pareil examen à l'égard des *Sons*, des *Odeurs* & des *Saveurs*; & je conclus sans hésiter que ces choses n'étant comme les couleurs que des sensations ou sentimens par lesquels on est averti de l'existence des corps ou des effets qui en résultent comme causes occasionelles ou concourantes relativement à nous, le corps sonore n'est ainsi que le coloré qu'un corps qui réflechit des particules de matiere dont les organes de l'ouie sont frappés, ainsi que le coloré réflechit des particules de matiere qui frappent l'organe de la Vue. Les Odeurs sont de même des particules de matiere que se réflechissent ou qui s'exhalent du corps qu'on appelle odorant vers l'organe de l'Odorat, c'est-à-dire, vers l'organe où un mouvement causé par ces particules produit le sentiment qu'on nomme de l'Odeur: sans pour cela que ce qu'on appelle *Son* soit dans le corps sonore, ni que ce qu'on appelle *Odeur* soit dans le corps odorant; ni qu'ainsi le Son & l'Odeur soient des propriétés de la Matiere, non plus que la Saveur, qui n'est, comme les autres sensations, qu'un sentiment occasioné par l'impression des particules quelconques de matiere sur les nerfs de la langue. Ne seroit-on pas aussi bien fondé à mettre au rang de ces sensations, les Desirs, le Plaisir, le Degout & tels autres sentimens que je reçois à l'occasion des corps, dire que les Desirs, le Plaisir, le Degout ne sont point des propriétés de la Matiere, comme le sentiment qu'on appelle de la Chaleur ou de la Brulure n'est non plus dans le Feu que la Douleur dans l'épée qui blesse, et qu'ainsi rien de materiel n'est en soi ni beau, ni délicieux, ni dégoutant, ni sale, que ce ne sont que des sentimens relatifs: & que tous les sentimens qui nous viennent ainsi à l'occasion des corps ne sont que des manieres de les connoitre, les rapports & les effets qui en résultent & même de les bien connoitre, si on ne se presse point de juger, si on examine bien les rapports, si on compare les effets, si on fait attention que des effets differens supposent une difference dans les causes ou dans la combinaison de leurs concours, si par la connoissance de l'effet on cher-

cherche à s'assurer de ce que doit-être une cause capable de le produire, enfin, si au lieu de faire des Hypothèses qui ne sont que de vrais Romans Physiques, dont on s'entête pourtant, & qui par là nous voilent la Verité, on sait dire, *Je n'en sai rien*, quand on ne voit que confusément, & n'admettre pour vrai en Physique que des raisonnemens que l'experience confirme & qu'elle confirmera toujours s'ils sont fondés sur des principes de Metaphysique ou d'Ontologie dont le contraire implique contradiction?

Cette maniere de connoitre les corps est d'ailleurs d'autant plus admirable & plus avantageuse que non seulement elle nous porte par le plaisir aux choses qui peuvent nous être utiles & qu'elle nous eloigne par la douleur de celles qui peuvent nous être nuisibles; mais de plus c'est qu'aux plaisirs des Connoissances Speculatives elle joint les plaisirs qu'on nomme les plaisirs des sens; & de combien de sortes n'y en a-t-il pas quand la Raison d'accord avec le sentiment regle le veritable usage de ces plaisirs? De quelles emotions agreables l'ame ne se sent-elle pas agitée par les accords touchans des differences & des repetitions des sens? Quels ravissemens ne causent pas les beautés de la Reflexion de la Lumiere dans la varieté des couleurs de l'Aurore, des Crespuscules, de l'Iris, dans les Fleurs d'un beau parterre? FLORE dit elle-même:

Sæpe ego digestos volui numerare colores,
Nec potui, numero copia major erat.
OVID. Fast. L. V.

,, J'ai souvent voulu avoir le nombre des Cou-
,, leurs; je ne l'ai pu; leur abondante varieté étoit
,, audessus du nombre ''. Je dois même remarquer, que chaque Sens concourt à confirmer l'indication par laquelle un autre fait sentir un objet. Si la Vue n'apperçoit que les filamens, les couches grossieres des corpuscules dont les corps sont formés, le Gout, l'Odorat servent à découvrir les corpuscules invisibles qui forment ces couches grossieres, & la Raison combinant les rapports des Sens avec les pro-

priétés des figures que ces corpuscules peuvent avoir, devine & peut-être voit ce que sont ces corpuscules invisibles aux yeux. Car tels effets étant donnés on peut juger que telle figure de corps est plus propre qu'une autre à les produire, & si on voit evidemment que telle figure, telle combinaison de figures, sont plus propres que d'autres à la composition d'un corps d'où resulte tels ou tels effets, on peut assurer que la configuration de ses parties, des parties qui le font tel corps, est necessairement telle; tels & tels effets supposant telles & telles causes. Et la nature des corps n'étant pas differente de la nature des parties qui les composent, un corps tel suppose donc necessairement telles parties pour être tel. Si cependant on ne peut avoir à cet égard, comme presqu'à l'égard de toute chose, une connoissance parfaitement complette, il est néamoins sûr qu'on peut en acquerir une assez distinctive pour avoir de chaque corps une idée vraie malgré son imperfection.

CCCX.

JE pourrois faire un essai de ce que je viens de remarquer sur la distinction des corps en comparant ce morceau de cire avec ce morceau de plomb, ou avec ce morceau d'éponge. Les deux premiers me paroissent avoir beaucoup de rapport ensemble & le dernier point du tout. Mais ce seroit me jetter dans une longue discussion, & je n'ai fait attention qu'aux sensations de la Vue, de l'Ouie, de l'Odorat & du Gout sans avoir pensé à celle du Tact ou du Toucher. Ne seroit-il pas cependant le principal de ce qu'on appelle les *Cinq Sens*, & même le seul, par les propres Observations que j'ai faites au sujet des autres? En effet, si on n'étoit pas touché aux Yeux par des particules soit directes soit reflechies; si rien ne frappoit les Oreilles, après avoir frappé quelque corps; si aucune particule ne venoit d'un corps ebranler les nerfs de l'interieur du Nez ou du Palais, on ne verroit, on n'entendroit, on ne sentiroit, on ne gouteroit rien, c'est-à-dire, qu'on n'auroit par aucune sensation de
Cou-

Couleur, de Son, d'Odeur, de Saveur, l'indication de l'exiſtence d'aucun Corps. Or je ne puis ſentir aucun corps ſi je ne ſuis touché ou ſi je ne touche quelque corps; & ſentir un corps & le toucher eſt donc la même choſe. Deſorte que *moi qui ſens* ne ſentirois point l'exiſtence d'un corps ſi je ne le touchois ou immediatement par moi-même ou mediatement par quelqu'autre; & plus j'en ſuis touché plus je ſens l'indication par laquelle il ſe fait connoitre, c'eſt-à-dire, plus la ſenſation dont il eſt une des cauſes eſt vive. Quoique la Bouche ne ſoit pas faite pour entendre, on entend mieux les ſons quand on a la Bouche ouverte, de même on en ſent mieux les odeurs: & la ſaveur de ce qu'on mange ſe fait beaucoup mieux ſentir quand on n'a pas le Nez bouché. Je puis non ſeulement être ébloui & ſentir mes yeux déchirés par la trop grande reflexion de la Lumiere, ce qui prouve bien que ce ſont de petits corps très-ſolides & dans un grand mouvement, mais de plus c'eſt que ſi tout mon corps y eſt expoſé je ſens de la chaleur, ce qui prouve la même choſe, la chaleur n'étant que la ſenſation du mouvement cauſé ſur ſur nous par l'agitation violente de particules de matiere quelconques. La difference qu'il y aura donc du Toucher aux autres Sens c'eſt qu'en prenant mon corps pour le *ſenſorium* immediat par lequel je ſens l'exiſtence ou les effets des autres corps, je n'ai beſoin que du ſeul Toucher, de ce ſeul *ſenſorium*, pour en connoitre l'exiſtence, & par conſéquent les proprietés eſſentielles à la matiere dont ils ſont compoſés; aulieu que par les autres ſens j'ai beſoin de quelqu'autre choſe que je puis regarder comme un ſecond *ſenſorium*, quelque choſe qui ſoit à mes yeux par exemple, ce qu'eſt un bâton à la main d'une aveugle, ainſi que je l'ai déja dit. Deſorte que voir & entendre c'eſt ſentir ou toucher par un premier & ſecond *ſenſorium*, c'eſt-à-dire, l'œil, avec l'eſpace & les particules intermediaires qui viennent le frapper du corps qu'on appelle à cauſe de cela coloré, & de ceux que pour la même raiſon on appelle ſonores ou odorans. A l'égard du Gout, il y a deux choſes à remarquer. L'une, le contact immediat des corps soit solides ou liquides avec les organes du Gout, ce qui est alors le sens du Toucher proprement dit, par lequel on distingue non seulement la Dureté, la Mollesse ou Tendreté & la Fluidité des corps, en un mot leur consistance; mais par lequel on peut encore à l'aide du broyement, & par le moyen de l'air & de la liqueur que repandent les glandes salivaires, ce qui fait le sentiment de la Saveur, juger de la configuration des parties qui composent les solides & les liquides. Desorte que le Gout proprement dit suppose encore deux *sensorium*, le palais, l'air & les liqueurs dont la bouche est humectée. Tous ces Sens peuvent donc se rapporter à celui du Toucher. C'est le vrai *sensorium* immediat par lequel je sens. Les quatre autres ont des parties qui sont particulierement organisées pour eux; tout le corps animé est l'organe du Toucher. Aussi *Sentir* & *Toucher* se prennent communément l'un pour l'autre; & pour dire que la partie d'un corps est morte, on dit qu'il n'y a plus de sentiment. ainsi qu'on le dit du corps entier lorsque l'organisation necessaire aux mouvemens qui font ce qu'on appelle la Vie, est detruite.

Voyons ce que je connois des corps par le Toucher proprement dit, c'est-à-dire, par le Toucher immediat.

1º. En touchant ce morceau de cire & parcourant sa superficie je sens où elle est unie & où elle est raboteuse, c'est-à-dire, où il y a quelques particules de matiere qui s'elevent audessus de quelques autres. Je sens de même quoique peu exactement son étendue, mais assez pour juger si elle est petite ou grande, à peu près comme j'en jugerois par le moyen de mes yeux, car ils manquent aussi à cette exactitude.

2º. Je sens de même son épaisseur, & en le parcourant de tous côtés je connois quelle est sa figure, & je puis dire ainsi que je touche réellement la figure triangulaire de ce morceau de cire.

3º. En appuyant sur ce morceau de cire je sens qu'il est dur & sec, je sens aussi qu'il est froid, mais à force de le manier je trouve qu'il devient mou, graisseux & chaud, qu'en le petrissant je lui ferai pren-

prendre la figure qu'il me plaira. Il se plie, il se prête à toutes les pressions de mes doits, ce qu'il n'auroit pas fait auparavant: j'aurois pu le casser, mais non pas le plier.

4o. En le maniant ainsi je sens qu'il a du poids, il faut à mes doits une sorte de force pour le soutenir, sans quoi il tomberoit sur ma table.

Je me demande au sujet du premier & second article, qu'est-ce que c'est que de toucher l'etendue & la figure d'un corps? Comme l'etendue & la figure d'un corps ne sont point differentes du corps même & que je ne touche que par sa superficie, il est evident que toucher l'etendue & la figure d'un corps c'est toucher ses parties terminantes & sentir par le tact la disposition où elles se trouvent sans en sentir la quantité interieure. Ce corps pourroit être creux je n'en sentirois pas moins la même etendue & la même figure, ni s'il est uni ou raboteux. L'etendue d'un corps & sa figure ne consiste donc que dans l'union & dans l'arrangement des parties au de là desquelles il n'est plus, c'est-à-dire, de ses parties terminantes; & cette union ou cet arrangement qui sont inseparables, je veux dire qui se supposent necessairement & relativement, ne sont autre chose que des particules de matiere, ou pour remonter jusqu'aux principes que des semilles unies & arrangées d'une telle ou d'une telle maniere, dans laquelle elles persevereront toujours s'il ne leur arrive aucun changement.

Je me demande ensuite ce que c'est que sa Dureté, & je trouve d'abord que le sentiment que j'en ai ne peut venir que de la resistance que font ses parties contre l'effort de mes doits, & que cette Cire ne seroit pas un corps dur pour des doits qui auroient beaucoup plus de force que les miens, ayant éprouvé qu'un petit morceau me faisoit moins de resistance qu'un plus considerable. Mais d'ailleurs je dis que par la certitude que j'ai que toute matiere quelconque & par conséquent que tout corps est composé de semilles, cette dureté dont j'ai le sentiment ne peut venir que de l'union de ces semilles, qui sont impénétrables, & comme la raison & l'experience m'apprennent que chaque'une d'elles est infiniment petite & mobile, mais qu'elle ne seroit pas mobile si elle ne pourroit changer de place, je juge que puisque la superficie de ce corps que je touche me resiste, il faut que les parties que je touche perseverent dans leur situation, dans le lieu où elles sont, malgré l'effort que je fais pour les en chasser, & qu'ainsi il faut qu'elles en soient empechées par une force superieure à la mienne laquelle force ne pouvant venir de l'etendue pénétrable, c'est-à-dire, de l'espace ou du vuide, par cela même que la nature du vuide est d'être infiniment pénétrable, cette force ne peut donc venir que de l'impenetrabilité ou solidité d'autres parties de matiere qui sont immediatement unies à celles que je touche & qui par cette union excluant tout espace entre elles les soutiennent & les empechent de ceder ou de changer de place puisqu'il n'y en a point où elles puissent se retirer. Si cependant une force superieure à la mienne n'y trouvoit pas tant de resistance, il faudroit donc conclure que quoique les parties interieures de ce morceau de Cire soient immediatement unies à celles de ces surfaces elles ne le sont pas tellement qu'il n'y ait entre elles quelques pores ou une pression plus forte les pourroit obliger de se retirer, & de communiquer le mouvement de cette pression aux parties voisines desorte que s'etendant depuis les parties interieures jusqu'à celles des superficies, ce mouvement changeroit la figure ou disposition de ces dernieres qui ne trouveroient point dans l'espace qui les environnent de force qui empechât le changement de cette disposition.

En supposant donc un morceau de matiere qui fut sans pores, mais seulement un composé de semilles parfaitement unies, ce morceau seroit si dur qu'il seroit impenetrable à la plus violente pression. Etant sans pores nulle partie ne pourroit être comprimée sur un autre & par conséquent ne pourroit recevoir ni communiquer de mouvement. Et si on conçoit qu'un tel morceau put changer de figure ce ne pourroit être que par un frottement qui detacheroit des semilles terminantes en les faisant glisser de coté ou que par un coup sec & droit dont
une

une partie de ce morceau feroit frappée & qui le feroit glisser sur celle qui resteroit sans être frappée, la separation qui se feroit ainsi se conçoit d'autant plus facilement que ce morceau n'étant composé que de couches de semilles sans aucune configuration qui les entrelaçât les unes avec les autres, nulle particule ne s'opposeroit au mouvement de celle qui seroit chassée par dessus, de sorte que la force du coup n'ayant aucun frottement à surmonter il suffiroit qu'elle fut un peu superieure au poids de la partie frappée. C'est ce qui s'éprouve en effet à l'égard du Diamant, le corps le plus dur de tous ceux qui nous sont connus, & qui cependant n'est pas sans pores puisqu'il y a des diamans de couleurs diverses & que parmi les blancs même il s'en trouve dont l'eau est plus ou moins belle. Le Lapidaire examine le fil des couches de matiere dont le Diamant est formé & par un seul coup les separe.

Ainsi la Dureté des corps ne vient que de l'union & par conséquent du repos des semilles plus ou moins unies l'une à l'autre selon que cette union est necessaire pour la configuration des Corpuscules qui en sont composés. C'est ce qui en fait aussi la resistance qui ne differe de la dureté que parce que la resistance suppose l'effort d'un autre corps sur le corps dur, & qu'ainsi la resistance est l'effet ou le sentiment qui resulte de la pression d'un corps dur dont la dureté est en soi la veritable cause de la resistance.

CCCXI.

Remarque.

SI les parties dont la matiere est composée n'étoient pas impenetrables, c'est-à-dire, infiniment solides, nul corps ne feroit de resistance & par conséquent n'auroit de dureté: La dureté vient donc de la solidité des parties principes, c'est-à-dire, des semilles. Si d'un autre coté tous les corps n'etoient composés que de semilles ils feroient egalement durs; leur composition étant la même leur dureté feroit la même.

S'il y a des corps plus durs les uns que les autres ils ne sont pas composés de parties egalement solides, ils sont donc plus poreux les uns que les autres non seulement poreux dans l'union des corspuscules qui les font tels ou tels corps mais poreux dans l'arrangement des semilles mêmes dont ces corspuscules sont formés.

Si d'ailleurs ces pores n'étoient pas un vuide infiniment penetrable, c'est-à-dire, prêt à ceder à la plus petite pression possibles, les particules dont les corps sont composés ne pouvant être mises en mouvement ne pourroient être desunies & par conséquent feroient les corps d'une égale dureté. Le plus ou le moins de dureté d'un corps vient donc du plus ou du moins de parties solides dont il est composé; & par conséquent son plus ou moins de resistance vient du plus ou moins de pores qui entrent dans la composition de ses corpuscules & du plus ou moins de force necessaire pour desunir ces corpuscules.

D'où il suit, qu'il y a *Dureté absolue* & *Dureté relative*. L'*absolue* consiste dans l'union des parties solides, plus ou moins grande selon que ces parties sont plus ou moins parfaitement unies, mais toujours dureté quelle qu'elle soit parce qu'il n'y a point de corps quel qu'il soit dont les parties ne soient pas composées des parties principes de la matiere qui sont infiniment petites mais infiniment solides.

La dureté Relative ne consiste que dans le rapport qu'il y a entre la dureté positive quelconque d'un corps comparée avec celle d'un autre corps, ou avec des forces quelconques comparées avec cette dureté, ce qui fait la resistance.

Ainsi, *mou, ferme, dur* ne sont que des relatifs qui marquent plus ou moins de dureté, mais toujours une *dureté* quelconque en soi, lors même que sa resistance feroit insensible.

En effet ce morceau de Cire que j'ai senti d'abord *dur, sec & froid*, se fait maintenant sentir *mou, chaud, & graisseux*: Il change de figure sous la pression de mes doits sans pour cela cesser d'être cire. S'il ne cesse pas d'être cire il faut donc que les corpuscules qui le font cire & non pas bois, ne

soient

soient pas changées en soi. Si cependant il est devenu *mou, flexible, chaud, & graisseux*, de *dur, sec, froid, & cassant* qu'il étoit, il faut qu'il y soit arrivé du changement. Quel changement peut donc lui être arrivé? Il n'en est point arrivé aux parties qui le font cire considerées en elles-mêmes, puisque si elles étoient changées elles ne seroient plus cire. Il en est donc arrivé au total de ces parties, ce qui ne peut être que d'avoir changé l'état de repos où elles étoient les unes à l'égard des autres dans un état de mouvement que mes doits leur ont communiqué par leurs pressions, & peut-être même par les particules insensibles que le mouvement interieur de mon corps fait transpirer par les pores de ma peau. Desorte que la dureté relative ou la resistance d'un corps ne consiste que dans le repos de ses corspuscules soutenus par d'autres parties aussi en repos ce qu'on appelle proprement *dureté*; & que sa *mollesse* ne consiste que dans le mouvement de ces corpuscules communiqué à celles qui les soutiennent; corpuscules toujours durs en soi & en repos, puisqu'ils ne subsistent tels que par l'union des semilles qui les composent lors même qu'étant mises en mouvement ce mouvement n'en fait plus qu'un corps mou jusqu'à la fluidité.

Ainsi la siccité d'un corps ou un corps sec n'est qu'un corps en repos dont aucune partie sensible ne se détache pour s'attacher à ce qui le touche; le *corps graisseux* est l'opposé. Le *froid* n'est donc ainsi qu'un sentiment que cause en moi la solidité des particules d'un corps en repos & la repercussion des particules qui transpiroient par les pores de ma peau, ou pour mieux dire, l'interception du mouvement de ces particules. Les pores de ma peau étant bouchés par les parties solides des corpuscules d'un corps, les particules transpirantes ne peuvent s'exhaler, & contraintes de refluer & de s'arrêter dans leurs pores, elles causent ainsi, par le toucher le sentiment que j'appelle du *froid*, jusqu'à ce que l'obstacle qui les arrêtoit soit levé par le mouvement. Or pour etendre un peu cette idée, sans vouloir cependant discuter toutes les causes qui peuvent arrêter le mouvement des particules transpiranpirantes, je fens qu'ils doit y avoir plufieurs dont quelques unes même peuvent venir de corps reflechis ou pouffés contre moi. Car premierement, en touchant un corps folide non feulement les pores qui repondent directement aux parties folides font bouchés par elles, mais même fi je preffe fur ce corps ou que quelqu'autre preffe fur le mien la compreffion peut être telle qu'elle refferreroit l'orifice de mes pores. Secondement, ces mêmes pores peuvent être bouchés par des corps qui feroient pouffés ou reflechis contre ma peau avec violence, de forte que ma peau comprimée par cette violence les pores s'en trouveroient refferrés, que les corps reflechis ou pouffés contre moi feroient tels qu'ils penetreroient dans mes pores d'une façon propre à les boucher. Si par exemple les pores de ma peau font ronds & que les petits corps qui fe reflechiffent d'une autre ou que le vent de Nord pouffe contre moi foient de petits cones, ils penetreront dans mes pores jufqu'à les déchirer fi leur action eft violente, & cependant les boucheront de maniere que la tranfpiration en fera empechée. Il fe peut même faire que quelque caufe interieure s'oppofe à la tranfpiration deforte que nulle particule tranfpirante ne communiquant de mouvement aux parties exterieures ce defaut de mouvement me faffe éprouver le froid, que je fentirois fi par un obftruction exterieure le mouvement de ces particules étoit arrêté. C'eft en effet ce qui arrive ordinairement dans les fievres intermittentes & dans celles qu'on nomme *Lipiries*.

La chaleur qui peut venir de même d'un mouvement interne ou externe n'eft qu'un fentiment oppofé au froid foit par une augmentation de mouvement dans les fibres, ce qui devient interieurement ardeur, foit par l'action de quelque corps étranger ce qui devient exterieurement brulure, lorfqu'elle eft pouffée à un certain excès. Mais quoique le Phyfique de *l'ardeur* ou de la douleur de la brulure confifte dans l'agitation violente ou même dans la deftruction des nerfs ou des fibres qui font les organes du toucher, le fentiment de ce qu'on nomme ardeur ou douleur n'eft point dans le corps qu'on nomme

me ardent ou brulant, il n'eſt que dans *le moi qui ſens*. Ce n'eſt donc dans ce corps que le mouvement de ſes parties dont l'effet ſe communique à mes organes, & l'ardeur ou la douleur n'eſt dans mes organes mêmes que le mouvement de leur parties. Ainſi un corps que j'appelle chaud, ardent, ou brulant, n'eſt qu'un corps dont les parties ſont agitées. Ainſi ce morceau de cire que je trouvois froid d'abord & dur, & que je ne trouve plus froid maintenant qu'il eſt mou, n'eſt que le même morceau dont les corpuſcules qui par leur quantité & leur repos ſe ſoutenoient mutuellement, & qui maintenant ſont mis en mouvement de façon qu'ils gliſſent les uns ſur les autres à la faveur des pores qui ſe conſervent toujours entre eux. Car ſi ces pores étoient detruits, comme les corpuſcules qui font ce qu'on appelle de la cire perdroient alors la configuration qui les fait corps, la cire ſeroit alors détruite; elle deviendroit fumée ou cendre ou quelqu'autre choſe, ainſi qu'on le voit lorſqu'on detruit ces corpuſcules par le feu d'un fourneau Chimique ou, par le feu d'une méche, à la deſtruction de laquelle ils contribuent par la leur propre.

Ainſi de même que la matiere n'eſt en ſoi ni lumiere ni tenebres, elle n'eſt en ſoi ni froid, ni chaud, ni ſec, ni humide ou graiſſeux: Ce ne ſont que des ſentimens qui reſultent à l'occaſion des corps, des indications par leſquelles l'Auteur de mon exiſtence a voulu que je connuſſe l'exiſtence de ce qui m'environne, les proprietés & les effets qui en reſultent. Car de même qu'il n'y a point d'autre cauſe de mon exiſtence que la volonté de cet être tout-puiſſant, il ne peut y avoir d'autre cauſe des proprietés de mon exiſtence; puiſque les proprietés d'un être ſont ce qui le conſtitue tel être, & par conſequent ne ſont pas diſtinctes de l'être même. Or cet être tout-puiſſant m'ayant créé un être ſenſible, j'ai donc la proprieté de ſentir ce qui me touche, ou immediatemant ou mediatemant conformément aux impreſſions que les choſes font ainſi ſur moi, & comme le plus petit être ſenſible peut ſentir tout ce qui l'environne, & comme le ſentiment n'eſt pas la choſe ſentie, mais celui de la

manie-

maniere dont je la touche & dont je suis touché à son occasion, ce qui differe doit m'affecter, mo toucher differemment, & par consequent me donner des sentimens qui par leurs differences me fassent connoitre les differences des choses qui m'environnent, ce qui me met en état de distinguer la nature des unes & des autres par le raisonnement, & connoitre ainsi celles qui sont utiles à mon bien être ou celles qui y sont nuisibles. En quoi certes plus je considere tous les biens que je puis gouter par les choses que je sens & par la maniere dont je les sens, & que je considere en même tems tous les malheurs où les hommes sont engloutis au milieu d'un sejour dont-ils pourroient faire un sejour de delices, je ne puis m'empecher d'admirer la sagesse & la bonté du Créatur, & d'etre etonné de la deraison & de la corruption de l'Homme.

Puisque j'ai trouvé qu'il y avoit dans la matiere une *dureté absolue*, je ne puis dire de la *dureté relative* que ce que je dis de la chaleur ou du froid, qu'elle n'est qu'un sentiment du rapport de mes forces avec *les corps que je touche*; parce que la dureté relative, n'est qu'un rapport de forces plus ou moins grandes, & qu'elle est une proprieté des corps, au lieu que la dureté absolue est une proprieté de la matiere, aussi essentielle à la matiere que l'etendue & que la divisibilité. Car la matiere n'étant rien autre chose qu'une union de parties infiniment solides, de leur solidité suit aussi necessairement la dureté que l'etendue ou l'extension suit necessairement de l'addition des parties infiniment petites, & la divisibilité de l'union de ces mêmes parties. Ainsi, quoique je ne puisse pas dire proprement parlant que la matiere ou les corps soient lumineux, colorés, tenebreux, froids, brulans, sonores, odorans, (puisque toutes ces pretendues qualités ne sont que des manieres de connoitre les corps par des moyens qui ne sont point les corps mêmes & auxquels ils ne font que concourir comme causes occasionelles, que ce ne sont que des indications de ce que les corps doivent être pour produire des effets qui me causent les sentimens ou sensations de ce que j'appelle *Couleur*, *obscurité*, *chaleur*,

leur, son, odeur, saveur), je puis dire proprement de la matiere qu'*elle est dure*, qu'*elle est dureté*, c'est-à-dire, que la dureté n'est point autre chose que le corps dur, que le sentiment que j'en ai est le sentiment de ce que la matiere ou le corps dur est en soi, & qu'il est en effet tel que je le sens; au lieu que le corps que je ne connois que par le Son ou celui que je ne connois que par la Couleur ne m'est connu tel qu'il est que par le jugement que je fais par des principes necessaires, c'est-à-dire, par des principes dont le contraire implique contradiction sur l'indication du sentiment que j'ai de Son & de Couleur.

CCCXII.

Observation.

PAr l'Attouchement, c'est-à-dire, par une action avec laquelle j'agis sur un corps, je puis donc en connoitre l'etendue, la forme, la figure, l'etat de la superficie âpre ou lice, la solidité ou les divers etats de dureté & de resistance, & ce *sensorium* direct m'en apprend plus que les autres sens: Mais il me reste encore une autre chose à examiner. J'ai trouvé en maniant ce morceau de cire qu'*il avoit du poids*, qu'*il falloit à mes doits une sorte de force pour le soutenir sans quoi il seroit tombé sur ma table*. Qu'est-ce que c'est que d'avoir du poids? C'est *être pesant ou avoir de la pesanteur*: C'est *peser*. Mais qu'est-ce que c'est que *peser*? J'etends ma main, je mets ce morceau de cire dessus; je sens que ma main est pressée par ce morceau de cire, desorte qu'il fait sur ma main ce que je faisois sur lui lorsqu'en le touchant je m'appercevois de sa dureté: Car pour connoitre sa resistance il falloit le toucher avec une sorte de pression, c'est-à-dire, il falloit que mes doits fussent non seulement auprès de lui, qu'il n'y eut aucune separation, mais qu'ils agissent sur lui, qu'ils voulussent être où il etoit. Ainsi, *presser un corps c'est agir sur lui pour prendre la place qu'il occupe*, à quoi on réussit quand il *cede*, c'est-à-dire, qu'*il a moins de force que ce qui le presse*, & à quoi on ne réus-

réussit point quand la force de ce corps est superieure. Ainsi ce morceau de cire presse ma main ; il agit donc sur ma main avec une force quelconque inferieure à celle de ma main, puisqu'il ne lui fait point changer de place, à quoi cependant il réussiroit si ma main avoit moins de force, ou que ce morceau de cire en eut d'avantage. Cette pression peut donc être regardée comme l'effet d'un corps pesant, ou comme l'effet de la pesanteur, ce qui est la même chose ; on peut même dire mieux, & voilà *la pesanteur*, elle n'est *qu'une pression necessitée par la nature du corps même*. Lorsque je pose ma main sur un corps, je n'ai pas besoin d'agir, de faire le moindre effort pour le presser ; au contraire, j'ai besoin d'effort pour ne le presser pas. Si je n'avois pas la force de soutenir ma main, elle feroit à l'égard du corps où elle seroit posée ce que fait ce morceau de cire sur ma main, elle peseroit sur ce corps ; desorte que si ce corps n'avoit pas des parties assez solides pour faire une resistance egale ou superieure à la pression de ma main, ce corps cederoit sa place. *Le corps pesant est donc un corps qui ne peut se soutenir, c'est-à-dire, qui n'a pas la force, la puissance, la proprieté d'agir, ni de s'elever, ni de rester dans la place où il est s'il n'est soutenu ; mais, qui est forcé de tendre à un lieu quelconque jusqu'à ce qu'il trouve quelquechose qui l'arrête, & auquel par conséquent il faut pour qu'il ne tombe pas toujours une force quelconque qui le soutienne*. Mais d'où vient cette pesanteur, cette tendance, cette pression, cette impossibilité de s'elever de soi-même ? Quand ces deux morceaux de cire sont unis ils pesent plus qu'un seul. Plus il y a de matiere plus il y a donc de pesanteur. Le vuide ne pese pas : Une grosse eponge très poreuse ne pese pas autant qu'un petit morceau de plomb. La matiere est donc pesante par elle-même. Mais qu'est-ce que c'est que la Matiere ? Un composé de semilles (1), c'est-à-dire, d'êtres infiniment petits & *infiniment solides* ; c'est tout. Or, puisque leur addition fait la pesanteur, la *pesanteur est donc l'effet de la solidité*, qui par cela même qu'el-

---

(1) Obs. CCXCIX. & suiv.

qu'elle est solide presse sur le vuide, qui étant infiniment penetrable cede toujours. Ainsi la pesanteur *n'est que l'effet de la solidité* qui fait l'essence de la Matiere, mais effet si necessaire que pour y resister il faut toujours une force superieure à quelque partie de matiere que ce soit. Comme on ne reconnoit dans *la matiere* (1) *qu'une union de semilles*, & dans *les corps qu'un arrangement de semilles mêlées de vuide*; il faut donc attribuer tout ce qu'on appelle les propriétés de la matiere à la solidité des semilles qui la composent: C'est de là que vient cette force aveugle, cette *force d'inertie* qui agit toujours; & il ne faut chercher la nature & les propriétés des corps que dans la diverse union des semilles dont les principes des corps, c'est-à-dire, les atomes sont formés. Il est evident, que puisqu'il y a une multitude infinie de corps differens, les parties qui les composent doivent être infiniment differentes. Il est de même evident, qu'il y a la plus petite figure possible, de quelqu'espece de figure que Dieu puisse concevoir. Or, ce sont des semilles arrangées pour former les petites figures, qui ne sont pas corps, mais ces élemens des corps, qu'on appelle des *Atomes*, & dont tout l'Univers est formé.

Namque eadem Cælum, Mare, Terras, Flumina, Solem
Constituunt; eadem Fruges, Arbusta, Animantes:
Verum aliis, alioque modo, commixta moventur.

Lucret. Lib. I.

CCCXIII.

Observation.

CE seroit un grand plaisir que de rechercher ce que fait la pesanteur dans le Systeme de l'Univers, aussi bien que d'essayer à demêler quels doivent-être tels & tels Atomes pour former tels ou tels corps: Mais ce n'est pas ici le tems de s'y livrer. Il ne s'agit à present que de tacher de penetrer

(1) N. CCCVIII, CCCIX. & suiv.

trer la nature des choses en general sans entrer dans des details qui demanderoient des Traités particuliers.

Cependant une Observation se presente naturellement qu'il est important d'examiner. S'il y avoit un être qui pût par un mouvement volontaire agir, sauter, donner du mouvement à de la matiere, la faire contre sa nature s'élever, & qu'on dit de cet être que *ce n'est qu'un être materiel*; ne seroit-ce pas rendre ce terme équivoque? Car, puisqu'il est evident par la Raison & l'Experience, que la matiere n'a point de force active; que sa pression, sa resistance ou pesanteur, ne viennent que de la solidité des semilles dont elle est composée; que ce n'est qu'*une force négative d'activité*, une *force d'inertie*, ainsi que le Chevalier NEWTON l'a très-bien nommée: Il est évident, qu'un être qui pourroit agir par lui-même & donner à la matiere des mouvemens contraires à sa nature, en la faisant s'elever malgré sa pesanteur naturelle & se soutenir même en l'air malgré le poids qui l'attire en bas; *il est, dis-je, évident, qu'un tel être auroit des proprietés que la matiere n'auroit pas, & même des proprietés directement contradictoires*; d'où il resulteroit (par les Principes No. CXXIII, CLXXIV, CCVI.) que cet être seroit necessairement d'une substance toute autre que celle des semilles dont la matiere est faite. Cela me porte à croire, que ceux qui disent que l'Homme est composé de deux parties, d'une Ame qui n'est point matiere, d'un Corps qui n'est que matiere, pourroient bien avoir raison.

CCCXIV.

Observation.

JE n'examinerai pas ici, si ces animaux qui courent ou qui sautent d'une maniere si surprenante qu'ils s'élevent & franchissent de très-grands espaces quoique la masse de leurs corps soit très-pesante; ni si ceux qu'on voit planer dans les airs très-longtems, ou s'elever si haut qu'on les perd de vûe, ou traverser de vastes païs, quoique ce soit des

oiseaux

oiseaux de la grande espece, sont de purs Automates que Dieu a faits avec tant d'art que, quoiqu'ils ne sentent, ni n'entendent, ni ne voyent, la presence d'un objet ou certain bruit les met en mouvement pour fuir ou approcher; de même qu'une mechanique interieure les fait aussi agir sans qu'ils le sachent pour la conservation de leur être, Dieu peut faire de pareilles machines sans doute, qui ne seront rien que matiere, ainsi que le soutiennent les Cartesiens. Mais dans ce cas-là même, la matiere dont ces Automates seroient composés ne seroit muë, ni élevée, que par la force d'une mechanique qui passe toute intelligence & non point par une action volontaire. Je laisse donc cette question & je reviens à moi.

Le Corps, du commun aveu de tous les Philosophes, n'est qu'une matiere organisée avec un art admirable. C'est une machine Hydraulique & Pneumatique qui a ses mouvemens déterminés par la construction, le poids, la mesure, & la qualité des liqueurs. Ces mouvemens ne dependent point de ma volonté, mais lorsque rien ne manque à cette machine, je puis à raison de sa structure, la faire agir ou l'empêcher d'agir. Je veux marcher, je marche, ainsi que je l'ai deja remarqué; je veux courir, je cours; je veux sauter, je saute; je veux être dans l'inaction, j'y suis; mais ce qui est peut-être plus surprenant, je veux que mon bras se remuë & mon bras se met en mouvement & fera même, si je le veux, parcourir à un corps pesant un assez long espace.

Si moi qui veux, & qui suis ainsi obei, *n'etoit que matiere*, je ne differerois pas de mon corps; matiere comme lui, je n'aurois ni sensibilité, ni volonté, & par conséquent nulle activité, par conséquent nul pouvoir d'agir en moi-même comme je le fais lorsque je reflechis, ni de mettre quelquechose en mouvement.

CCCXV.

Vous allez bien vite me dira-t-on. Qui vous a dit que Dieu n'a pas donné à la matiere la faculté de penser? Un Philosophe celebre qui a fait un gros Livre sur l'*Entendement Humain*, regarde la chose si possible qu'il la met en question. Je le sai, & j'en ai été surpris; d'autant plus que Locke reconnoit (1) que la solidité est une idée inseparable de celle du corps. Peut-on penser que la solidité, l'impenetrabilité, la dureté, ne soient pas contradictoires à la sensibilité, à la reflexion, à l'activité? Est-il possible qu'un être infiniment *solide* puisse être *sensible*, puisse penser, puisse agir en soi-même, & par un Acte de volonté, mettre en mouvement des corps de même nature que lui, & que leur pesanteur tenoit auparavant immobiles. Il est evident que ce qui est essentiellement solide est incapable d'agir par soi même. La chûte des corps ne vient que de l'incapacité de pouvoir agir. Ce n'est pas une Action, c'est un mouvement necessité tant qu'aucune force superieure ne s'y oppose pas, c'est un effet necessaire de la solidité par l'impuissance de faire autrement.

Or, puisque c'est un effet necessaire & necessité, il est donc contradictoire que le pouvoir d'agir autrement se trouve dans une être solide; & comme Dieu ne peut agir que conformément à la nature des choses, on peut dire, qu'il ne peut non plus faire penser un être dont la propriété essentielle est la solidité, en faire un être actif, que faire qu'un cercle soit en même tems quarré.

Mais je sens qu'on peut donner une Demonstration plus précise de la distinction réelle de l'Ame & du Corps.

(1) Essai Philosophique sur l'Entendement Humain Liv. 2. Chap. XIII.

THEOREME.

L'Ame est une Substance différente de la Matiere.

Demonstration.

Lemme Premier.

LA Matiere n'est qu'un assemblage (a) d'êtres infiniment petits & infiniment solides. Cela est demontré par tout ce qui precede; & de leur petitesse & de leur solidité essentielle on ne peut rien tirer que la mobilité, l'impenetrabilité, la dureté, & l'indestructibilité, qui suivent necessairement de la nature de ces êtres.

Lemme Deuxieme.

LEs Corps ne sont que des composés d'Atomes (b) & de Vuide: Cela est aussi demontré.

Lemme Troisieme.

LE Composé n'est pas different des parties qui le composent. Il n'y a de difference entre les mêmes choses separées ou les mêmes choses unies, si ce n'est qu'elles sont separées ou qu'elles sont unies. Il en est de même de celles qui sont en repos ou de celles qui sont en mouvement: Les unes sont en repos, les autres sont en mouvement, voilà tout.

Lemme Quatrieme.

Toute proprieté suppose un être.

(a) N. CCXCIX. & suiv. CCVIII. & suiv.
(b) N. CCCIX. & suiv.

Corollaire.

Ainsi la sensibilité, la reflexion, le jugement, la volonté, la puissance, supposent un être doué de toutes ces proprietés, un être intelligent & actif.

Si cet être est materiel, il faut, par le Lemme III, que les semilles dont il est composé soient des êtres sensibles, intelligens, & actifs, en un mot, des agens libres; & alors, toute la matiere de l'Univers n'est qu'un composé d'agens libres, desorte que le pied d'un mitte, que le plus petit grain de sable, qu'une petite particule d'air, sont composés de quelques millions d'agens libres, d'êtres sensibles & intelligens, ce qui est si absurde qu'on a honte de s'arrêter à pareilles discussions, l'infinie petitesse des semilles étant opposée à la multiplicité de sentimens & d'idées que nous pouvons avoir en même tems & à l'action sur soi-même qui les fait appercevoir, & leur extreme solidité étant de même opposée au sentiment & à l'activité. Or, des proprietés contradictoires supposant necessairement des êtres de nature differente (*a*), il suit necessairement, que l'être qui a la proprieté de sentir, de reflechir, de vouloir, ne peut être une semille, ni un composé de semilles, ni par conséquent un être materiel, & que Dieu ne peut non plus faire penser une semille ou un composé de semilles, que faire qu'un Cercle soit en même tems quarré: Ce qu'il faloit demontrer.

THEOREME

L'Etre sensible n'est pas un être composé.

Demonstration.

Si l'etre sensible étoit composé, il faudroit que la composition fut necessaire à la sensibilité, à l'intelligence.

Par

(*a*) Th. CCVI.

Par le Lemme III. il faudroit que l'être sensible fut fait d'êtres sensibles intelligens: Ainsi ce qui sent, ce qui pense dans l'homme ne seroit pas *un*, mais *plusieurs*; le particulier devroit parler comme les Rois dans leurs Declarations, dire *nous* & non pas *moi*.

Or, puisque chacun des êtres qui entreroient dans la composition d'une être qui pense seroient des êtres intelligens par leur nature, il faut convenir que la sensibilité, l'intelligence, n'exigent ni composition, ni pluralité; que l'unité seule suffit: Or, le *moi* seul suffit, & ce qui suffit n'exige rien de plus. *Je suis moi, c'est assez.*

Mais encore, c'est que si l'union ou arrangement quelconque de plusieurs êtres etoit necessaire pour faire un être intelligent, puisqu'un composé n'est point d'une nature differente des parties qui le composent, Dieu ne pourroit faire un être intelligent: Car s'il le faisoit de parties insensibles non intelligentes, le composé ne seroit qu'un assemblage insensible & non intelligent. S'il le faisoit d'êtres sensibles & intelligens, il auroit donc des êtres simples doués de sensibilité & d'intelligence: D'où il resulte évidemment, que la composition ou multiplicité d'êtres n'est pas necessaire à la sensibilité, à l'intelligence, à la reflexion, au jugement, à la volonté, à l'activité: Il paroit au contraire, que la multiplicité ne pourroit qu'être nuisible à l'exercice de toutes ces proprietés.

CCCXVI.

Remarque.

ON trouve dans le Premier Tome des *Nouvelles de la Republique de Lettres* ce raisonnement extrait par BAYLE d'un Livre de l'Abbé de DANGEAU (1).

„ Quand vous vous chauffez la main il est sûr que
„ vous

___

(1) IV. Dialogues. 1. Sur *l'Immortalité de l'Ame*. 2. Sur *l'Existence de Dieu*. 3. Sur *la Providence*. 4. Sur *la Religion*, A Paris, chez Sebast. Mabre Cramoisy, 1686. in 12.

„ vous avez une sorte de plaisir. Si dans le même
„ tems on approche de votre nez une Odeur agréa-
„ bles, vous sentez une autre espece de plaisir. Si
„ je vous demande lequel de ces deux plaisirs vous
„ plait d'avantage, vous me repondez c'est celui-
„ ci, ou c'est celui-là. Vous comparez donc en-
„ semble ces deux plaisirs, & vous jugez d'eux
„ en même tems. Si, après que vous vous êtes é-
„ chauffé & que vous avez senti l'odeur, je vous
„ fais voir un beau tableau du POUSSIN, si je vous
„ fais entendre Mlle. ROCHOIS, si je vous fait man-
„ ger un potage de TALBOT, n'est-il pas vray que
„ vous pouvez dire lequel de tout ces plaisirs à été
„ le plus grand? Il faut donc que ce qui juge en
„ vous ait ressenti tout cela, ce même *vous* qui ju-
„ ge connoit si un plaisir des sens est plus agréable
„ qu'une speculation, & choisit entre ces deux
„ choses. Donc, le même principe que sent les
„ plaisirs sensuels, sent aussi les spirituels, & juge,
„ & veut. C'est une preuve manifeste que votre
„ nez ne sent point l'odeur, & que votre main ne
„ sent point la chaleur. Car comme la main & le
„ nez sont deux choses absolument distinctes l'une
„ de l'autre, il est aussi impossible que l'une sente
„ ce que l'autre sent, qu'il est impossible que nous
„ sentions dans cette chambre le plaisir que sentent
„ presentement ceux qui sont à l'Opera. Il faut
„ donc non seulement que vous qui sentez l'Odeur
„ & la Chaleur tout à la fois, ne soyez point le
„ nez & la main; mais aussi que ce soit une chose
„ où il n'y ait point plusieurs partis; parce que, s'il
„ y avoit plusieurs parties, l'une sentiroit la cha-
„ leur pendant que l'autre sentiroit l'Odeur, &
„ l'on n'y trouveroit rien qui sentit tout ensem-
„ ble l'odeur & la chaleur, qui les comparât en-
„ semble, & qui jugeât que l'une est plus agréable
„ que l'autre. Il faut donc conclure de toute ne-
„ cessité, que votre ame qui est le principe de vos
„ sentimens est une être simple; si elle est simple,
„ elle est indivisible; & si elle est indivisible elle est
„ immortelle, parcequ'il ne se fait point de des-
„ truction naturellement que par la separation des
„ parties qui composent un tout. Ne me dites pas,

que

„ que chaque partie de l'ame reçoit ce que toutes
„ les autres reçoivent. Car, si dans cette supposi-
„ tion votre ame avoit deux parties, il y auroit en
„ vous deux choses qui sentiroient, qui jugeroient,
„ & qui voudroient, sans qu'il vous en arrivât plus
„ d'avantage que s'il n'y en avoit qu'une: D'où il
„ s'ensuit que l'une d'elles seroit entierement inu-
„ tile, outre qu'un être qui peut réunir ensemble
„ deux plaisirs, ou un plaisir, & une douleur, deux
„ jugemens & deux volontés, doit-être necessaire-
„ ment indivisible.

On sait que BAYLE qui se plaisoit plus à détruire qu'à édifier n'étoit pas homme à se contenter d'une Preuve que d'autres auroient même trouvé excellente. Voici ce qu'il pense de ce raisonnement: *On peut dire sans hyperbole,* dit-il, *que c'est une Démonstration aussi sûre que celles de Géometrie.*

CCCXVII.

Observation.

CEux qui prétendent que l'homme est composé de deux parties, d'un corps qui n'est que matiere, & d'une ame qui n'est point matiere, ont donc raison, & on trouve ainsi dans l'universalité des êtres une quatrieme substance, la *substance Divine*, la *substance spatieuse*, la *substance materielle*, & la *substance spirituelle*.

Mais que sera-ce que cette substance Spirituelle? Une substance toute differente de la Materielle, puisqu'elle a des proprietés qui y sont toutes contradictoires. Ainsi, elle n'est point solide, puisque la solidité est opposée à la sensibilité & à l'activité; elle n'est pas pesante, puisqu'elle n'est pas solide; elle n'a point de figure déterminée, parce qu'une figure déterminée suppose de la solidité; par la même raison elle n'est pas visible, parce qu'il faut de la solidité pour refléchir la lumiere; enfin elle n'est point dure, parce que la dureté est opposée à la sensibilité, & que d'ailleurs elle suppose la solidité.

La substance spirituelle est simple, sensible, & active: Elle a en elle-même le principe de son action, &
con-

constitue un être qui a le pouvoir de sentir de reflechir, de juger, de vouloir & d'agir, toutes proprietés negatives à celles de la matiere.

CCCXVIII.

ON peut dire que les Epicuriens qui en nioient l'existence la reconnoissoient cependant par les raisons mêmes qu'ils apportoient pour la faire croire impossible: Car ils reconnoissoient que l'Ame devoit être absolument differente du corps, qu'elle devoit être immortelle & le corps perissable, & qu'il étoit absurde de croire que deux choses si opposées pussent se trouver unies.

Quippe etenim mortale æterno jungere, & una
Consentire putare, & fungi mutua posse,
Desipere est: quid enim diversius esse putandum est,
Aut magis inter se disjunctum discrepitansque,
Quam mortale quod est, immortali atque perenni
Junctum in concilio, sævas tolerare procellas.
LUCRET. Lib. III.

Mais d'où avoient-ils l'idée d'un être si different de la matiere & dont l'existence étoit impossible selon leur système? N'étoit-ce pas le sentiment de leur propre conscience qui la leur donnoit? Non: Mais, ils en avoient entendu parler à d'autres Philosophes & savoient que cela faisoit une question. Je le veux: Mais il faut avouer que si DEMOCRITE ou EPICURE avoient examiné la nature de nos idées & ce qui fait la certitude de nos connoissances, ils auroient vû que ne pouvant avoir d'idée que de choses possibles ou necessaires, & l'existence des ames etant impossible selon leur système, il falloit que leur système fut imparfait & que puisqu'ils avoient l'idée d'une Ame, il falloit que l'existence d'une substance spirituelle ne fut pas impossible (a), cela les auroit conduits à la necessité d'une puissance capable de la produire & leur auroit fait ensuite reformer les absurdités qui rendent leur systè-
m

(a) N°. CCIII—CCIX—CCXIV. & suiv.

me ridicule, quoique le fonds Physique en soit vrai, c'est-à-dire, le Vuide & les Atomes. Mais les plus grands Philosophes ont négligé les fondemens d'où dépend la certitude de nos connoissances, leur ardeur pour l'établissement d'un système les a emportés, ils ont voulu y asservir la Nature, ils l'ont combattue au lieu de la suivre; & s'eloigner de la nature, c'est extravaguer & non pas philosopher.

Je ne sai pas si DESCARTES n'a point donné lieu de douter de l'existence d'une substance spirituelle lors même qu'il faisoit voir que lui qui pensoit n'étoit point matiere & que quand toute la matiere seroit detuite il ne laisseroit pas que d'exister. Les Epicuriens pensoient de même. Dans la supposition qu'il y eut des Ames dans l'universalité des êtres, ils les reconnoissoient pour des êtres simples. Il est vrai qu'ils concluoient de cela même qu'une Ame ne pouvoit être unie à un corps, parce qu'il falloit être un corps pour toucher & être touché, ainsi que le dit LUCRECE Liv. I.,

Tangere enim & tangi nisi corpus nulla potest res;

Au lieu que DESCARTES parle souvent de cette union & qu'il recherche même en quel endroit du corps l'Ame reside. Mais ne peut-on pas dire, que cette recherche est contraire à ses Principes, puisqu'il fait consister l'essence de l'Ame, dans la Pensée, comme celle de la Matiere dans l'Etendue? Croit-il qu'une chose qui n'a point d'Etendue puisse resider quelque part, & que ce ne soit pas détruire l'existence des êtres spirituels que de leur refuser l'etendue? Peut-on concevoir un être existant sans étendue, peut-on le sentir s'il n'est nulle part? J'en defi le plus déterminé Cartesien.

Voilà un erreur où DESCARTES a donné pour n'avoir pas suivi ses propres Principes sur la recherche de la verité. Voulant faire consister l'essence de la matiere dans l'Etendue, & voulant conserver l'existence de l'Ame, il n'a pas cru devoir lui accorder de l'etendue parce que c'étoit la rendre materielle. Ne croyant pas qu'il put y avoir deux sortes d'etendue, il a mieux aimé refuser à l'être spirituel un attribut

tribut essentiel à tout ce qui existe; & sa Philosophie a été si universellement reçue qu'on a partout admis comme une verité indubitable *que tout ce qui étoit étendu étoit materiel:* ce qui a fait nier le Vuide & soutenir qu'un être spirituel n'avoit point d'Etendue, n'étoit dans aucun lieu, & plusieurs autres absurdités dont ces deux décisions de DESCARTES sont le fondement.

CCCXIX.

Dire qu'on ne peut avoir l'idée de deux Etendues n'est-ce pas dire qu'on ne peut avoir l'idée de deux etres? Comment avoir l'idée d'un être qui étant sans Etendue n'occupe aucun lieu & dont l'essence consiste dans quelquechose qui n'est rien de fixe & qui paroit plûtot un acte qu'une propriété essentielle? L'idée de l'Etendue spacieuse n'est-elle pas differente de celle de l'etendue materielle? & si differente que ces deux idées sont absolument contradictoires, l'une étant celle d'une étendue *infiniment pénétrable*, l'autre celle d'une étendue *infiniment solide*. Ne peut-on avoir l'idée d'une étendue simple penetrable dans tous les points qu'on y peut imaginer, & l'idée d'une étendue composée de parties solides qui resiste dans tous les points qui la composent & la rendent divisible en consequence de l'autre, puisque sans le Vuide la Matiere seroit impenetrable? Ceux même qui nient l'Espace en ont pourtant l'idée: Ainsi on peut avoir l'idée de deux étendues. Dieu n'est nulle part parce qu'étant infini comme il est éternel il ne peut être borné par quelque chose de plus grand que lui, il ne peut occuper un lieu; mais étant un être infiniment existant, il existe en soi-même dans son immensité qui est l'Etendue Divine, aussi differente de toute autre Etendue que Dieu l'est de tous les êtres qu'il a créés. Pourquoi l'Etre Spirituel sera-t-il donc privé d'Etendue?

CCCXX.

CCCXX.
THEOREME

L'Etre spirituel a une Etendue propre à sa nature.

Demonstration.

L'Esprit n'est point un être materiel puisqu'il n'est point matiere (*a*), mais puisqu'il est un être il a sa substance propre & particuliere, nul être ne pouvant exister sans sa substance (*b*).

Il n'est point infini, il est donc en quelque part, ou il n'est nulle part. Supposer un être fini qui n'est nulle part, c'est supposer une absurdité: Car il est contradictoire qu'on soit & qu'on ne soit pas, qu'on soit fini & qu'on ne soit pas borné, qu'on soit un être & qu'on ne soit pas dans l'universalité des êtres.

S'il est en quelque part il occupe donc le lieu où il est, & si sa substance est telle qu'il soit un etre simple (*c*), il ne sera pas borné il est vrai par des parties terminantes, mais il le sera par l'être ou les êtres environnans, par l'être où il sera contenu, puisqu'il n'est pas infini; il occupera donc le lieu où il sera, & par conséquent aura une étendue quelconque: Ce qui étoit à demontrer.

C'est pourquoi presque tous les Saints Peres ne pouvant concevoir, qu'un être puisse exister & n'être nulle part, & n'ayant pas fait assez d'attention à l'evidence de ce principe que *toutes proprietés contradictoires supposent des êtres differens*, ont mieux aimé dire que l'Ame quoiqu'immortelle & distincte du corps étoit cependant materielle, que de dire qu'elle n'avoit point d'Etendue, puisque c'auroit été dire, qu'elle n'existoit nulle part, & qu'un être sans étendue ne peut être ni conçu ni imaginé.

Ainsi

(*a*) No. CVIII.   (*b*) No. CCXCVI.
(*c*) No. CCXCIV.

Ainsi, n'en deplaise aux Cartesiens, comme je suis sûr que *moi qui pense, je suis où je suis, & que je ne suis point nulle part*, je dis sans parler des autres proprietés en quoi des êtres peuvent essentiellement differer; que si la pensée est l'attribut essentiel de l'esprit, l'esprit ou l'être pensant ne differe de l'être qui ne pense pas, que parce qu'étant d'une substance essentiellement differente l'un a *l'Etendue moins la Pensée, & l'autre l'Etendue plus la Pensée*, étendues néanmoins très-differentes, parce que l'Etendue d'un être consiste dans la réalité de sa substance, que l'Etendue Materielle n'est qu'un composé de semilles infiniment solides & (a) que l'Etendue spirituelle a pour proprietés essentielles la sensibilité & l'activité qui sont opposées à la solidité.

Si on demande, de quelle figure, de quelle forme sera l'Etendue spirituelle? Ne peut-on pas répondre, que par sa nature, qui n'est ni solide ni composée de parties, il est contradictoire qu'elle ait une figure ou une forme déterminée; quoiqu'étant un être borné la quantité de sa substance ou étendue soit limitée: Car il est evident qu'il n'y a que ce qui est solide qui puisse avoir une forme constante; mais que par cela même que l'Ame est un être sensible & actif, sa forme varie selon les differens états où il se trouve, autre lorsqu'il ne fait que sentir, autre lorsqu'il reflechit & qu'il rentre en soi-même, expression que le sentiment a dicté, autre lorsqu'il juge, ou qu'il suspend son jugement; different lorsqu'il a du plaisir ou qu'il souffre de la douleur, qu'il a de l'aversion, de l'amour, ou qu'il est dans une grande serenité, ou qu'il est agité par l'inquietude, ou la colere, expression qui vient encore du sentiment.

Qu'y a-t-il dans tout ceci d'impossible, & qui ne soit au contraire très-conforme à la nature d'un etre sensible & actif? Comment peut-il être sensible & actif s'il a une forme determinée? Et comment peut-il avoir une forme fixe & determinée s'il n'est pas un être solide.

Est-il plus difficile de concevoir un être dont la sub-

(a) Theo. CCVI.

PHILOSOPHIQUES.

substance limitée à telle quantité est sensible & active & capable de recevoir ou de se donner diverses formes selon les divers états où elle se trouve ou veut se trouver, que de concevoir l'existence d'un être borné *qui n'a point d'étendue & qui n'est nulle part*? N'avons-nous pas dans le corps même une similitude de cette variété de formes selon les diverses manieres dont il est affecté, quoique son état essentiel soit toujours le même? Son état possible ne varie-t-il pas, tantôt debout, tantôt assis, tantôt couché? Les sentimens intérieurs ne se peignent-ils pas dans les yeux, dans l'air du visage? Comment un être pourroit-il être actif s'il étoit solide? Et s'il n'est pas solide, comment ne prendroit-il pas diverses formes lorsqu'il agit diversement.

CCCXXI.

Observation.

Dire que *l'Ame privée d'étendue n'est en aucun lieu*, n'est pas la seule chose déraisonnable que la fausse decision de DESCARTES sur l'essence de la Matiere & de l'Ame l'a engagé à soutenir. Un être ne pouvant exister sans ses propriétés essentielles, puisqu'elles ne sont autres que lui même, l'Ame, dont DESCARTES fait consister l'essence dans la pensée, doit par conséquent toujours penser. C'est aussi ce que soutiennent ce Philosophe & ses Sectateurs. Mais n'est-ce pas une autre absurdité, contraire à la Raison & à l'Experience.

La pensée ne peut être une propriété essentielle, autrement il faudroit dire que l'essence de l'Ame change à chaqu'instant & que cette essence se trouve souvent très-composée, rien n'étant plus varié ni quelquefois plus abondant que la diversité de nos pensées.

La *Pensée n'est qu'une reflexion sur des sentimens que l'esprit examine & compare*; elle n'est donc que l'effet de la sensibilité & de l'activité. Or, un effet n'est point une propriété essentielle; il en suppose seulement une, capable de le produire; & la propriété de pouvoir penser suffit donc pour faire un Etre pensant, pour être un Etre spirituel. Je dis, que *la propriété de pouvoir penser suffit, sans qu'il soit besoin que ce pouvoir soit mis en oeuvre; & quand un être qui par sa Nature seroit sensible & actif, n'exerceroit ni sa sensibilité, ni son activité, il ne laisseroit pas toujours d'être ce qu'il est, capable de sentir & d'agir*, & cela suffit pour le distinguer essentiellement de tout être materiel.

La Raison nous le dit & l'Experience nous y confirme malgré la decision de DESCARTES & des Cartesiens: Car assurément nous ne pensons pas toujours. Nous ne pouvons penser sans sentir que nous pensons. Si nous pensons toujours sans la moindre suspension, nous sentons par conséquent sans la moindre suspension que nous pensons. Nous pouvons bien oublier plusieurs de nos pensées, mais l'actualité qui est presente nous doit toujours faire sentir que nous pensons. Or on sait, non seulement qu'il y a des maladies qui font perdre tout sentiment, mais qu'un profond sommeil nous en prive: Et en effet s'il ne nous en privoit pas nous ne dormirions point. Qu'on y fasse bien attention, ce n'est pas le corps qui dort, c'est l'ame. Le corps ne dort ni ne veille. Il agit ou se repose, mais sans sentir qu'il agit ou qu'il se repose, non plus qu'une montre qui va ou une montre qu'on a oublié de remonter. C'est l'Horlogeur qui s'en apperçoit, mais la montre n'en sait rien.

Qu'est-ce que le Sommeil? C'est en termes figurés *le frere de la mort*, c'est-à-dire en termes simples, *la suspension de toute action*. Or le Sommeil est fait sans doute pour conserver ou retablir les forces du corps, ou cuire des humeurs nuisibles. L'envie de dormir est un besoin qui porte l'Ame à faire reposer le corps, comme le besoin de la soif la porte à le faire boire; mais il y a cette difference, que par la liqueur dont elle arrose le corps elle se delivre du sentiment facheux de la soif, mais qu'elle ne se delivre pas du sentiment facheux du besoin de sommeil en mettant le corps en repos, il faut qu'elle s'y mette elle-même. Or le repos de l'Ame c'est de ne penser à rien. Mettez le corps dans l'état le plus

com-

commode pour se reposer, tant que vous serez occupé de quelquechose vous ne dormirez assurément pas. Le Sommeil est le seul moyen qu'il y ait pour delivrer l'Ame du sentiment facheux du besoin de sommeil; elle le sent tant qu'elle ne dort pas, ce n'est que par la suspension de tout sentiment & de toute pensée qu'elle peut se delivrer de l'envie de dormir, sentiment facheux quand on y resiste, agréable quand on se le procure. C'est donc l'Ame qui dort, & dormir c'est ne penser à rien. Cela est si vrai, que lorsqu'on ne dort pas d'un bon sommeil on rêve & qu'on sent quelquefois qu'on rêve jusqu'à se dire à soi-même qu'on rêve. On se souvient quelquefois de ses rêves, quelquefois on se souvient seulement qu'on a revé. Mais si l'Ame pense toujours, pourquoi rêve-t-elle? Qu'un homme se propose en se mettant au lit de s'appliquer pendant la nuit à la solution de quelque Probleme, je demande au Cartesien, si cet homme aura dormi, s'il a passé la nuit à trouver cette solution? Si la Pensée fait l'essence de l'Ame, elle ne peut jamais être fatiguée de penser; & tout objet doit lui être egal, puisque penser pour penser ce n'est toujours que penser. Pourquoi néanmoins se trouve-t-on fatigué après certaines meditations? C'est qu'une profonde meditation suspend la respiration & le cours des esprits. En ce cas il faut que l'Ame pour faire de pareilles méditations prenne le tems que le corps est dans un profond sommeil, il ne s'en appercevra pas.

CCCXXII.

EN verité les absurdités qui suivent des deux decisions de DESCARTES sur l'essence de la Matiere & de l'Esprit devoient bien lui faire penser que les deux suppositions qui l'y avoient conduit étoient mal fondées ou que les conclusions qu'il en tiroit n'etoient pas justes. Rien ne doit inspirer plus de mesiance dans la Recherche de la Verité que de voir un si bon esprit, un esprit naturellement à Philosophe, donner dès ses premieres recherches dans deux erreurs qui deviennent le fondement de toute sa Philosophie, & qui nous ont privé des grands progrès que cet excellent homme auroit fait s'il avoit été exact à suivre sa propre methode.

Dès qu'il établissoit que l'essence de la Matiere consistoit dans l'Etendue & qu'ainsi tout ce qui étoit étendu étoit materiel, la Religion l'obligeoit à dire que l'Ame n'avoit point d'Etendue; & ceux qui avec de la Religion ont embrassé sa Philosophie ont été forcés de dire la même chose. Mais ceux qui affectent un peu de Pyrrhonisme & qui, munis de quelques objections bonnes ou mauvaises, croyent se faire passer pour des Esprits d'autant plus superieurs qu'ils combattent les verités les plus sensibles, se sont moqués d'un être qui n'ayant point d'etendue n'existoit nulle part, ou ont soupçonné, en voyant la contradiction qu'il y a à rechercher après cette decision où il reside, que DESCARTES n'en avoit reconnu l'existence que pour se mettre à l'abri des Theologiens; dès lors ces pretendus Grands Esprits se sont crus bien forts pour soutenir que l'Ame n'étoit point un être different du corps, mais qu'elle consistoit seulement dans les mouvemens de la mechanique du corps, comme si des mouvemens pouvoient être des Etres qui eussent des proprietés, qu'un mouvement pût sentir, pût avoir une idée, une volonté. Mais sans songer à cela ils appelloient à leur secours le grand raisonnement qui fait impression sur tant de gens qu'il y en a qui admettent la distinction de l'Ame & du Corps & qui pretendent qu'on ne peut la prouver ni la croire que par les lumieres d'une Revelation Divine: Voici ce grand Argument.

„ L'Ame n'est point etendue, car elle seroit ma-
„ tiere. N'ayant point d'étendue, elle n'est nulle
„ part: Car si elle étoit quelque part, elle occupe-
„ roit un lieu & auroit par conséquent une Eten-
„ due quelconque. Or on ne conçoit pas qu'un être
„ qui n'est nulle part existe. L'Ame n'est donc rien
„ qu'un resultat de la mechanique du corps, ce qui
„ est

„ est si vrai qu'il y a des maladies où on ne sent
„ rien, d'autres où on pense extravagamment, fu-
„ rieusement, qu'en un mot l'Ame se sent de tous
„ les divers états de bien & de mal où le corps se
„ trouve.

„ Cette fiere Raison, dont on fait tant de bruit,
„ Contre les Passions n'est pas un sûr remede;
„ Un peu de Vin la trouble, un Enfant la séduit;
    Des Houlieres.

„ Et non seulement la disposition où est le corps
„ influe sur l'état de l'Ame, mais l'etat de ce qu'on
„ appelle Ame influe aussi sur l'etat du corps. Un
„ homme dont l'Orgueil se trouve blessé, un hom-
„ me qui aura manqué à quelquechose qu'il auroit
„ dû faire, ou qui en aura fait qu'il ne devoit pas fai-
„ re, en aura quelquefois de si cuisans regrets que
„ toute l'économie de son corps en sera troublée,
„ sa santé même alterée. D'ailleurs, ne voit-on pas
„ que l'Esprit croit avec le corps, & qu'il s'affoiblit
„ avec le corps?
„ Comment cela se peut-il faire, ajoutent-ils, si
„ l'Ame & le Corps sont deux Etres si differens que
„ l'union en est inconcevable, si inconcevable que
„ les Malbranchistes, espece de Cartesiens, établis-
„ sent Dieu pour être le lien de l'un & de l'autre,
„ desorte que c'est Dieu qui donne à l'Ame les sen-
„ timens qu'elle reçoit à l'occasion du corps & qui
„ remue le corps selon la volonté de l'Ame?
Je ne m'arrêterai point à faire voir, que cette
imagination du P. Malbranche vise beaucoup à
l'impieté. Mais c'est une suite de la decision de
Descartes sur la nature de l'Ame, accomodée
au dessein du P. Malbranche. Un être qui seroit
privé d'étendue, si la chose étoit possible, n'en pourroit toucher un autre, ni être touché; ainsi il n'est
pas étonnant que l'union de l'Ame & du Corps soit
une chose inconcevable. Mais si Descartes, qui
veut qu'on ne decide que sur des idées claires, eut
fait attention que non seulement il n'avoit point

d'Id'idées claires, mais qu'il n'en avoit point du tout, lorsqu'il parloit d'un être sans Etendue & d'un être borné qui n'étoit nulle part; il se seroit trouvé forcé de reconnoître que l'être pensant ou n'existe pas ou qu'il est étendu à raison de sa substance, l'Etendue étant l'attribut inséparable de l'être, à raison de ce qu'il est, ainsi qu'on l'a deja remarqué, Etendue *materielle* si l'Etre est materiel, *spirituelle* si l'Etre est spirituel, *pénétrable* si c'est la substance spatieuse, *immense* si c'est la substance Divine: Alors DESCARTES auroit vû, que rien n'est plus facile à comprendre que cette union de l'Ame & du Corps, & le P. MALBRANCHE n'auroit pas fait de Dieu un Machiniste si peu habile que son ouvrage ne peut aller si l'ouvrier ne le fait mouvoir.

CCCXXIII.

FAisons d'abord cette attention, que *la pensée n'étant que l'effet de la sensibilité & de l'activité*, il faut dire pour bien definir l'*Etre spirituel*, que c'est *un Etre sensible & actif*, parce que c'est de la sensibilité & de l'activité, que derivent toutes ses autres proprietés. C'est par là qu'il reçoit les sentimens dont il forme ses idées; c'est par là qu'il les compare, qu'il juge, qu'il veut. Enfin s'il n'étoit pas *sensible* il ne seroit point; & ce terme seul pourroit suffire à sa definition.

Je demande ensuite, ce que c'est que *l'union de deux choses*? C'est sans doute lorsque leur situation est telle qu'elles se touchent immediatement. Or, puisque l'Etre spirituel existe en quelque part, il touche ce qui l'environne immediatement, quelque chose que ce soit. Car ce n'est pas la Nature des êtres qui fait qu'ils se touchent, c'est leur approximation, leur situation. Que l'Ame se trouve donc placée dans le Cerveau immediatement où se rapportent tous les mouvemens de ce qui se passe dans le corps, & qu'active elle y puisse même parcourir l'endroit où vraisemblablement se conservent les tra-

traces des impressions qu'elle a reçues, elle recevra alors à l'occasion de tels ou tels mouvemens tous les sentimens qu'elle doit recevoir selon l'institution du Créateur, & retrouvera même ceux qu'elle aura reçus autrefois; & comme cette union l'asservit à recevoir divers sentimens involontaires, elle la met aussi en état de communiquer au corps sa volonté & de le faire agir en conséquence. Quoi de plus simple, & de plus conforme à ce que nous sentons lorsque nous rentrons en nous-mêmes? Mais d'un faux principe suivent diverses absurdités qu'il faut substituer aux conséquences simples & vraies des principes qui le sont eux-mêmes.

CCCXXIV.

EN reconnoissant, comme on ne peut je croi s'empêcher de le reconnoître, que la nature de l'Ame consiste dans *la sensibilité* & dans *l'activité*, il est aisé d'expliquer ce que sont nos Idées, & de voir combien les Philosophes on dit de choses frivoles pour ne pas dire ridicules lors'qu'ils ont voulu traiter de la nature des Idées.

Il est de même aisé de résoudre la question sur les *Idées innées*, touchant laquelle Locke a donné un si long, je n'ose dire un si ennuieux Chapitre, dans son *Traité de l'Entendement Humain*. Cependant je croi qu'on pourroit le dire sans l'offenser. Ce Chapitre est long & doit par conséquent être fort ennuieux, parce que ceux qui soutiennent les Idées innées, Locke qui les rejette, & ceux qui en lisent la discussion, ont de la peine à se mettre au fait de ce dont il s'agit.

CCCXXV.

Ceux qui soutiennent les Idées innées disent, que *ce sont des idées que nous avons dès notre naissance,* des idées qui sont en nous. Mais qu'est-ce que cela signifie? Les idées sont-elles de petits êtres qui accompagnent l'Ame, ainsi que des Philosophes l'ont prétendu, ou sont-elles des traces que les esprits animaux forment nécessairement dans le cerveau & qui agissent sur l'Ame? Mais quand cela seroit, si je ne sens point l'action de ces traces ou la présence de ces idées, cela est pour moi comme si cela n'étoit pas; & tout ce que ces traces ou ces idées peuvent me faire connoître me restant inconnu, puis-je dire que j'en ai l'idée? On n'a point l'idée d'une chose quand on ne sait point qu'on en a l'idée. C'est ce que disent ceux qui rejettent les Idées innées.

D'un autre coté il est certain (a), que les Mots n'étant que les signes arbitraires de nos idées, les idées sont avant les mots qui les signifient, & qu'ainsi les mots supposent des idées antecedentes.

Il est de même certain (b), qu'on ne peut donner d'idée qu'en montrant la chose qu'on veut faire connoître, mais que cela ne regarde que les choses qui ont des formes & des couleurs (c), & que ne pouvant présenter par aucune forme ni couleur les choses purement intellectuelles on ne peut en donner d'idée. On aura beau se servir de termes pour les expliquer. Si les termes ne sont pas entendus on parlera en vain, & s'ils sont entendus on en a donc les idées, & de plus on est instruit de la convention qui fait que les mots sont les signes de telles ou de telles idées. Si donc un homme à qui on parle entend ce qu'on lui dit, il en a en soi l'idée, on ne fait par ses paroles que l'avertir d'y faire attention; ce qu'il fait au commencement lorsque par les mots qu'il entend il juge du sens que doivent avoir ceux qu'il n'entend pas & qu'il entend après en avoir deviné la signification par des conséquences nécessaires: Voilà comment s'apprennent-

---

(a) Chap. II. Obs. LX.
(b) Rem. LXVI, LXVIII,—LXIX.
(c) Obs. LXXVI.

prennent les Langues. Mais il faut donc que les idées soient en nous, nous avons donc des idées innées, concluent ceux qui les soutiennent. Mais comment peut-on avoir des idées sans savoir qu'on les a, demandent toujours ceux qui les rejettent? Peut-on avoir l'idée d'une chose & ignorer la chose dont elle est l'idée? Si on a l'idée innée de Dieu, continuent-ils, ainsi que le pretendent ceux qui veulent des idées innées, pourquoi les hommes pensent-ils si differemment de la Divinité?

Si ceux qui soutienbent les idées innées avoient fait reflexion que l'idée devant être conforme à la chose dont elle est l'idée (a), une idée n'est par conséquent que le *sentiment distinct d'une chose* (b) & que quoiqu'on dise *une idée confuse* au lieu de dire un *sentiment peu distinct ou confus* (c), ce n'est qu'un abus de terme, puisqu'une idée confuse n'est l'idée de rien de distinct & n'est conforme à aucune chose parce que les choses sont ce qu'elles sont & telles qu'elles sont (d); s'ils avoient remarqué que la pensée n'est qu'une consideration, qu'une attention sur les sentimens ou sur les idées; qu'elle n'est point une proprieté essentielle de l'Ame, mais seulement une action, une operation de l'Ame, comme le marcher n'est pas une proprieté essentielle au corps mais une faculté du corps; ils n'auroient pas dit que les hommes avoient des idées innées, & n'auroient pas soutenu par exemple que l'idée de Dieu en étoit une. Mais en faisant attention que les proprietés essentielles à l'Ame sont la sensibilité & l'activité, de sorte qu'elle sent tout ce qui la touche immediatement, ou mediatement d'où naissent ses sentimens confus, & que par la reflexion (e) sur les sentimens elle peut les distinguer les uns des autres & avoir ainsi des idées; ils auroient dit seulement que tout homme avoit naturellement en soi tout ce qu'il falloit pour avoir les vraies

(a) N. LXXXIX.   (b) Rem. CXXVII.
(c) Rem. CXXIX. (d) Obs. LXXXIX.
(e) N. CXXVII.

vraies idées des connoissances qui peuvent être communes à tous les hommes & sur tout celle de Dieu à laquelle tout rappelle l'homme: C'est aussi je croi ce qu'ils ont voulu dire par *idée innée*. Ainsi, si ceux qui rejettent les idées innées eussent fait de même attention à la nature de l'Esprit, ils auroient conclu qu'il y avoit des idées innées s'il suffisoit d'entendre par ces termes, que *l'homme avoit en lui tous les sentimens d'où viennent les idées*, & ils seroient convenus que si tous les hommes pensent si différemment & surtout de la Divinité, ce n'est pas qu'ils n'ayent tous naturellement en eux-mêmes les sentimens necessaires pour penser juste, mais que le deffaut d'attention à ces sentimens, les laisse dans la confusion dont une fausse Autorité, les Passions ou le Prejugé profitent pour les corrompre. Ainsi la Dispute sur les Idées innées se reduit à une Dispute de mots. Un homme qu'on mettroit en possession d'une belle Bibliotheque auroit tous les livres dont elle seroit composée; cependant s'il ne les examinoit pas, ces livres seroient pour lui comme s'il ne les avoit pas, quoiqu'il les eut.

CCCXXVI.

Remarque.

IL est vrai cependant, que ceux qui rejettent les idées innées ne conviennent pas que nous ayons en nous les sentimens dont la distinction fait les idées; & LOCKE lui-même est de cette opinion. Mais cela est insoutenable par ce qui a été remarqué sur l'intelligence des termes (*a*), & sur certaines idées que leurs contradictoires ou leurs correlatives supposent & que rien ne peut donner que le sentiment interieur de la chose même. L'opinion de LOCKE ne vient que de n'avoir pas fait assez d'attention à la nature de l'Ame qu'on a supposée ou materielle ou sans etendue, & dont on a fait consister l'essence dans la Pensée. Mais dès qu'il est contra-

(*a*) N. LXVIII—LXXI, LXXV.

contradictoire que l'Ame soit materielle, & qu'un être quel qu'il soit n'ait pas une etendue quelconque, que d'ailleurs on reconnoit que l'essence de l'Ame consiste dans la sensibilité & l'activité d'où resultent toutes ses autres proprietés; on verra clairement que l'Ame ayant sa place dans l'Universalité des choses, si elle est unie au corps elle aura le sentiment de la matiere, & en même tems celui de l'espace, puisque l'espace etendu par tout est necessaire & au mouvement & à la formation de tous les corps, & il n'est pas necessaire qu'elle soit unie à la substance divine pour avoir le sentiment des attributs de la Divinité, parce que l'espace peut lui servir de *sensorium* pour avoir le sentiment de l'être infiniment parfait, ainsi que l'espace peut servir à Dieu même de *sensorium* pour connoitre tout ce qui se passe dans l'Univers. Si l'homme ne s'applique pas à distinguer les sentimens avec exactitude, il restera toujours dans l'obscurité & dans l'ignorance, il n'aura point d'idée, il n'aura que des sentimens confus; mais s'il examine ces sentimens avec attention, que secouant le joug de l'Autorité humaine, des Passions & des Préjugés, il ne joigne, ni ne separe aucune idée que lorsqu'il y sera forcé par la necessité de l'evidence, il aura alors des idées claires & distinctes qui deviendront les sources fecondes & lumineuses de la connoissance d'une infinité de verités, il les trouvera en soi-même, dans le *domicile de ses pensées*, pour me servir de l'expression de *Saint* AUGUSTIN, où la Verité qui est de tout Païs parle un langage qui n'est composé ni de sons, ni de syllabes, mais qui est également intelligible à tous les hommes. *Intuit in domicilio cogitationis, nec Hebræa, nec Græca, nec Latina, nec Barbara Veritas, sine oris & linguæ organis, sine strepitu syllabarum:* & ces idées seront conformes à celles de tous les hommes qui feront un bon usage de leur raison en ne voulant que l'evidence pour les assurer

De ce vrai dont tous les Esprits
Ont en eux-mêmes les semences,

Qu'on

> Qu'on ne cultive pas & que l'on est surpris
> De trouver vrai quand on y pense.
> 　　　　　　La Motte, *Fab. 8. Liv. 1.*

Il n'est donc necessaire de dire qu'on *voit tout en Dieu* que dans le Systeme du P. Malbranche, mais non dans celui de la Nature, puisqu'il suffit d'être sensible & actif pour pouvoir mieux voir & plus de choses que le P. Malbranche n'en a vu.

CCCXXVII.

Cependant je n'ai rien repondu touchant la difficulté tirée de la dépendance mutuelle de l'Ame & du Corps. Cette dependance est bien considerable sans doute, il y a peu d'hommes qui ne l'ayent éprouvée, soit dans les passions, soit dans les maladies. Elle est telle qu'il faut être bien convaincu par l'Evidence, ou bien penetré de la crainte qu'inspire la Religion, pour ne pas alors se laisser aller à croire que l'Ame & le Corps ne sont qu'une même chose.

Ces fureurs, ces extravagances, ces visions, ces alienations de l'esprit, cet abattement douloureux, la perte de la memoire, les inquietudes, les angoisses, les alterations de toute la machine, lesquelles passent jusques dans l'Ame, ou les Passions de l'Ame qui alterent toute la machine; les diverses façons de penser dans la santé ou dans la maladie, dans l'agitation ou dans la sérénité, causent du moins quelques doutes sur la distinction réelle de l'Ame & du Corps. On a peine à croire qu'une si grande dependance, qu'une union si etroite puisse se trouver entre deux etres distincts, & celui même qui en est convaincu a besoin de se dire souvent pour dissiper ces doutes, *mais moi qui sens toutes ces choses je ne suis pas ce qui me les fait sentir, ce qui agit sur moi & qui par son action ou par son obstruction ou sa dissipation me reduit en cet etat, ne sens pas ce que je sens, non plus*

plus que le feu ne sent pas l'ardeur qui me brule lorsque j'en suis trop près: C'est moi seul qui sens, je ne suis ni mon sang qui est insensible, ni les humeurs qui le sont de même.

Une comparaison qui me paroit aussi sensible que juste repondra je croi à cette difficulté, quoiqu'il ne soit pas necessaire de repondre à une difficulté quand la chose est demontrée.

Je suppose un Pilote qui monte un Vaisseau pour un voyage de long cours, il a divers matelots sous ses ordres; ce sont les esprits animaux du vaisseau dont il est l'Ame, il leur commande, ils obéissent à sa voix, ils apareillent, ils partent; le pilote ordonne la manoeuvre necessaire pour prendre le vent ou pour le conserver; la mer est sans vagues, le ciel sans nuages, le vent doux & favorable, le vaisseau gouverne bien & sans peine; il ne se peut que le pilote ne goute du plaisir dans le commencement de cette navigation, il jouit longtems de ce plaisir, tout le favorise.

Cependant le vent cesse tout à coup, un calme parfait succede & dure presque la moitié d'un mois, l'eau de la mer est comme de l'huile, un soleil ardent darde à plomb ses rayons, le gouvernail est inutile & les voiles ne peuvent servir qu'à faire de l'ombre; le plaisir s'évanouit alors, l'ennui prend sa place, & avec l'ennui la crainte qu'un si long calme ne soit suivi de quelque tempête.

En effet le Ciel se couvre de nuages, l'air s'obscurcit, le vent se leve & devient furieux, & bientot on voit les vagues blanchissantes accourir de toutes parts & venir se briser contre le vaisseau; elles l'agitent si rudement qu'elles l'engloutiroient s'il étoit moins grand, & qu'elles l'ouvriroient s'il étoit d'une moins bonne construction; le Pilote peut à peine tenir le gouvernail, & quelqu'effort qu'il fasse il ne peut soutenir son vaisseau contre la mer & le vent; pour comble de malheur il est porté dans un courant qui l'entraine loin de sa route & qu'il ne peut refouler lors même que la tempete est finie. Que faire? Il est dans ce vaisseau. Il est vrai qu'il le gouverne à sa volonté quand il n'est
point

point maitrisé par les vents ni les flots, mais il en doit souffrir tous les inconveniens lorsque leur force est superieure à la sienne & à tout l'art de la manœuvre.

Lors même que le Pilote vogue avec le meilleur vent, peut-il s'empêcher de sentir les moindres mouvemens de ce vaisseau? Non: Il y est uni, il faut qu'il sente ce qui s'y passe, qu'il y essuye jusqu'au desagrément des vapeurs qui s'elevent du fond de cale & celui des mauvaises odeurs qui s'exhalent des marchandises, des provisions, des passagers & de tout l'équipage; il est uni à ce vaisseau. Je suppose maintenant que ce vaisseau entrainé par la rapidité du courant soit porté contre des Rochers où il se brise. Tout est englouti, le seul Pilote échape. Le vaisseau peut donc perir & le Pilote subsister après la perte de son vaisseau. Ainsi quoiqu'uni avec son vaisseau le vaisseau & lui n'étoient pas la même chose.

En supposant si on veut qu'il eut peri dans le naufrage de son vaisseau, quoique lorsqu'ils étoient l'un & l'autre en bon état l'un fit sentir des mouvemens involontaires à l'autre & que l'autre fit changer & mouvoir son vaisseau selon sa volonté, il est certain que le corps du Pilote n'étoit point une partie du vaisseau.

Deux êtres très-distincts peuvent donc être unis desorte qu'ils seront dans une mutuelle dependance sans être pour cela de la même espèce. Ainsi l'existence de l'être spirituel necessairement distinct de la matiere étant démontrée par l'impossibilité qu'il y a que la matiere soit sensible & active, la dépendance mutuelle de l'Ame & du Corps ne fait pas une difficulté qui puisse affoiblir la conviction de la distinction réelle de ces deux êtres.

CCCXXVIII.

Ceux qui veulent les confondre ne font encore qu'un vain raisonnement, lorsqu'ils disent qu'on voit faire aux Bêtes des choses qui supposent du sentiment, des idées, du jugement, & même une communication d'idées; & que cependant elles n'ont point d'Ame. Car comment savent-ils que les Bêtes n'ont point d'Ame ? PEREIRA & DESCARTES l'ont dit, & les Cartésiens le repetent; mais est-ce assez pour le croire & pour décider? Je n'examinerai point à présent, si le Chien qu'on frappe sent de la douleur, & si les cris qu'il pousse ne sont que comme des sons que rend la corde d'un luth quand on la pince:

Si le Cerf a peur quand on le lance & si c'est un sentiment de crainte qui le fait fuir:

Si le Heron dans les airs poursuivi par un oiseau de proye passe à dessein son long bec sous son aile afin que l'oiseau de proye n'ose fondre sur lui par la crainte de se percer lui même; & si c'est avec le même dessein que le corbeau, qui n'a pas le cou ni le bec si long, se tourne sur son dos en volant quand il voit l'oiseau de proye directement au dessus de lui:

Si les Castors peuvent sans intelligence & même sans une communication d'idée construire en commun des digues, des chaussées, des habitations où se trouvent divers apartemens bien voutés, solidement construits & si bien situés qu'ils y sont à l'abri des inondations quoiqu'ils y ayent des canaux de communication avec des lacs ou des Rivieres:

Si l'oiseau sait ce qu'il fait quand il fait un nid; si l'araignée sait pourquoi elle tend ses filets, & le *formica-leo* pourquoi il creuse sa trémie.

On dit tant de choses merveilleuses de tous les animaux qu'on a observés, qu'il faut être bien hardi pour décider qu'ils n'ont point d'Ame.

Quoiqu'il en soit je me borne à ceci parce que je le sai evidemment, c'est, que si les Bêtes *sentent*, elles ont une Ame spirituelle, puisqu'il est impossible que la sensibilité soit une proprieté de la matiere.

QUESTION. *L'Ame des bêtes, si elles en ont, est-elle immortelle?*

Sans doute & si bien qu'elle l'est par sa nature.

QUES-

QUESTION. *Est-elle égale à celle de l'homme.*

Il n'y a pas d'apparence: Il doit y avoir une forte de rapport ne fut-ce qu'en étendue, entre l'Ame & les organes du corps auquel elle doit être unie. Ainsi l'Ame d'une mitte si elle en a, ou celle de ce petit animal qu'on découvrit avec le microscope de DIVINI & qui fut trouvé si petit qu'il en fut nommé *l'atome des animaux*, ne peuvent être égales ni à celle de l'homme, ni à celle du lion, ni à celle du cheval, ou même d'animaux sans comparaison plus petits. Mais qui osera nier que Dieu puisse créer des ames de différens ordres, qu'il y ait divers esprits tous en différens dégrés au-dessus de celui de l'homme comme il peut y en avoir au dessous jusques au dernier dégré possible? Si cela n'est pas démontré, qui osera dire que cela n'est pas probable?

QUESTION. *Les bêtes sont-elles des Agens Libres?*

Elles le sont sans doute, si leurs mouvemens sont volontaires.

QUESTION. *Sont-ce des Etres Moraux?*

Je n'en sai rien, parce que je ne sai pas à quels sentimens Dieu les a destinées; Il faut avoir l'evidence pour en décider, comme il faut l'avoir pour decider du contraire; mais elles sont certainement ce qu'elles doivent être, & comment elles doivent être pour remplir les vues que Dieu s'est proposées.

QUESTION. *Que deviennent les ames des Bêtes quand les Bêtes meurent?*

Je n'en sai rien. Mais si les Bêtes ont des ames, celui qui les a créées a sûrement ordonné de leur destination avec sagesse.

CCCXXIX.

CE que je sai c'est, que si dans les choses douteuses la Raison veut qu'on prenne le parti le plus sûr, quiconque n'est pas évidemment convaincu que les Bêtes sont privées de sentiment, fait un grand abus de sa Raison lorsqu'il fait du mal à quelque Bête que ce soit quand elle n'en fait pas; la Raison veut au con-

contraire qu'on leur fasse tout le bien qu'on peut par respect pour celui qui est le Souverain Seigneur de toutes choses, à qui elles appartiennent comme nous, de qui elles sont comme nous les créatures, & pour la formation desqu'elles il n'a pas fallu moins de sagesse & de puissance que pour la formation de l'homme. N'est-ce point de notre orgueil & de notre ignorance que nait le mepris que nous avons pour elles, & qui est la cause que nous en faisons les innocentes victimes de notre cruauté, plus grande sans doute que celle des Bêtes les plus feroces ?

Si la necessité oblige donc de tuer des animaux, il faut le faire si promtement que le coup qui les prive de la vie leur soit presqu'insensible.

Mais que les Bêtes ayent une ame ou qu'elles n'en ayent pas, comme il ne suit pas necessairement que si l'homme a une ame elles en ont aussi, de même il ne suit pas necessairement que si elles ne sont que des automates admirables, l'homme n'est aussi qu'un automate. Ainsi la difficulté prise de la prétendue automacité des Bêtes ne fait rien contre la distinction des deux êtres dont l'homme est composé, & la démonstration en étant donnée, s'il falloit juger de l'Homme & des Bêtes par voye d'Analogie, il seroit plus raisonable de dire que les Bêtes ont une Ame, que de dire que l'Homme n'est qu'un Automate, puisqu'assurément un Automate est incapable de sentiment.

CHAPITRE DERNIER.

LA connoissance de l'Existence de Dieu, celle de l'Ame, celle de la nature de l'Espace & de la Matiere, sont les fondemens de tout ce qu'on peut connoitre, les sources de toutes les verités & de tous les objets que les Sciences peuvent se proposer. Mais pour ne pas rendre ces premieres connoissances infructueuses, il faut entrer dans les details de ce qui peut nous y interesser. Il faut tacher d'y découvrir ce qui peut contribuer à notre Bonheur, regler notre Conduite, & assurer nos demarches. Il faut donc y reflechir de nouveau & particulierement. C'est aussi ce que je me propose de faire par de nouvelles Recherches sur la Nature, les Droits, & les Devoirs des Etres Moraux. Je n'avancerai que par la même methode, c'est-à-dire, qu'avec l'évidence, qu'après m'être assuré par elle que je puis aller surement: Semblable à un aveugle timide qui n'ose marcher qu'après s'être assuré avec son bâton de la solidité du terrain, & qui peut dire alors, *cum Baculo tutus*.

F I N.

TABLE DES TITRES,

Qui se trouvent dans cet Ouvrage.

LIVRE PREMIER.

Observations & Remarques Préliminaires.
p. 1

Reflexions qui ont fait entreprendre ces Recherches, & comment on se propose de les faire.
p. 1

Reflexions sur l'Instinct Physique & Moral. Sur les causes generales de l'Erreur. Objections contre le dessein de s'assurer par soi-même de la Verité. Reponse à ces Objections. Que rien ne doit s'opposer à la Recherche impartiale de la Verité. Que tout homme en est capable.
p. 15

Exposition des principaux sentimens des Philosophes.
p. 53

LIVRE SECOND.

De la Verité & de l'Evidence. p. 105

Observations & Remarques sur les Signes de nos pensées. p. 105

Section I. Raisons de ce qui fait la matiere du premier livre. p. 105

Chapitre I. Recherches de la Verité & de l'Evidence. p. 105

Chapitre II. Des Pensées & des Signes. p. 111

TABLE.

Section II. *Observations & Remarques au sujet du Chapitre précédent.* p. 117

Chapitre III. *Recherche de l'Evidence.* p. 151

Chapitre IV. *Observations sur la Vérité & l'Evidence démontrées par elles-mêmes.* p. 163

Section IV. *Précautions pour s'assurer de la Vérité. Que tout homme qui la cherche ne fait pour la trouver que ce qui se fait en Arithmetique. Qu'il faut distinguer entre une Proposition Evidente & l'Evidence d'une Proposition. Que toutes les Sciences proprement dites, peuvent être démontrées. Que tout ce qui est possible est necessaire en tant que possible. Du Scepticisme & du Doute.* p. 169

Chapitre V. *De la différence entre Définition de nom & Définition de choses: Que la première peut être toujours prise pour principe.* p. 185

Section VI. *Reflexions sur ce qui arriveroit si tous les hommes rechercheroient la Verité par les principes de l'Evidence.* p. 204

Chapitre VI. *De la Syllogistique.* p. 216

LIVRE TROISIEME.

De l'intelligence de quelques Termes. p. 221

Reflexions au sujet du Livre précédent. p. 221

Quelques Expositions ou définitions de Termes & de Choses. p. 222

Chapitre VII. *Reflexions occasionées par ce qui a été dit touchant le Bonheur, depuis l'Article CXLVII. du Chapitre précédent.* p. 251

LIVRE QUATRIEME.

Des moyens & des divers dégrés de nos connoissances. p. 257

Reflexions sur les Expositions ou Définitions précédentes. p. 257

CHA-

TABLE

CHAPITRE VIII.
Des idées occasionées par les sens & les objects extérieurs: Ce que c'est que Connoître. p. 259

LIVRE CINQUIEME.

Des Etres possibles & necessaires: Des Causes & des Effets. p. 304

CHAPITRE IX.
Observation sur les Mots. Recherches sur l'existance du Possible & du Necessaire. p. 304

CHAPITRE X.
Recherches sur les Causes & ses Effets. p. 332

CHAPITRE XI.
Considerations plus particulieres sur les differences qui peuvent se trouver entre ce qu'on nomme Effett & ce qu'on nomme Cause. p. 340

CHAPITRE XII.
Recherches sur les moyens de s'assurer s'il n'y a qu'une ou s'il y a plusieurs Causes necessairement Antecedentes à toutes autres: Sur le changement qui arrive à un Etre: Sur ce que doit être un Etre qui se procure du changemens. p. 346

SECTION VII. p. 355

CHAPITRE XIII. De l'existence réelle des Verités: Du necessaire & du Possible. p. 359

LIVRE SIXIEME.

De la nature des Etres. Recherches sur l'infini & sur le Composé. p. 367

Observations sur le Terme de Substance, sur l'infiniment grand, sur l'infiniment petit. p. 372

CHAPITRE XVI. De l'infiniment petit. p. 388.

SECTION VIII. Experiences concernant l'infiniment petit. p. 392

SECTION IX. Sur la Divisibilité de la Matiere. p. 400

TABLE

Chapitre XVII. *Recherches generales sur la nature de la Matiere & des Corps.* p. 413

Chapitre XVIII. *De la Division des corps: De la penetrabilité de l'Espace.* p. 427

Theoreme. *L'Ame est une substance differente de la Matiere.* p. 487

Theoreme. *L'Etre sensible n'est pas un être composé.* p. 488

Theoreme. *L'Etre spirituel a une Etendue propre à sa Nature.* p. 495

Chapitre Dernier. p. 513

Fin de la Table.

TABLE

Des Définitions de quelques Termes.

Abstraction.	Page 223.
Action.	240.
Actuel.	231.
Affirmation.	226.
Agent Libre.	239. 240.
Agent Nécessité.	240.
Ame.	235.
Anéanti.	254.
Besoin.	247.
Bien-être.	240.
Bien Physique.	250.
Bien Moral.	ibid.
Bon.	249.
Bonheur.	241. 249.
Borne.	233. 390.
Cause.	240. 332.
Cause Directe.	344.
——— *Indirecte.*	ibid.
Causes Mixtes.	ibid.
Cause Materielle.	ibid.
——— *Efficiente.*	ibid.
Choses.	227.
Composé.	367.
Continuel.	231.
Contradiction.	226.
Convenances.	249.
Couleur.	460.
Démonstration.	261. 283.
Désir.	242.
Devoir.	251.
Difference.	227.

Table des Définitions.

Dieu.	Page 378.
Disconvenances.	249.
Droit.	251.
Dur.	476.
Dureté Absolue.	ibid.
Dureté Relative.	ibid.
Effet.	240. 332.
Erreur.	243.
Espace ou Vuide.	238.
Esprit.	235.
Etat nécessaire.	247.
Etat possible.	ibid.
Etat actuel.	ibid.
Etendue pénétrable.	239.
Eternel.	233.
Etre.	224. 238.
—— Actif.	239.
—— Simple.	238.
—— Composé ou multiple.	ibid.
—— Moral.	250.
—— Corporel.	235.
—— Spirituel.	ibid.
Evidence.	110. 162.
Ferme.	476.
Fini.	233.
Futur.	231.
Idée.	227.
Idée abstraite.	223.
Immortel.	254.
Imparfait.	233.
Impossible.	110. 163. 232.
Impossible absolu.	234.
Impossible relatif.	232. 234.
Indéfini.	233.
Indifferent.	242.
Infini.	232. 367.
Loi de Nature.	250.
Mal Physique.	ibid.
Mal Moral.	ibid.
Manière d'être.	308.
Mauvais.	242.
Mesure.	368. 415.
Mœurs.	250.

Mortel.

Table des Définitions.

Mortel.	254.
Mots.	116.
Mou.	476.
Mouvoir, Mouvemens.	239.
Nature.	250.
Néant.	226.
Nécessaire.	163. 233.
Négation.	226.
Nombre.	368.
Parfait.	248.
Perfection.	240.
Partie.	367.
Parties d'Oraison.	136.
Passé.	231.
Passion.	242.
Possible.	163. 231.
Présent.	231.
Propriété.	223. 227.
Puissance.	231.
Puissance agissante.	240.
Puissant.	231.
Raison.	244.
Remord.	243.
Rien.	163. 226.
Semilles.	400.
Sensorium.	263.
Situation.	238.
Substance.	225.
Toute-Puissance.	232.
Tropes.	135.
Vérité.	163.
Vertu.	244.
Vision.	263.
Unité, Nombre.	230.
Un.	ibid.
Un, Collectif.	238.
Voir.	457.
Vûe.	263.
Vuide.	238.

AVERTISSEMENT.

L'Auteur n'ayant pas été à portée pour revoir les Épreuves de cet Ouvrage, il n'a pu en corriger les fautes, & y faire les changemens necessaires, qui ne lui avoient pas frapés la vue dans son MS. comme ils l'ont fait dans les feuilles imprimées. C'est pourquoi on prie très-instamment ceux qui voudront lire cet Ouvrage de prendre la peine de corriger ou de faire corriger auparavant les Fautes suivantes & d'avoir la bonté de suppléer aux autres.

FAUTES À CORRIGER ET CHANGEMENS À FAIRE.

Page 11 Ligne 17 *Ils déduisent une proposition, ils tirent*, lisez, *Ils déduisent une proposition*, de cette proposition *Ils tirent*

Page 53 Ligne 32 *de Philosophes*, lisez, *de Philosophie*.

Page 57 Ligne 27 *on pourroit voir*, lisez, *on pourroit faire voir*.

Page 59 Ligne 10 après *pas l'autre*, ajoutez, *& cependant c'est la même chose*.

Ligne 18 après *sur les autres*, ajoutez, *toujours passives*.

Ligne 40 *ce qui ne me paroit pas vrai*, lisez, *ce qui ne me paroit pas trop intelligible*.

Ligne dern. de la même page, *ma propre existence*, lisez, *ma propre substance*.

Page 60 Ligne 7 *l'union des parties*, lisez, *l'union de parties*.

Page 60 Ligne 24 *les jours du mois, de la Lune*, lisez, *les jours du mois, ceux de la Lune*.

Page 62 Ligne 36 *non intelligent & que*, lisez, *non Intelligent ou tout Intelligent & que*.

Page 68 Ligne 27 *Il avoit*, lisez, *Il auroit*.

Page 70 Ligne 31 *au vice*, lisez, *au vuide*.

Page 72 Ligne 34 *canonicales*, lisez, *canonnales*.

Page 74 Ligne 17 *differens etres qui composent*, lisez, *differens etres que composent*.

Ligne 27 *mutuel des parties*, lisez, *mutuel de parties*.

Page 75 Ligne 10 après *des autres*, ajoutez, *par leurs attributs particuliers*.

Ligne 33 *analogia*, lisez, *analogica*.

Page 76 Ligne penultieme. *Il est si subtil*, lisez, *& si subtil*.

Page 77 Ligne 36 *Sacrificulorum*, lisez, *Sacricolarum*.

Page 78 Ligne 33 *sur la prudence ou l'Hypocrisie*, lisez, *sur leur prudence ou Hypocrisie*.

ERRATA

Page 80 Ligne 29 *La mer sépare*, lisez, *la mer qui sépare*.
Page 83 Ligne 11 *comme une source*, lisez, *comme la source*.
Page 87 Ligne 2 effacez *les verités*.
Page 88 Ligne derniere *titre a été*, lisez, *titre a aussi été*.
Page 96 Ligne 11 *s'il n'existe que*, lisez, *s'il n'existe en*-
Page 98 Ligne derniere, *croire & ce*, lisez, *croire & de ce*.
Page 106 Ligne 30 *m'obligeroit*, lisez, *m'obligera*.
Page 108 Ligne 5 *faillir*, lisez, *sentir*.
    Ligne 31 *je dirois ce qui est vrai, une verité*, lisez, *je dirois ce qui est vrai, je dirois une verité*.
Page 111 Ligne 6 *les unes aux autres*, lisez, *les unes avec les autres*.
Page 114 Ligne 13 *& que pour*, lisez, *& peut etre que pour*.
Page 120 Ligne 30 *ainsi un sourd & un aveugle ne peut avoir les Idées*, lisez, *ainsi un sourd & un aveugle de naissance peut avoir les Idées*.
Page 139 Ligne 9 *& dans*, lisez, *& qui dans*.
Page 148 Ligne 1 *& je ne puis*, lisez, *& que je ne puis*.
    Ligne 39 *si c'est un*, lisez, *si c'etoit un*.
Page 152 Ligne 12 *qui puisse me le faire*, lisez, *qui puisse me la faire*.
Page 154 Ligne 20 *supposant l'impossibilité*, lisez, *supposant necessairement l'impossibilité*.
Page 157 Ligne 5 *le contraire*, lisez, *si le contraire*.
    Ligne 6 *absurde* lisez, *absurde, avec une virgule*.
    Ligne 37 *sens*, ajoutez, *mal éxaminé*.
Page 159 Ligne 24 *ne peut pas etre*, lisez, *ne peut pas ne pas etre*.
Page 162 Ligne 18 *d'evident*, lisez, *que d'evident*.
Page 176 Ligne 16 *à l'idée une chose*, lisez, *à l'idée d'une chose*.
Page 293 Ligne 10 *ne peuvent etre*, lisez, *peuvent etre*.
Page 311 Ligne 26 *dusse-je*, lisez, *dussai-je*.
Page 332 Ligne 9 *de ce qui le produit*, ajoutez, *& cause à l'egard de ce qu'il produit*.
Page 335 Ligne 11 *fait voir au Theoreme*, lisez, *fait voir consequemment au Theoreme*.
Page 336 Ligne 6 *ce qui est fait n'etant pas*, lisez, *ce qui est fait n'est pas*.
Page 355 Ligne 11 *qu'il n'y pas*, lisez, *qu'il n'y ait pas*.
Page 358 Ligne 30 TERENCE, lisez, PLAUTE.
Page 364 Ligne 4 *l'Amerique*, lisez, *le Mexique*.
Page 386 Ligne 7 *leur*, lisez, *la*.
Page 404 Ligne 4 *après qui s'y unissent*, ajoutez, *comme il décroît à mesure qu'il s'en detache*.

ERRATA

Page 407 Ligne 32 *ou plusieurs unis*, lisez, *ou plusieurs êtres unis*.

Page 409 Ligne 27 *qui ip de*, lisez, *qui ait de*.

Page 432 Ligne 12 *s'approche du*, ajoutez, *bord du*.

Ligne 26 *au travers*, ajoutez, *des trous*.

Page 435 Ligne 16 *a la simplicité de la nature*, lisez, *a la simplicité de sa nature*.

Page 450 Ligne 13 *egalement de toute la masse*, lisez, *egalement de tous cotés à toute la masse*.

Page 465 Ligne 8 *& qui se communique*, lisez, *& qui le communiquent*.

Page 469 Ligne 24 *repetitions des sens*, lisez, *repetitions des sons*.

Page 478 Ligne 11 *au reflechis*, lisez, *ou reflechis*.

Ligne 18 *d'une autre*, lisez, *d'une glaciere*.

Ligne 34 *augmentation de mouvement dans les fibres*, lisez, *augmentation de Transpiration soit par une augmentation de mouvement dans les fibres*.

www.ingramcontent.com/pod-product-compliance
Lightning Source LLC
Chambersburg PA
CBHW071409230426
43669CB00010B/1500